- 安徽省高等学校规划教材建设项目
- 安徽省高等学校一流教材建设项目

- INTERMEDIATE
- FINANCIAL
- ACCOUNTING

中级财务会计
专业版

主　编◎周建龙　赵春艳　毛腊梅
副主编◎吴　洋　崔　捷　杨　英

北京师范大学出版集团
BEIJING NORMAL UNIVERSITY PUBLISHING GROUP
安徽大学出版社

图书在版编目(CIP)数据

中级财务会计：专业版 / 周建龙，赵春艳，毛腊梅主编. — 合肥：安徽大学出版社，2021.2
(2022.7 重印)

ISBN 978-7-5664-2202-6

Ⅰ.①中… Ⅱ.①周… ②赵… ③毛… Ⅲ.①财务会计－高等学校－教材 Ⅳ.①F234.4

中国版本图书馆 CIP 数据核字(2021)第 010773 号

中级财务会计：专业版
Zhongji Caiwu Kuaiji Zhuanyeban

周建龙　赵春艳　毛腊梅 主编

出版发行：	北京师范大学出版集团 安 徽 大 学 出 版 社 (安徽省合肥市肥西路 3 号 邮编 230039) www.bnupg.com.cn www.ahupress.com.cn
印　　刷：	安徽省人民印刷有限公司
经　　销：	全国新华书店
开　　本：	210mm×285mm
印　　张：	27
字　　数：	707 千字
版　　次：	2021 年 2 月第 1 版
印　　次：	2022 年 7 月第 2 次印刷
定　　价：	88.00 元

ISBN 978-7-5664-2202-6

策划编辑：邱　昱　姚　宁		装帧设计：李　军　孟献辉	
责任编辑：邱　昱　姚　宁		美术编辑：李　军	
责任校对：方　青		责任校对：陈　如　孟献辉	

版权所有　侵权必究

反盗版、侵权举报电话：0551—65106311
外埠邮购电话：0551—65107716
本书如有印装质量问题，请与印制管理部联系调换。
印制管理部电话：0551—65106311

前　言

《中级财务会计》是会计学、审计学、财务管理、资产评估等专业的专业必修课。本教材是在学完基础会计课程，掌握了会计的基本理论、基本方法之后，对财务会计理论和方法的进一步深化，是从基础会计学迈向会计专业课程的一座桥梁。随着社会科学的发展和商业模式的变迁，财务会计的准绳——我国企业会计准则近年来也经历了多次的修订和改善，特别是2017—2019年财政部修订颁发的《企业会计准则第22号——金融工具确认与计量》《企业会计准则第23号——金融资产转移》《企业会计准则第14号——收入》《企业会计准则第21号——租赁》《企业会计准则第12号——债务重组》等准则更是发生了翻天覆地的变化，企业会计准则对经济交易和事项确认、计量准则的相关修订，直接催生了财政部《关于修订印发一般企业财务报表格式的通知》(2019)，对一般企业财务报表的格式进行了修订。除了企业会计准则的频繁修订，财政部、税务总局也根据我国经济发展的需要适时多次调整了增值税税率等内容。基于这些原因，本教材依据《企业会计准则》(2014)，重点修改了金融资产、收入、利润、债务重组等相关内容，完善了所有者权益、非货币性资产交换的内容，修改了财务报表的格式和列报内容，按最新的增值税税率编写了全书的例题；并对原有准则细微修改之处作了最新的补充、解释和说明。故本教材不仅体现了我国企业会计准则理论的深度和广度，还充分体现了时效性。

本教材立足于应用型会计本科人才培养目标，是安徽省高等学校规划教材和一流教材建设项目。本书在编写过程中突出了以下特点：第一，以国际会计惯例和最新的会计准则为依据，对会计六大要素原则进行解析，对会计实务既阐述了理论依据又示范了实务处理；第二，教材立足于应用型本科人才的培养，力求言简意赅地分析企业会计准则的精髓和要义，使学生学习起来能事半功倍，触类旁通、举一反三；第三，注重理论联系实际，本教材很好地处理了会计理论与我国实际相结合的问题，各章各节的理论知识点配备了大量的例题，精准模拟了会计实务，对我国企业会计准则给予充分的解释、补充和说明。

本教材共有十六章，主要介绍会计六大要素的确认、计量和报告的基本原理，具体包括：总论，货币资金，存货，固定资产，无形资产及其他长期资产，投资性房地产，金融资产，长期股权投资，非货币性资产交换，资产减值，负债，债务重组，所有者权益，收入，费用和利润，所得税会计和财务报告等内容。本教材主要作为高等院校财经类专业学生学习财务会计知识所用,也可供企业经济管理人员和会计实务工作者学习参考。

本教材在撰写过程中,我们力求体现出会计教学专业教学的严谨态度和务实精神,以及最科学、最规范的会计专业知识掌握要求,教材力争实现系统性、先进性、严谨性,并突出应用性和理论联系实际。本书在编写过程中,得到了铜陵学院会计学院校长、安徽大学出版社领导及编辑的大力支持和热心帮助,参考了诸多相关教材和国内外会计学专家的最新研究结果,同时,铜陵学院会计学院许多老师也给本书提供了宝贵意见,在此一并表示衷心的感谢。

本教材由铜陵学院会计学院院长、省级教学名师周建龙教授总体策划,由赵春艳老师和崔捷老师负责校稿,毛腊梅教授负责全书大纲的拟定和最终的总纂。具体编写分工如下:第一章由赵师嘉老师撰写,第二章由刘溢华老师撰写、第三章由丁新民老师撰写、第四章由程群老师撰写、第五章由汪婷婷老师撰写、第六章由陈颖老师撰写、第七章由付全安老师撰写、第八章由赵春艳老师撰写、第九章由杭婷婷老师撰写、第十章由杨英老师撰写、第十一章由崔捷老师撰写、第十二章由毛腊梅老师撰写、第十三章由聂冬雪老师撰写、第十四章由胡雪琪老师撰写、第十五章由吴本洲老师撰写、第十六章由吴洋老师撰写。由于时间仓促,修改工作量大,编者水平有限,教材中难免出现错漏之处,欢迎广大读者和同行提出批评指正。

编　者

2020 年 9 月

目　录

第一章　总论 ... 1
- 第一节　财务会计概述 ... 1
- 第二节　企业会计准则 ... 5
- 第三节　会计的基本假设和确认与计量 ... 7
- 第四节　财务报告要素 ... 12

第二章　货币资金 ... 19
- 第一节　库存现金 ... 19
- 第二节　银行存款 ... 27
- 第三节　其他货币资金 ... 40

第三章　存货 ... 46
- 第一节　存货概述 ... 46
- 第二节　存货的初始计量 ... 48
- 第三节　发出存货的计价 ... 56
- 第四节　存货的期末计价 ... 68
- 第五节　存货清查 ... 74

第四章　固定资产 ... 76
- 第一节　固定资产概述 ... 76
- 第二节　固定资产的初始计量 ... 78
- 第三节　固定资产的后续计量 ... 85
- 第四节　固定资产的处置 ... 93

第五章　无形资产及其他长期资产 ... 100
- 第一节　无形资产概述 ... 100
- 第二节　无形资产取得的计量 ... 102
- 第三节　无形资产的后续计量 ... 109
- 第四节　无形资产的处置 ... 113
- 第五节　其他长期资产 ... 115

第六章 投资性房地产 ... 118

第一节 投资性房地产概述 ... 118
第二节 投资性房地产的初始计量 ... 122
第三节 投资性房地产的后续计量 ... 124
第四节 投资性房地产的转换 ... 129
第五节 投资性房地产的处置 ... 135

第七章 金融资产 ... 138

第一节 以摊余成本计量的金融资产 ... 138
第二节 以公允价值计量且其变动计入其他综合收益的金融资产 ... 153
第三节 应收和预付款项 ... 159
第四节 以公允价值计量且其变动计入当期损益的金融资产 ... 165
第五节 金融资产减值与金融资产重分类 ... 168

第八章 长期股权投资 ... 180

第一节 长期股权投资的初始计量 ... 180
第二节 长期股权投资的后续计量 ... 192
第三节 长期股权投资的转换 ... 200
第四节 长期股权投资的处置 ... 207

第九章 非货币性资产交换 ... 210

第一节 非货币性资产交换概述 ... 210
第二节 非货币性资产交换的会计处理 ... 214

第十章 资产减值 ... 224

第一节 资产减值概述 ... 224
第二节 单项资产减值的确认和计量 ... 230
第三节 资产组减值的确认和计量 ... 231
第四节 总部资产减值的确认和计量 ... 236
第五节 商誉减值测试及会计处理 ... 239

第十一章 负债 ... 241

第一节 流动负债 ... 241
第二节 非流动负债 ... 267
第三节 借款费用 ... 283

第十二章　债务重组 ··· 292
第一节　债务重组概述 ··· 292
第二节　债务重组的会计处理 ··· 294

第十三章　所有者权益 ··· 303
第一节　所有者权益概述 ··· 303
第二节　实收资本与其他权益工具 ·· 304
第三节　资本公积与其他综合收益 ·· 310
第四节　留存收益 ·· 313

第十四章　收入、费用和利润 ··· 317
第一节　收入 ·· 317
第二节　费用 ·· 362
第三节　利润 ·· 365

第十五章　所得税会计 ··· 370
第一节　所得税会计概述 ··· 370
第二节　暂时性差异 ··· 373
第三节　递延所得税资产和负债 ··· 378
第四节　所得税费用 ··· 386

第十六章　财务报告 ·· 390
第一节　财务报告概述 ·· 390
第二节　资产负债表 ··· 391
第三节　利润表 ··· 401
第四节　现金流量表 ··· 407
第五节　所有者权益变动表 ··· 418
第六节　财务报表附注 ·· 421

第一章 总 论

第一节 财务会计概述

一、财务会计的特征

财务会计是当代企业的一个重要组成部分,它是运用簿记系统的专门方法,以通用的会计原则为指导,对企业资金运动进行反映和控制,旨在为投资者、债权人提供会计信息的对外报告会计。财务会计同管理会计相配合并共同服务于市场经济条件下的现代企业。财务会计作为传统会计的发展,与旨在向企业内部管理当局提供经管决策所需信息的管理会计不同,财务会计旨在向企业外部的投资人、债权人和其他与企业有利害关系的外部集团,提供投资决策、信贷决策和其他类似决策所需的会计信息。这种会计信息最终表现为通用的会计报表和其他会计报告。财务会计与管理会计相比有如下几方面的特征。

(一)财务会计以计量和传送信息为主要目标

财务会计的目标主要是向企业的投资者、债权人、政府部门以及社会公众提供会计信息。从信息的性质看,主要是反映企业整体情况,并着重历史信息。从信息的使用者看,主要是外部使用者,包括投资人、债权人、社会公众和政府部门等。而管理会计的目标则侧重于规划未来,对企业的重大经营活动进行预测和决策,以及加强事中控制。

(二)财务会计以会计报告为工作核心

财务会计作为一个会计信息系统,是以会计报表为最终成果的。会计信息最终通过会计报表反映出来。因此,财务报告是会计工作的核心。现代财务会计所编制的会计报表是以公认会计原则为指导而编制的通用会计报表,现代财务会计将会计报表的编制放在最突出的地位。而管理会计并不把编制会计报表当作它的主要目标,它只是为企业的经营决策提供有选择的或特定的管理信息,其业绩报告也不对外公开发表。

(三)财务会计仍以传统会计模式作为处理数据和加工信息的基本方法

为了提供通用的会计报表,财务会计还要运用较为成熟的传统会计模式作为处理和加工信息的方法。传统会计模式是历史成本模式,其特点如下。

(1)会计反映依据复式簿记系统。复式簿记系统以账户和复式记账为核心,以凭证和账簿组织为形式,包括序时记录、分类记录、试算平衡、调整分录和对账结账等一系列步骤。

(2)收入与费用的确认,以权责发生制为基础。财务会计对收入和费用的确认采用实现原则,而不是等到企业收到或付出现金时才确认和记录。

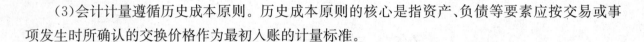

(3)会计计量遵循历史成本原则。历史成本原则的核心是指资产、负债等要素应按交易或事项发生时所确认的交换价格作为最初入账的计量标准。

(四)财务会计以公认会计原则为指导

公认会计原则是指导财务会计工作的基本原则和准则,是组织会计活动、处理会计业务的规范。公认会计原则由基本会计准则和具体会计准则组成,这是我国财务会计必须遵循的规范。而管理会计则不必严格遵循公认会计原则。

二、财务会计的目标

(一)财务会计目标的主要理论

财务会计的目标也称为"财务报告目标"或"财务报表目标",是指在一定的会计环境中,人们期望通过会计活动达到的结果。纵观会计理论界对财务会计目标的研究,归纳起来,主要有两大观点:受托责任观和决策有用观。

1. 受托责任观

受托责任观认为,财务会计目标就是提供企业管理当局(受托者)履行经营管理责任的信息,向所有者(委托人)报告受托资产的使用、管理情况,以帮助所有者确认或解除受托责任。其理由是:资源所有权和经营权分离,资源的受托者(企业管理当局)负有对资源的委托者(所有者)解释、说明其经营管理活动及结果的义务。因此,受托责任观强调会计信息的可靠性,它应以提供客观的财务会计信息为主。

2. 决策有用观

决策有用观认为,财务会计目标就是向会计信息使用者提供对其决策有用的信息。决策有用观是在证券市场日益扩大化的历史背景下形成的。其理由是:随着资本市场的不断发展和完善,所有者和管理层的委托和受托关系日益模糊,投资者日益关注企业在资本市场上的风险和报酬。因此,决策有用观强调会计信息的相关性。

受托责任观和决策有用观虽然在财务会计目标的认识上存在差异,但这两者并非是矛盾或相互排斥的。会计目标的这两种观点是建立在两种不同的基础之上的,它们就像一枚硬币的两面一样被有机地联系起来了,我国就明确提到财务报告应提供关于管理层受托责任的信息,满足报表使用者的决策需求。

(二)我国企业财务会计的目标

根据我国 2014 年修订的《企业会计准则——基本准则》的规定,财务会计报告的目标是财务会计报告使用者提供与企业财务状况、经营成果和现金流量等有关的会计信息,反映企业管理层的受托责任履行情况,有助于财务会计报告使用者作出经济决策。财务报告使用者包括投资者、债权人、政府及有关部门、社会公众等。

从上述准则规定我们可以看到,我国财务会计的目标要求满足投资者等财务报告使用者的决策需要,体现了决策有用观的会计目标,同时也明确提出要求反映企业管理层的受托责任履行情况,体现了受托责任观的会计目标。决策有用观的会计目标有助于投资者、债权人或者其他会计信息使用者正确、合理地评价企业的资产质量、偿债能力、盈利能力和营运效率,有利于会计信息使用者根据相关会计信息作出理性的投资决策、信贷决策或其他的经济决策;而受托责任观则要求管理者更好地履行受托责任,有利于实现企业资产的安全完整,保值增值,满足企业所有者评价企业经营管理责任和资源使用有效性的信息需求。

三、财务会计的信息质量要求

会计信息应具备以下几个基本特征。

(一)可靠性

企业应当以实际发生的交易或者事项为依据进行会计确认、计量和报告,如实反映符合确认和计量要求的各项会计要素及其他相关信息,保证会计信息真实可靠、内容完整。信息如果不可靠,不但对决策无帮助,而且会造成决策失误。因此,可靠性是会计信息的重要质量特征。一项信息是否可靠取决于三个因素,即真实性、可核性和中立性。

(1)真实性。真实性就是要如实表达,即会计核算应以实际发生的经济业务为依据,内容真实、数字准确、资料可靠,会计的记录和报告不加任何掩饰。

(2)可核性。可核性是指信息经得住复核和验证,即由独立的、专业的和文化素养基本相同的人员,分别采用同一计量方法,对同一事项加以计量,能得出相同的结果。

(3)中立性。中立性是指会计信息应不偏不倚,不带主观成分,即将真相如实地和盘托出,结论让用户自己去判断。会计人员不能为了某些特定利益者的意愿或偏好而对会计信息作特殊安排,故意选用不适当的计量和计算方法,隐瞒或歪曲部分事实,来诱使特定的行为反应。会计信息的可靠性虽说取决于会计人员的工作质量,但又不完全为会计人员所左右,有时会计人员受环境和会计方法本身的局限,对提高会计信息的可靠性无能为力。

(二)相关性

企业提供的会计信息应当与财务会计报告使用者的经济决策需要相关,有助于财务会计报告使用者对企业过去、现在或者未来的情况作出评价或者预测。相关性的核心是对决策有用,一项信息是否具有相关性取决于预测价值和反馈价值。

(1)预测价值。如果一项信息能帮助决策者对过去、现在及未来事项的可能结果进行预测,则该项信息具有预测价值。决策者可根据预测的结果,作出其认为最佳的选择。因此,预测价值是构成相关性的重要因素,具有影响决策者决策的作用。

(2)反馈价值。一项信息如果能有助于决策者验证或修正过去的决策和实施方案,即具有反馈价值。该信息把过去决策所产生的实际结果反馈给决策者,使其与当初的预期结果相比较,验证过去的决策是否正确,总结经验防止今后决策时再犯同样的错误。反馈价值有助于未来决策。

信息反馈价值与信息预测价值同时并存,相互影响。验证过去有助于预测未来,不明白过去,预测就缺乏基础。

(三)可理解性

可理解性是指企业提供的会计信息应当清晰明了,便于财务会计报告使用者理解和使用。信息若不能被使用者所了解,即使质量再好,也没有任何用途。信息是否能被使用者所理解,取决于信息本身是否易懂,也取决于使用者理解信息的能力高低。可理解性是决策者与决策有用性的联结点。如果信息不能被决策者理解,那么这种信息毫无用处。因此,可理解性不仅是衡量信息的一个质量标准,还是一个与使用者有关的质量标准。会计人员应尽可能传递表达易被人理解的会计信息,而使用者应设法提高理解信息的能力。

(四)可比性

可比性要求同一企业不同时期发生的相同或者相似的交易或者事项,应当采用一致的会计政策,不得随意变更。确需变更的,应当在附注中说明。为了使同一企业不同时期的会计信息具有可比性,会计人员在处理会计事项时,所采用的会计方法和会计程序前后各期应具有连贯性,前后一致。这就要求企业对会计方法或原则的选用应当慎重,一旦选用,除非有正当理由,不得任意变动,以确保会计信息的可比性。

可比性还要求不同企业发生的相同或者相似的交易或者事项,应当采用规定的会计政策,确保会计信息口径一致、相互可比。一个企业的会计信息与其他企业的同类会计信息应尽量做到口径一致,相互可比。不同企业的会计信息或同一企业不同时期的会计信息如能相互可比,就会大大增强信息的有用性。

(五)实质重于形式

实质重于形式原则要求企业应当按照交易或者事项的经济实质进行会计确认、计量和报告,不应仅以交易或者事项的法律形式为依据。在会计确认、计量过程中,可能会碰到一些经济实质与法律形式不吻合的业务或事项。例如,融资租入的固定资产,在租期未满以前,从法律形式上讲,所有权并没有转移给承租人,但是从经济实质上讲,与该项固定资产相关的收益和风险已经转移给承租人,承租人实际上也能行使对该项固定资产的控制,因此,承租人应该将其视同自己的固定资产。遵循实质重于形式原则,体现了对经济实质的尊重,能够保证会计确认、计量的信息与客观经济事实相符。

(六)重要性

企业提供的会计信息应当反映与企业财务状况、经营成果和现金流量等有关的所有重要交易或者事项。重要性原则要求企业对交易或事项应当区别其重要程度,采用不同的核算方式。对资产、负债、损益等有较大影响,并进而影响财务会计报告使用者据以作出合理判断的重要会计事项,企业必须按照规定的会计方法和程序予以处理,并在财务会计报告中予以充分、准确的披露;对于次要的会计事项,在不影响会计信息真实性和不至于导致财务会计报告使用者作出错误判断的前提下,可适当简化处理。之所以强调重要性原则,在很大程度上是因为会计信息的效用和核算成本之间的比较。企业的经济业务纷繁复杂,要将所有零散的经济数据全部转化成会计报表中详细罗列的指标,不但没有必要,而且会冲淡重点,有损会计信息的使用价值,甚至影响决策。强调重要性原则一方面可以提高核算的效率,减少不必要的工作量,另一方面可以使会计信息分清主次,突出重点。对某项会计事项判断其重要性,在很大程度上取决于会计人员的职业判断。但一般来说,重要性可以从质和量两方面进行判断。从性质方面讲,只要该会计事项发生就可能对决策有重大影响时,则认为其属于具有重要性的事项。从数量方面讲,当某一会计事项的发生额达到总资产的一定比例(如5%)时,一般认为其具有重要性。判断某一会计事项的重要程度,更重要的是应当考虑经济业务的性质。如果特定的经济决策确实需要某一方面的会计资料,即使相应的核算成本很高,在总资产中占的比重很小,也应将其作为重要事项来核算。

(七)谨慎性

企业对交易或者事项进行会计确认、计量和报告应当保持应有的谨慎,不应高估资产或者收益,也不应低估负债或者费用。通常的处理原则是:企业应预计可能产生的损失,但不预计可能产生的收益和过高估计资产的价值。遵照这一原则,可使本期可能产生的损失不致递延至下期反映,增加下期负担,从而使各期的经营成果更加真实。谨慎性原则要求体现于会计确认、计量的全过程,包括会计确认、计量、报告等会计确认、计量的各个方面。在会计确认方面,要求确认标准和方法建立在稳妥合理的基础之上;从会计计量来说,要求不得高估资产和利润的数额;从会计报告来说,要求会计报告向会计信息使用者提供尽可能全面的会计信息,特别是应报告可能发生的风险损失。但是,企业不能漫无边际、任意使用或歪曲使用谨慎性原则,否则将会影响会计确认、计量的客观性,造成会计秩序的混乱。

(八)及时性

及时性要求企业对已经发生的交易或事项,应当及时进行确认、计量和报告,不得提前或延后。

会计信息的价值在于帮助会计信息的使用者作出经济决策,因而具有时效性。任何信息如果影响决策,就必须在决策之前提供,相关信息如果不能及时提供,相关也就变成不相关了,成为无用的信息。当然,及时提供的信息如不相关,也是无用的信息。在会计确认、计量和报告过程中贯彻及时性:一是要求及时收集会计信息,即在经济业务发生后,及时收集整理各种原始单据或者凭证;二是要求及时处理会计信息,即按照企业会计准则的规定,及时对交易或事项进行确认、计量,并编制财务报告;三是要求及时传递会计信息,即按照国家规定的期限,及时地将编制的财务报告传递给财务报告使用者,便于其及时使用和决策。

第二节 企业会计准则

如前所述,财务会计的目标是向财务会计信息的使用者提供决策有用的信息,以帮助信息使用者进行决策。为了保证企业对外提供的会计信息的质量,需要建立一套财务会计规范体系,以指导会计工作,这种规范的主要表现形式就是企业会计准则。

企业会计准则是关于会计核算的统一规范,是企业进行会计确认、记录和报告必须遵循的基本规则。企业会计准则通常由权威机构制定和发布，对企业的财务会计行为具有重要的指导和规范作用。会计准则最早产生于西方国家，它是随着所有权和管理权分离、进而所有权可以在资本市场自由转让而形成的，其目的是向投资者、债权人等外部信息使用者提供公允的财务状况和经营成果的信息，以利于他们作出决策。

我国的企业会计规范自20世纪50年代至20世纪90年代，一直采用会计制度的形式。1992年11月，经国务院批准，财政部以部长令的形式，正式发布了《企业会计准则》（即基本会计准则），规定从1993年7月1日起正式实施。其后至2001年，财政部又先后发布了《企业会计准则——关联方关系及其交易的披露》等16项具体会计准则。2006年2月，财政部在对原基本准则作了重大修订的基础上，发布了《企业会计准则——基本准则》和38项具体会计准则。2014年，财政部又发布了《企业会计准则第39号——公允价值计量》《企业会计准则第40号——合营安排》以及《企业会计准则第41号——在其他主体中权益的披露》，同时对《基本准则》和《职工薪酬》等5项具体会计准则进行了修订。2017年，财政部发布了《企业会计准则第14号——收入》《企业会计准则第16号——政府补助》和《企业会计准则第32号——金融工具确认和计量》等3项金融工具类准则。也就是说，截至2017年，我国共发布了42项具体会计准则。2011年10月，财政部颁布了《小企业会计准则》，这标志着我国已基本建立了完整的企业会计准则体系，我国的企业会计准则体系如图1-1所示。

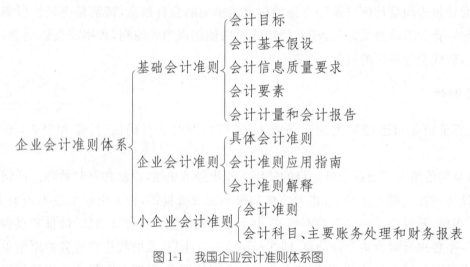

图1-1　我国企业会计准则体系图

可见，我国企业会计准则体系由基本会计准则、具体会计准则、准则应用指南和准则解释组成。

基本会计准则对会计目标、会计假设、会计信息的质量要求、会计要素、会计计量以及财务会计报告等会计基本问题进行了系统的规范。

具体会计准则（包括企业会计准则和小企业会计准则）是在基本会计准则的指导下，对具体会计事项进行确认、计量和报告（或披露）的规范。相对于基本会计准则而言，具体会计准则具有较强的可操作性，对企业日常的会计处理起着指导作用。

会计准则应用指南是企业准则体系的有机组成部分，主要包括准则解释以及会计科目和财务报表。会计准则应用指南对企业会计准则进行了细化，以解决实务操作问题，有助于会计人员准确、完整地理解和把握准则。

会计准则解释是针对企业会计准则实施中遇到的问题作出的解释和补充说明。

企业会计准则体系的上述四个组成部分,既相互联系,又互有分工。其中,基本会计准则是纲,是具体会计准则制定的出发点和基础,在整个企业会计准则体系中起着统驭作用;具体会计准则是目,是依据基本会计准则的要求对有关业务、事项或报告作出的具体规定;会计准则应用指南和会计准则解释是补充,是对具体会计准则的操作指引。

第三节 会计的基本假设和确认与计量

一、会计的基本假设

会计所处的环境极为复杂,且会计面对的是变化不定的社会经济环境。会计人员在会计核算过程中,面对这些变化不定的经济环境,就不得不作出一些合理的假设,对会计核算的对象及环境作出一些基本规定,即建立会计核算的基本前提,也称之为"会计假设"。

会计假设不是毫无根据的虚构设想,而是在长期的会计实践中,人们逐步认识和总结形成的对客观情况合乎事理的推断。会计假设规定了会计核算工作赖以存在的一些基本前提条件,是企业设计和选择会计方法的重要依据。只有规定了这些会计假设,会计核算才能得以正常进行下去。因此,会计假设既是会计核算的基本依据,又是制定会计准则和会计核算制度的重要指导思想。会计的基本假设通常包括以下四个。

(一)会计主体

会计主体又称为"会计实体",是指会计工作为之服务的特定单位。会计主体可以是一个特定的企业,也可以是一个企业的某特定部分(如分厂、分公司、门市部等),还可以是由若干家企业通过控股关系组织起来的集团公司,甚至可以是一个具有经济业务的特定非营利组织。

会计主体这一假设认为,一个会计主体不但和其他主体相对独立,而且独立于所有者之外。会计为之服务的对象是一个独立的特定经济实体,这一假设包含了以下三个方面的意思:对于企业会计来说,核算的只能是企业本身的生产经营活动,企业的会计核算只能站在企业自身的角度,来反映核算经济活动。确定会计主体,就是要明确为谁核算,核算谁的经济业务。为此,《企业会计准则》明确指出:"会计核算应当以企业发生的各项经济业务为对象,记录和反映企业本身的各项生产经营活动。"这是因为,企业的生产经营活动是由各项具体的经济活动构成的,而每项经济活动都是与其他有关经济活动相联系的,企业本身的经济活动也总是与其他企业或单位的经济活动相联系的。为了正确计量和确认资产、负债和所有者权益,以及企业的收益,必须以会计为之服务的特定实体的权利义务为界限,相对独立于其他主体。企业的经济活动独立于企业的投资者。

会计主体主要是规定会计核算的范围,它不但要求会计核算应当区分自身的经济活动与其他企业单位的经济活动,而且必须区分企业的经济活动与投资者的经济活动。企业会计记录和会计报表涉及的只是企业主体的活动。例如,当企业所有者与经营者为同一个人时,由于会计为之服务的对象是企业,就需要把业主的个人消费与企业开支分开,及时结算企业与业主之间的往来,否则就无法计量企业的费用和利润,也无法进行经济效益的分析和比较。因此,从根本上来讲,将企业作为会计主体来进行核算,反映了企业经营者正确计算并严格考核企业盈亏的要求。另外,从进一步记录财产和收支的角度来看,所有者的财产一旦投入某一个企业,就应在账簿上独立地记录,分清那些与企业的生产经营无关而属于所有者本人的财产收支或其他经济往来。会计主体与法律主体(即法人)是有区别的。会计主体可以是法人,如企事业单位,也可以是非法人,如独资企业或合伙企业。例如,独资企业与合伙企业通常不具有法人资格,它们所拥有的财产和所负担的债务,在法律上仍视为业主或合伙人的财产与债务,但在会计核算中,则把它们作为独立的会计主体来处理。再如,集团公司由若干具有法人地位的企业所组成,但在编制集团公司合并报表时,只能把集团公司看作一个独立会计主体,需要采用特定的方法把集团公司所属企业之间的债权、债务相互抵销,并扣除由于所属企业之间的销售活动而产生的利润。

(二)持续经营

持续经营是指会计主体的生产经营活动将无限期地持续下去,在可以预见的将来不会因破产、清算、解散等进行结算。在持续经营前提下,会计确认、计量和报告应当以企业持续、正常的生产经营活动为前提。

企业是否持续经营,在会计原则、会计方法的选择上有很大差别。一般情况下,应当假定企业将会按照当前的规模和状态继续经营下去。明确这个基本假设,就意味着会计主体将按照既定用途使用资产,按照既定的合约条件清偿债务,会计人员就可以在此基础上选择会计原则和会计方法。如果判断企业会持续经营,就可以假定企业的固定资产会在持续经营的生产经营过程中长期发挥作用,并服务于生产经营过程,固定资产就可以根据历史成本进行记录,并采用折旧的方法,将历史成本分摊到各个会计期间或相关产品的成本中。如果判断企业不会持续经营,固定资产就不应采用历史成本进行记录,也没必要计提折旧。

例如,某企业购入一条生产线,预计使用寿命为10年,考虑到企业将会持续经营下去,可以假定企业的固定资产会在持续经营的生产经营过程中长期发挥作用,并服务于生产经营过程,即不断地为企业生产产品,直至生产线使用寿命结束。为此,固定资产就应当根据历史成本进行记录,并按10年的期限分期计提折旧的方法,将历史成本分摊到预计使用寿命期间所生产的相关产品成本中。

如果一个企业在不能持续经营时还假定企业能够持续经营,并仍按持续经营基本假设选择会计确认、计量和报告原则与方法,就不能客观地反映企业的财务状况、经营成果和现金流量,会误导会计信息使用者的经济决策。

(三)会计分期

会计分期又称为"会计期间",是指将一个企业持续经营的生产经营活动划分为若干个连续的、长短相等的期间,以便分期决算账目和编制会计报表。根据持续经营假设,一个企业将按当前的规模和状态持续经营下去。但是,无论是企业的生产经营决策还是投资者、债权人等的决策都需要及时的信息,都需要将企业持续的生产经营活动划分为一个个连续的、长短相等的期间,分期确认、计量和报告企业的财务状况、经营成果和现金流量。

明确会计分期假设意义重大。正是因为会计分期,才产生了当期与以前期间、以后期间的差别,才使不同类型的会计主体有了记账的基准,进而出现了折旧、摊销等会计处理方法。

在会计分期假设下,企业应当划分会计期间,分期结算账目和编制财务报告。会计期间通常分为年度和中期。其中,会计年度可以是日历年度,也可以把以某日为开始的365天的期间作为一个会计年度。中期是指短于一个完整的会计年度的报告期间,如半年度、季度和月度。我国企业的会计期间按年度划分,以日历年度为一个会计年度,即从每年1月1日至12月31日为一个会计年度。规定我国以日历年度为会计年度,主要是考虑到我国的计划年度和财政年度采用的是日历年度,会计年度与财政年度保持一致,这有利于国家计划管理、财政管理和税收征管工作的开展。

(四)货币计量

货币计量是指企业在会计核算中采用货币为统一的主要的计量单位,记录和反映企业生产经营过程和经营成果。会计主体的经济活动是多种多样、错综复杂的。为了实现会计目的,必须综合反映会计主体的各项经济活动,这就要求有一个统一计量尺度。在会计的确认、计量和报告过程中之所以选择货币为基础进行计量,是由货币的本身属性决定的。货币是商品的一般等价物,是衡量一般商品价值的共同尺度,具有价值尺度、流通手段、贮藏手段和支付手段等特点。其他计量单位,如重量、长度、容积、台、件等,只能从一个侧面反映企业的生产经营情况。无法在总量上进行汇总和比较,不便于会计计量和经营管理。只有选择货币尺度进行计量才能充分反映企业的生产经营情况。

货币计量假设包含两层含义:一是会计核算要以货币作为主要的计量尺度,《企业会计准则》规定,会计核算以人民币为记账本位币,业务收支以人民币以外的货币为主的单位,可以选定其中一种作为记账本位币,但是编制的财务会计报表应当折算为人民币,在以货币作为主要计量单位的同时,有必要也应当以实物量度和劳动量度作为补充;二是假定币值稳定,因为只有在币值稳定或相对稳定的情况下,不同时点上的资产的价值才有可比性,不同期间的收入和费用才能进行比较,并计算确定其经营成果,会计核算提供的会计信息才能真实反映会计主体的经济活动情况。

上述会计核算的四项基本假设具有相互依存、相互补充的关系。会计主体确立了会计核算的空间范围,持续经营和会计分期确立了会计核算的时间范畴,货币计量则为会计核算提供了必要的手段。没有会计主体,持续经营就没有存在的必要;没有持续经营,就没有会计分期;没有货币计量,就不会有现代会计。

二、会计确认

(一)会计确认的含义

什么是会计确认?美国财务会计准则委员会(FASB)在1984年12月发布的第5号概念公告《财务报表的确认与计量》中认为:"确认指的是把某个项目作为资产、负债、收入和费用等正式加以记录和列入财务报表的过程。"也就是说,会计确认就是对企业经济活动进行分析、识别和判断,以确定它们是否对会计要素产生影响以及影响的会计要素。对会计要素的确认分为两个步骤:一是计入账簿,即初次确认;二是把账簿的内容列为报表的内容,即再次确认。因此,会计确认就是确定有关经济业务能否进入会计信息系统的过程。

会计确认是对财务报告要素的确认,因为所有者权益和利润分别是资产和负债、收入和费用的差额,一般不存在确认问题,所以会计确认主要是对资产、负债、收入和费用的确认。

会计确认是由财务会计一系列严谨的、内在关联的操作构成的,因此,它保证了财务报表信息比表外信息披露更具有相关性和可靠性。

(二)会计确认的基础

当一项经济业务发生后经会计确认需要正式记录并列入财务报表后,接下来就是何时确认的问题,即确认的时间基础。从理论上讲,会计的确认基础有两种,即权责发生制和收付实现制。我国《企业会计准则——基本准则》规定:"企业应当以权责发生制为基础进行会计确认、计量和报告。"这一规定明确要求企业会计的确认、计量和报告应该以权责发生制为基础。

权责发生制又称"应计制",它以应收应付为标准来处理经济业务。按照权责发生制的要求,会计主体在一个会计期间内发生的各项业务,凡符合收入或费用的确认标准,不论其款项是否收到或支付,都不应作为本期的收入和费用处理。因此,权责发生制主要为了解决收入和费用确认的时间问题,即收入和费用是否在发生的当期进行确认。当然,权责发生制也决定了资产、负债的确认时间,即资产和负债是否应该即期确认。

很显然,按照权责发生制计算出来的利润和当期现金流量是不一致的。

与权责发生制相对应的确认基础是收付实现制,也称为"现金制",它以款项的实际收付为标准来处理经济业务。在收付实现制下,企业收入和费用的确认是以收到或支付款项为依据的。目前,我国政府预算会计采用的是收付实现制确认基础,企业现金流量表也是以收付实现制为基础编制的。

三、会计计量

会计计量与会计确认是密不可分的,没有纯粹的会计确认,也没有纯粹的会计计量,只有将两者结合起来才有意义。所谓会计计量是指将符合确认条件的会计要素登记入账,并列报于财务报表且确定其金额的过程。计量是一个模式,它由两个要素构成,即计量单位和计量属性。

(一)计量单位

任何计量都必须首先确定采用的计量单位,对会计计量来说,计量必须以货币为计量单位。作为计量单位的货币通常是指某国、某地区的法定货币,如人民币、美元、日元等。在不存在恶性通货膨胀的情况下,一般都以名义货币作为会计的计量单位。按名义货币计量的特点是:无论各个时期货币的实际购买力如何发生变动,会计计量都采用固定的货币单位,即不调整不同时期货币的购买力。

(二)计量属性

计量属性是指被计量对象的特性或外在表现形式,即被计量对象予以数量化的特征。从某种意义上讲,一种计量模式区别于另一种计量模式的标准就是计量属性。会计的计量属性主要包括历史成本、重置成本、可变现净值、现值和公允价值等。

1. 历史成本

历史成本又称为"实际成本",是指企业取得或建造某项财产物资时实际支付的现金及现金等价物。在历史成本计量模式下,资产按照其购置时支付的现金或现金等价物的金额,或者是按照购置资产时所付出的对价的公允价值计量;负债按照其因承担现时义务而实际收到的款项或者资产的金额,或者承担现时义务的合同金额,或者按照日常活动中为偿还负债预期需要支付的现金或现金等价物的金额计量。

2. 重置成本

重置成本是指如果在现时重新取得相同的资产或与其相当的资产将会支付的现金或现金等价物,或者说是指在本期重购或重置持有资产的成本,也叫"现行成本"。重置成本更具有相关性,有利于资本保全。在重置成本计量模式下,资产按照其正常对外销售所能收到现金或现金等价物的金额计量;负债按照现在偿付该项债务所需支付的现金或现金等价物的金额计量。

3. 可变现净值

可变现净值是指资产在正常经营状态下可带来的未来现金流入或将要支付的现金流出,又称为"预期脱手价格"。在可变现净值计量模式下,资产按照正常对外销售所能收到现金或现金等价物的金额扣减该资产至完工时估计将要发生的成本、估计的销售费用以及相关税金后的金额计量。

4. 现值

现值是指在正常经营状态下资产所带来的未来现金流入量的现值,减去为取得现金流入所需的现金流出量现值。在现值计量模式下,资产按照预计从其持续使用和最终处置中所产生的未来净现金流入量的折现金额计量;负债按照预计期限内需要偿还的未来净现金流出量的折现金额计量。该计量属性考虑了货币的时间价值,最能反映资产的经济价值,与经济决策更具有相关性,但其可靠性较差。

货币具有时间价值,也就是货币的价值是随着时间的变化而变化的。今天的一元钱与一年后的一元钱是不相等的。现在你有100元存入银行,定期一年,年利率11.34%,一年后你就可以得到本利共111.34元。这多出的利息11.34元就是银行用你100元一年后给你的报酬。这个报酬就是"货币的时间价值"。"现值"与"终值"两个概念总是相对应的。现沿用上述例子,111.34元就是100元按年利率11.34%计算,一年后的"终值";而100元就是一年后111.34元按年利率计算的"现值"。

现值的计算通常与终值和利率分不开,依然沿用上述例题,100元为现值P,存入银行,年利率i为11.34%,一年后可取出$100×(1+11.34\%)$元,两年后可取出$100×(1+11.34\%)^2$元,……n年后可取出$100×(1+11.34\%)^n$元,此为终值F,可以看出$F=P×(1+i)^n$。其中,$(1+i)^n$被称为复利终值系数,也可用(F/P,i,n)表示,因此,$F=P×(1+i)^n=P×(F/P,i,n)$。在日常计算中,为了简化计算过程,复利终值系数通常可通过复利终值系数表查得。那么,根据终值计算公式可以倒推得出$P=\dfrac{F}{(1+i)^n}$,这是现值计算的基本公式,$\dfrac{1}{(1+i)^n}$被称为"复利现值系数",可用(P/F,i,n)

表示,因此,$P=\dfrac{F}{(1+i)^n}=F\times(P/F,i,n)$。为了简化计算,复利现值系数亦有专门的复利现值系数表供使用。假设某人拟在 5 年后获得本利和 10000 元,投资报酬率为 10%,(P/F,10%,5)=0.6209,那么他现在应投入 P=10000×(P/F,10%,5)=10000×0.6209=6209(元)。

5. 公允价值

公允价值是指市场参与者在计量日发生的有序交易中,出售一项资产所能收到或者转移一项负债所需支付的价格。

市场参与者是指在相关资产或负债的主要市场(或最有利市场)中,同时具备下列特征的买方和卖方:①市场参与者应当相互独立,不存在《企业会计准则第 36 号——关联方披露》所述的关联方关系;②市场参与者应当熟悉情况,能够根据可取得的信息对相关资产或负债以及交易具备合理认知;③市场参与者应当有能力并自愿进行相关资产或负债的交易。

有序交易是指在计量日前一段时期内相关资产或负债具有惯常市场活动的交易。

企业以公允价值计量相关资产或负债,应当考虑该资产或负债的特征。相关资产或负债的特征,是指市场参与者在计量日对该资产或负债进行定价时考虑的特征,包括资产状况及所在位置、对资产出售或者使用的限制等。

企业以公允价值计量相关资产或负债,应当假定出售资产或者转移负债的有序交易在相关资产或负债的主要市场进行。不存在主要市场的,企业应当假定该交易在相关资产或负债的最有利市场进行。

主要市场是指相关资产或负债交易量最大和交易活跃程度最高的市场。最有利市场是指在考虑交易费用和运输费用后,能够以最高金额出售相关资产或者以最低金额转移相关负债的市场。其中,交易费用是指在相关资产或负债的主要市场(或最有利市场)中,发生的可直接归属于资产出售或者负债转移的费用。交易费用是直接由交易引起的、交易所必需的、而且不出售资产或者不转移负债就不会发生的费用。

(三)各种计量属性之间的关系

在各种会计计量属性中,历史成本通常反映的是资产或负债过去的价值,而重置成本、可变现净值、现值和公允价值通常反映的是资产或者负债的现时成本或者现时价值,是与历史成本相对应的计量属性。但它们之间具有密切联系,一般来说,历史成本可能是过去环境下某项资产或负债的公允价值,而在当前环境下某项资产或负债的公允价值也许就是未来环境下某项资产或负债的历史成本。公允价值可以是重置成本,也可以是可变现净值和以公允价值为计量目的的现值,但必须同时满足公允价值的三个条件。

第四节 财务报告要素

财务会计报告是对会计要素确认与计量的最终结果体现,是财务会计工作者的最终产品。会计信息使用者主要是通过会计报告了解企业当前的财务状况、经营成果和现金流量等情况,从而预测未来的发展趋势。因此,会计报告是向投资者等会计信息使用者提供决策有用信息的媒介和渠道,是沟通投资者、债权人等使用者与企业管理层之间信息的桥梁和纽带。财务会计报告在国际上被称为"财务报告"。根据我国会计准则的规定,"财务会计报告是企业对外提供的反映企业某一特定日期的财务状况和某一会计期间的经营成果、现金流量等会计信息的文件"。财务会计报告包括会计报表及其附注和其他应当在财务报告中披露的相关信息和资料。会计报表包括资产负债表、利润表、现金流量表和所有者权益变动表。附注是对资产负债表、利润表、现金流量表和所有者权益变动表等报表中列式项目的文字表述或明细资料以及对未能在这些报表中列示项目的说明等。

财务报告要素也称为"会计要素",是指按照交易或者事项的经济特征所作的基本分类,也是确定财务报表结构和内容的基础。我国《企业会计准则》将会计要素划分为资产、负债、所有者权益、收入、费用和利润六个要素。其中,资产、负债和所有者权益三项会计要素侧重于反映企业的财务状况,构成资产负债表要素;收入、费用和利润三项会计要素侧重于反映企业的经营成果,构成利润表要素。

一、反映企业财务状况的要素

财务状况要素是反映企业在某一日期经营资金的来源和分布情况的各项要素,由资产、负债和所有者权益这三个要素构成。

(一)资产

1. 资产的涵义及特征

资产是指企业过去的交易或者事项形成的,由企业拥有或者控制的,预期会给企业带来经济利益的资源。

根据资产的定义,资产具有以下几个方面的特征。

(1)资产是由过去的交易或者事项形成的。企业过去的交易或者事项包括购买、生产、建造行为或其他交易或者事项。也就是说,只有过去的交易或事项才能形成资产,企业预期在未来发生的交易或者事项不形成资产。"过去形成"原则在资产的定义中具有举足轻重的地位,这也是传统会计的一个显著特点。尽管现有的一些现象,特别是衍生金融工具的出现,已对"过去形成"原则提出了挑战,但这一原则仍然在实务中得到普遍的接受。例如,华美公司和甲供应商签订了一份购买原材料的合同,合同尚未履行。华美公司不能因此就将合同中的原材料确认为本企业的存货,因为购买行为尚未发生,该批原材料不符合资产的定义。

(2)资产必须由企业拥有或控制。这是指企业享有某项资产的所有权,或者虽然不享有某项资产的所有权,但该资源能被企业所控制。资产作为一项资源,必须由企业拥有或控制。通常在判断资产是否存在时,其所有权是考虑的首要要素,但在有些情况下虽然某些资产不为企业所拥有,即企业并不享有其所有权,但企业能对这些资产实施控制,企业能够从这些资产中获取经济利益。例如,融资租入的固定资产,在租赁期满之前,尽管企业并不拥有对该项固定资产的所有权,但租赁合同规定的租赁期相当长,接近于该资产的使用寿命,这表明企业控制了该资产的使用及其所能带来的经济利益,因此,按照实质重于形式的要求,应当将其作为企业的资产予以确认、计量和报告。

(3)资产预期会给企业带来经济利益。这是指直接或间接导致现金和现金等价物流入企业的潜力。资产必须具有交换价值和使用价值。没有交换价值和使用价值、不能给企业带来未来经济利益的资源不能确认为企业的资产。

资产预期能为企业带来经济利益是资产的重要特征。如果某一项目预期不能给企业带来经济利益,那么就不能将其确认为企业的资产,前期已经确认为资产的项目,如果不能再为企业带来经济利益的,也不能再确认为企业的资产。例如,待处理财产损失或已失效、已毁损的存货,已经不能给企业带来未来经济利益,就不应该再作为资产出现在资产负债表中。

2. 资产的构成

企业的资产按其流动性的不同可以划分为流动资产和非流动资产。

流动资产是指可以在1年或者超过1年的一个营业周期内变现或者耗用的资产,主要包括货币资金、应收及预付款项、存货等。其中:货币资金是指以货币形态存在的资产,包括库存现金,银行存款和其他货币资金;应收及预付款项是指企业在日常生产经营过程中发生的各项债权,包括应收款项(应收票据、应收账款、其他应收款等)和预付账款等;存货是指企业在日常的生产经营过程中持有以备出售,或者仍然处在生产过程中将要消耗,或者在生产或提供劳务的过程中将要耗用的各种材料或物料,包括原材料、在产品、半成品、产成品、库存商品以及周转材料等。

非流动资产是指不能在1年或者超过1年的一个营业周期内变现或者耗用的资产,主要包括债权投资、其他债权投资、其他权益工具投资、长期股权投资、投资性房地产、固定资产、无形资产、递延所得税资产等。

(二)负债

1. 负债的涵义及特征

负债是指由企业过去的交易或者事项形成的,预期会导致经济利益流出企业的现时义务。根据负债的定义,负债具有以下几个方面的特征。

(1)负债是由企业过去的交易或者事项形成的。企业只有过去发生的交易或者事项才形成负债,企业将在未来发生的承诺、签订的合同等交易或者事项,不形成负债。负债实质上是企业在一定时期之后必须偿还的经济债务,其偿还期或具体金额在它们发生或成立之时就已由合同、法规所规定与制约,是企业必须履行的一种义务。例如,华美股份有限公司(本公司名为虚构,全书同)与银行达成了3个月后借入款项500万元的借款意向书。这就不属于过去的交易或者事项,不应形成企业当前的负债。

(2)负债的清偿预期会导致经济利益流出企业。预期会导致经济利益流出企业是负债的本质特征。只有企业在履行义务时会导致经济利益流出企业的,才符合负债的定义;如果不会导致企业经济利益流出的,就不符合负债的定义。在履行现时义务清偿负债时,导致经济利益流出企业的形式多种多样,例如,用现金偿还或以实物资产形式偿还;以提供劳务形式偿还;部分转移资产、部分提供劳务形式偿还;将负债转为资本等。

(3)负债必须是企业承担的现时义务。这是负债的基本特征。其中,现时义务是指企业在现行条件下已承担的义务,未来发生的交易或者事项形成的义务不属于现时义务,不应当确认为负债。

这里所指的义务可以是法定义务,也可以是推定义务。其中,法定义务是指具有约束力的合同或者法律法规规定的义务,通常在法律意义上需要强制执行。例如,企业购买原材料形成应付账款,企业向银行贷入款项形成借款,企业按照税法规定应当交纳的税款等,均属于企业承担的法定义务,需要依法予以偿还。推定义务是指根据企业多年来的习惯做法、公开的承诺或者公开宣布的政策而导致企业将承担的责任,这些责任也使有关各方形成了企业将履行义务解脱责任的合理预期。例如,某企业多年来制定了一项销售政策,对于售出商品提供一定期限内的售后保修服务,预期将为售出商品提供的保修服务就属于推定义务,将由企业承担的保修服务费用应当确认为一项负债。

2. 负债的构成

负债通常是按照其流动性进行分类的。这样分类的目的在于了解企业流动资产和流动负债的相对比例,大致反映出企业的短期偿债能力,从而向债权人揭示其债权的相对安全程度。负债按照其流动性不同,可以分为流动负债和非流动负债。

流动负债是指将在 1 年(含 1 年)或者超过 1 年的一个营业周期内偿还的债务,包括短期借款、应付及预收款项、应付职工薪酬和应交税费等。其中:短期借款是指企业从银行或其他金融机构借入的期限在 1 年以下的各种借款,如企业从银行取得的、用来补充流动资金不足的临时性借款;应付及预收款项是指企业在日常生产经营过程中发生的各项债务,包括应付款项(应付票据、应付账款、应付职工薪酬、应交税费、应付股利、其他应付款等)和预收账款等;应付职工薪酬是企业根据有关规定应付但暂时未付给职工的各种薪酬;应交税费是指企业按照税法规定计算应交纳但暂时未缴纳的各种税费,包括增值税、消费税、企业所得税等。

非流动负债是指偿还期在 1 年或者超过 1 年的一个营业周期以上的债务,包括长期借款、应付债券、长期应付款等。其中:长期借款是指企业为了长期工程项目而从银行或其他金融机构借入的期限在 1 年以上的各项借款;应付债券是指企业为筹集长期资金而实际发行的长期债券;长期应付款是指除长期借款和应付债券以外的其他长期应付款项,包括融资租入固定资产应付款等。

(三)所有者权益

1. 所有者权益的涵义及特征

所有者权益是指企业资产扣除负债后,由所有者享有的剩余权益。公司的所有者权益又称为"股东权益"。所有者权益是所有者对企业资产的剩余索取权,它是企业资产扣除债权人权益后应由所有者享有的部分,既可反映所有者投入资本的保值增值情况,又体现了保护债权人权益的理念。

所有者权益具有如下几个方面的特征。

(1)所有者权益实质上是所有者在某个企业所享有的一种财产权利,包括所有者对投入资产的所有权、使用权、处置权和收益分配权。但所有者权益是一种剩余权益,只有在负债的要求权得到清偿后,所有者权益才能够被清偿。

(2)所有者权益是一种权利,但这种权利来自于投资者投入的可供企业长期使用的资源。

(3)所有者权益具有长期特性。所有者权益作为剩余权益,并不存在确切的、约定的偿付期限。

(4)所有者权益计量的间接性。所有者权益除了投资者投入资本能够直接计量外,在企业存续期内任一时点,都不是直接计量的,而是通过资产和负债计量而间接计量的结果。

2. 所有者权益的来源构成

所有者权益主要来源于包括所有者投入的资本、直接计入所有者权益的利得和损失、留存收益等。

所有者投入的资本是指所有者投入企业的资本部分,它既包括构成企业注册资本或者股本部分的金额,也包括投入资本超过注册资本或者股本部分的金额,即资本溢价或者股本溢价。这部分投入资本在我国企业会计准则体系中分别被计入了股本、其他权益工具以及资本公积,并在资产负债表所有者权益项目中反映。其他权益工具是指企业发行的除普通股以外的归类于权益工具的各种金融工具,主要包括归类于权益工具的优先股、永续债、认股权、可转换公司债券等金融工具。资本公积包括资本溢价(或股本溢价)和直接计入所有者权益的利得与损失的其他资本公积等。

直接计入所有者权益的利得和损失是指不应计入当期损益、会导致所有者权益发生增减变动的、与所有者投入资本或者向所有者分配利润无关的利得或者损失。其中,利得是指由企业非日常活动所形成的、会导致所有者权益增加的、与所有者投入资本无关的经济利益的流入。它分为:直接计入所有者权益的利得;直接计入当期利润的利得。损失是指由企业非日常活动所发生的、会导致所有者权益减少的、与向所有者分配利润无关的经济利益的流出。它分为:直接计入所有者权益的损失;直接计入当期利润的损失。直接计入所有者权益的利得和损失主要包括以公允价值计量且其变动计入其他综合收益的金融资产(其他债权投资和其他权益工具投资)的公允价值变动额,权益法下按份额确认的被投资单位所有者权益中其他综合收益的变动额、外币报表的折算差额以及企业将作为存货或自用的房地产转换为以公允价值模式计量的投资性房地产时在转换日的公允价值大于账面价值的差额等。直接计入所有者权益的利得和损失在我国企业会计准则体系中主要计入了其他综合收益,并在资产负债表的所有者权益项目中单项反映。其他综合收益是指企业在经营活动中形成的未计入当期损益的但归所有者共有的利得或损失。

留存收益是指归所有者所共有的、由收益转化而形成的所有者权益,主要包括法定盈余公积、任意盈余公积和未分配利润。

因此,所有者权益可分为实收资本(或股本)、资本公积、其他权益工具、其他综合收益、盈余公积和未分配利润等部分。其中,盈余公积和未分配利润统称为"留存收益"。

所有者权益和负债虽然同为企业的权益,都体现企业的资金来源,但两者之间却有着本质的不同,具体表现为:负债是企业对债权人所承担的经济责任,企业负有偿还的义务,而所有者权益则是企业对投资人所承担的经济责任,在一般情况下是不需要归还给投资者的;债权人只享有按期收回利息和债务本金的权利,而无权参与企业的利润分配和经营管理,投资者则既可以参与企业的利润分配,也可以参与企业的经营管理;在企业清算时,负债拥有优先求偿权,而所有者权益则只能在清偿了所有的负债以后,才返还给投资者。

二、反映企业经营成果的要素

经营成果是指企业在一定时期内生产经营活动的结果,具体地说,它是指企业生产经营过程中取得的收入与发生的耗费相比较的差额。经营成果要素一般通过利润表来反映,由收入、费用和利润三个要素构成。

(一)收入

1. 收入的涵义及其特征

收入是指企业在日常活动中形成的、会导致所有者权益增加的、与所有者投入资本无关的经济利益的总流入。

根据收入的定义,收入具有以下几个方面的特征。

(1)收入应当是企业在日常活动中形成的。所谓日常活动,是指企业为完成其经营目标而从事的经常性活动以及与之相关的其他活动。明确界定日常活动是为了将收入与利得相区分,企业非日常活动所形成的经济利益的流入不能确定为收入,而应当计入利得。

(2)收入应当会导致经济利益的流入,该流入不包括所有者投入的资本。收入应当会导致经济利益的流入,从而导致资产的增加。例如,企业销售商品,只有收到款项或者有权利在未来收到款项,才表明该项交易符合收入的定义。但是,企业经济利益的流入有时是由所有者投入资本的增加导致的,所有者投入资本的增加不应当确认为收入,应当将其直接确认为所有者权益。因此,与收入相关的经济利益的流入应当将所有者投入的资本排除在外。

(3)收入应当最终会导致所有者权益的增加。与收入相关的经济利益的流入最终会导致所有者权益的增加,不会导致所有者权益增加的经济利益的流入不符合收入的定义,不应确认为收入。例如,某企业向银行借入款项1000万元,尽管该借款导致了企业经济利益的流入,但是该流入并不会导致所有者权益的增加,反而使企业承担了一项现时义务。因此,企业对于因借入款项所导致的经济利益的增加,不应将其确认为收入,而应当确认为一项负债。

2. 收入的构成

收入可以有不同的分类。按照企业从事日常活动在企业的重要性,可将收入分为主营业务收入、其他业务收入等。其中,主营业务收入是指企业为完成其经营目标从事的经常性活动实现的收入,如工业企业制造并销售产品、商业企业销售商品、咨询企业提供咨询服务、软件开发企业为客户开发软件等。这些活动形成的经济利益的总流入构成收入,属于企业的主营业务收入,应通过"主营业务收入"科目核算。其他业务收入是指与企业为完成其经营目标所从事的经常性活动相关的活动实现的收入。例如,工业企业对外出售不需用的原材料、对外转让无形资产使用权等。这些活动形成的经济利益的总流入也构成收入,属于企业的其他业务收入,根据其性质的不同,应通过"其他业务收入"科目核算。

(二)费用

1. 费用的涵义及其特征

费用是指企业在日常活动中发生的、会导致所有者权益减少的、与向所有者分配利润无关的经济利益的总流出。根据费用的定义,费用具有以下几方面的特征。

(1)费用是企业在日常活动中形成的。费用必须是企业在日常活动中所形成的,这些日常活动的界定与收入定义中涉及的日常活动的界定相一致。日常活动所产生的费用通常包括销售成本(营业成本)、职工薪酬、折旧费、无形资产摊销等。将费用界定为在日常活动中形成的,目的是将其与损失相区分,企业非日常活动所形成的经济利益的流出不能确认为费用,而应当计入损失。

(2)费用是与向所有者分配利润无关的经济利益的总流出。费用的发生应当会导致经济利益的流出,从而导致资产的减少或者负债的增加,其表现形式包括现金或者现金等价物的流出,存货、固定资产和无形资产等的流出或者消耗等。企业向所有者分配利润也会导致经济利益的流出,而该经济利益的流出属于所有者权益的抵减项目,不应确认为费用,应当将其排除在费用的定义之外。

(3)费用会导致所有者权益的减少。与费用相关的经济利益的流出应当会导致所有者权益的减少,不会导致所有者权益减少的经济利益的流出不符合费用的定义,不应确认为费用。例如,某企业用银行存款800万元购买了一台大型机器设备,该购买行为尽管使企业的经济利益流出800万元,但并不会导致企业所有者权益的减少,而是使企业增加了另外一项固定资产。在这种情况下,就不应当将该经济利益的流出作为费用处理。

2. 费用的分类

在确认费用时,首先,应当划分生产费用与非生产费用的界限。生产费用是指与企业日常生产经营活动有关的费用,如生产产品所发生的原材料费用、人工费用等;非生产费用是指不属于生产费用的费用,如用于购建固定资产所发生的费用。其次,应当分清生产费用与产品成本的界限。生产费用与一定的期间相联系;产品成本与一定品种和数量的产品相联系。最后,应当分清生产费用与期间费用的界限。生产费用应当计入产品成本,而期间费用直接计入当期损益。

(三)利润

1. 利润的涵义及其特征

利润是指企业在一定会计期间的经营成果。影响企业利润的因素有营业活动和非营业活动,其中营业活动是主要因素。利润通常是评价企业管理层业绩的一项重要指标,也是投资者、债权人等财务报告使用者做出投资决策、信贷决策等的重要参考指标。利润具有以下几方面的特征:

其一,利润是企业一定时期的最终经营成果;

其二,利润是按配比性原则计量的,是一定时期的收入与费用相减的结果;

其三,影响利润的因素较复杂,利润的计算含有较大的主观判断成分,其结果可能因人而异,因而具有可操纵性。

2. 利润的来源构成

利润包括收入减去费用后的净额、直接计入当期利润的利得和损失等。其中,收入减去费用后的净额反映的是企业日常活动的业绩,直接计入当期利润的利得和损失反映的是企业非日常活动的业绩。直接计入当期利润的利得和损失,是指应当计入当期损益、最终会引起所有者权益发生增减变动的、与所有者投入资本或者向所有者分配利润无关的利得或者损失。企业应当严格区分收入和利得、费用和损失之间的区别,以更加全面地反映企业的经营业绩。

第二章 货币资金

货币资金是指企业可以立即投入流通,用以购买商品或劳务,或用以偿还债务的交换媒介物,是以货币形态表现的资金。

在流动资产中,货币资金的流动性最强,是资产负债表中流动资产项目的重要组成部分。为了确保生产经营活动的正常进行,企业必须拥有一定数量的货币资金,以便购买原材料、发放职工工资、缴纳税金、支付利息或股利、支付有关费用以及进行投资等。

货币资金一般包括库存现金、银行存款和其他货币资金。具体如图 2-1 所示。

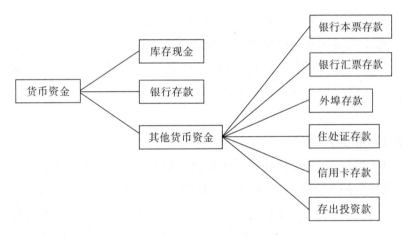

图 2-1 货币资金的组成

第一节 库存现金

一、库存现金的管理

(一)库存现金的涵义

库存现金是指通常存放于企业会计部门、由出纳人员管理的货币,包括人民币现金和外币现金。

(二)库存现金的管理

库存现金是企业流动性最强的资产,企业应当严格遵守国家有关现金管理制度,正确进行现金收支的核算,监督现金使用的合法性。现金管理制度主要包括以下内容。

1. 库存现金的使用范围

根据国务院发布的《现金管理暂行条例》的规定,企业可用库存现金支付的款项有:

(1)职工工资、津贴;

(2)个人劳务报酬;

(3)根据国家规定颁发给个人的科学技术、文化艺术、体育等各种奖金;

(4)各种劳保、福利费用以及国家规定的对个人的其他支出;

(5)向个人收购农副产品和其他物资的款项;

(6)出差人员必需随身携带的差旅费;

(7)结算起点(1000元人民币)以下的零星支出;

(8)中国人民银行确定需要支付现金的其他支出。

除上述情况可以用库存现金支付外,其他款项的支付都应通过银行转账结算。

2. 库存现金的限额

库存现金的限额是指为了保证企业日常零星开支的需要,允许企业留存现金的最高数额。这一限额由开户银行根据该企业的实际需要核定,一般按照该企业3~5天日常零星开支的需要确定。边远地区和交通不便地区开户单位的库存现金限额,可按多于5天但不超过15天的日常零星开支的需要确定。核定后的库存现金限额,开户单位必须严格遵守,超过部分应于当日业务终了前及时送存入银行。需要增加或减少库存现金限额的单位,应向开户银行提出申请,由开户银行核定。

3. 库存现金日常收支的规定

(1)现金收入应于当日送存银行,如当日送存银行确有困难,由银行确定送存时间。

(2)企业可以从现金的库存限额中支付或者从银行提取现金支付,但不得从本单位的现金收入中直接支付,即不得"坐支"现金。因特殊情况需要坐支现金的,应当事先报经开户银行审查批准,由开户银行核定坐支范围和限额。企业应定期向开户银行报送坐支金额和使用情况。

(3)企业从银行提取现金时,应当在取款凭证上写明具体用途,并由本单位财会部门负责人等签字盖章,交开户银行审核批准后方可提取。

(4)因采购地点不固定、交通不便、生产或者市场急需、抢险救灾及其他情况必须使用现金的,企业应当提出申请,经开户银行审核批准后方可支付现金。

(5)不准用不符合财务制度的凭证顶替库存现金,即不得"白条抵库";不准谎报用途套取现金;不准用银行账户代其他单位和个人存入或支取现金;不准将单位收入的现金以个人名义存储蓄,不准保留账外公款,即不得"公款私存",不得设置"小金库"等。

4. 库存现金账目管理

企业必须建立健全库存现金账目,除设置库存现金总分类账户对现金进行总分类核算以外,还必须设置库存现金日记账进行库存现金收支的明细核算,逐日逐笔登记现金收入和支出,并做到账目日清日结,账款相符。

(三)库存现金的内部控制

内部控制制度是企业重要的内部管理制度,是指企业处理各种业务活动时,依照分工负责的原则在有关人员之间建立的相互联系、相互制约的管理体系。货币资金的内部控制是根据内部控制的基本要求设计的,保证货币资金安全和有效运用的制度。货币资金内部控制制度是企业最重要的内部控制制度,它要求货币资金收支与记录的岗位分离,收支凭证经过有效复核或核准,收支及时入账且收支分开处理,建立严密的清查和核对制度,做到账实相符,制定严格的现金管理及检查制度等。

库存现金的内部控制制度可以细分为收款内部控制制度、付款内部控制制度和零用现金的内部控制制度。

1. 收款内部控制制度

企业的收入来源主要为现金销售、赊销收回和其他应收款项结算。因此,收款内部控制就是现金收入的内部控制制度,主要内容包括如下几条。

(1)职权和责任分开。签发收款凭证与收款的职责应由两个经手人分工办理,现金总账和日记账的登记工作也应由两人分工协作。

(2)建立发票和收据的领发存和销号制度。设置发票和收据领用存登记簿,并设专人保管,领用时须有领用人签收领用数量和起讫编号。使用完毕,发票和收据应由保管人收回,回收时要销号,即按票据的编号、金额逐张核对注销,以便确保已开出的收据无一遗漏地收到款项。作废的票据应全联粘贴在存根上,并加盖"作废"图章。

(3)按规定的手续和程序办理收款业务。一切现金收入都应无一例外地开具收款收据,以分清彼此职责。一切现金收款都必须当天入账,如果是库存现金,应尽可能当天存入银行,不能当天存入银行的,应于次日上午送存银行,不得从本企业的库存现金收入中坐支。

2. 付款内部控制制度

现金付款的内部控制主要是保证不支付任何未经主管人员批准的付款凭证。现金付款的内部控制制度的内容主要包括如下几条。

(1)职权和责任分开。采购、出纳、记账工作应分别由不同的经办人员负责,不能一人兼管。填写付款单据、签发支票或支付现金也要分工办理,分工负责,互相监督。

(2)按规定程序和手续办理付款业务。需要付款的业务都要有原始凭证,有经办人签字证明,由有关负责人审核同意并经会计人员复核认为应该付款后,出纳人员才能付款。付款后,出纳应在有关凭证上加盖"现金付讫"图章,并定期装订成册后由专人保管,以免重复付款。

(3)根据规定使用现金。国家规定了库存现金和银行存款的开支范围,企业必须遵守这些规定,并在规定的范围内支出现金。

3. 零用现金的内部控制制度

零用现金是指企业生产过程中的零星小额的不便于使用支票而需要直接支付库存现金的日常开支。零用现金的控制制度主要是指采取备用金制度,内容主要包括如下几条。

(1)核定适当的备用金限额,并设专人负责管理。

(2)按规定的用途使用备用金,同时加强报销凭证的核实和审查工作。

(3)清查小组要定期或不定期地对备用金进行清查核对,以保证企业内部各部门零用现金的安全与完整。

二、库存现金的核算

涉及库存现金的核算业务主要有三种情况:现金收支业务,现金溢余与短缺业务,内部周转使用备用金业务。

(一)库存现金收支业务的会计处理

1. 库存现金的总分类核算

为了总括地反映企业库存现金的收入、支出和结存情况,企业应当设置"库存现金"总账账户,现金的增加登记在该账户的借方,现金的减少登记在该账户的贷方,期末余额在借方,反映企业实际持有的库存现金的金额。

企业内部周转使用备用金,通过"其他应收款"账户核算,或者单独设置"备用金"账户核算,不在"库存现金"账户中核算。

例 2-1

华美股份有限公司在2020年9月份发生了如下几笔与现金收支有关的业务。

(1)5日,收到甲公司的前欠货款的50 000元现金,全额存入银行。

(2)10日,向客户个人销售产品,收到现金共计1 090元,其中价款为1 000元,增值税销项税款90元。

(3)13日,从银行提取现金8 000元,用于支付当日办公用品费用3 000元。

(4)18日,业务员刘某因公出差预借差旅费5 000元,以现金支付。

(5)25日,业务员刘某出差归来,报销差旅费4 600元,余款交回现金。

对于上述这五笔业务,华美股份有限公司应做的会计处理如下。

(1)收回前欠货款时。

借:库存现金　　　　　　　　　　　　　50 000
　　贷:应收账款　　　　　　　　　　　　　　50 000

将款项存入银行时。

借:银行存款　　　　　　　　　　　　　50 000
　　贷:库存现金　　　　　　　　　　　　　　50 000

(2)收到销售货款时。

借:库存现金　　　　　　　　　　　　　1 090
　　贷:主营业务收入　　　　　　　　　　　　1 000
　　　　应交税费——应交增值税(销项税额)　　90

(3)从银行提取现金时。

借:库存现金　　　　　　　　　　　　　8 000
　　贷:银行存款　　　　　　　　　　　　　　8 000

用现金支付办公用品费用时。

借:管理费用　　　　　　　　　　　　　3 000
　　贷:库存现金　　　　　　　　　　　　　　3 000

(4)预借差旅费时。

借:其他应收款——刘某	5 000	
贷:库存现金		5 000

(5)报销差旅费时。

借:管理费用——差旅费	4 600	
库存现金	400	
贷:其他应收款——刘某		5 000

2. 库存现金的序时核算

为了全面、连续、完整地反映企业库存现金的收入、支出和结存情况,企业除了应设置"库存现金"总账账户进行核算外,还必须设置"库存现金日记账"进行序时核算。

库存现金日记账由出纳人员根据现金的收、付款等凭证,按照业务发生顺序逐日逐笔登记。每日业务终了,应当在现金日记账上计算出当日的现金收入合计额、现金支出合计额和结余额,并将现金日记账的账面结余额与实际库存现金额相核对,做到账款相符。月度终了,现金日记账的余额应当与现金总账的余额核对,做到账账相符。

(二)库存现金清查的会计处理

1. 库存现金的清查

为了加强现金管理并确保账实相符,企业应对库存现金进行清查。库存现金清查包括两部分内容:一是出纳人员每日营业终了前进行的库存现金的账款核对;二是清查小组进行的定期或不定期的库存现金盘点和核对。

库存现金清查一般采用实地盘点法。清查小组在进行库存现金清查时,出纳员必须在场。清查的内容主要是:依据库存现金管理的有关规定,对库存现金实存额进行盘点,并与账存额进行比对,同时还要检查是否有挪用现金、是否有白条抵库、是否存在超限额留存现金等情况。

库存现金清查和核对后,应及时编制现金盘点报告单,注明现金账存额、现金实存额、差异额及其原因,即注明现金溢缺的金额,并由出纳人员和盘点人员签字盖章。如果有挪用现金、白条抵库情况,应及时予以纠正;对于超限额留存现金要及时送存银行;发生的长款或短款,应查找原因,并按规定进行处理,不得以今日长款弥补他日短款;对无法确定原因的差异,应及时报告有关负责人。

2. 库存现金清查结果的会计处理

库存现金清查中发现的现金长款或短款,应根据现金盘点报告单的记录进行处理,以确保账实相符,并对长短款情况作出相应的会计处理。对于库存现金的长款、短款一般先通过"待处理财产损溢—待处理流动资产损溢"账户进行核算,待查明原因后,再根据不同原因及情况进行处理,将其转入有关账户。

1. 现金短缺的会计处理

如发现现金短缺(即实存数小于账存数的差额),属于应由责任人赔偿或保险公司赔偿的部分,计入其他应收款;属于无法查明的其他原因,计入管理费用。

(1)发现现金短缺时。

借：待处理财产损溢——待处理流动资产损溢
　　贷：库存现金

(2)核查原因后,经过批准处理时。

借：其他应收款——应收现金短款(应由责任人赔偿的部分)
　　其他应收款——应收保险赔款(应由保险公司赔偿的部分)
　　管理费用——现金短缺(无法查明原因的,经批准作为损失处理的部分)
　　贷：待处理财产损溢——待处理流动资产损溢

例 2-2

华美股份有限公司在现金清查中发现无法查明原因的现金短缺 1 000 元,应先做如下会计分录。

借：待处理财产损溢——待处理流动资产损溢　　1 000
　　贷：库存现金　　　　　　　　　　　　　　　　1 000

经过核查,上述现金短款系出纳人员失职造成,应由出纳人员赔偿 500 元,向出纳人员发出赔偿通知书。再做如下会计分录。

借：其他应收款——应收现金短款(××出纳员)　　500
　　管理费用　　　　　　　　　　　　　　　　　　500
　　贷：待处理财产损溢——待处理流动资产损溢　　1 000

2. 现金溢余的会计处理

如发现现金溢余(即实存数大于账存数的差额),属于应支付给有关人员或单位的部分,计入其他应付款;属于无法查明原因的,部分计入营业外收入。

(1)发现现金溢余时。

借：库存现金
　　贷：待处理财产损溢——待处理流动资产损溢

(2)核查原因后,经过批准处理时。

借：待处理财产损溢——待处理流动资产损溢
　　贷：其他应付款——应付现金溢余(应支付给有关单位或有关人员的部分)
　　　　营业外收入——盘盈利得(无法查明原因的溢余部分)

例 2-3

华美股份有限公司在现金清查中,发现现金溢余 600 元,会计部门应先做如下会计分录。

借：库存现金　　　　　　　　　　　　　　　　　600
　　贷：待处理财产损溢——待处理流动资产损溢　　600

经反复核查,该现金溢余是业务员李某报销时公司少付其 100 元;其余长款 500 元仍无法查明具体原因,经单位领导批准,将其转为企业的营业外收入。华美股份有限公司应做的会计处理如下。

对于少付的100元,应做如下会计分录。

借:待处理财产损溢——待处理流动资产损溢　　　100
　　贷:其他应付款——李某　　　　　　　　　　　　　　100

后期实际支付给李明时。

借:其他应付款——李某　　　　　　　　　　　　　　100
　　贷:库存现金　　　　　　　　　　　　　　　　　　　100

对于无法查明具体原因的长款500元,应做如下会计分录。

借:待处理财产损溢——待处理流动资产损溢　　　500
　　贷:营业外收入　　　　　　　　　　　　　　　　　　500

(三)内部周转使用备用金的核算

备用金是指付给单位内部各部门或工作人员用作零星开支、零星采购、售货找零或差旅费等备用的款项。备用金的核算,应设置"其他应收款"账户,该账户属于资产类,用来核算企业应收票据、应收账款、预付账款以外的其他各种应收、暂付款项,一般包括各种赔款、罚款、保证金、备用金、应向职工收取的各种垫付款项等。在备用金数额较大或业务较多的企业,也可以将备用金业务从"其他应收款"账户中分离出来,单独设置"备用金"账户进行核算。

1. 备用金的领用

单位内部各部门或工作人员因零星开支、零星采购等需要领用备用金,一般应由经办人填写借款凭证。借款凭证一式三联,第一联为付款凭证,财务部门作为记账依据;第二联为结算凭证,借款期间由出纳员留存,报销时作为核对依据,报销后随同报销单据作为记账凭证的附件;第三联交借款人保存,报销时由出纳员签字作为借款结算及交回借款的收据。经办人在填写借款凭证时,应当如实认真地填写借款事由、金额和借款日期并签名,送有关领导审批后,会计人员根据借款凭证编制现金付款记账凭证。

对于企业来说,借用备用金的现金付款凭证,其贷方科目自然为"库存现金"科目,借方科目则为"其他应收款"或"备用金"科目。出纳员根据现金付款凭证付给现金(或开出现金支票)。

例 2-4

华美股份有限公司销售科领取备用金5 000元,作零星采购和开支使用,经办人为王某。王某在领用备用金时,应按规定填制借款凭证,有关人员编制现金付款记账凭证,出纳员根据现金付款凭证支付现金5 000元,其会计分录如下。

借:其他应收款——销售科备用金　　　　　　　5 000
　　贷:库存现金　　　　　　　　　　　　　　　　　　5 000

2. 备用金的报销

备用金报销制度可以分为定额备用金和非定额备用金两种。

(1)定额备用金制度。

定额备用金是指单位对经常使用备用金的内部各部门或工作人员根据其零星开支、零星采购等的实际需要而核定现金数额,并保证其经常保持该核定的数额。在实行定额备用金制度的情况下,使用定额备用金的部门或工作人员应按核定的定额填写借款凭证,一次性领出全部定额现金,用后凭发票等有关凭证报销,出纳员将报销金额补充原定的数额,从而保证该部门或工作人员始终保持核定的现金定额。

有关部门或工作人员在报销时,应编制现金付款凭证,其贷方科目为库存现金,借方为相应科目。出纳员应将报销的金额用现金补给报销的部门或工作人员,这样报销后有关部门或工作人员手中的现金又达到核定的限额。

例 2-5

华美股份有限公司会计部门对供应部门实行定额备用金制度。根据核定的定额,付给定额备用金 8 000 元。其会计分录如下。

借:其他应收款——供应科备用金　　　　　　　　　　　　8 000
　　贷:库存现金　　　　　　　　　　　　　　　　　　　　8 000

例 2-6

华美股份有限公司供应部门在一段时间内共发生备用金支出 5 600 元,工作人员持有关费用支出凭证到会计部门报销。会计部门审核以后付给现金,补足定额。其会计分录如下。

借:管理费用　　　　　　　　　　　　　　　　　　　　　5 600
　　贷:库存现金　　　　　　　　　　　　　　　　　　　　5 600

例 2-7

华美股份有限公司会计部门因管理的需要,决定取消定额备用金制度。供应部门工作人员持尚未报销的费用支出凭证 800 元和余款现金 7 200 元,到会计部门办理报销和交回备用金的手续。其会计分录如下。

借:管理费用　　　　　　　　　　　　　　　　　　　　　　800
　　库存现金　　　　　　　　　　　　　　　　　　　　　7 200
　　贷:其他应收款——供应科备用金　　　　　　　　　　　8 000

不同的单位,其内部各部门或工作人员使用备用金的业务性质不同,会计制度的规定也不同,因而在报销备用金时,其编制的现金付款凭证的借方科目有很大的差别。

(2)非定额备用金制度(随借随用、用后报销制度)。

非定额备用金是指用款部门根据实际需要向财会部门领取备用金的管理办法。在凭有关支出凭证向财会部门报销时,作为减少备用金处理,直到用完为止。如需补充备用金,再另行办理拨款和领款手续。

表 2-1 两种备用金管理制度业务处理方法比较

备用金类型	预借	报销	注销备用金或其他应收款
定额备用金	借:备用金(或其他应收款) 贷:库存现金	借:管理费用 贷:库存现金	取消定额备用金时注销,会计分录如下。 借:管理费用(尚未报销部分)库存现金 贷:备用金(或其他应收款)
非定额备用金	借:备用金(或其他应收款) 贷:库存现金	借:管理费用库存现金 贷:备用金(或其他应收款)	报销时已注销

总而言之,无论实行哪种备用金管理办法,企业都要建立健全备用金的领用、保管和报销等手续制度,并指定专人负责经管备用金。经管人员发生变动时,必须办理交接手续,以明确经济责任。

第二节 银行存款

一、银行存款的管理

银行存款是指企业存入银行或其他金融机构的各种款项。企业应当根据业务需要,按照规定在其所在地银行开设账户,运用所开设的账户,进行存款、取款以及各种收支转账业务的结算。银行存款的收付应严格执行银行结算纪律的规定。

中国人民银行制定的《银行账户管理办法》规定,一个企业可以根据需要在银行开立四类账户,分别是基本存款账户、一般存款账户、专用存款账户和临时存款账户。

基本存款账户是指企业因办理日常转账结算和现金收付业务的需要而开立的银行结算账户。每个企业只能在一家银行开立一个基本存款账户。经营活动的日常资金收付以及工资、奖金和现金的支取均可通过该账户办理。

一般存款账户是指企业因借款或其他结算需要而开立的银行账户。一般存款账户用于办理存款人借款转存、借款归还和其他结算的资金收付。企业可以通过本账户办理转账结算和现金缴存,但不得办理现金支取。

专用存款账户是指存款人按照法律、行政法规和规章,对其特定用途资金进行专项管理和使用而开立的银行结算账户。

临时存款账户是指存款人因临时需要并在规定期限内使用而开立的银行结算账户。该账户用于办理临时机构以及存款人临时经营活动(如设立临时机构、异地临时经营活动、注册验资等)发生的资金收付。临时存款账户的有效期限最长不得超过2年,超过有效期限的,银行应根据单位的申请重新确定其有效期限,并报经中国人民银行核准后办理展期。临时存款账户支取现金的,应按照国家现金管理的规定办理。

为了加强对银行结算账户的管理,我国对企业开立的基本存款账户、临时存款账户和预算单位开立的专用存款账户实行核准制度。上述账户经中国人民银行核准后由开户银行核发开户登记证,但存款人因注册验资需要开立的临时存款账户除外。

二、银行转账结算

银行转账结算是指企业与客户单位之间的款项收付不是动用现金,而是由银行从付款单位的存款户划转到收款单位的存款账户的货币清算行为。在我国,现金开支范围以外的各种款项的收付,都必须通过银行办理转账结算,但不同地区以及不同的经济业务,采用的转账结算方式是不同的。为了保证银行结算业务的正常开展,使社会经济活动中各项资金得以顺畅流转,中国人民银行制定并颁发了统一的结算制度和结算方式。企业发生货币资金收付业务可以采用的主要的银行结算方式有银行汇票、银行本票、商业汇票、支票、信用卡、汇兑、委托收款、托收承付、信用证、网上银行等转账结算方式。

(一)银行汇票

银行汇票是由出票银行签发的,由其在见票时按照实际结算金额无条件支付给收款人或者持票人的票据。银行汇票主要用于异地间的款项结算。单位和个人各种款项的结算,均可使用银行汇票。银行汇票可以用于转账,填明"现金"字样的银行汇票也可以用于支取现金,但申请人和收款人必须均为个人;若申请人或者收款人为单位的,不得在"银行汇票申请书"上填明"现金"字样。

签发银行汇票必须记载下列事项:表明"银行汇票"的字样;无条件支付的承诺;出票金额;付款人名称;收款人名称;出票日期;出票人签章。欠缺上列事项之一的,银行汇票无效。汇款单位(即申请人)使用银行汇票,应向出票银行填写"银行汇票申请书",填明收款人名称、汇票金额、申请人名称、申请日期等事项并签章,签章为其预留银行的签章。出票银行受理银行汇票申请书,收妥款项后签发银行汇票,并用压数机压印出票金额,将银行汇票和解讫通知一并交给申请人。申请人应将银行汇票和解讫通知一并交付给汇票上记明的收款人。收款人受理申请人交付的银行汇票时,应在出票金额以内,根据实际需要的款项办理结算,并将实际结算的金额和多余金额准确、清晰地填入银行汇票和解讫通知的有关栏内,到银行办理款项入账手续,多余款项银行可以代为退回。

银行汇票一律记名,可以背书转让,即收款人可以将银行汇票背书转让给被背书人。银行汇票的背书转让以不超过出票金额的实际结算金额为准。未填写实际结算金额或实际结算金额超过出票金额的银行汇票,不得背书转让。银行汇票的提示付款期限为自出票日起1个月,持票人超过付款期限提示付款的,银行将不予受理。持票人向开户银行提示付款时,应在汇票背面签章,必须同时提交银行汇票和解讫通知联,缺少任何一联,银行均不予受理,银行审查无误后办理转账。

未在银行开立存款账户的个人持票人,可以向选择的任何一家银行机构提示付款。提示付款时,应在汇票背面签章,并提交身份证件及其复印件备查。银行审查无误后,以持票人的姓名开立应解汇款及临时存款账户,该账户只付不收,付完清户,不计付利息。

持票人或者申请人因汇票超过付款提示期限或者其他原因要求退款时,应将银行汇票和解讫通知联同时提交到出票银行,并出具单位证明或个人身份证件,经审核无误后才能办理。如果缺少解讫通知要求退款的,出票银行应于银行汇票提示付款期满一个月后才能办理。

银行汇票丧失,失票人可以凭人民法院出具的其享有票据权利的证明,向出票银行请求付款或退款。银行汇票结算程序如图 2-2 所示。

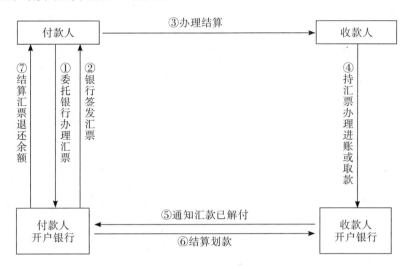

图 2-2 银行汇票结算程序

(二)银行本票

银行本票是申请人将款项交存银行,由银行签发并承诺在见票时办理转账结算或无条件支付确定的金额给收款人或者持票人的票据。

银行本票由银行签发并保证兑付,而且见票即付,具有信誉高、支付功能强等特点。用银行本票购买材料物资,销货方可以见票付货,购货方可以凭票提货;债权债务双方可以凭票清偿;收款人将本票交存银行,银行即可为其入账。无论单位或个人,在同一票据交换区域支付各种款项,都可以使用银行本票。

银行本票分定额本票和不定额本票。定额本票面值分别为 1 000 元、5 000 元、10 000 元和 50 000 元。在票面划去转账字样的,为现金本票。

银行本票一律记名,银行本票的金额、日期、收款人名称不得更改,更改的票据无效。银行本票在同一票据交换区域内允许背书转让。但填明"现金"字样的银行本票不得背书转让。银行本票的提示付款期限为自出票日起最长不超过 2 个月,在付款期内银行本票见票即付。超过提示付款期限不获付款的,可在票据权利时效内向出票银行作出说明,并提供单位证明或本人身份证件,交付银行本票向银行请求付款。

企业为支付购货款等款项向银行申请银行本票时,应向银行提交"银行本票申请书",填明收款人名称、申请人名称、支付金额、申请日期等项并签章。申请人或收款人为单位的,银行不予签发现金银行本票。出票银行受理银行本票申请书后,收妥款项签发银行本票。不定额银行本票用压数机压印出票金额,出票银行在银行本票上签章后交给申请人。申请人取得银行本票后,即可向填明的收款单位办理结算。收款单位可以根据需要在票据交换区域内背书转让银行本票。收款企业在收到银行本票时,应该在提示付款时在本票背面"持票人向银行提示付款签章"处加盖预留银行印鉴,同时填写进账单,连同银行本票一并交开户银行转账。银行本票丧失,失票人可以凭人民法院出具的其享有票据权利的证明,向出票银行请求付款或退款。银行本票结算程序如图 2-3 所示。

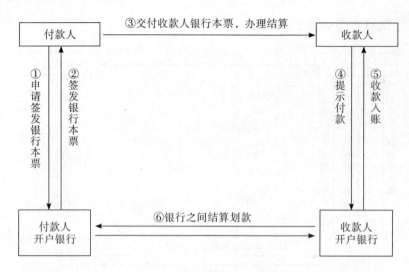

图 2-3　银行本票票结算程序

(三) 商业汇票

商业汇票是一种由出票人签发的,委托付款人在指定日期无条件支付确定金额给收款人或者持票人的票据。出票人不得签发无对价的商业汇票用以骗取银行或者其他票据当事人的资金。

在银行开立存款账户的法人以及其他组织之间须具有真实的交易关系或债权债务关系,才能使用商业汇票。签发商业汇票必须记载下列事项:表明"商业承兑汇票"或"银行承兑汇票"的字样、无条件支付的委托、确定的金额、付款人名称、收款人名称、出票日期、出票人签章;欠缺记载上列事项之一的,商业汇票无效。商业汇票的付款期限由交易双方商定,但最长不得超过 6 个月。电子商业汇票付款期限不超过 1 年。定日付款的汇票付款期限自出票日起计算;出票后定期付款的汇票付款期限自出票日起按月计算;见票后定期付款的汇票付款期限自承兑或拒绝承兑日起按月计算。商业汇票的提示付款期限自汇票到期日起 10 日内。持票人超过提示付款期限提示付款的,持票人开户银行不予受理。汇票未按照规定期限提示承兑的,持票人丧失对其前手的追索权。存款人领购商业汇票,必须填写"票据和结算凭证领用单"并加盖预留银行印鉴。存款账户结清时,必须将剩余的空白商业汇票全部交回银行注销。已承兑的商业汇票丧失后,失票人可以通知付款人挂失止付。

商业汇票适用于同城或异地款项的结算,商业汇票一律记名,可以背书转让,还可以贴现与转贴现。具备下列条件的商业汇票的持票人可持未到期的商业汇票连同贴现凭证,向银行申请贴现:在银行开立存款账户的企业法人以及其他组织;与出票人或者直接前手之间具有真实的商品交易关系;提供与其直接前手之间的增值税发票和商品发运单据复印件。贴现银行也可持未到期的商业汇票向其他银行转贴现,也可向中国人民银行申请再贴现。贴现、转贴现和再贴现的期限从其贴现之日起至汇票到期日止。实付贴现金额按票面金额扣除贴现日至汇票到期前 1 日的利息计算。承兑人在异地的,贴现、转贴现和再贴现的期限以及贴现利息的计算应另加 3 天的划款日期。

商业汇票按承兑人不同可分为商业承兑汇票和银行承兑汇票两种。

1. 商业承兑汇票

商业承兑汇票由银行以外的付款人承兑。商业承兑汇票的出票人为在银行开立存款账户的法人及其他组织,与付款人具有真实的委托付款关系,具有支付汇票金额的可靠资金来源。商业承兑汇票按交易双方约定,由销货企业或购货企业签发,但由购货企业承兑。承兑时,购货企业应在汇票正面记载"承兑"字样和承兑日期并签章。承兑不得附有条件,否则视为拒绝承兑。汇票到期时,购货企业的开户银行凭票将票款划给销货企业或贴现银行。

销货企业应在提示付款期限内通过开户银行委托收款或直接向付款人提示付款。商业承兑汇票的付款人接到出票人或持票人向其提示承兑的汇票时,应当向出票人或持票人签发收到汇票的回单,记明汇票提示承兑日期并签章。付款人应当在自收到提示承兑的汇票之日起 3 日内承兑或者拒绝承兑。付款人在接到通知日的次日起 3 日内(遇法定休假日顺延)未通知银行付款的,视同付款人承诺付款,银行应于付款人接到通知日的次日起第四日(遇法定休假日顺延)上午开始营业时,将票款划给持票人。付款人拒绝承兑的,必须出具拒绝承兑的证明。付款人存在合法抗辩事由拒绝支付的,应自接到通知日的次日起 3 日内,作成拒绝付款证明送交开户银行,银行将拒绝付款证明和商业承兑汇票邮寄持票人开户银行转交持票人。对异地委托收款的,销货企业可匡算邮程,提前通过开户银行委托收款。汇票到期时,银行在办理划款时,如果购货企业的存款不足支付票款的,开户银行应填制付款人未付票款通知书,连同商业承兑汇票邮寄持票人开户银行转交持票人。银行不负责付款,由购销双方自行处理。商业承兑汇票结算程序如图 2-4 所示。

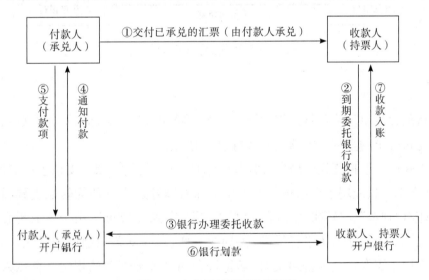

图 2-4 商业承兑汇票结算程序

2. 银行承兑汇票

银行承兑汇票由银行承兑,由在承兑银行开立存款账户的存款人签发。承兑银行按票面金额向出票人收取万分之五的手续费。银行承兑汇票的出票人必须具备下列条件:在承兑银行开立存款账户的法人以及其他组织;与承兑银行具有真实的委托付款关系;资信状况良好,具有支付汇票金额的可靠资金来源。

银行承兑汇票的出票人或持票人向银行提示承兑时,银行的信贷部门负责按照有关规定和审批程序,对出票人的资格、资信、购销合同和汇票记载的内容进行认真审查,必要时可由出票人提供担保。符合规定和承兑条件的,与出票人签订承兑协议。

购货企业应于汇票到期前将票款足额交存其开户银行,以备由承兑银行在汇票到期日或到期日后的见票当日支付票款。销货企业应在汇票到期时将汇票连同进账单送交开户银行以便转账收款。承兑银行凭汇票将承兑款项无条件转给销货企业,银行承兑汇票的承兑银行向出票人按票面金额的0.05%但不低于规定的金额收取手续费。如果购货企业于汇票到期日未能足额交存本票款时,承兑银行除无条件支付票款外,还会对承兑申请人执行扣款,并对尚未扣回的承兑金额每天按0.05%计算收取罚息。银行承兑汇票结算程序如图2-5所示。

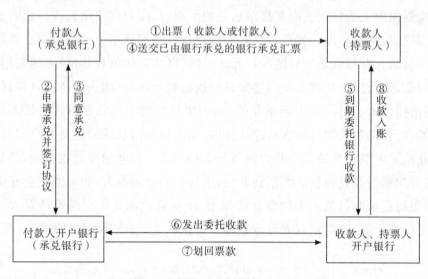

图2-5 银行承兑汇票结算程序

(四)支票

支票是银行的存款单位或存款人签发给收款人,委托办理支票存款业务的银行在见票时办理结算或无条件支付确定的金额给收款人或者持票人的票据。

单位和个人在同一票据交换区域的各种款项结算,均可使用支票。支票上印有"现金"字样的为现金支票,现金支票只能用于支取现金。支票上印有"转账"字样的为转账支票,转账支票只能用于转账。未印有"现金"或"转账"字样的为普通支票,普通支票可以用于支取现金,也可以用于转账。在普通支票左上角划两条平行线的,为划线支票,划线支票只能用于转账,不得支取现金。签发现金支票和用于支取现金的普通支票,必须符合国家现金管理的规定。存款人领购支票,必须填写"票据和结算凭证领用单"并加盖预留银行印鉴。存款账户结清时,必须将剩余的空白支票全部交回银行注销。

支票的提示付款期限为自出票日起10日内,中国人民银行另有规定的除外。出票人在付款人处的存款足以支付支票金额时,付款人应当在见票当日足额付款。超过提示付款期限的,持票人开户银行不予受理,付款人不予付款。转账支票可以根据需要在票据交换区域内背书转让,现金支票和普通支票不能背书转让。

企业财会部门在签发支票之前,出纳人员应该认真查明银行存款的账面结余数额,防止签发超过存款余额的空头支票。禁止签发空头支票,签发空头支票的,银行除退票外,还应按票面金额处以5%但不低于1 000元的罚款。持票人有权要求出票人赔偿支票金额2%的赔偿金。对屡次签发空头支票的,银行应停止其签发支票;以骗取财物为目的的,出票人还将被追究刑事责任。签发支票时,应使用碳素墨水或墨汁,将支票上的各要素填写齐全,并在支票上加盖其预留银行印鉴。出票人预留银行的印鉴是银行审核支票付款的依据。银行也可以与出票人约定使用支付密码,作为银行审核支付支票金额的条件。出票人不得签发与其预留银行签章不符的支票;使用支付密码的,出票人不得签发支付密码错误的支票。

支票遗失后,失票人可以及时通知付款人挂失止付。

(五)信用卡

信用卡是指商业银行向个人和单位发行的,凭以向特约单位购物、消费和向银行存取现金,且具有消费信用的特制载体卡片。

信用卡是银行卡的一种。信用卡按使用对象分为单位卡和个人卡;按信誉等级分为金卡和普通卡。凡在中国境内金融机构开立基本存款账户的单位均可申领单位卡。单位卡可申领若干张,持卡人资格由申领单位法定代表人或其委托的代理人书面指定和注销,持卡人不得出租或转借信用卡。单位卡账户的资金一律从其基本存款账户转账存入,在使用过程中,需要向其账户续存资金的,也一律从其基本存款账户转账存入,不得交存现金,不得将销货收入的款项存入其账户。持卡人可持信用卡在特约单位购物、消费。单位卡不得用于10万元以上的商品交易、劳务供应款项的结算,不得支取现金。特约单位在每日营业终了后,应将当日受理的信用卡签购单汇总,计算手续费和净计金额,并填写汇(总)计单和进账单,连同签购单一并送交收单银行办理进账。

信用卡按是否向发卡银行交存备用金分为贷记卡、准贷记卡两类。贷记卡是指发卡银行给予持卡人一定的信用额度,持卡人可在信用额度内先消费、后还款的信用卡。准贷记卡是指持卡人须先按发卡银行要求交存一定金额的备用金,当备用金账户余额不足支付时,可在发卡银行规定的信用额度内透支的信用卡。准贷记卡的透支期限最长为60天,贷记卡的首月最低还款额不得低于其当月透支余额的10%。

信用卡允许善意透支,但透支不能超过最高限额,持卡人需要向银行支付透支利息。持卡人使用信用卡不得发生恶意透支。持卡人不需要继续使用信用卡时,应持信用卡主动到发卡银行办理销户。销户时,单位卡账户余额转入其基本存款账户,不得提取现金。

(六)汇兑

汇兑是汇款人委托银行将款项支付给收款人的结算方式。单位和个人的各种异地款项的结算,均可使用汇兑结算方式,汇兑不受金额起点限制。

汇兑按其凭证寄递方式的不同,分为信汇和电汇两种。信汇是指汇款人委托银行通过邮寄方式将款项划转给收款人。电汇是指汇款人委托银行通过电报将款项划给收款人。这两种汇兑方式由汇款人根据需要选择使用。汇入银行对开立存款账户的收款人,应将汇给收款人的款项直接转入收款人账户,并向其发出收账通知。汇兑的委托日期必须是汇款人向汇出银行提交汇兑凭证的当日。未在银行开立存款账户的收款人,凭信、电汇的取款通知或"留行待取"的,向汇入银行支取款项,必须交验本人的身份证件,在信汇、电汇凭证上注明证件名称、号码及发证机关,并在"收款人签章"处签章。信汇凭签章支取的,收款人的签章必须与预留信汇凭证上的签章相符。支取现金的,信汇、电汇凭证上只有按规定填明"现金"字样,才能办理。未填明"现金"字样,需要支取现金的,由汇入银行按照国家现金管理规定审查支付。转账支付的,应由原收款人向银行填制支款凭证,并由本人交验其身份证件办理支付款项。该账户的款项只能转入单位或个体工商户的存款账户,严禁转入储蓄和信用卡账户。汇款人对汇出银行尚未汇出的款项可以申请撤销;对汇出银行已经汇出的款项可以申请退汇。汇入银行对于收款人拒绝接受的汇款,应立即办理退汇;对于向收款人发出取款通知,经过2个月无法交付的汇款,应主动办理退汇。

(七)委托收款

委托收款是收款人委托银行向付款人收取款项的结算方式。委托收款在同城和异地均可以使用。无论是单位还是个人都可凭已承兑商业汇票、债券、存单等付款人债务证明办理款项的收取。委托收款还适用于收取电费、电话费等付款人众多、分散的公用事业费等有关款项。委托收款结算款项划回的方式分为邮寄和电报两种,由收款人选择使用。企业委托开户银行收款时,应填写银行印制的委托收款凭证和有关的债务证明。在委托收款凭证中写明付款单位的名称,收款单位的名称、账号及开户银行,委托收款金额的大小写,款项内容,委托收款凭据名称及附寄单证张数等。企业的开户银行受理委托收款后,将委托收款凭证寄交付款单位开户银行,由付款单位开户银行审核,并通知付款单位。付款单位收到银行交给的委托收款凭证及债务证明,应签收并在3天之内审查债务证明是否真实,是否是本单位的债务,确认之后通知银行付款。付款单位应在收到委托收款通知的次日起3日内,主动通知银行是否付款。如果不通知银行,银行视企业同意付款,并在第4日从单位账户中付出此笔委托收款款项。付款人在3日内审查有关债务证明后,认为债务证明或与此有关的事项符合拒绝付款的规定,应出具拒绝付款理由书和委托收款凭证第五联及持有的债务证明,向银行提出拒绝付款。委托收款结算程序如图2-6所示。

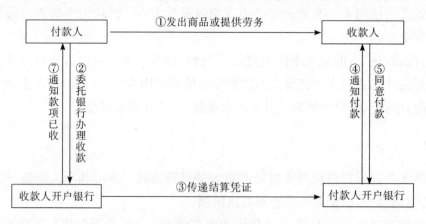

图2-6 委托收款结算程序

(八)托收承付

托收承付是根据购销合同由收款人发货后委托银行向异地付款人收取款项,由付款人向银行承认付款的结算方式。使用托收承付结算方式的收款单位和付款单位,必须是国有企业及经营管理好并经开户银行审查同意的城乡集体企业的商品交易和因商品交易而产生的劳务供应的异地款项结算。代销、寄销、赊销商品的款项,不得办理托收承付结算。

托收承付款项划回方式分为邮寄和电报两种,由收款人根据需要选择使用。收款单位办理托收承付,必须具有商品发出的证件或其他证明。托收承付结算每笔的金额起点为 10 000 元。新华书店系统每笔金额起点为 1 000 元。采用托收承付结算方式时,购销双方必须签有符合《中华人民共和国合同法》的购销合同,并在合同上写明使用托收承付结算方式。销货企业按照购销合同发货后,填写托收承付凭证,盖章后连同发运证件(包括铁路、航运、公路等运输部门签发运单、运单副本和邮寄包裹回执)或其他符合托收承付结算的有关证明和交易单证送交开户银行办理托收手续。销货企业开户银行接受委托后,将托收结算凭证回联退给企业,作为企业进行账务处理的依据,并将其他结算凭证寄往购货单位开户银行,由购货单位开户银行通知购货单位承认付款。

购货企业收到托收承付结算凭证和所附单据后,应立即审核是否符合订货合同的规定。按照《支付结算办法》的规定,承付货款分为分为验单付款(3 天)和验货付款(10 天)两种,这在双方签订合同时约定。验单付款是购货企业根据经济合同对银行转来的托收结算凭证、发票账单、托运单及代垫运杂费等单据进行审查无误后,即可承认付款。为了便于购货企业对凭证的审核和筹措资金,结算办法规定承付期为 3 天,从付款人开户银行发出承付通知的次日算起(承付期内遇法定休假日顺延)。购货企业在承付期内,未向银行表示拒绝付款,银行即视作承付,并在承付期满的次日(法定休假日顺延)上午银行开始营业时,将款项主动从付款人的账户内付出,按照销货企业指定的划款方式,划给销货企业。验货付款是购货企业待货物运达企业,对其进行检验且与合同完全相符后才承认付款。为了满足购货企业组织验货的需要,结算办法规定承付期为 10 天,从运输部门向购货企业发出提货通知的次日算起。承付期内购货企业未表示拒绝付款的,银行视为同意承付,于 10 天期满的次日(法定休假日顺延)上午银行开始营业时,将款项划给收款人。为满足购货企业组织验货的需要,对收付双方在合同中明确规定,并在托收凭证上注明验货付款期限的,银行从其规定。

对于下列情况,付款人可以在承付期内向银行提出全部或部分拒绝付款:没有签订购销合同或购销合同未写明托收承付结算方式的款项;未经双方事先达成协议,收款人提前交货或因逾期交货,付款人不再需要该项货物的款项;未按合同规定的到货地址发货的款项;代销、寄销、赊销商品的款项;验单付款,发现所列货物的品种、规格、数量、价格与合同规定不符,或货物已到,经查验货物与合同规定或发货清单不符的款项;验货付款,经查验货物与合同规定或与发货清单不符的款项;货款已经支付或计算错误的款项。不属于上述情况的,购货企业不得提出拒付,购货企业提出拒绝付款时,必须填写"拒绝付款理由书",注明拒绝付款理由,涉及合同的,应引证合同上的有关条款;属于商品质量问题的,需要提交商品检验部门的检验证明;属于商品数量问题的,需要提出数量问题的证明及其有关数量的记录;属于外贸部门进口商品的,应当凭国家商品检验或运输等部门出具的证明,向开户银行办理拒付手续。银行同意部分或全部拒绝付款的,应在拒绝付款理由书上签注意见,并将拒绝付款理由书、拒付证明、拒付商品清单和有关单证邮寄收款人开户银行转交销货企业。

付款人开户银行对付款人逾期支付的款项,根据逾期付款金额和逾期天数,按每天 0.05% 计算逾期付款赔偿金。逾期付款天数从承付期满日算起。银行审查拒绝付款期间不算作付款人逾期付款,但对无理的拒绝付款而增加银行审查时间的,从承付期满日起计算逾期付款赔偿金。赔偿金实行定期扣付,每月计算一次,于次月 3 日内单独划给收款人。赔偿金的扣付列为企业销货收入扣款顺序的首位。付款人账户余额不足支付时,应排列在工资之前,并对该账户采取"只收不付"的控制办法,直至足额扣付赔偿金后才准予办理其他款项的支付,由此产生的经济后果由付款人自负。托收承付结算程序如图 2-7 所示。

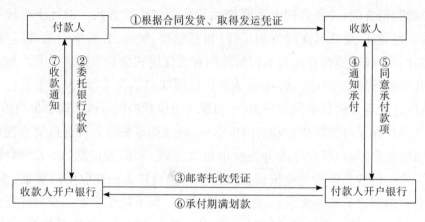

图 2-7 托收承付结算程序

(九)信用证

信用证是国际结算的一种主要方式。信用证是指开证银行应申请人(买方)的要求并按其指示向受益人开立的载有一定金额、在一定期限内凭符合规定的单据付款的书面保证文件。信用证只能用于转账结算,不能支取现金。信用证起源于国际贸易结算。在国际贸易中,进口商不愿意先支付货款,出口商也不愿意先交货。在这种情况下,需要两家买卖双方的开户银行作为买卖双方的保证人代为收款交单,实际上是以银行信用代替商业信用。在这种方式下,银行充当了进出口商之间的中间人和保证人,一面收款,一面交单,并代为融通资金。银行在这一活动中所使用的工具就是信用证,由此产生了信用证结算方式。在我国,经中国人民银行批准经营结算业务的商业银行总行,以及经商业银行总行批准开办信用证结算业务的分支机构,也可以办理国内企业之间商品交易的信用证结算业务。

采用信用证结算方式的,收款单位收到信用证后,即备货装运,签发有关发票账单,连同运输单据和信用证,送交银行,根据退还的信用证等有关凭证编制收款凭证;付款单位在接到开证行的通知时,根据付款的有关单据编制付款凭证。

(十)网上银行

网上银行又称网络银行、在线银行或电子银行,它是各银行在互联网中设立虚拟柜台,利用网络技术、通过互联网向客户提供开户、销户、查询、对账、行内转账、跨行转账、信贷、网上证券、投资理财等金融服务的新型银行机构与服务形式。实务工作中普遍采用了网上银行支付方式。网上银行支付是在银联在线支付平台,通过输入用户名和密码等方式登录网络银行,并完成支付。与传统支付方式相比,网上银行支付具有如下显著特点。一是虚拟性。传统支付方式是通过现金的流转、票据的转让、银行的汇兑等物理实体形态完成支付。网上银行支付则是通过电子数字化形态进行款项支付。二是开放性。传统支付方式是在一个以银行为核心的较为封闭的系统中运用。

网上银行的传递通道是互联网或通信网络等开放性的系统平台。三是快捷性。传统支付使用的是信件、电报、传真等传统媒介。电子支付使用的是先进的网络和通信等手段,相对不受时空限制,方便、快捷、高效、经济。网上银行支付使客户足不出户就能安全、便捷地管理存款、支票、信用卡及投资理财与完成转账等。近年来,我国的电子支付持续保持迅速发展态势,应用非常广泛,支付方式也不断创新。

三、银行存款的核算

(一)银行存款的总分类核算

为了总括核算和反映企业存入银行和其他金融机构的各种存款,企业应设置"银行存款"总账账户。"银行存款"账户,该账户属于资产类账户,用来核算企业存入银行的各种存款。其借方登记企业存款的增加额,贷方登记企业存款的减少额,期末借方余额反映期末企业存款的账面余额。企业存入其他金融机构的存款,也在本账户内核算。企业的外埠存款、银行本票存款、银行汇票存款等在"其他货币资金"账户核算,不在本账户内核算。"银行存款"账户可以根据银行存款的收款凭证和付款凭证等登记。企业收入银行存款时,借记"银行存款"科目,贷记"库存现金""应收账款"等科目;企业提取现金或支出存款时,借记"库存现金""应付账款"等科目,贷记"银行存款"科目。

例 2-8

华美股份有限公司于 2020 年 9 月 18 日发生如下收入银行存款业务:销售商品收到销售货款 11 300 元,其中应交增值税 1 300 元;收到购货单位预交的购货款 30 000 元。

华美股份有限公司编制的会计分录如下。

(1)销售商品时。

借:银行存款　　　　　　　　　　　　　　　　11 300
　　贷:主营业务收入　　　　　　　　　　　　　　10 000
　　　　应交税费——应交增值税(销项税额)　　　 1 300

(2)预收货款时。

借:银行存款　　　　　　　　　　　　　　　　30 000
　　贷:预收账款　　　　　　　　　　　　　　　　30 000

(二)银行存款的序时核算

为了全面、连续地反映银行存款的收入、支出和结存情况,企业对银行存款进行总分类核算的同时,还需要对银行存款进行序时核算(即银行存款应按银行和其他机构的名称和存款种类进行明细核算)。序时核算是指按照经济业务的发生或完成时间的先后顺序逐日逐笔登记的账簿。具体方法为按银行名称设置银行存款日记账,由出纳人员根据审核无误的银行存款收付款凭证,按照银行存款收支业务发生的时间顺序进行序时登记,并于每日终了时结出银行存款账面结存数额。银行存款账面结存数额应当与银行定期寄来的银行对账单进行核对,做到账款相符。月份终了,银行存款日记账的账面结存数额应当与银行存款总分类账户的账面结存数额进行核对,做到账账相符。企业可以按开户银行和其他金融机构、存款种类等分别设置几本银行存款日记账。

(三)银行存款余额调节表

企业的银行存数日记详细记录了企业每日的银行存款收入、支出和结存情况,同时企业的开户银行也对企业每日银行存款的收入、支出和结存情况予以详细记录。为了防止记账差错,确保企业银行存款记录的正确性,企业与银行需要定期对有关银行存款的记录进行核查,即采用核对账目的方法将本企业银行存款日记账与银行对账单逐笔核对这就是对银行存款进行的清查,至少每月核对一次。

如果两者余额不符,可能有以下两个原因:一是存在记账错误,二是存在未达账项。

企业如果发现银行存款日记账上的记录存在错误,应当及时予以更正。企业如果发现银行对账单上的记录存在错误,应当及时与开户银行取得联系,请开户银行查实后予以更正。

未达账项是指企业与银行之间对于同一笔业务,一方已经取得结算凭证登记入账,而另一方因未取得结算凭证而尚未登记入账的款项。形成未达账项的原因,主要是有关银行结算的凭证在企业和银行间的传递时间上存在差异,以及由此形成的企业和银行对于银行存款在入账时间上存在差异。例如,企业在开出支票购买商品后,即凭支票存根记录了银行存款减少。但此时支票持有人可能还没有到银行去兑现支票,因此,银行尚未记录企业银行存款减少。未达账项通常有下列四种情况:

第一种情况,企业已收款入账,而银行尚未收款入账;

第二种情况,企业已付款入账,而银行尚未付款入账;

第三种情况,银行已收款入账,而企业尚未收款入账;

第四种情况,银行已付款入账,而企业尚未付款入账。

由于记账错误和未达账项的存在,银行存款日记账的余额与银行对账单的余额往往是不相等的。上述任何一种情况发生,都会使企业银行存款日记账的余额与银行对账单的余额不相一致,其中在上述第一、四两种情况下,会使企业银行存款日记账的余额大于银行对账单的余额;而在上述第二、三两种情况下,又会使企业银行存款日记账的余额小于银行对账单的余额。因此,银行存款日记账的余额与银行对账单的余额有可能都不能代表企业银行存款的实有数。为了掌握企业银行存款的实有数,企业在收到银行转来的对账单以后,出纳员应将企业银行存款日记账的记录与对账单的记录进行核对,判明企业和银行双方是否有记账错误,并确定所有的未达账项。同时通过编制"银行存款余额调节表"的方法来检查确定企业银行存款的实有数。

"银行存款余额调节表"的编制方法有多种,在会计实务中一般采用"补记式"余额调节法编制"银行存款余额调节表"。其原理是:假设企业和银行双方对未达账项全部入账,银行存款日记账的余额和银行对账单的余额应该是相等的。"补记式"的"银行存款余额调节表"的编制方法是:在双方现有余额基础上,各自加上对方已收款入账、本方尚未收款入账的款项,减去对方已付款入账、本方尚未付款入账的款项,计算调节后双方应有的余额。

用公式表示如下:

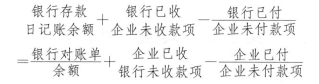

例 2-9

华美股份有限公司 2020 年 9 月 30 日银行存款日记账的余额为 36 000 元,而银行对账单上的存款余额为 38 800 元,经逐笔核对后,发现有以下未达账项。

(1) 9 月 30 日存入一张转账支票 5 600 元,企业已记收款入账,银行尚未入账。

(2) 9 月 30 日开出一张转账支票 6 500 元,企业已记付款入账,持票人尚未到银行办理转账手续,故银行尚未记账。

(3) 9 月 25 日委托银行代收的货款 3 480 元,9 月 30 日银行已经收到并已记收款入账,由于收账通知未送达企业,故企业尚未入账。

(4) 银行代电信局收取的本公司应付电话费 1 580 元,9 月 30 日银行已从公司存款中代付,银行已记付款入账,由于付款通知单尚未送达公司,故华美股份有限公司尚未入账。

根据上述资料,华美股份有限公司 2020 年 8 月 30 日编制"银行存款余额调节表",如表 2-2 所示。

表 2-2　银行存款余额调节表(2020 年 9 月 30 日)

项目	金额	项目	金额
企业银行存款日记账余额	36 000	银行存款对账单余额	38 800
加:银行已收、企业未收	3 480	加:企业已收、银行未收	5 600
减:银行已付、企业未付	1 580	减:企业已付、银行未付	6 500
调节后余额	37 900	调节后余额	37900

从表 2-2 可以看出,表中调节后两方的余额相等都是 37 900 元,这说明双方记账没有错误,华美股份有限公司在 2020 年 9 月 30 日可以动用的银行存款实有金额既不是 36 000 元,也不是 38 800 元,而是 37 900 元。若经调节后余额仍不相符,则说明企业或银行记账还存在错漏,应继续查明原因,进行错账更正,然后根据更正后的账面更正或重新编制"银行存款余额调节表"。

总之,银行存款余额调节表是用来核对企业对银行存款的记录与开户银行对企业银行存款的记录是否相符,并在此基础上确定企业调节后银行存款实际余额的,它不能作为企业记账的依据,即不能根据银行存款余额调节表编制会计分录。对于未达账项,企业需要等到有关结算凭证到达后,再据以作出账务处理。

第三节 其他货币资金

一、其他货币资金的内容

其他货币资金是指企业除库存现金、银行存款以外的各种货币资金,主要包括银行汇票存款、银行本票存款、信用卡存款、信用证保证金存款、外埠存款和存出投资款等。其中,银行汇票是指由出票银行签发的,由其在见票时按照实际结算金额无条件支付给收款人或者持票人的票据。银行本票是指银行签发的,承诺自己在见票时无条件支付确定的金额给收款人或持票人的票据。信用卡存款是指企业为取得信用卡而存入银行信用卡专户的款项。信用卡是银行卡的一种。信用证保证金存款是指采用信用证结算方式的企业为开具信用证而存入银行信用证保证金专户的款项。外埠存款是指企业为了到外地进行临时或零星采购的需要,而汇往采购地银行开立采购专户的款项。存出投资款是指企业已存入证券公司但尚未进行短期投资的款项。

其他货币资金是企业货币资金的一种,与库存现金和银行存款一样,它是企业可以作为支付手段的货币,但它有着其特殊的存在形态和支付方式,在管理上也有别于库存现金和银行存款,因此,其他货币资金应单独进行会计核算。

二、其他货币资金的核算

为了核算和监督其他货币资金的收支和结存情况,企业应当单独设置"其他货币资金"科目,对这部分资金进行总分录核算与明细分类核算。该账户借方登记其他货币资金的增加数,贷方登记其他货币资金的减少数,期末余额在借方,反映企业实际持有的其他货币资金。本科目应按其他货币资金的内容设置明细科目,同时按外埠存款的开户银行、每一银行汇票或本票、信用证的收款单位等设置明细账,对其收付情况进行详细记录,办理信用卡业务的企业应当在"信用卡"明细科目中按开出信用卡的银行和信用卡种类设置明细账户,对其收付情况进行详细记录。

(一)银行汇票存款的核算

银行汇票存款的核算通过在"其他货币资金"总账科目下设置"银行汇票"明细科目进行。银行汇票存款的核算内容主要包括办理银行汇票存款、以银行汇票购买货物或支付费用、收取银行汇票多余款项、转回银行汇票全部款项等。

企业填写"银行汇票申请书",将款项交存银行时,借记"其他货币资金——银行汇票"科目,贷记"银行存款"科目;企业持银行汇票购货、收到有关发票账单时,借记"在途物资"或"原材料""库存商品""应交税费——应交增值税(进项税额)"等科目,贷记"其他货币资金——银行汇票"科目;采购完毕收回剩余款项时,借"银行存款"科目,贷记"其他货币资金——银行汇票"科目;企业收到银行汇票、填制进账单到开户银行办理款项入账手续时,根据进账单及销货发票等,借记"银行存款"科目,贷记"主营业务收入""应交税费——应交增值税(销项税额)"等科目。

例 2-10

2020年9月10日，华美股份有限公司向银行提交"银行汇票委托书"，并交存款项240 000元，银行受理后签发银行汇票和解讫通知，该公司根据"银行汇票委托书"存根联记账，其编制的会计分录如下。

借：其他货币资金——银行汇票　　　　　　　　　　240 000
　　贷：银行存款　　　　　　　　　　　　　　　　　　　240 000

例 2-11

2020年9月15日，华美股份有限公司用银行签发的银行汇票支付采购材料的款项226 000元，其中，应交增值税26 000元，材料已验收入库。该公司依据银行转来的银行汇票记账联及所附发货票账单等凭证记账，其编制的会计分录如下。

借：原材料　　　　　　　　　　　　　　　　　　　　200 000
　　应交税费——应交增值税（进项税额）　　　　　　　26 000
　　贷：其他货币资金——银行汇票　　　　　　　　　　　226 000

（二）银行本票存款的核算

银行本票存款的核算通过在"其他货币资金"总账科目下设置"银行本票"明细科目进行。银行本票存款的核算内容主要包括办理银行本票存款、以银行本票购买货物或支付费用、转回银行本票全部款项等。与银行汇票存款按实际交易金额进行结算不同，银行对银行本票实行全额结算，银行本票的面值与实际交易金额之间的差额，由企业采用支票或其他结算方式自行结清。

企业填写"银行本票申请书"、将款项交存银行时，借记"其他货币资金——银行本票"科目，贷记"银行存款"科目；企业持银行本票购货、收到有关发票账单时，借记"在途物资"或"原材料""库存商品""应交税费——应交增值税（进项税额）"等科目，贷记"其他货币资金——银行本票"科目。企业收到银行本票、填制进账单到开户银行办理款项入账手续时，根据进账单及销货发票等，借记"银行存款"科目，贷记"主营业务收入""应交税费——应交增值税（销项税额）"等科目。

例 2-12

2020年9月10日，华美股份有限公司向开户行申请办理银行本票，将银行存款60 000元转入银行本票存款。华美股份有限公司应编制的会计分录如下。

借：其他货币资金——银行本票　　　　　　　　　　60 000
　　贷：银行存款　　　　　　　　　　　　　　　　　　　60 000

例 2-13

2020年9月15日，华美股份有限公司收到收款单位发票等单据，采购材料共付款56 500

元,其中,材料价款 50 000 元,增值税 6 500 元,材料已验收入库。同时,华美股份有限公司收到销货单位支票一张,金额 3 500(＝60 000－56 500)元,以结清银行本票面值与实际交易金额之间的差额。华美股份有限公司应编制的会计分录如下。

  借:原材料   50 000
    应交税费——应交增值税(进项税额)   6 500
    贷:其他货币资金——银行本票   56 500
  借:银行存款   3 500
    贷:其他货币资金——银行本票   3 500

(三)信用卡存款的核算

信用卡存款的核算通过在"其他货币资金"总账科目下设置"信用卡存款"明细科目进行。信用卡存款的核算内容主要包括办理信用卡存款、以信用卡购买货物或支付费用、收取信用卡存款利息等。

企业填制"信用卡申请表",连同支票和有关资料一并送存发卡银行,根据银行盖章退回的进账单第一联,借记"其他货币资金——信用卡存款"科目,贷记"银行存款"科目;企业用信用卡购物或支付有关费用,收到开户银行转来的信用卡存款的付款凭证及所附发票账单,借记"管理费用"等科目,贷记"其他货币资金——信用卡存款"科目;收到信用卡存款的利息时,借记"其他货币资金——信用卡存款"科目,贷记"财务费用"科目;企业信用卡在使用过程中,需要向其账户续存资金的,借记"其他货币资金——信用卡"科目,贷记"银行存款"科目;企业的持卡人如不需要继续使用信用卡时,应持信用卡主动到发卡银行办理销户,销卡时,单位卡科目余额转入企业基本存款户,不得提取现金,借记"银行存款"科目,贷记"其他货币资金——信用卡存款"科目。

例 2-14

2020 年 9 月 12 日,华美股份有限公司因开展经济业务需要向银行申请办理信用卡,开出转账支票一张,金额 60 000 元,收到进账单第一联和信用卡。华美股份有限公司应编制的会计分录如下。

  借:其他货币资金——信用卡存款   60 000
    贷:银行存款   60 000

例 2-15

2020 年 9 月 16 日,华美股份有限公司用信用卡购买办公用品,支付 57 000 元,华美股份有限公司应编制的会计分录如下。

  借:管理费用   57 000
    贷:其他货币资金——信用卡存款   57 000

(四)信用证保证金存款的核算

信用证保证金存款的核算通过在"其他货币资金"总账科目下设置"信用证保证金"明细科目进行。信用证保证金存款的核算内容主要包括办理信用证保证金、以信用证保证金存款购买货物等。

企业填写"信用证申请书",将信用证保证金交存银行时,应根据银行盖章退回的"信用证申请书"回单,借记"其他货币资金——信用证保证金"科目,贷记"银行存款"科目。企业接到开证行通知,根据供货单位信用证结算凭证及所附发票账单,借记"在途物资"或"原材料""库存商品""应交税费——应交增值税(进项税额)"等科目,贷记"其他货币资金——信用证保证金"科目;将未用完的信用证保证金存款余额转回开户银行时,借记"银行存款"科目,贷记"其他货币资金——信用证保证金"科目。

例 2-16

2020年9月22日,华美股份有限公司申请开证并向开户银行缴纳信用证保证金100 000元。华美股份有限公司应编制的会计分录如下。

借:其他货币资金——信用证保证金　　　　100 000
　贷:银行存款　　　　　　　　　　　　　　　　100 000

(五)存出投资款的核算

存出投资款的核算通过在"其他货币资金"总账科目下设置"存出投资款"明细科目进行。存出投资款的核算内容主要包括将款项存入证券公司、以存入证券公司的款项进行短期投资等。

企业向证券公司划出资金时,应按实际划出的金额,借记"其他货币资金——存出投资款"科目,贷记"银行存款"科目;购买股票、债券等时,借记"交易性金融资产"等科目,贷记"其他货币资金——存出投资款"科目。

例 2-17

2020年9月24日,华美股份有限公司拟利用闲置资金进行证券投资,向海通证券公司申请资金账号,并开出转账支票划出资金800 000元存入该账号,以便购买股票、债券等。华美股份有限公司应编制的会计分录如下。

借:其他货币资金——存出投资款　　　　800 000
　贷:银行存款　　　　　　　　　　　　　　　　800 000

(六)外埠存款的核算

外埠存款的核算通过在"其他货币资金"总账科目下设置"外埠存款"明细科目进行。外埠存款的核算内容主要包括将银行存款转至外埠存款专户、以外埠存款购买货物、结清外埠存款专户等。企业将款项汇往外地时,应填写汇款委托书,委托开户银行办理汇款。汇入地银行以汇款单位名义开立临时采购账户,该账户的存款不计利息、只付不收、付完清户,除了采购人员可从中提取少量现金外,一律采用转账结算。

企业将款项汇往外地开立采购专用账户时,根据汇出款项凭证,编制付款凭证,进行账务处理,借记"其他货币资金——外埠存款"科目,贷记"银行存款"科目;收到采购人员转来供应单位发票账单等报销凭证时,借记"在途物资"或"原材料""库存商品""应交税费——应交增值税(进项税额)"等科目,贷记"其他货币资金——外埠存款"科目;采购完毕收回剩余款项时,根据银行的收账通知,借记"银行存款"科目,贷记"其他货币资金——外埠存款"科目。

例 2-18

2020年9月17日,华美股份有限公司在外埠开立临时采购账户,委托银行将100 000元汇往采购地。华美股份有限公司应编制的会计分录如下。

借:其他货币资金——外埠存款　　　　　　　　　100 000
　　贷:银行存款　　　　　　　　　　　　　　　　　　　100 000

知识点链接

第三方支付的会计处理

1. 概念

"第三方支付"的概念最早可以追溯到2005年,由阿里巴巴集团的创始人马云在瑞士达沃斯世界经济论坛上首次提出。第三方支付归属于非金融机构支付服务范围,根据《非金融机构支付服务管理办法》(中国人民银行令〔2010〕第2号)中第二条的规定,第三方支付是指非金融机构在收付款人之间作为中介机构提供网络支付、预付卡的发行与受理、银行卡收单以及中国人民银行确定的其他支付服务中部分或全部货币资金转移服务。

目前,第三方支付的业务范围覆盖了大部分个人日常支付、企业的中小额支付、中小企业的贷款等资金周转业务等,比如支付宝支付、微信支付等都是用户企业和个人常用的第三方支付方式,未来第三方支付将成为企业资金收付的新主流平台。

2. 第三方支付用户企业的会计处理

在用户企业如何确认其存放在第三方支付平台账户的资金的问题上,会计实务及学术界的主流观点有三种。

(1) 应收款项说。该观点认为,第三方支付用户企业可将存放在平台内的资金记入"应收账款""预付账款"或"其他应收款"科目,再根据不同支付平台在相应账户下设置相应的二级明细科目。以支付宝为例,用户企业的会计科目设置为"应收账款——支付宝"。

(2) 存款说。该观点认为,用户在平台企业上开设虚拟账户并对虚拟账户进行充值操作,用户相当于通过法定货币购买平台企业发行的虚拟货币。账户资金可以在虚拟账户之间流转,并可以进行结算,这些存在于虚拟账户中的虚拟货币与存在银行账户中的存款在本质上并没有区别,账户资金是存款的另一种形式。因此,用户企业在形成账户资金时借记"银行存款"科目。

（3）其他货币资金说。该观点认为，第三方支付用户可以随时将资金在平台企业开立的账户与银行账户之间进行互相划拨，流动性较强，属于用户企业的流动资产，且账户资金具有"其他货币资金"的属性，用户企业应当通过"其他货币资金——虚拟账户"科目确认账户资金。

第三章 存货

第一节 存货概述

一、存货的概念与特征

(一)存货的概念

存货是指企业在日常活动中持有的以备出售的产成品或商品、处在生产过程中的在产品、生产过程或提供劳务过程中耗用的材料、物料等。

提示说明:存货包括在途物资、委托加工物资,但不包括工程物资。

(二)存货的特征

1. 企业持有存货的目的

企业持有存货的目的主要是出售(无论是直接出售,还是进一步加工后再出售),而不是自用,这是存货区别于其他资产的最基本特征。

2. 存货是企业的流动资产

存货将在一年或者长于一年的一个营业周期内被出售或耗用,具有较大的流动性。因此,企业的存货经常处于不断销售(或者耗用)、重置之中,具有较快的变现能力。这一点不同于固定资产、无形资产等长期资产。在流动资产中,存货的流动性低于货币资金和应收款项。

3. 存货具有时效性和发生潜在损失的可能性

在正常生产情况下,存货被销售、生产或耗用而转换为现金或其他资产,但因各种原因长期不能销售、使用的商品、材料等,常常需要折价销售,或变成无用物资而给企业造成损失。受各种因素变动的影响,存货可能需确认减值损失。

二、存货的分类

存货分布于企业生产经营的各个环节,而且种类繁多、用途各异。为满足存货管理与核算的需要,企业应当对存货进行适当的分类。

(一)存货按经济用途分类

1. 原材料

原材料是指企业在生产过程中经加工而改变其形态或性质并构成产品主要实体的各种原料及主要材料、辅助材料、外购半成品(外购件)、修理用备件(备品备件)、燃料等。但为建造固定资产等各项工程而储备的各种原材料除外(因其持有目的不符合存货的定义)。

2. 在产品

在产品是指正在制造、尚未完工的产品,包括正在各个生产工序加工的产品和已加工完毕但尚未检验或已检验但尚未办理入库手续的产品。

3. 半成品

半成品是指经过一定生产过程并经检验合格交付半成品仓库保管,但尚未最终制造完工成为产成品,仍需进一步加工的中间产品。

4. 产成品

产成品是指工业企业已经完成全部生产过程并验收入库,可以按照合同规定的条件送交订货单位,或者可以作为商品对外销售的产品。企业接受外来原材料加工制造的代制品和为外单位加工修理的代修品,制造和修理完成验收入库后,应视同企业的产成品。

5. 库存商品

库存商品是指商品流通企业外购或委托加工完成验收入库,用于销售的各种商品。

6. 周转材料

周转材料是指企业能够多次使用、逐渐转移其价值,但仍保持原有形态不确认为固定资产的材料,如包装物和低值易耗品。其中,包装物是指为了包装本企业商品而储备的各种包装容器,如桶、箱、瓶、坛、袋等,其主要作用是盛装产品或商品。低值易耗品是指单位价值相对较低、使用期限相对较短,或在使用过程中容易损坏,因而不能确认为固定资产的各种用具物品,如工具、管理用具、玻璃器皿、劳动保护用品等。

(二)存货按存放地点分类

在生产经营过程中,企业不断地购进、生产、销售存货,因而存货分布于供、产、销各个环节,按存放地点分类,存货可以分为以下四类。

1. 在库存货

在库存货指已经购进或生产完工并经过验收入库的各种原材料、周转材料、半成品以及库存商品。

2. 在途存货

在途存货是指已经取得所有权但尚在运输途中,或虽已运抵企业但尚未验收入库的各种材料物资及商品。

3. 在制存货

在制存货是指正处于本企业各生产工序加工制造中的在产品,以及委托外单位加工尚未完成的材料物资。

4. 在售存货

在售存货是指已发运给购货方但尚不能完全满足收入确认条件,因而仍作为销货方存货的发出商品、委托代销商品等。

(三)存货按取得方式分类

存货按取得方式可以分为外购存货、自制存货、委托加工存货、投资者投入的存货、接受捐赠取得的存货、接受抵债取得的存货、非货币性交易换入的存货、盘盈的存货等。

第二节 存货的初始计量

存货的初始计量是指企业在取得存货时,对存货入账价值的确定。存货的初始计量应以取得存货的实际成本为基础,实际成本包括采购成本、加工成本和其他成本。存货的实际成本应结合存货的具体取得方式分别确定,作为存货入账的依据。

一、外购存货

企业外购存货主要包括原材料、低值易耗品和商品。

(一)外购存货的成本

1. 外购存货的成本构成

外购存货的成本即存货的采购成本,指企业物资从采购到入库前所发生的全部合理支出,一般包括购买价款、相关税费、运输费、装卸费、保险费以及运输过程中的仓储费、包装费、运输途中的合理损耗、大宗物资的市内运杂费、入库前的挑选整理费等其他可直接归属于存货采购成本的费用。

提示说明:存货的采购成本一般不包括按规定可予以抵扣的增值税、市内零星货物运杂费、采购人员的差旅费、采购机构的经费以及供应部门经费等。存货入库后的仓储费用也不计入存货成本。

2. 商品流通企业进货费用的处理

(1)商品流通企业在采购商品过程中发生的运输费、装卸费、保险费以及其他可归属于存货采购成本的费用等,应当计入存货采购成本。

(2)也可先进行归集,期末根据所购商品的存销情况进行分摊;对于已售商品的进货费用,计入当期损益(主营业务成本);对于未售商品的进货费用,计入期末存货成本。

(3)企业采购商品的进货费用金额较小,也可在发生时直接计入当期损益(销售费用)。

(二)外购存货的会计处理

1. 存货验收入库和货款结算同时进行

在这种情况下,企业应于支付货款或开出、承兑商业汇票,并且存货验收入库后,按发票账单等结算凭证确定的存货成本入账。

例 3-1

华美股份有限公司为增值税一般纳税人,本月购入 A 材料一批,货款 200 000 元,增值税率为 13%,货款及税款已开出转账支票通过银行支付,材料已验收入库。入库前整理挑选费 800 元以现金支付。

材料采购成本＝200 000＋800＝200 500(元)

借:原材料——A 材料　　　　　　　　　　　　　200 800
　　应交税费——应交增值税(进项税额)　　　　　 26 000
　贷:银行存款　　　　　　　　　　　　　　　　　226 000
　　　库存现金　　　　　　　　　　　　　　　　　　　800

2. 货款已结算但存货尚在运输途中

在这种情况下,企业应于支付货款或开出、承兑商业汇票时,按发票账单等结算凭证确定的存货成本入账。先通过"在途物资"账户核算,待存货到达入库,再从"在途物资"账户转入"原材料"等账户。

例 3-2

华美股份有限公司购入 B 材料一批 8 000 千克,单价 25 元,共计 200 000 元,增值税率为 13%,货款及税款已由本企业开出的现金支票结算,材料尚未到达。

借:在途物资——B 材料　　　　　　　　　　　　200 000
　　应交税费——应交增值税(进项税额)　　　　　 26 000
　贷:银行存款　　　　　　　　　　　　　　　　　226 000

如果该批材料于若干天后收到,则应编制的会计分录如下。

借:原材料　　　　　　　　　　　　　　　　　　200 000
　贷:在途物资　　　　　　　　　　　　　　　　　200 000

3. 存货已验收入库货款尚未结算

在这种情况下,企业在收到存货时可先不进行会计处理。待结算凭证到达,企业支付货款或开出、承兑商业汇票后,按发票账单等结算凭证确定的存货成本入账。如果到月末发票账单仍未收到,企业应按合同价格等暂估入账。

例 3-3

华美股份有限公司购入 C 材料一批,材料到达并已验收入库,发票账单未收到,平时不必作会计处理,只需在备查账簿中登记。月末尚未收到发票账单,货款无法支付,需按暂估价格入账。该批材料按合同价格暂估为 280 000 元。

借:原材料——C 材料　　　　　　　　　　　　　280 000
　贷:应付账款——暂估应付账款　　　　　　　　　280 000

下月初及时用红字作同样的记录,予以冲回。

借:原材料——C材料　　　　　　　　　　　　　　280 000
　　贷:应付账款——暂估应付账款　　　　　　　　　　　　280 000

下月发票到达后,该批材料实际买价300 000元,增值税39 000元,货款及税款已由本企业开出商业汇票结算,则应做如下会计分录。

借:原材料——C材料　　　　　　　　　　　　　　300 000
　　应交税费——应交增值税(进项税额)　　　　　　39 000
　　贷:应付票据　　　　　　　　　　　　　　　　　　　　339 000

4. 采用预付货款方式购入存货

例3-4

华美股份有限公司根据合同向供货单位预付一笔货款60 000元订购D材料,以银行存款支付。

借:预付账款　　　　　　　　　　　　　　　　　　60 000
　　贷:银行存款　　　　　　　　　　　　　　　　　　　　60 000

如果若干天后收到此批货物及增值税专用发票,货款40 000元,增值税进项税额5 200元。

借:原材料——D材料　　　　　　　　　　　　　　40 000
　　应交税费——应交增值税(进项税额)　　　　　　5 200
　　贷:预付账款　　　　　　　　　　　　　　　　　　　　45 200

"预付账款"科目还有借方余额14 800元,可以要求对方转回,也可以用于以后购货。如果此批货款及税款大于预付账款60 000元,企业应补付其差额。如果企业未及时补付其差额,"预付账款"科目就出现了贷方余额。

5. 采用赊购方式取得存货

在外购存货附有现金折扣条件的情况下,会计上有总价法和净价法两种处理方法。总价法是指存货和应付账款均按实际交易金额计价入账,如果购货方在现金折扣期限内付款,取得的现金折扣作为一项理财收入,冲减当期财务费用的一种会计处理方法;净价法是指存货和应付账款均按实际交易金额扣除最大的现金折扣后的净额计价入账,如果购货方超过现金折扣期限付款,则丧失的现金折扣视为超期付款支付的利息,计入当期财务费用的一种会计处理方法。在我国的会计实务中,现金折扣的使用并不普遍,因此,企业会计制度要求采用总价法进行会计处理。

例3-5

华美股份有限公司从乙公司赊购一批原材料,增值税专用发票上注明的原材料价款为100 000元,增值税额为13 000元。根据购货合同约定,该项赊购的付款期限为30天,但如果华美股份有限公司能在10天内付款,可按原材料价款的2%享受现金折扣,如果超过10天付款,则须按交易金额全付。华美股份有限公司采用总价法进行会计处理。

(1)购进原材料。

借:原材料　　　　　　　　　　　　　　　　　　　100 000
　　应交税费——应交增值税(进项税额)　　　　　　 13 000
　　贷:应付账款——乙公司　　　　　　　　　　　　　　　113 000

(2)支付货款。

①假定10天内支付货款。

现金折扣＝100000×2‰＝2 000(元)

实际付款金额＝113 000－2 000＝111 000(元)

借:应付账款——乙公司　　　　　　　　　　　　　 113 000
　　贷:银行存款　　　　　　　　　　　　　　　　　　　　111 000
　　　　财务费用　　　　　　　　　　　　　　　　　　　　　2 000

②假定超过10天支付货款。

借:应付账款——乙公司　　　　　　　　　　　　　 113 000
　　贷:银行存款　　　　　　　　　　　　　　　　　　　　113 000

6. 外购存货发生短缺的会计处理

对于采购过程中发生的物资毁损、短缺等,企业应及时查明原因,区别不同情况进行会计处理。

(1)属于运输途中的合理损耗,应按其实际成本计入入库存货的成本中。

(2)属于供应单位、外部运输单位的责任等造成的短缺,应由责任人补足存货或赔偿货款,不计入存货的采购成本。赔偿后尚不能弥补的部分计入"管理费用"科目。

(3)属于自然灾害或意外事故等非常原因造成的存货毁损,报经批准处理后,应将其实际成本及应负担的进项税扣除由保险公司及有关责任者赔偿后的净损失计入"营业外支出"科目。

(4)尚待查明原因的途中损耗,不得增加物资的采购成本,应暂作为待处理财产损溢进行核算,在查明原因后再作处理。

例 3-6

华美股份有限公司从甲公司购入原材料2 000件,单位价格30元,增值税专用发票上注明的增值税进项税额为7 800元,款项已通过银行转账支付,但材料尚在运输途中。待所购材料运达企业后,验收时发现短缺100件,原因待查。

(1)支付货款,材料尚在运输途中。

借:在途物资　　　　　　　　　　　　　　　　　　　60 000
　　应交税费——应交增值税(进项税额)　　　　　　 7 800
　　贷:银行存款　　　　　　　　　　　　　　　　　　　 67 800

(2)材料运达企业,验收时发现短缺,原因待查,其余材料入库。

借:原材料　　　　　　　　　　　　　　　　　　　　57 000

待处理财产损溢　　　　　　　　　　　　　　3 000
　　　贷：在途物资　　　　　　　　　　　　　　　60 000

(3) 短缺原因查明，进行相应的会计处理。

①假定短缺的材料属于运输途中的合理损耗。

　　借：原材料　　　　　　　　　　　　　　　　3 000
　　　贷：待处理财产损溢　　　　　　　　　　　　3 000

②假定短缺的材料为甲公司发货时少发，经协商，由其补足材料。

　　借：应付账款——甲公司　　　　　　　　　　3 000
　　　贷：待处理财产损溢　　　　　　　　　　　　3 000

收到供货方补发的材料，验收入库。

　　借：原材料　　　　　　　　　　　　　　　　3 000
　　　贷：应付账款——甲公司　　　　　　　　　　3 000

③假定短缺的材料为运输单位责任造成，经协商，由其全额赔偿。

　　借：其他应收款——××运输单位　　　　　　3 390
　　　贷：待处理财产损溢　　　　　　　　　　　　3 000
　　　　　应交税费—应交增值税（进项税额转出）　　390

收到运输单位赔偿的货款。

　　借：银行存款　　　　　　　　　　　　　　　3 390
　　　贷：其他应收款——××运输单位　　　　　　3 390

二、自制存货

企业自制存货主要包括产成品、在产品、半成品。企业自制存货的成本由采购成本、加工成本和使存货达到目前场所和状态所发生的其他成本构成。通常，产成品成本＝原材料＋人工费用＋制造费用。存货制造过程中非正常消耗的直接材料、直接人工和制造费用，加工销售环节发生的仓储费用，不包括在存货成本之中，应于发生时直接计入当期损益。

企业自制并已验收入库的存货，按确定的实际成本，借记"原材料""包装物""低值易耗品""库存商品"等存货科目，贷记"生产成本"科目。

例3-7

华美股份有限公司收到本单位辅助生产车间加工 A 材料 1 000 件，每件实际成本为 60 元。

　　借：原材料——A材料　　　　　　　　　　　60 000
　　　贷：生产成本——辅助生产成本　　　　　　　60 000

三、委托加工存货

(一)委托加工存货的成本

委托加工存货的成本,一般包括加工过程中实际耗用的原材料或半成品成本、加工费、运输费、装卸费等,以及按规定应计入成本的税金。

(二)委托加工存货的会计处理

1. 发出材料委托加工

借:委托加工物资(按发出材料物资的实际成本)
　　贷:原材料/库存商品

2. 支付加工费和往返运费

借:委托加工物资
　　贷:银行存款

3. 支付应由受托方代收代缴的增值税

借:应交税费——应交增值税(进项税额)
　　贷:银行存款

4. 委托加工应税消费品时支付应由受托方代收代缴的消费税

借:委托加工物资(收回后直接用于销售,计入成本)
　　应交税费——应交消费税(用于连续生产应税消费品的,可抵扣)
　　贷:银行存款

5. 存货加工完成验收入库并收回剩余物资

借:原材料/库存商品/周转材料
　　贷:委托加工物资

例 3-8

华美股份有限公司委托甲公司加工包装用木箱,华美股份有限公司发出木材 80 000 元,同时支付加工费 5 000 元和增值税 650 元。加工完成后,木箱验收入库。

(1)华美股份有限公司发出木材时。

借:委托加工物资　　　　　　　　　　　　　　　80 000
　　贷:原材料　　　　　　　　　　　　　　　　　80 000

(2)华美股份有限公司支付加工费和增值税时。

借:委托加工物资　　　　　　　　　　　　　　　5 000
　　应交税费——应交增值税(进项税额)　　　　650
　　贷:银行存款　　　　　　　　　　　　　　　　5 650

(3)木箱验收入库时。

借:周转材料	85 000	
贷:委托加工物资		85 000

例 3-9

华美股份有限公司委托乙公司加工一批 B 材料(属于消费税应税消费品)。发出 B 材料的实际成本为 30 000 元,支付加工费 15 000 和往返运杂费 4 000 元。支付由受托加工方代收代交的增值税 1 950 元、消费税 5 000 元。委托加工的 B 材料收回后用于连续生产。

(1)发出待加工的 B 材料。

借:委托加工物资	30 000	
贷:原材料——B 材料		30 000

(2)支付加工费和往返运杂费。

借:委托加工物资	19 000	
贷:银行存款		19 000

(3)支付增值税和消费税。

借:应交税费——应交增值税(进项税额)	1 950	
——应交消费税	5 000	
贷:银行存款		6 950

(4)收回加工完成的 B 材料。

B 材料实际成本 = 30 000 + 19 000 = 49 000(元)

借:原材料——B 材料	49 000	
贷:委托加工物资		49 000

例 3-10

在例 3-9 中,若委托加工的 B 材料收回后直接对外出售,则会计处理如下。

(1)发出待加工的 B 材料。

借:委托加工物资	30 000	
贷:原材料——B 材料		30 000

(2)支付加工费和往返运杂费。

借:委托加工物资	19 000	
贷:银行存款		19 000

(3)支付增值税和消费税。

借:应交税费——应交增值税(进项税额)	1 950	
委托加工物资	5 000	
贷:银行存款		6 950

(4)收回加工完成的 B 材料。

B 材料实际成本 = 30 000 + 19 000 + 5000 = 54 000(元)

借:原材料——B材料	54 000
贷:委托加工物资	54 000

四、投资者投入的存货

投资者投入存货的成本,应当按照投资合同或协议约定的价值来确定,但合同或协议价值不公允的除外。

企业收到投资者投入存货的会计处理如下。

借:原材料/库存商品/周转材料
　　应交税费——应交增值税(进项税额)
　贷:实收资本/股本
　　资本公积

例 3-11

华美股份有限公司收到 N 公司投入的一批 B 材料,该材料在 N 公司的账面价值为 800 000 元,公允价值 1 000 000 元,双方认可按其公允价值计价。华美股份有限公司已收到材料并验收入库,取得了 N 公司转来的增值税专用发票,N 公司因本项投资折换华美股份有限公司每股面值 1 元的普通股 700 000 股。

华美股份有限公司应编制如下会计分录。

借:原材料	1 000 000
应交税费——应交增值税(进项税额)	130 000
贷:股本	700 000
资本公积	430 000

五、接受捐赠取得的存货

接受捐赠取得的存货,捐赠方提供了有关凭据的,按凭据上标明的金额加上应支付的相关税费作为实际成本;捐赠方没有提供有关凭据的,应按同类或类似存货的市场价格估计的金额,加上应支付的相关税费,作为实际成本;否则就按照该接受捐赠存货预计未来现金流量的现值,作为实际成本。

例 3-12

华美股份有限公司接受捐赠一批商品,捐赠方提供的发票上标明的价值为 200 000 元,华美股份有限公司用现金支票支付运杂费 1 000 元。

借:库存商品	201 000
贷:银行存款	1 000
营业外收入——捐赠利得	200 000

六、通过非货币性资产交换、债务重组、企业合并等方式取得的存货

企业通过非货币性资产交换、债务重组、企业合并等方式取得的存货,其成本应当按照《企业会计准则第7号——非货币性资产交换》《企业会计准则第12号——债务重组》《企业会计准则第20号——企业合并》等的规定确定。但是,该项存货的后续计量和披露应当执行存货准则的规定。

七、盘盈的存货

盘盈的存货应按其重置成本作为入账价值,并通过"待处理财产损溢——待处理流动资产损溢"账户进行会计处理,按管理权限报经批准后冲减当期管理费用。

> **知识链接**
>
> **存货成本确定的具体要求**
>
> 1. 无论是外购存货还是自制存货,发生的其他成本都应计入存货成本
>
> 其他成本是指除采购成本、加工成本以外的,使存货达到目前状态所发生的其他支出,如为特定客户设计产品所发生的设计费用,可直接归属于符合资本化条件的存货所发生的应当予以资本化的借款费用等。企业发生的一般产品设计费用以及不符合资本化条件的借款费用,则应计入当期损益。
>
> 2. 企业的下列支出应当在发生时直接计入当期损益,不应计入存货成本
>
> (1)非正常消耗的直接材料、直接人工和制造费用,例如,企业超定额的废品损失及因自然灾害而发生的直接材料、直接人工和制造费用损失。
>
> (2)仓储费用指存货在采购入库之后发生的仓储费用,包括存货在加工环节和销售环节发生的一般仓储费用。

第三节 发出存货的计价

一、发出存货实际成本法的计价

(一)存货成本流转假设

存货流转包括实物流转和成本流转两个方面。从理论上说,存货的成本流转应当与实物流转相一致,即取得存货时确定的各项存货入账成本应当随着各该存货的销售或耗用而同步结转。但在实际工作中,由于存货的品种繁多、单位成本多变、进出量变化大等,很难保证存货的成本流转与实物流转完全一致。在会计上可行的处理方法是,按照一个假定的成本流转方式来确定发出存货的成本,而不强求存货的成本流转与实物流转相一致,这就是存货成本流转假设。

采用不同的存货成本流转假设在期末结存存货与本期发出存货之间分配存货成本,就产生了不同的发出存货计价方法,如个别计价法、先进先出法、月末一次加权平均法、移动加权平均法等。

由于不同的存货计价方法得出的计价结果各不相同,存货计价方法的选择,将对企业的财务状况和经营成果产生一定的影响,主要体现在以下三个方面。

一是存货计价方法对损益计算有直接影响。如果期末存货计价过低,就会低估当期收益,反之,则会高估当期收益;而如果期初存货计价过低,就会高估当期收益,反之,则会低估当期收益。

二是存货计价方法对资产负债表有关项目数额的计算有直接影响,包括流动资产总额、所有者权益等项目。

三是存货计价方法对应交所得税数额的计算有一定的影响。

企业应当根据各类存货实物流转情况、企业管理的要求、存货的性质等确定发出存货的成本计算方法。存货计价方法一旦选定,前后各期应当保持一致,并在会计报表附注中予以披露。

(二)实际成本法下发出存货的计价方法

按照《企业会计准则第1号——存货》的规定,企业应当采用个别计价法、先进先出法、月末一次加权平均法、移动加权平均法等确定发出存货的实际成本。

1. 个别计价法

个别计价法又称"具体辨认法""分批实际法",这种方法是假设存货的实物流转与成本流转相一致,以每一批次存货的实际成本(采购成本或生产成本)作为该批次存货发出成本计价依据的方法。

例 3-13

华美股份有限公司于2020年3月1日结存B材料1 000千克,单位成本为45元,当月收发资料见表3-1。

表3-1　B材料收、发、存明细表

2020年		摘要	收入			发出			结存		
月	日		数量	单价	金额	数量	单价	金额	数量	单价	金额
3	1	期初							1 000	45	45 000
	2	购入	600	48	28 800				1 600		
	3	发出				1300			300		
	18	购入	1 500	50	75 000				1800		
	23	发出				1200			600		
	28	购入	1 200	51	61 200				1800		
	31	期末	3 300		165 000	2500			1800		

假设经具体确认,确定发出材料的批次如下。

3日发出的1 300千克材料中,有900千克为期初存货,有400千克为2日购入的存货。

发出存货成本＝900×45＋400×48＝59 700(元)

23日发出的1 200千克材料中,有100千克为期初存货,有100千克为2日购入的存货,有1 000千克为18日购入的存货。

发出存货成本＝100×45＋100×48＋1 000×50＝59 300(元)

本月发出存货成本＝64 500＋59 300＝12 3800(元)

期末结存的存货1 800千克为2日购入的100千克,18日购入的500千克,28日购入的1 200千克。

期末存货成本＝100×48＋500×50＋1 200×51＝91 000(元)

个别计价法反映发出存货的实际成本最为准确,且可以随时结转发出材料的成本,在理论上是最为可取的。但其缺陷也显而易见:其应用的条件是必须正确认定存货的批次、单价,因而核算的工作量比较大,应用成本高,在一些材料种类多、存货量大、收发较频繁的企业,很难适用。这种方法适用于品种数量不多、单位价值较高、容易识别的存货或一般不能互换使用及为特定的项目专门购入或制造,并单独存放的存货。

2. 先进先出法

先进先出法是指依照"先入库的存货先发出"的假定确定成本流转顺序,并据以对发出存货和期末存货计价的方法。这种方法要求:在收入存货时,必须按照收入存货的先后顺序,逐笔登记存货的数量、单价、金额;在发出存货时,必须按发出存货的先后顺序,依次确定发出存货的实际成本。

例 3-14

资料承例3-13,采用先进先出法计算该企业当月发出材料和期末结存材料实际成本见表3-2。

3日发出存货成本＝1 000×45＋300×48＝59 400(元)

23日发出存货成本＝300×48＋900×50＝59 400(元)

合计118 800(元)

期末存货成本＝600×50＋1 200×51＝91 200(元)

表3-2 A材料明细账(单位:元)

2020年		摘要	收入			发出			结存		
月	日		数量	单价	金额	数量	单价	金额	数量	单价	金额
3	1	期初							1 000	45	45 000
	2	购入	600	48	28 800				1 000	45	
									600	48	73 800
	3	发出				1000	45	45 000			
						300	48	14 400	300	48	14 400
	18	购入	1 500	50	75 000				300	48	
									1 500	50	89 400
	23	发出				300	48	14 400			
						900	50	45 000	600	50	30 000
	28	购入	1 200	51	61 200				600	50	
									1 200	51	91 200
	31	期末	3 300		165 000	2500		118 800	1 800		91 200

以上是在永续盘存制下运用先进先出法确定存货发出成本和期末存货成本的。如果存货未出现盘盈盘亏的情况,在实地盘存制下运用先进先出法确定发出存货成本和期末存货成本与永续盘存制确定的结果一样。根据实地盘点制,先确定期末存货成本＝1 200×51＋600×50＝91 200(元),再倒推发出存货成本＝45 000＋165 000－118 800＝91 200(元)。

先进先出法顺应存货流动规律,符合历史成本原则,期末存货金额也比较接近市价,能较准确地反映存货资金的占用情况,随时结转发出存货的实际成本。但这种方法核算工作量较繁重,明细账记录较复杂,在通货膨胀率不断提高时,会高估期末存货价值,低估发出存货成本,从而高估企业当期利润,不符合稳健性原则。此方法一般适用于收发次数不多且存货价格稳定的存货。

3. 全月一次加权平均法

全月一次加权平均法指计算存货单位成本时,以期初存货数量和本期各批收入存货的数量作为权数于月末一次性计算存货加权平均单位成本,确定发出存货成本与期末存货成本的计价方法。其计算公式如下。

全月一次加权平均单价＝(期初结存存货实际成本＋本期收入存货实际成本)
÷(期初结存存货数量＋本期收入存货数量)

期末结存存货成本＝期末结存存货数量×全月一次加权平均单价

本期发出存货成本＝期初结存存货成本＋本月收入存货实际成本－期末结存存货成本

例 3-15

资料承例 3-13,采用全月一次加权平均法计算该企业当月发出材料和期末结存材料实际成本。

全月一次加权平均单价＝(45 000＋165 000)÷(1 000＋3 300)≈48.84(元)

由于加权平均单价除不尽,先计算期末结存存货成本。期末结存存货成本＝48.84×1 800＝87 912(元),然后倒推本期发出存货成本＝(4 500＋165 000)－87 912＝122 088(元)。

采用全月一次加权平均法,存货发出的日常核算只登记发出数量,月末根据求得的加权平均单价计算出月份内发出存货的实际总成本,从而使得发出存货的成本较为均衡,会计核算工作量也相对较轻,且在物价波动时,对存货成本的分摊较为折中。但这种方法由于计算加权平均单价并确定存货的发出成本和结存成本的工作集中在期末,平时无法从有关存货账簿中提供发出存货成本和结存存货成本的有关资料,不利于存货的日常管理。该方法一般适用于储存于同一地点,性能、形态相同,前后单价相差幅度较大的存货。

4. 移动加权平均法

移动加权平均法是指每次收入存货,即根据当前的存货数量及总成本计算出新的平均单位成本,再将随后发出存货数量按这种移动式的平均单位成本计算发出存货成本和结存存货成本的计价方法。按照这种方法,每次收入存货后,即以本次收入存货的实际成本加上以前结存存货的实际成本,除以本次收入存货数量和以前结存存货数量之和,计算出新的加权平均单位成本,作为下次发出材料的单位成本。其计算公式如下。

移动加权平均单价＝(本次存货入库前结存存货的实际成本＋本次入库存货实际成本)
　　　　　　　　÷(本次存货入库前结存存货数量＋本次入库存货数量)

例 3-16

资料承例 3-13，采用移动加权平均法计算该企业当月发出材料和期末结存材料实际成本见表 3-3。

第一次加权平均单位成本＝(45 000＋28 800)÷(1 000＋600)＝46.125(元)
第二次加权平均单位成本＝(13 838＋75 000)÷(300＋1 500)≈49.35(元)
第三次加权平均单位成本＝(29 610＋61 200)÷(600＋1 200)＝50.45(元)

表 3-3　A 材料明细账(单位:元)

2020 年		摘要	收入			发出			结存		
月	日		数量	单价	金额	数量	单价	金额	数量	单价	金额
3	1	期初							1 000	45	45 000
	2	购入	600	48	28 800				1 600	46.125	73 800
	3	发出				1 300	46.125	59 963	300	46.125	13 838
	18	购入	1 500	50	75 000				1 800	49.35	88 830
	23	发出				1 200	49.35	59 227	600	49.35	29 610
	28	购入	1 200	51	61 200				1 800	50.45	90 810
	31	期末	3 200		165 000	2 500		119 190	1800	50.45	90 810

移动加权平均法可以将不同批次、不同单价的存货成本差异均衡化，由于平均的范围较小，有利于存货成本的客观计算，能随时结出发出存货的成本，便于对存货的日常管理。但每次存货入库后几乎都要重新计算平均单价，会计核算工作量较大，一般适用于前后单价相差幅度较大的存货。

上述几种存货计价方法，各有其优缺点及适用范围，企业可根据实际情况，合理地选择发出存货成本的计算方法，以合理确定当期发出存货的实际成本。对性质、用途相似的存货应采用相同的计价方法。存货计价方法一旦选定，前后各期应当保持一致，并在会计报表附注中予以披露。

(三)发出存货的会计处理

存货是为了满足企业生产经营的各种需要而储备的，其经济用途各异，消耗方式也各不相同。因此，企业应当根据各类存货的用途及特点，选择适当的会计处理方法，对发出的存货进行会计处理。

1. 生产经营领用原材料

根据原材料的消耗特点，企业应按发出原材料的用途，将其成本直接计入产品成本或当期费用。领用原材料时,按其实际成本,借记"生产成本""制造费用""销售费用""管理费用"等科目,贷记"原材料"科目。

例 3-17

华美股份有限公司本月领用原材料的实际成本为 250 000 元。其中,基本生产领用 160 000 元,辅助生产领用 50 000 元,车间一般耗用 30 000 元,管理部门领用 10 000 元。

借:生产成本——基本生产成本　　　　　　　　160 000
　　　　　　——辅助生产成本　　　　　　　　 50 000
　　制造费用　　　　　　　　　　　　　　　　 30 000
　　管理费用　　　　　　　　　　　　　　　　 10 000
　　贷:原材料　　　　　　　　　　　　　　　　　　　　250 000

2. 在建工程领用的存货

(1)在建工程领用的库存商品,应按库存商品的实际成本转入所建工程成本。

例 3-18

华美股份有限公司自制一项固定资产,领用库存产品一批,账面价值 6 000 元,计税价格 8 000 元,增值税税率为 13%。

借:在建工程　　　　　　　　　　　　　　　　6 000
　　贷:库存商品　　　　　　　　　　　　　　　　　　6 000

(2)在建工程领用的原材料、周转材料等材料存货,应按其领用存货的账面价值计入有关工程项目成本。

例 3-19

华美股份有限公司自制一项固定资产,领用库存材料账面价值 5 000 元,相应的增值税额为 650 元。

借:在建工程　　　　　　　　　　　　　　　　5 000
　　贷:原材料　　　　　　　　　　　　　　　　　　　5 000

3. 销售的存货

(1)企业对外销售库存商品,取得的销售收入作为主营业务收入,相应的库存商品成本计入主营业务成本。

例 3-20

华美股份有限公司销售一批库存商品,售价 50 000 元,增值税额 6 500 元,库存商品实际成本 40 000 元。

```
借：银行存款                                            56 500
    贷：主营业务收入                                     50 000
        应交税费——应交增值税（销项税额）                  6 500
借：主营业务成本                                        40 000
    贷：库存商品                                        40 000
```

（2）企业对外销售原材料，取得的销售收入作为其他业务收入，相应的原材料成本计入其他业务成本。

例3-21

华美股份有限公司销售一批原材料，售价6 000元，增值税额780元，原材料实际成本4 500元。

```
借：银行存款                                             6 780
    贷：其他业务收入                                      6 000
        应交税费——应交增值税（销项税额）                    780
借：其他业务成本                                         4 500
    贷：原材料                                           4 500
```

4. 生产经营领用的周转材料

周转材料种类繁多，分布于生产经营的各个环节，具体用途各不相同，会计处理也不尽相同，如表3-4所示。常用的周转材料摊销方法有一次转销法、分次摊销法等。

表3-4 周转材料的会计处理

领用部门	用途	相关收入科目	相关费用科目
生产部门	构成产品实体一部分的		生产成本
车间	一般性物料消耗的		制造费用
销售部门	随同商品出售不单独计价的		销售费用
	随同商品出售并单独计价的	其他业务收入	其他业务成本
	用于出租的	其他业务收入（计算增值税）	其他业务成本
	用于出借的		销售费用
管理部门	自用		管理费用
建造承包商	在建工程用		工程施工

（1）一次转销法是指周转材料在领用时，将其账面价值一次计入有关成本费用的一种方法。采用这种方法领用周转材料时，按其实际成本，借记"其他业务成本"或"管理费用"等科目，贷记"周转材料"科目。

例 3-22

华美股份有限公司管理部门领用了 40 个周转箱,无偿提供给客户使用。周转箱单位成本 25 元,领用时一次计入管理费用。

借:管理费用　　　　　　　　　　　　　　　　1 000
　　贷:周转材料　　　　　　　　　　　　　　　　1 000

一次转销法适合于出租或出借业务不多、一次领用金额不大的企业使用。

(2)分次摊销法是指根据周转材料可供周转使用的估计期数或次数,将其价值计入各期有关成本费用的一种摊销方法。各期周转材料摊销额的计算公式如下。

$$某期周转材料摊销额 = \frac{周转材料账面价值}{预计使用次数} \times 该期实际使用次数$$

例 3-23

华美股份有限公司领用了 20 个包装桶,出租给客户使用,共收取押金 6 500 元,租金于客户退还包装桶时一次计算收取。包装桶单位成本 300 元,分 4 个月计入其他业务成本。

(1)用周转材料。

借:周转材料——在用　　　　　　　　　　　　6 000
　　贷:周转材料——在库　　　　　　　　　　　　6 000

(2)收取周转材料押金。

借:银行存款　　　　　　　　　　　　　　　　6 500
　　贷:其他应付款　　　　　　　　　　　　　　　6 500

(3)月摊销周转材料成本。

借:其他业务成本　　　　　　　　　　　　　　1 500
　　贷:周转材料——摊销　　　　　　　　　　　　1 500

(4)假定客户如期退还周转材料,计算收取租金 2 500 元,退还其余押金。

借:其他应付款　　　　　　　　　　　　　　　6 500
　　贷:其他业务收入　　　　　　　　　　　　　　2 500
　　　　应交税费——应交增值税(销项税额)　　　　325
　　　　银行存款　　　　　　　　　　　　　　　　3 675

(5)假定客户逾期未退还周转材料,没收周转材料押金,增值税销项税额 747.79 元。

借:其他应付款　　　　　　　　　　　　　　　6 500
　　贷:其他业务收入　　　　　　　　　　　　　　5 752.21
　　　　应交税费——应交增值税(销项税额)　　　　747.79

二、发出存货计划成本法的计价

存货采用实际成本进行日常核算,要求存货的收入和发出凭证、明细分类账、总分类账全部按实际成本计价，这对于存货品种、规格、数量繁多，收发频繁的企业来说，工作量大，核算成本较高，也会影响会计信息的及时性。为了简化存货的核算，企业可以采用计划成本法对存货的收入、发出及结存进行日常核算。

(一)计划成本法的概念和特点

1. 计划成本法的概念

计划成本法是指存货的日常收入、发出和结存均按预先制定的计划成本计价，并设置"材料成本差异"科目登记实际成本与计划成本之间的差异，月末，再通过对存货成本差异的分摊，将发出存货的计划成本和结存存货的计划成本调整为实际成本进行反映的一种核算方法。

2. 计划成本法的特点

按计划成本计价进行原材料收发核算，即从原材料收发凭证的计价到原材料的明细账、二级账、总账的核算全部按计划成本进行。这种核算方法的主要特点如下。

(1)材料采购采用实际成本计价，材料入库、发出采用计划成本计价，材料实际成本与计划成本的差异通过"材料成本差异"单独核算。

(2)材料明细账可以只记收入、发出和结存的数量，不记录材料金额。需要材料金额时，将材料数量乘以计划成本，随时求得材料收、发、存的金额，并通过"材料成本差异"科目计算、调整发出材料和结存材料的实际成本。该方法的材料核算比按实际成本计价简便易行，特别是材料明细核算相当简单。

(3)材料发出采用计划成本结转也很简便，避免使用先进先出、加权平均等繁杂的计算方法来确定发出材料的成本。

(4)有了合理的材料计划成本之后，将实际成本与计划成本对比，可对材料采购部门进行考核，促使其降低材料采购成本。因此，材料核算的计划成本法是我国制造企业中广泛应用的一种存货计价方法。

(二)计划成本法的账户设置

"材料采购"账户核算企业收入材料的实际成本以及实际成本与计划成本的差额，属于资产类账户。该账户的借方登记采购材料的实际成本及月末结转的实际成本小于计划成本的节约差额；贷方登记验收入库材料的计划成本及月末结转的实际成本大于计划成本的超支差额；月末结转后借方余额表示已经付款但尚未到达验收入库的在途材料的实际成本。本账户应按照材料品种类别设置明细账户。

"原材料"科目的结构、用途与材料按实际成本计价情况下设置的"原材料"科目相同，不同的是该科目的借方、贷方和余额均按计划成本记账。原材料按计划成本进行核算时，材料的收入、发出和结存均按材料的计划成本计价。

"材料成本差异"科目核算企业各种材料的实际成本与计划成本的差异。该科目借方记录从"材料采购"贷方转入的购入材料成本的超支差异；贷方记录从"材料采购"借方转入的购入材料成本的节约差异，以及发出材料应负担的成本差异结转额(超支用蓝字，节约用红字)。月末余额反映库存材料的成本差异额,如为借方余额,表示超支额;如为贷方余额,表示节约额。该科目应分别"原材料""包装物""低值易耗品"等,按照类别或品种进行明细核算。

(三)计划成本法购进材料的会计处理

在会计实务中,为了简化收入存货和结转存货成本差异的核算手续,企业平时收到存货时,也可以先不记录存货的增加,也不结转形成的存货成本差异。月末时,再将本月已付款或已开出、承兑商业汇票并已验收入库的存货,按实际成本和计划成本分别汇总,一次登记本月存货的增加,并计算和结转本月存货成本差异。

例 3-24

华美股份有限公司的存货采用计划成本核算。2020年3月份,发生下列材料采购业务。

(1)3月5日,购入一批原材料,增值税专用发票上注明的价款为 100 000 元,增值税进项税额为 13 000 元。货款已通过银行转账支付,材料也已验收入库。该批原材料的计划成本为 105 000 元。

借:材料采购　　　　　　　　　　　　　　　100 000
　　应交税费——应交增值税(进项税额)　　 13 000
　　贷:银行存款　　　　　　　　　　　　　 113 000
借:原材料　　　　　　　　　　　　　　　　 105 000
　　贷:材料采购　　　　　　　　　　　　　 105 000
借:材料采购　　　　　　　　　　　　　　　　 5 000
　　贷:材料成本差异——原材料　　　　　　　 5 000

(2)3月10日,购入一批原材料,增值税专用发票上注明的价款为 160 000 元,增值税进项税额为 20 800 元。货款已通过银行转账支付,材料尚在运输途中。

借:材料采购　　　　　　　　　　　　　　　160 000
　　应交税费——应交增值税(进项税额)　　 20 800
　　贷:银行存款　　　　　　　　　　　　　 180 800

(3)3月16日,购入一批原材料,材料运达企业并已验收入库,但发票等结算凭证尚未收到,货款尚未支付。暂不作会计处理。

(4)3月18日,收到3月10日购进的原材料并验收入库。该批原材料的计划成本为 150 000 元。

借:原材料　　　　　　　　　　　　　　　　 150 000
　　贷:材料采购　　　　　　　　　　　　　 150 000
借:材料成本差异——原材料　　　　　　　　　10 000
　　贷:材料采购　　　　　　　　　　　　　　10 000

(5)3月22日,收到3月16日已入库原材料的发票等结算凭证,增值税专用发票上注明的材料价款为 250 000 元,增值税进项税额为 32 500 元,开出一张商业汇票抵付。该批原材料的计划成本为 243 000 元。

借:材料采购 250 000
　　应交税费——应交增值税(进项税额) 32 500
　贷:应付票据 282 500
借:原材料 243 000
　贷:材料采购 243 000
借:材料成本差异——原材料 7 000
　贷:材料采购 7 000

(6) 3月25日,购入一批原材料,增值税专用发票上注明的价款为200 000元,增值税进项税额为26 000元。货款已通过银行转账支付,材料尚在运输途中。

借:材料采购 200 000
　　应交税费——应交增值税(进项税额) 26 000
　贷:银行存款 226 000

(7) 3月27日,购入一批原材料,材料运达企业并已验收入库,但发票等结算凭证尚未收到,货款尚未支付。3月31日,该批材料的结算凭证仍未到达,企业按照该批材料的计划成本80 000元估价入账。

借:原材料 80 000
　贷:应付账款——暂估应付账款 80 000

(8) 4月1日,用红字将上述分录予以冲回。

借:原材料 80 000
　贷:应付账款——暂估应付账款 80 000

(9) 4月3日,收到3月27日已入库原材料的发票等结算凭证,增值税专用发票上注明的材料价款为78 000元,增值税进项税额为10 140元,货款通过银行转账支付。

借:材料采购 78 000
　　应交税费——应交增值税(进项税额) 10 140
　贷:银行存款 88 140
借:原材料 80 000
　贷:材料采购 80 000
借:材料采购 2 000
　贷:材料成本差异——原材料 2 000

(10) 4月5日,收到3月25日购进的原材料并验收入库。该批原材料的计划成本为197 000元。

借:原材料 197 000
　贷:材料采购 197 000
借:材料成本差异——原材料 3 000
　贷:材料采购 3 000

(四)计划成本法发出存货和分摊材料成本差异的会计处理

采用计划成本法对存货进行日常核算,发出存货时先按计划成本计价。月末,再将月初结存存货的成本差异和本月取得存货形成的成本差异,在本月发出存货和期末结存存货之间进行分摊,将本月发出存货和期末结存存货的计划成本调整为实际成本。

计划成本、成本差异与实际成本之间的关系如下。

实际成本＝计划成本＋超支差异

或 实际成本＝计划成本－节约差异

为了便于存货成本差异的分摊,企业应当计算材料成本差异率,作为分摊存货成本差异的依据。材料成本差异率包括本期材料成本差异率和期初材料成本差异率两种,其计算公式如下。

本月材料成本差异率＝(月初结存材料成本的差异＋本月收入材料成本的差异)÷(月初结存材料的计划成本＋本月收入材料的计划成本)×100%

月初材料成本差异率＝月初结存材料成本的差异÷月初结存材料的计划成本×100%

企业应当分别对原材料、包装物、低值易耗品等,按照类别或品种对存货成差进行明细核算,并计算出相应的材料成本差异率,不能使用一个综合差异。在计算发出存货应负担的成本差异时,除委托外部加工发出存货可按期初成本率算外,一般应使用当期的实际差异率计算。如果期初的成本差异率与本期本差率相差不大,也可按上期的成本差异率计算。该计算方法一经确定,不随意变。如果确需变更,应在会计报表附注中予以说明。

本月发出存货应负担的成本差异及实际成本和月末结存存货应负担的成本差异及实际成本,可按如下公式计算。

本月发出存货应负担的差异＝发出存货的计划成本×材料成本差异率

本月发出存货的实际成本＝发出存货的计划成本±发出存货应负担的差异

月末结存存货应负担的成本差异＝结存存货的计划成本×材料成本差异率

月末结存存货的实际成本＝结存存货的计划成本±结存存货应负担的差异

发出存货应负担的成本差异,必须按月分摊,不得在季末分摊或年末一次分摊。

例 3-25

2020年3月1日,华美股份有限公司结存原材料的计划成本为52 000元,"材料成本差异——原材料"科目的贷方余额为1 000元。3月份的材料采购业务,见例3-24资料。经汇总,3月份已经付款或已开出、承兑商业汇票并已验收入库的原材料计划成本为498 000元,实际成本为510 000元,材料成本差异为超支的12 000元。3月份领用原材料的计划成本为504 000元,其中,基本生产领用350 000元,辅助生产领用110 000元,车间一般耗用16 000元,管理部门领用8 000元,对外销售20 000元。

(1)按计划成本发出原材料。

借:生产成本——基本生产成本　　　　　　　　　　350 000

　　　　　　——辅助生产成本　　　　　　　　　　110 000

制造费用	16 000
管理费用	8 000
其他业务成本	20 000
贷：原材料	504 000

(2) 计算本月材料成本差异率。

本月材料成本差异率＝(－1 000＋12 000)÷(52 000＋498 000)×100%＝2%

在计算本月材料成本差异率时，本月收入存货的计划成本金额不包括已验收入库但发票等结算凭证月末时尚未到达，企业按计划成本估价入账的原材料金额。

(3) 分摊材料成本差异。

生产成本（基本生产成本）＝350 000×2%＝7 000（元）

生产成本（辅助生产成本）＝110 000×2%＝2 200（元）

制造费用＝16 000×2%＝320（元）

管理费用＝8 000×2%＝160（元）

其他业务成本＝20 000×2%＝400（元）

借：生产成本——基本生产成本		7 000
——辅助生产成本		2 200
制造费用		320
管理费用		160
其他业务成本		400
贷：材料成本差异——原材料		10 080

(4) 月末，计算结存原材料实际成本，据以编制资产负债表。

"原材料"科目期末余额＝(52 000＋498 000＋80 000)－504 000＝126 000（元）

"材料成本差异"科目期末余额＝(－1 000＋12 000)－10 080＝920（元）

结存原材料实际成本＝126 000＋920＝126 920（元）

月末编制资产负债表时，存货项目中的原材料存货，应当按上列结存原材料实际成本126 920元列示。

第四节 存货的期末计价

为了在资产负债表中更合理地反映期末存货的价值，企业应当选择适当的计价方法对期末存货进行再计量。我国企业会计准则规定，资产负债表日，存货应当按照成本与可变现净值孰低法计量。

一、成本与可变现净值孰低法的含义

成本与可变现净值孰低法是指以存货成本与可变现净值两者之中的较低者对期末存货进行计量的一种方法。采用这种方法，当期末存货的成本低于可变现净值时，存货仍按成本计量；当期

末存货的可变现净值低于成本时,存货则按可变现净值计量。

所谓成本,是指期末存货的实际成本,即采用先进先出法、加权平均法等存货计价方法,对发出存货(或期末存货)进行计价所确定的期末存货账面成本。

所谓可变现净值,是指在日常活动中,存货的估计售价减去至完工时估计将要发生的成本、估计的销售费用以及相关税费后的金额。采用成本与可变现净值孰低法对期末存货进行计量,当某项存货的可变现净值跌至成本以下时,表明该项存货为企业带来的未来经济利益将低于账面成本,企业应按可变现净值低于成本的差额确认存货跌价损失,并将其从存货价值中扣除,否则,就会虚计当期利润和存货价值;而当可变现净值高于成本时,企业则不能按可变现净值高于成本的金额确认这种尚未实现的存货增值收益,否则,也会虚计当期利润和存货价值。因此,成本与可变现净值孰低法体现了谨慎性会计原则的要求。

二、存货可变现净值的确定

根据存货的账面记录,企业可以很容易地获得存货的成本资料,因此,运用成本与可变现净值孰低法对期末存货进行计量的关键,是合理地确定存货的可变现净值。

(一)确定存货可变现净值应考虑的主要因素

1. 确定存货的可变现净值应以确凿的证据为基础

这里所讲的"确凿证据"是指对确定存货的可变现净值有直接影响的确凿证明,如产品的市场销售价格、与企业产品相同或类似商品的市场销售价格、供货方提供的有关资料、销售方提供的有关资料、生产成本资料等。

2. 确定存货的可变现净值应考虑持有存货的目的

(1)产成品、商品和用于销售的材料等直接用于出售的商品存货,在正常生产经营过程中,应当以该存货的估计售价减去估计的销售费用和相关税费后的金额,确定可变现净值,其中又分为有合同约定的存货和没有合同约定的存货。

(2)需要经过加工的材料存货,在正常生产过程中,应当以所生产的产成品的估计售价减去至完工时估计将要发生的成本、估计的销售费用和相关税费后的金额,确定可变现净值。

3. 确定存货的可变现净值还应考虑资产负债表日后事项的影响

即在确定资产负债表日存货的可变现净值时,不仅要考虑资产负债表日与该存货相关的价格与成本波动,还应考虑未来的相关事项。也就是说,不仅限于考虑财务会计报告批准报出日之前发生的相关价格与成本波动,还应考虑以后期间发生的相关事项。

(二)存货估计售价的确定

在确定存货的可变现净值时,应合理确定估计售价、至完工将要发生的成本、估计的销售费用和相关税费。其中,存货估计售价的确定对于计算存货可变现净值至关重要。

企业在确定存货的估计售价时,应当以资产负债表日为基准。但是,如果当月存货价格变动较大,则应当以当月该存货平均销售价格或资产负债表日最近几次销售价格的平均数作为确定估

计售价的基础。此外,企业还应当根据存货是否有约定销售的合同,按照以下原则确定存货的估计售价:

其一,执行销售合同或者劳务合同而持有的存货,通常应当以产成品或商品的合同价格作为其可变现净值的计量基础;

其二,如果企业持有存货的数量多于销售合同订购数量,超出部分的存货可变现净值应当以产成品或商品的一般销售价格作为计量基础;

其三,没有销售合同或者劳务合同约定的存货,其可变现净值应当以产成品或商品一般销售价格或原材料的市场价格作为计量基础。

三、材料存货的期末计量

企业持有的材料主要用于生产产品,但也会直接对外出售。会计期末,在运用成本与可变现净值孰低法对材料存货进行计量时,需要考虑持有材料的不同目的和用途。

(一)用于出售而持有的材料

对用于出售而持有的材料,应直接比较材料的成本和根据材料估计售价确定可变现净值。

例 3-26

2020 年 11 月 1 日,华美股份有限公司根据市场需求的变化,决定停止生产 Y1 型机器,为减少不必要的损失,决定将库存原材料中专门用于生产 Y1 型机器的外购原材料——A 材料全部出售。2020 年 12 月 31 日,A 材料账面成本为 500 万元,数量为 10 吨。据市场调查,A 材料的市场销售价格为 30 万元/吨,同时可能发生销售费用及相关税费共计 5 万元。在本例中,由于企业已决定不再生产 Y1 型机器,该批 A 材料的可变现净值不能以 Y1 型机器的销售价格作为其计算基础,而应按其本身的市场销售价格作为计算基础。即:该批 A 材料的可变现净值 $=30\times10-5=295$(万元)。

(二)用于生产而持有的材料

对用于生产而持有的材料(包括原材料、在产品、委托加工材料等),应当将材料的期末计量与所生产的产成品期末价值减损情况联系起来,按以下原则处理。

第一,如果用该材料生产的产成品的可变现净值预计高于生产成本,则该材料应当按成本计量。

例 3-27

2020 年 12 月 31 日,华美股份有限公司库存原材料——B 材料的账面成本为 3 000 万元,市场销售价格总额为 2 800 万元,假定不发生其他销售费用。用 B 材料生产的产成品——Y2 型机器的可变现净值高于成本。根据上述资料可知,2020 年 12 月 31 日,B 材料的账面成本高于其市场价格,但是由于用其生产的产成品——Y2型机器的可变现净值高于成本,也就是用该原材料生产的最终产品此时并没有发生价值减损,因此,B材料即使其账面成本已高于市场价格,也不应计提存货跌价准备,仍应按3 000万元列示在2020年12月31日的资产负债表的存货项目之中。

第二,如果材料价格的下降表明产成品的可变现净值低于产品的生产成本,则该材料应当按可变现净值计量。

例 3-28

2020年12月31日,华美股份有限公司库存原材料——C材料的账面成本为600万元,单位成本为6万元/件,数量为100件,可用于生产100台Y3型机器。C材料的市场销售价格为5万元/件。C材料市场销售价格下跌,导致用C材料生产的Y3型机器的市场销售价格也下跌,由此造成Y3型机器的市场销售价格由15万元/台降为13.5万元/台,但生产成本仍为14万元/台。将每件C材料加工成Y3型机器尚需投入8万元,估计发生运杂费等销售费用0.5万元/台。根据上述资料,可按照以下步骤确定C材料的可变现净值。

首先,计算用该原材料所生产的产成品的可变现净值:

Y3型机器的可变现净值＝Y3型机器估计售价－估计销售费用－估计相关税费
$$=13.5\times100-0.5\times100=1\ 300(万元)$$

其次,将用该原材料所生产的产成品的可变现净值与其成本进行比较:

Y3型机器的可变现净值1 300万元小于其成本1 400万元,即C材料价格的下降表明Y3型机器的可变现净值低于成本,因此,C材料应当按可变现净值计量。

最后,计算该原材料的可变现净值:

C材料的可变现净值＝Y3型机器的售价总额－将C材料加工成Y3型机器尚需投入的成本－估计销售费用－估计相关税费＝$13.5\times100-8\times100-0.5\times100=500$(万元),C材料的可变现净值500万元小于其成本600万元,因此,C材料的期末价值应为其可变现净值500万元,即C材料应按500万元列示在2020年12月31日资产负债表的存货项目之中。

四、存货跌价准备的计提方法

企业应当定期对存货进行全面检查,如果由于存货毁损、全部或部分陈旧过时或销售价格低于成本等使存货可变现净值低于其成本,应按可变现净值低于成本的部分,计提存货跌价准备。

(一)存货减值的判断依据

企业在对存货进行定期检查时,如果存在下列情况之一,应当考虑计提存货跌价准备:

该存货的市场价格持续下跌,并且在可预见的未来无回升的希望;

企业使用该项原材料生产的产品的成本高于产品的销售价格;

企业因产品更新换代,原有库存原材料已不适应新产品的需要,而该原材料的市场价格又低于其账面成本；

因企业所提供的商品或劳务过时或消费者偏好改变而使市场的需求发生变化，导致市场价格逐渐下跌；

其他足以证明该项存货实质上已经发生减值的情形。

(二)存货跌价准备的计提和转回

企业通常应当按照单个存货项目计提存货跌价准备，即应当将每一存货项目的成本与可变现净值分别进行比较，按每一存货项目可变现净值低于成本的差额作为计提各该存货项目跌价准备的依据。但在某些特殊情况下，也可以合并计提存货跌价准备。此外，对于数量繁多、单价较低的存货，可以按存货类别计提存货跌价准备。

资产负债表日，企业计提存货跌价准备时，首先应确定本期存货的减值金额，即本期存货可变现净值低于成本的差额，然后将本期存货的减值金额与"存货跌价准备"科目原有的余额进行比较（同坏账准备），按下列公式计算确定本期应计提的存货跌价准备金额。

应计提跌价准备＝当期可变现净值低于成本差额－存货跌价准备原有余额

根据上述公式，如果计提存货跌价准备前，"存货跌价准备"科目无余额，则应按本期可变现净值低于成本的差额计提存货跌价准备；如果本期存货可变现净值低于成本的差额大于"存货跌价准备"科目原有的贷方余额，则应按二者之差补提存货跌价准备；如果本期存货可变现净值低于成本的差额与"存货跌价准备"科目原有的贷方余额相等，则不需要计提存货跌价准备；如果本期存货可变现净值低于成本的差额小于"存货跌价准备"科目原有的贷方余额，则表明以前引起存货减值的影响因素已经部分消失，存货的价值又得以部分恢复，企业应当相应地恢复存货的账面价值，即按二者之差冲减已计提的存货跌价准备；如果本期存货可变现净值高于成本，则表明以前引起存货减值的影响因素已经完全消失，存货的价值全部得以恢复，企业应将存货的账面价值恢复至账面成本，即应将已计提的存货跌价准备全部转回。

例 3-29

2019年12月31日，华美股份有限公司Y4型机器的账面成本为500万元，但由于Y4型机器的市场价格下跌，预计可变现净值为400万元，由此计提存货跌价准备100万元。假定如下。

(1)2020年6月30日，Y4型机器的账面成本仍为500万元，但由于Y4型机器市场价格有所上升，使得Y4型机器的预计可变现净值变为475万元。

(2)2020年12月31日，Y4型机器的账面成本仍为500万元，由于Y4型机器的市场价格进一步上升，预计Y4型机器的可变现净值为555万元。

在本例中，应编制会计分录如下。

(1)2020年6月30日，由于Y4型机器市场价格上升，Y4型机器的可变现净值有所恢复，应计提的存货跌价准备为25(＝500－475)万元，则当期应冲减已计提的存货跌价准备75(＝100－25)万元且小于已计提的存货跌价准备(100万元)，因此，应转回的存货跌价准备为75万元。

借：存货跌价准备　　　　　　　　　　　　　　　　750 000

贷：资产减值损失——存货减值损失　　　　　　　　　　750 000

(2)2020年12月31日，Y4型机器的可变现净值又有所恢复，应冲减存货跌价准备为55（＝500－555）万元，但是对Y4型机器已计提的存货跌价准备的余额为25万元，因此，当期应转回的存货跌价准备为25万元而不是55万元（即以将对Y4型机器已计提的"存货跌价准备"余额冲减至零为限）。

借：存货跌价准备　　　　　　　　　　　　　　　　　　250 000
　　贷：资产减值损失——存货减值损失　　　　　　　　250 000

(三)存货跌价准备的结转

已经计提了跌价准备的存货，在生产经营领用、销售或其他原因转出时，应当根据不同情况，对已计提的存货跌价准备进行适当的会计处理。

1. 生产经营领用的存货

领用时一般可不结转相应的存货跌价准备，待期末计提存货跌价准备时一并调整。如需要同时结转已计提的存货跌价准备，则应作如下会计处理。

借：存货跌价准备
　　贷：生产成本

2. 销售等原因转出的存货

在结转销售成本的同时，应结转相应的存货跌价准备，并作如下会计分录。

借：存货跌价准备
　　贷：主营业务成本/其他业务成本

3. 可变现净值为零的存货

应当将其账面余额全部转销，同时转销相应的存货跌价准备。当存货存在以下情况之一时，表明存货的可变现净值为零：

(1)已霉烂变质的存货；
(2)已过期且无转让价值的存货；
(3)生产中已不再需要，并且已无使用价值和转让价值的存货；
(4)其他足以证明已无使用价值和转让价值的存货；

在此种情况下，应做如下会计分录。

借：管理费用
　　存货跌价准备
　　贷：库存商品/原材料

如果存货是按类别计提跌价准备的，在销售及债务重组等转出存货时，应按比例同时结转相应的存货跌价准备。

例 3-30

华美股份有限公司的库存D商品已过保质期，不可再使用或销售。D商品账面成本18

000元,已计提存货跌价准备12 000元。

  借:管理费用——计提的存货跌价准备   6 000
    存货跌价准备   12 000
    贷:库存商品——D商品   18 000

第五节 存货清查

一、存货清查的意义与方法

  为了加强对存货的控制,维护存货的安全完整,企业应当定期或不定期对存货的实物进行盘点和抽查,并与账面记录进行核对,确保存货账实相符。
  企业至少应当在编制年度财务会计报告之前,对存货进行一次全面的清查盘点。存货清查采用实地盘点、账实核对的方法。

二、存货盘盈与盘亏的会计处理

(一)存货盘盈

  存货盘盈是指存货的实存数量超过账面结存数量的差额。存货发生盘盈,应按照同类或类似存货的市场价格作为实际成本及时登记入账,借记"原材料"等存货科目,贷记"待处理财产损溢——待处流动资产损溢"科目。待查明原因,报经批准处理后,冲减当期管理费用。

例 3-31

  华美股份有限公司在存货清查中发现盘盈一批 A 材料,市场价格为 7 000 元。
  (1)发现盘盈。
  借:原材料   7 000
    贷:待处理财产损溢——待处理流动资产损溢 7 000
  (2)报经批准处理。
  借:待处理财产损溢——待处理流动资产损溢 7 000
    贷:管理费用   7 000

(二)存货盘亏

  存货盘亏是指存货的实存数量少于账面结存数量的差额。存货发生盘亏,应将其账面成本及时转销,借记"待处理财产损溢——待处理流动资产损溢"科目,贷记"原材料"等存货科目;因非常损失而造成的存货毁损,还应将不能抵扣的增值税进项税额一并转出,借记"待处理财产损溢——待处理流动资产损溢"科目,贷记"应交税费——应交增值税(进项税额转出)"科目。待查明原因,

报经批准处理后,根据造成盘亏的原因,分别以下情况进行会计处理:

属于定额内自然损耗和收发计量差错造成的短缺,直接计入管理费用;

属于管理不善等原因造成的短缺或毁损,在减去过失人或者保险公司等赔款和残料价值之后,将净损失计入管理费用;

属于自然灾害或意外事故造成的毁损,在减去保险公司赔款和残料价值之后,将净损失计入营业外支出。

例 3-32

华美股份有限公司在存货清查中发现盘亏一批 B 材料,账面成本为 10 000 元。

(1)发现盘亏。

借:待处理财产损溢——待处理流动资产损溢　　　　　　10 000
　　贷:原材料　　　　　　　　　　　　　　　　　　　　10 000

(2)查明原因,报经批准处理。

①假定属于收发计量差错存货短缺

借:管理费用　　　　　　　　　　　　　　　　　　　　10 000
　　贷:待处理财产损溢——待处理流动资产损溢　　　　　10 000

②假定属于管理不善造成存货霉烂变质,由过失人赔偿部分损失 8 000 元

借:银行存款　　　　　　　　　　　　　　　　　　　　 8 000
　　管理费用　　　　　　　　　　　　　　　　　　　　 3 300
　　贷:待处理财产损溢——待处理流动资产损溢　　　　　10 000
　　　　应交税费——应交增值税(进项税额转出)　　　　 1 300

③假定属于自然灾害造成的毁损,应收保险公司赔款 8 000 元

借:其他应收款——保险赔款　　　　　　　　　　　　　 8 000
　　营业外支出　　　　　　　　　　　　　　　　　　　 2 000
　　贷:待处理财产损溢——待处理流动资产损溢　　　　　10 000

如果盘盈或盘亏的存货在期末结账前尚未经批准,在对外提供财务会计报告时,应先按上述方法进行会计处理,并在会计报表附注中作出说明。如果其后批准处理的金额与已处理的金额不一致,应当调整当期会计报表相关项目的年初数。

第四章 固定资产

第一节 固定资产概述

一、固定资产的定义以及特征

(一)固定资产的定义

固定资产是指企业为生产商品、提供劳务、出租或经营管理而持有的,使用寿命超过一个会计年度的有形资产。固定资产一般包括房屋、建筑物、机器、机械、运输工具以及其他与生产、经营有关的设备、器具、工具等。

> **知识链接**
>
> 在实务上,对于不属于生产经营主要设备的物品,如果单位价值在2 000元以上,并且使用年限超过两年的,也作为固定资产进行处理。

(二)固定资产的特征

从固定资产的定义看,固定资产具有以下三个特征。

1. 为生产商品、提供劳务、出租或经营管理而持有

企业持有固定资产的目的是满足生产商品、提供劳务、出租或经营管理的需要,而不是对外出售或者投资。这一特征是固定资产区别于存货的重要标志。

2. 使用寿命超过一个会计年度

固定资产属于长期耐用资产,其使用寿命一般超过1年。使用寿命是指企业使用固定资产的预计期间,或者该固定资产所能生产产品或提供劳务的数量。这一特征表明企业固定资产的收益期超过1年,能在1年以上的时间里创造经济利益,也说明企业最初为构建固定资产所发生的支出,属于资本性支出而不是费用性支出。

3. 固定资产是有形资产

固定资产具有实物形态,可以看得见、摸得着。这一特征是固定资产区别于无形资产的主要标志。有些无形资产可能同时符合固定资产的其他特征,但是因为其没有实物形态,所以不属于无形资产。

(三)固定资产的确认条件

固定资产在符合定义的前提下,只有同时满足下列条件的,才能予以确认:

与该固定资产有关的经济利益很可能流入企业；

该固定资产的成本能够可靠地计量。

固定资产的各组成部分具有不同使用寿命或者以不同方式为企业提供经济利益，适用不同折旧率或折旧方法的，应当分别将各组成部分确认为单项固定资产。

二、固定资产分类

在企业中，固定资产的种类繁多，为了便于固定资产的实物管理及价值核算，可以按照不同的标准对固定资产进行分类。

(一)固定资产按经济用途的分类

按经济用途的不同，固定资产可分为经营用固定资产和非经营用固定资产。

经营用固定资产是指直接参加或直接服务于生产经营过程的各种固定资产，如用于企业生产经营的房屋、机器设备、运输工具等。

非经营用固定资产是指不直接服务于生产经营过程的各种固定资产，如作为职工宿舍、食堂、娱乐室、理发室等使用的房屋和建筑物等。

(二)固定资产按使用情况分类

按使用情况的不同，固定资产可分为使用中的固定资产、未使用的固定资产、出租的固定资产和不需用的固定资产。

1. 使用中的固定资产

使用中的固定资产是指企业正在使用的经营用固定资产和非经营用固定资产。企业的房屋和建筑物无论是否在实际使用，都应视为使用中的固定资产。由于季节性生产经营或进行大修理等而暂时停止使用以及存放在生产车间或经营场所备用、轮换使用的固定资产，也属于使用中的固定资产。

2. 未使用的固定资产

未使用的固定资产是指已经购建完成但尚未交付使用的新增固定资产以及进行改建、扩建等暂时脱离生产经营过程的固定资产。

3. 出租的固定资产

出租的固定资产是指企业根据租赁合同的规定，以经营租赁方式出租给其他企业临时使用的固定资产。如果房屋对外出租则应该划为投资性房地产。

4. 不需要用的固定资产

不需要用的固定资产是指本企业多余或不适用、待处置的固定资产。例如，当某产品停产，生产该产品的专用设备就成为了不需要用的固定资产。

除了以上分类标准之外，固定资产还可以按其他标准进行分类，例如，按来源渠道分类可以分为外购的固定资产、自行建造的固定资产、接受投资者投入的固定资产、租入的固定资产、接受捐赠取得的固定资产、非货币性资产交换取得的固定资产、债务重组取得的固定资产以及盘盈的固定资产等。在会计实务中,企业往往采用综合的标准对固定资产进行分类。

企业应当结合固定资产的定义和本企业的具体情况,制定适合于本企业的固定资产目录和分类方法,确定每类或每项固定资产的折旧年限及折旧方法,为进行固定资产的实物管理和价值核算提供依据。

第二节 固定资产的初始计量

固定资产的初始计量是指最初取得固定资产时对入账价值的确定。固定资产应当按照成本进行初始计量。

固定资产的成本包括企业为构建某项固定资产达到预定可使用状态前所发生的一切合理的、必要的支出。

在会计实务中,企业取得固定资产的方式多种多样,不同取得方式的入账价值所包含的经济内容各不同。企业取得的固定资产的方式有外购的固定资产、自行建造的固定资产、接受投资者投入的固定资产、租入的固定资产、接受捐赠取得的固定资产、非货币性资产交换取得的固定资产、债务重组取得的固定资产以及盘盈的固定资产等。

一、外购的固定资产

外购固定资产的成本,包括购买价款、相关税费、使固定资产达到预定可使用状态前所发生的可归属于该项资产的运输费、装卸费、安装费和专业人员服务费等。

外购的固定资产分为不需要安装的固定资产和需要安装的固定资产两类。

(一)外购不需要安装的固定资产

不需要安装的固定资产,企业可以立即投入使用,因此,会计处理比较简单。购入不需要安装的固定资产,企业应按购入时实际支付的买价、运输费、装卸费、专业人员服务费和其他相关税费(不含可抵扣的增值税进项税额),计入固定资产的取得成本。其账务处理为:借记"固定资产""应交税费—应交增值税(进项税额)"科目,贷记"银行存款""其他应付款"等科目。

例 4-1

2020年5月1日,华美股份有限公司购入一台不需要安装的设备,发票上注明设备价款300 000元,增值税进项税额39 000元,支付的运杂费3 200元,增值税进项税额288元。上述款项企业已用银行存款支付。其账务处理如下。

```
借:固定资产                                303 200
    应交税费——应交增值税(进项税额)          39 288
  贷:银行存款                                342 488
```

(二)外购需要安装的固定资产

如果企业购入的是需要安装的固定资产,从固定资产抵达企业到交付使用,尚需经过安装和调试工程,并会发生安装调试成本。因此,应先通过"在建工程"科目核算购置固定资产所支付的价款、运输费和安装成本等,待固定资产安装完毕达到预定可使用状态时,再将"在建工程"科目归集的固定资产成本一次转入"固定资产"科目。其会计核算过程一般经历这样的程序:"在建工程"→"固定资产"。

例 4-2

2020年5月1日,华美股份有限公司购入一台需要安装的生产用机器设备,取得的增值税专用发票上注明的设备价款 500 000 元,增值税进项税额 65 000 元,款项已通过银行支付;安装设备时,领用本公司原材料一批,价值 30 000 元,购进该批原材料时支付的增值税进项税额 3 900 元;支付安装工人的工资为 4 900 元。假定不考虑相关税费,则应编制如下会计分录。

(1)支付设备价款、增值税。

借:在建工程　　　　　　　　　　　　　　　500 000
　　应交税费——应交增值税(进项税额)　　 65 000
　　贷:银行存款　　　　　　　　　　　　　565 000

(2)领用本公司原材料、支付安装工人工资等费用。

借:在建工程　　　　　　　　　　　　　　　34 900
　　贷:原材料　　　　　　　　　　　　　　30 000
　　　　应付职工薪酬　　　　　　　　　　　4 900

(3)设备安装完毕达到预定可使用状态。

借:固定资产　　　　　　　　　　　　　　　534 900
　　贷:在建工程　　　　　　　　　　　　　534 900

(三)一揽子购入固定资产

在会计实务中,企业可能以一笔款项购入多项没有单独标价的固定资产,应当按照各项固定资产公允价值比例对总成本进行分配,分别确定各项固定资产的成本。如果以一笔款项购入的多项资产中还包括固定资产以外的其他资产,则也应按类似的方法予以处理。

例 4-3

华美股份有限公司是增值税一般纳税人,于2020年5月1日向乙公司一次购进三台不同型号且具有不同生产能力的 A 设备、B 设备和 C 设备。该设备买价为 1 000 万元,增值税进项税额为 130 万元;购入后发生安装费用 260 万元,为达到正常运转发生测试费 80 万元,外聘专业人员服务费 60 万元。2020年5月31日,该设备达到预定可使用状态并投入使用。投入使用时三台设备的市场价值分别为100万元、180万元和120万元,确定各自的入账价值。

设备的总成本＝1 000＋260＋80＋60＝1 400(万元)

A设备的入账价值＝1 400×100÷(100＋180＋120)＝350(万元)

B设备的入账价值＝1 400×180÷(100＋180＋120)＝630(万元)

C设备的入账价值＝1 400×120÷(100＋180＋120)＝420(万元)

购买固定资产的价款超过正常信用条件延期支付,实质上具有融资性质的,固定资产的成本以购买价款的现值为基础确定。实际支付的价款与购买价款的现值之间的差额,除按照《企业会计准则第17号——借款费用》应予资本化的以外,应当在信用期间内计入当期损益。

二、自行建造的固定资产

自行建造固定资产的成本,由建造该项资产达到预定可使用状态前所发生的必要支出构成,包括工程物资成本、人工成本、缴纳的相关税费、应予以资本化的借款费用以及应分摊的间接费用等。

自行建造的固定资产,通常需要经历一段较长的建造期间。为了便于归集和计算固定资产的实际建造成本,企业应当设置"在建工程"科目。

企业自行建造固定资产包括自营建造和出包建造两种方式。

(一)自营工程

自营工程是指企业利用自身的生产能力进行的固定资产建造工程。

1. 自营工程的成本构成

企业通过自营方式建造固定资产,其成本按照直接材料、直接人工及直接机械施工费等计量,具体包括消耗的工程物资、原材料、库存商品、负担的职工薪酬、辅助生产部门为工程提供的水、电、设备安装、修理、运输等劳务支出,以及工程发生的待摊支出等。

在确定自营工程成本时,还需要注意以下几个方面。

(1)自营工程领用工程物资、原材料或库存商品,应按实际成本计入所建工程的成本,所支付的增值税进项税额不计入工程成本,但如果所建造的是用于企业集体福利设施工程,则支付的增值税额不得抵扣,应计入工程成本。

(2)自营工程建设期间发生的工程物资盘亏、报废及毁损净损失,计入工程成本;盘盈的工程物资或处置净收益,则冲减工程成本。

(3)工程完工后发生的工程物资盘盈、盘亏、报废、毁损,计入当期营业外收支。

(4)自营工程进行负荷联合试车发生的费用,计入工程成本(待摊支出);试车期间形成的产品及副产品对外销售或转为库存商品时,冲减工程成本(待摊支出)。

(5)自营工程发生的符合资本化条件的借款费用,应计入工程成本。

2. 自营工程的账务处理

(1)自营工程领用工程物资时,借记"在建工程",贷记"工程物资"科目。

(2)在建工程应负担的职工薪酬,借记"在建工程",贷记"应付职工薪酬"科目。

(3)在建工程使用本企业的产品或商品,应当按照成本,借记"在建工程",贷记"库存商品"科目。

(4)在建工程达到预定用途前发生的借款利息,满足资本化条件的,根据借款费用准则的规定计算出应资本化的金额,借记"在建工程",贷记"应付利息"等科目;达到预定用途后发生的利息费用,计提利息费用时,借记"财务费用"科目,贷记"应付利息"等科目。

(5)在建工程在试运转过程中发生的支出,借记"在建工程",贷记"银行存款"等科目;形成的产品或者副产品对外销售或转为库存商品的,借记"银行存款""库存商品"等科目,贷记"在建工程"。

(6)自营工程达到预定用途,借记"固定资产"科目,贷记"在建工程"。

例 4-4

华美有限公司属于增值税一般纳税人,适用增值税税率为13%。2020年5月1日,华美有限公司计划自行建造一套机器设备,为此购入工程物资一批,价款为600 000元,支付的增值税进项税额为78 000元,款项以银行存款支付,全部为工程领用;领用生产用原材料一批,账面余额为20 000元,购进该批原材料时支付的增值税进项税额2 600元;计提工程人员工资80 000;11月1日,试生产过程中取得收入10 000元,已经收到款项并存入银行;12月1日,工程竣工决算并交付使用。假定不考虑其他相关税费。华美股份有限公司的会计处理如下。

(1)购入工程物资时。

借:工程物资	600 000
应交税费——应交增值税(进项税额)	78 000
贷:银行存款	678 000

(2)领用工程物资时。

借:在建工程	600 000
贷:工程物资	600 000

(3)领用生产用原材料时。

借:在建工程	20 000
贷:原材料	20 000

(4)计提工程人员工资。

借:在建工程	80 000
贷:应付职工薪酬	80 000

(5)试生产收入。

借:银行存款	10 000
贷:在建工程	10 000

(6)工程竣工并交付使用。

固定资产的入账金额=600 000+20 000+80 000-10 000=690 000(元)

借:固定资产	690 000

贷：在建工程　　　　　　　　　　　　　　　　　　　　　690 000

(二)出包工程

出包工程是指企业委托建筑公司等其他单位进行的固定资产建造工程。出包工程多用于企业的房屋及建筑物的新建、改建及扩建工程等。

1. 出包工程的成本构成

出包工程的成本由建造该项固定资产达到预计可使用状态前所发生的必要支出构成，包括发生的建筑工程支出、安装工程支出以及需分摊计入各固定资产价值的待摊支出。

对于发包企业而言，建筑工程支出、安装工程支出是构建在建工程成本的重要内容，结算的工程价款计入在建工程成本。待摊支出是指在建设期间发生的且不能直接计入某项固定资产价值，而应由所建造固定资产共同承担的相关费用，包括为建造工程发生的管理费、征地费、可行性研究费、临时设施费、公证费、监理费、应负担的税金、符合资本化条件的借款费用、建设期间发生的工程物资盘亏、报废及毁损净损失以及负荷联合试车费等。

> **知识链接**
>
> 企业为建造固定资产通过出让方式取得土地使用权而支付的土地出让金不计入在建工程成本，应确认为无形资产(土地使用权)。

2. 出包工程的账务处理

企业采用出包方式建造固定资产时，通过"在建工程"账户来核算企业与建造承包商办理的工程价款的结算。在"在建工程"账户下，必须按照"建筑工程""安装工程"及不同的固定资产项目设置明细账户，以此来分别核算建造成本和各项费用。具体账务处理如下。

(1)出包工程，按照工程进度和合同规定结算的工程价款，借记"在建工程"，贷记"银行存款""预付账款"等科目。

(2)当发生待摊支出时，借记"在建工程——待摊支出"，贷记"银行存款"等科目。

其次应计算出待摊支出的分配率，计算各项固定资产应分摊的支出。

待摊支出分配率＝累计发生的待摊支出÷(建筑工程支出＋安装工程支出)×100%

某项工程应分摊的待摊支出＝该项工程支出×待摊支出分配率

根据计算结果，编制会计分录。

　借：在建工程——建筑工程
　　　　　　　——安装工程
　　贷：在建工程——待摊支出

(3)当固定资产达到预定可使用状态，借记"固定资产"科目，贷记"在建工程"等。

> **例 4-5**

华美股份有限公司以出包方式建造一栋厂房，双方签订的合同规定建造新厂房的价款

15 000 000元。生产所需设备由华美股份有限公司负责购买,由承包方负责安装。华美股份有限公司购进生产设备,价款4 000 000元,应交增值税520 000元,全部款项通过银行存款支付,设备已运达,等待安装,向承包方支付安装费300 000元。按照与承包单位签订的合同规定,公司需要事前支付工程款12 000 000元,剩余工程价款于工程完工结算时补付。华美股份有限公司编制如下会计分录。

(1)按照合同预付工程款时。

借:预付账款　　　　　　　　　　　　　12 000 000
　　贷:银行存款　　　　　　　　　　　　　　12 000 000

(2)建筑工程完工,补付剩余工程价款时。

借:在建工程——建筑工程　　　　　　　15 000 000
　　贷:银行存款　　　　　　　　　　　　　　3 000 000
　　　　预付账款　　　　　　　　　　　　　12 000 000

(3)购进生产设备等待安装时。

借:工程物资　　　　　　　　　　　　　　4 000 000
　　应交税费——应交增值税(进项税额)　　520 000
　　贷:银行存款　　　　　　　　　　　　　　4 520 000

(4)安装设备并支付安装费时。

借:在建工程——安装工程　　　　　　　4 300 000
　　贷:工程物资　　　　　　　　　　　　　　4 000 000
　　　　银行存款　　　　　　　　　　　　　　300 000

(5)假定华美股份有限公司为建造工程发生的管理费、可行性研究非、临时设施费、监理费等支出,共计花费482 500元,均通过银行支付。

借:在建工程—待摊支出　　　　　　　　482 500
　　贷:银行存款　　　　　　　　　　　　　　482 500

(6)待摊支出在各项目间的分配。

待摊支出分配率＝482 500÷(15 000 000＋4 300 000)×100％＝2.5％
建筑工程应分摊的待摊支出＝15 000 000×2.5％＝375 000(元)
安装工程应分摊的待摊支出＝4 300 000×2.5％＝107 500(元)

借:在建工程——建筑工程　　　　　　　375 000
　　　　　　——安装工程　　　　　　　107 500
　　贷:在建工程——待摊支出　　　　　　　482 500

(7)工程完工,固定资产达到预定可使用状态,计算并结算成本。

厂房成本＝15 000 000＋375 000＝15 375 000(元)
设备成本＝4 300 000＋107 500＝4 407 500(元)

借:固定资产——厂房　　　　　　　　　15 375 000
　　　　　　——设备　　　　　　　　　4 407 500
　　贷:在建工程——建筑工程　　　　　　　15 375 000

——安装工程　　　　　　　　　　　　　4 407 500

三、投资者投入的固定资产

投资者投入固定资产的成本,应当按照投资合同或协议约定的价值确定,但合同或协议约定价值不公允的除外。在投资合同或协议约定价值不公允的情况下,按照该项固定资产的公允价值作为入账价值。

投入固定资产时,借记"固定资产"科目,贷记"实收资本"或"股本"科目。

例 4-6

2020年5月1日,华美股份有限公司根据投资各方达成的协议,按合同约定的价值作为投资各方投入资本价值确认的标准。在各方的投资中 A 股东以一座厂房作为投资投入该公司,该厂房经合同约定确认价值为 1 200 000 元,按协议可折换成每股面值为 1 元、数量为 1 000 000 股股票的股权。B 股东以一台设备作为投资投入该公司,该设备按合同约定确认价值为 200 000 元,应交增值税 26 000 元,按协议可折换成每股面值为 1 元、数量为 160 000 股股票的股权。此项设备需要安装使用,公司支付设备安装成本 3 000 元。该公司会计处理如下。

(1) A 股东投入厂房。

借:固定资产　　　　　　　　　　　　　　1 200 000
　　贷:股本——A 股东　　　　　　　　　　1 000 000
　　　　资本公积　　　　　　　　　　　　　　200 000

(2) B 股东投入设备,设备运抵企业,等待安装。

借:在建工程　　　　　　　　　　　　　　　200 000
　　应交税费——应交增值税(进项税额)　　 26 000
　　贷:股本——B 股东　　　　　　　　　　　160 000
　　　　资本公积　　　　　　　　　　　　　　66 000

(3) 用银行存款支付安装成本。

借:在建工程　　　　　　　　　　　　　　　　3 000
　　贷:银行存款　　　　　　　　　　　　　　　3 000

(4) 设备安装完毕,计算并结转工程成本。

借:固定资产　　　　　　　　　　　　　　　203 000
　　贷:在建工程　　　　　　　　　　　　　　203 000

四、接受捐赠的固定资产

接受捐赠的固定资产应该根据具体情况合理确定其入账价值。一般分为两种情况:

一是捐赠方提供了有关凭据的,按照凭据上注明的金额加上应该支付的相关税费,作为入账价值；

二是捐赠方没有提供有关凭据的,应按如下顺序确定其入账价值：

同类或类似固定资产存在活跃市场的,按同类或类似固定资产的市场价格估计的金额,加上应支付的相关税费,作为入账价值；

同类或类似固定资产不存在活跃市场的,按该接受捐赠固定资产预计未来现金流量的现值,加上应支付的相关税费,作为入账价值。

企业接受捐赠的固定资产在按照上述会计规定入账价值以后,按接受捐赠金额,计入营业外收入。

2020年5月1日,华美股份有限公司接受一台全新专用设备的捐赠,捐赠者提供的有关价值凭证上标明的价格为100 000元,应交增值税13 000元,办理产权过户手续时支付相关税费2 000元。则华美股份有限公司会计处理如下。

借：固定资产　　　　　　　　　　　　　102 000
　　应交税费——应交增值税（进项税额）　 13 000
　贷：营业外收入——捐赠利得　　　　　　　113 000
　　　银行存款　　　　　　　　　　　　　　2 000

五、盘盈的固定资产

盘盈固定资产的成本,应当按照以下方法确定其入账价值：

如果同类或者类似固定资产存在活跃市场的,按同类或类似固定资产的市场价格（重置成本）,扣除按照该项固定资产新旧程度估计的折旧后的余额,确定入账价值；

如果同类或者类似固定资产不存在活跃市场的,按照该项固定资产的预计未来现金流量现值,确定入账价值。

《企业会计准则——固定资产准则》规定,盘盈的固定资产属于会计差错,应该通过"以前年度损益调整"科目进行核算,不通过"待处理财产损溢——待处理非流动资产损溢"科目核算。

例 4-8

2020年5月1日,华美股份有限公司在固定资产清查中,发现一台仪器没有在账簿中记录。该仪器当前市场价格8 000元,根据其新旧程度估计价值损耗1 000元,则会计处理如下。

借：固定资产　　　　　　　　　　　　　7 000
　贷：以前年度损益调整　　　　　　　　　7 000

第三节　固定资产的后续计量

固定资产的后续计量是指固定资产在其后期存续过程中变化的价值金额以及最终价值额的

确定。固定资产的后续计量主要包括固定资产折旧的计提、减值损失的确定以及后续支出的计量。其中,固定资产的减值应当按照《企业会计准则第8号——资产减值》处理,这将在后面章节单独阐述,不在本章中涉及。

一、固定资产折旧

(一)固定资产折旧的定义及性质

固定资产折旧是指在固定资产使用寿命内,按照确定的方法对应计折旧额进行系统分摊。其实质就是一个持续的成本分配过程。固定资产的特点是单位价值高、使用期限长,其价值在耐用期限内逐渐消失。因此,应当在固定资产的有效使用年限内对其价值进行合理分配,形成折旧费用计入各期成本,与各期的收入相配比,以正确确认企业的损益。

应计折旧额是指应当计提折旧的固定资产的原价扣除其预计净残值后的金额。已计提减值准备的固定资产,还应当扣除已计提的固定资产减值准备累计金额。

(二)影响固定资产折旧的因素

影响折旧的因素主要有以下几个方面。

1. 固定资产原价

固定资产原价是指固定资产的实际取得成本,包括固定资产的购买价款和使固定资产达到预定可使用状态前所发生的一切合理的、必要的支出。就折旧计算而言,也称之为折旧基数。以原价作为折旧基数,可以使折旧建立在客观的基础上,不容易受会计人员主观因素的影响。

2. 预计净残值

预计净残值是指假定固定资产预计使用寿命已满并处于使用寿命终了时的预期状态,企业目前从该项资产处置中获得的扣除预计处置费用后的金额。固定资产预计的净残值是建立在主观估计的基础上,实务中一般以原价为基础确定一个残值的百分比。

3. 固定资产减值准备

固定资产减值准备是指固定资产已计提的固定资产减值准备累计金额。由于折旧的实质是成本分配,当固定资产的账面价值高于可收回金额时表明固定资产减值了,计提了减值准备的部分就不能再计提折旧,否则会导致固定资产账面价值出现负数。

4. 固定资产预计使用年限

预计使用年限是指企业使用固定资产的预计期间,也称折旧年限。折旧年限通常应当短于固定资产的物质使用年限。确定固定资产使用年限还应当考虑固定资产所能生产产品或提供劳务的数量以及固定资产有形损耗和无形损耗。

(三)固定资产折旧的范围

我国现行会计准则规定,除以下情况外,企业应当对所有固定资产计提折旧:

已提足折旧仍继续使用的固定资产;

单独计价作为固定资产入账的土地。

在确定计提折旧的范围时,还应注意以下几点。

第一,固定资产应当按月计提折旧,并根据用途计入相关资产的成本或者当期损益。固定资产应自达到预定可使用状态时开始计提折旧,终止确认时或者划分为持有待售非流动资产时停止计提折旧。为了简化核算,当月增加的固定资产,当月不计提折旧,从下月起计提折旧;当月减少的固定资产,当月仍计提折旧,从下月起停止计提折旧。

第二,固定资产提足折旧后,不论能否继续使用,均不再计提折旧;提前报废的固定资产,也不再补提折旧。所谓提足折旧,是指已经提足该项固定资产的应计折旧额。

第三,已达到预定可使用状态但尚未办理竣工决算的固定资产,应当按照估计价值确定其成本,并计提折旧;待办理竣工决算后,再按实际成本调整原来的暂估价值,但不需要调整原已计提的折旧额。

(四)固定资产的折旧方法

固定资产的折旧方法是将应提折旧总额在固定资产各使用期间进行分配时所采用的具体计算方法,具体包括年限平均法、工作量法、双倍余额递减法和年数总和法等。

企业应当根据与固定资产有关的经济利益的预期实现方式,合理选择固定资产折旧方法。折旧方法的选择直接影响应提折旧总额在固定资产各使用年限之间的分配结果,从而影响各年的净收益和所得税。但是无论选择何种折旧方法都不影响应计折旧总额。固定资产折旧方法一经确定,不得随意变更。如需变更,应按规定的程序报经批准后备案,并在财务报表附注中予以说明。

1. 年限平均法

年限平均法也称直线法,是以固定资产预计使用年限为分摊标准,将固定资产的应提折旧总额平均分摊到使用各年的一种折旧方法。采用这种方法计算的每期折旧额均相等。

年折旧额=(原价-预计净残值)÷预计使用年限

=原价×(1-预计净残值/原价)÷预计使用年限

=原价×年折旧率

注:预计净残值率=预计净残值÷原价×100%

例 4-9

华美股份有限公司有一幢厂房,原价为 5 000 000 元,预计可使用 20 年,预计报废时的净残值率为 2%。该厂房的折旧率和折旧额的计算如下。

年折旧率=(1-2%)÷20=4.9%

月折旧率=4.9%÷12=0.41%

月折旧额=5 000 000×0.41%=20 500(元)

从计算过程可以看出,年限平均法的优点是:计算过程简单,容易理解,是在会计实务中应用最为广泛的一种方法。

年限平均法的缺点有:只注重使用时间,忽视使用状况。固定资产在不同使用年限提供的经济效益是不同的。一般来说,固定资产在其使用前期工作效率相对较高,所带来的经济利益也就多;而在使用后期,工作效率一般呈下降趋势,所带来的经济效益也就逐渐减少。年限平均法每期计算方式相同,这显然不合理,同时还会导致固定资产各年使用成本不均衡。

2. 工作量法

工作量法是以固定资产预计可完成的工作总量为分摊标准,根据各年实际完成的工作量计算折旧的一种方法。工作量法计算折旧的原理和年限平均法相同,只是将分配的标准由使用年限改成了工作量。

单位工作量折旧额＝固定资产原价×(1－预计净残值率)÷预计总工作量

某项固定资产月折旧额＝该项固定资产当月工作量×单位工作量折旧额

例 4-10

华美股份有限公司的一辆运货卡车的原价为 600 000 元,预计总行驶里程为 500 000 千米,预计报废时的净残值率为 5%,本月行驶 4 000 千米,该辆汽车的月折旧额计算如下。

单位工作量折旧额＝600 000×(1－5%)÷500 000＝1.14(元/每千米)

本月折旧额＝4 000×1.14＝4 560(元)

工作量法的优点和年限平均法的相同之处是计算方式简单易懂,同时工作量法把计提折旧的金额与固定资产使用程度相结合体现了收入和费用相配比的会计原则。

但是工作量法的缺点也是显而易见的,将固定资产有形损耗看作引起固定资产折旧的唯一因素,若固定资产不使用则不提折旧,但事实上固定资产的无形损耗也是客观存在的,即使不使用也应该计提折旧。因此,工作量法主要适用于季节性比较明显的大型机器设备、大型施工机械等固定资产的折旧。

3. 双倍余额递减法

双倍余额递减法是加速折旧法中的一种。加速折旧法又称递减折旧法,是指固定资产在使用早期提得折旧费用较多,在使用后期提得较少,以使固定资产大部分成本在使用早期尽快得到补偿,从而相对加快折旧速度的折旧方法。加速法和年限平均法以及工作量法相比的优点是可以使固定资产使用成本各年大致相同并且收入和费用能合理配备还可以降低无形损耗的风险。

双倍余额递减法中的"双倍"指的是折旧率是平均年限法的两倍,"余额"指的是每年折旧的基数是在变化的,以"原价－累计折旧"的余额为基础。

年折旧率＝2÷预计使用年限×100%(不考虑残值直线法折旧率的两倍)

折旧额＝期初固定资产账面净值×折旧率

由于每年年初固定资产净值没有扣除预计净残值,在固定资产折旧年限到期的前两年内,改用年限平均法计算折旧,将固定资产的账面净值扣除预计净残值后的余额平均摊销。

每年各月折旧额根据年折旧额除以 12 来计算。需要提醒注意的是按照现行准则的要求,各月的折旧额也是递减的。

例 4-11

华美股份有限公司的一项固定资产的原价为 1 000 000 元,预计使用年限为 5 年,预计净残值为 4 000 元,按双倍余额递减法计提折旧,每年的折旧额计算如下。

折旧计算表(双倍余额递减法)

年份	年折旧率	年折旧额	累计折旧	固定资产账面价值(净值)
				1 000 000
1	40%	400 000	400 000	600 000
2	40%	240 000	640 000	360 000
3	40%	144 000	784 000	216 000
4		106 000	890 000	110 000
5		106 000	996 000	4000

年折旧率 = 2 ÷ 5 × 100% = 40%

第 1 年应提的折旧额 = 1 000 000 × 40% = 400 000(元)

第 2 年应提的折旧额 = (1 000 000 − 400 000) × 40% = 240 000(元)

第 3 年应提的折旧额 = (1 000 000 − 400 000 − 240 000) × 40% = 144 000(元)

从第 4 年起改用年限平均法(直线法)计提折旧,则:

第 4 年、第 5 年的折旧额 = [(1 000 000 − 400 000 − 240 000 − 144 000) − 4 000] ÷ 2
　　　　　　　　　　　　= 106 000(元)

4. 年数总和法

年限总和法也是加速折旧法的一种,也称为年限积数法,是以计算折旧当年年初固定资产尚可使用年数作为分子,以各年年初固定资产尚可使用年数的总和作为分母,分别确定各年折旧率,然后用各年折旧率乘以应提折旧总额计算每年折旧额的一种方法。双倍余额递减法各年折旧金额递减是由于折旧计算的基数每年递减,折旧率不变(除了最后 2 年);而年限总和法的折旧额逐年递减是由于折旧率逐年递减,折旧的基数始终保持不变。

年折旧率 = 尚可使用年限 ÷ 预计使用年限的年数总和 × 100%

年折旧额 = (固定资产原值 − 预计净残值) × 折旧率

例 4-12

华美股份有限公司购入一台生产用设备,原价 302 万元,预计使用年限为 5 年,预计净残值为 2 万元,采用年数总和法提折旧,每年的折旧额计算如下。

年份	应计提折旧总额	年折旧率	年折旧额	累计折旧
1	(302 − 2) = 300	5/15	100	100
2	(302 − 2) = 300	4/15	80	180

续表

年份	应计提折旧总额	年折旧率	年折旧额	累计折旧
3	(302－2)＝300	3/15	60	240
4	(302－2)＝300	2/15	40	280
5	(302－2)＝300	1/15	20	300

(五)固定资产折旧的账务处理

固定资产应当按月计提折旧,计提的折旧应通过"累计折旧"科目核算,并根据用途计入相关资产的成本或者当期损益。其中基本生产车间所使用的固定资产,其计提折旧计入"制造费用"科目;行政管理所使用的固定资产,其计提折旧计入"管理费用"科目;专设销售机构所使用的固定资产,其计提折旧计入"销售费用";自行建造固定资产过程中使用的用固定资产,其计提折旧计入"在建工程"科目;对外经营性出租的固定资产,其计提折旧计入"其他业务成本"科目;未使用的固定资产,其计提的折旧计入"管理费用"科目等。

例 4-13

华美股份有限公司采用年限平均法对固定资产计提折旧,2020年5月份根据"固定资产折旧计算表",确定的各车间及厂部管理部门应分配的折旧额为:一车间200 000元,二车间60 000元,厂管理部门50 000元,对外出租设备30 000元。该企业应编制如下会计分录。

```
借:制造费用——一车间                    200 000
        ——二车间                     60 000
   管理费用                          50 000
   其他业务成本                        30 000
   贷:累计折旧                        340 000
```

(六)固定资产使用寿命、预计净残值和折旧方法的复核

企业至少应当于每年年度终了,对固定资产的使用寿命、预计净残值和折旧方法进行复核。如有确凿证据表明,使用寿命预计数与原先估计数有差异的,应当调整固定资产使用寿命。预计净残值预计数与原先估计数有差异的,应当调整预计净残值。与固定资产有关的经济利益预期实现方式有重大改变的,应当改变固定资产折旧方法。

固定资产使用寿命、预计净残值和折旧方法的改变应当作为会计估计变更。

二、固定资产的后续支出

固定资产后续支出是指固定资产使用过程中发生的更新改造支出、修理费用等。

固定资产后续支出确认的原则是:满足资本化条件的固定资产后续支出计入固定资产成本,同时将被替换部分的账面价值扣除;不满足资本化条件的计入当期损益。

(一)资本化的后续支出

固定资产发生的后续支出,满足资本化条件的应计入固定资产成本。固定资产资本化的支出一般指的是支出的发生能够显著改善固定资产的性能或者延长使用寿命。

1. 改扩建支出

在对固定资产进行改扩建时发生可资本化的后续支出后,企业应将固定资产的原价、已计提的累计折旧和减值准备转销,将固定资产的账面净值转入"在建工程"科目,并停止计提折旧。固定资产发生的可资本化的后续支出,通过"在建工程"科目核算。在固定资产发生的后续支出完工并达到预定可使用状态时,将固定资产的价值由从"在建工程"科目转入"固定资产"科目,并按照重新确定的使用寿命、预计净残值和折旧方法计提折旧。

例 4-14

华美股份有限公司因生产产品的需要,将一栋厂房交付扩建,以增加实用面积。该厂房原价 260 000 元,累计折旧 100 000 元。在扩建过程中,共发生扩建支出 45 000 元,均通过银行支付,厂房拆除部分的残料作价 3 000 元。其会计处理如下。

(1)厂房转入扩建,注销固定资产原价、累计折旧。

借:在建工程　　　　　　　　　　　　　160 000
　　累计折旧　　　　　　　　　　　　　100 000
　　贷:固定资产　　　　　　　　　　　　　　　260 000

(2)支付扩建支出,增加扩建工程成本。

借:在建工程　　　　　　　　　　　　　 45 000
　　贷:银行存款　　　　　　　　　　　　　　　 45 000

(3)残料作价入库,冲减扩建工程成本。

借:原材料　　　　　　　　　　　　　　 3 000
　　贷:在建工程　　　　　　　　　　　　　　　 3 000

(4)扩建工程完工,固定资产已达到使用状态。

借:固定资产　　　　　　　　　　　　　202 000
　　贷:在建工程　　　　　　　　　　　　　　　202 000

通过上面的例子,我们可以看出,厂房经过扩建后,由于对扩建净支出的资本化,厂房的原始价值发生了变化,达到 202 000 元。

扩建后达到预定可使用状态的固定资产,其影响折旧计算的因素需重新确定。假定该固定资产扩建后预计使用寿命是 15 年,预计净残值率是重新确定的原价的 3%,折旧方法仍然采用年限平均法,则固定资产的年折旧率是 6.47%[=(1-3%)÷15×100%],月折旧率是 0.54%(=6.47%÷12),年折旧额是 13 069(=202 000×6.47%)元,月折旧额是 1 089 元。

2. 单元替换

资产单元是指附属于一个固定资产项目,但具有相对独立性并具有可单独辨认其成本的某些结构、装置,如冰箱的压缩机。企业发生的某些固定资产后续支出可能涉及替换原固定资产的某组成部分,当发生的后续支出符合固定资产确认条件时,应将其计入固定资产成本,同时将被替换部分的账面价值扣除,终止确认被替换部分的账面价值转入"营业外支出"科目。

例 4-15

华美股份有限公司 2020 年 12 月购入一台冰箱花费 8 000 元(含压缩机),压缩机当时的购价为 2 000 元。华美股份有限公司未将压缩机单独作为一项固定资产进行核算。冰箱的预计使用寿命为 5 年,假定无残值,按年限平均法提折旧。2020 年初,压缩机毁坏导致冰箱不制冷,更换压缩机以后冰箱尚可使用 4 年,华美股份有限公司决定更换压缩机,新压缩机的成本为 2 500 元,另需支付安装费用 500 元。替换下的老压缩机报废且无残值收入,华美股份有限公司应编制如下会计分录。

(1)将固定资产转入在建工程。

2020 年初冰箱的累计折旧金额 = 8 000 × 1/5 × 2 = 3 200(元)

借:在建工程	4 800
累计折旧	3 200
贷:固定资产	8 000

(2)安装新压缩机:

借:在建工程	3 000
贷:工程物资	2 500
银行存款	500

(3)终止确认老压缩机的账面价值。

2020 年初老压缩机的账面价值 = 2 000 − 2 000 × 1/5 × 2 = 1 200(元)

借:营业外支出	1 200
贷:在建工程	1 200

(4)压缩机安装完毕,投入使用。

固定资产的入账价值 = 4 800 + 3 000 − 1 200 = 6 600(元)

借:固定资产	6 600
贷:在建工程	6 600

由于替换新的压缩机以后冰箱的尚可使用寿命发生了变化,在折旧方法保持不变的情况下每年的折旧额发生了变化。替换新的压缩机以后每年冰箱的折旧额 = 6 600 ÷ 4 = 1 650(元)

(二)费用化的后续支出

固定资产在使用过程中,由于各组成部分的磨损、自然的侵蚀、意外事故等,固定资产会产生不同程度的毁坏,从而影响正常使用。为了固定资产的正常运行及使用,企业需要对固定资产进行定期或者不定期的维护。

固定资产的修理按照其修理范围、费用支出、时间间隔等,分为日常修理和大修理两种。固定资产日常修理的特点是修理范围小、费用支出少、修理间隔时间短;而固定资产大修理则相反,它的特点是修理范围大、费用支出多、修理间隔时间长。

在会计实务中,固定资产进行的日常修理和大修理,一般情况下不作区分处理。但是如果企业对固定资产定期检查发生的大修理费用,有确凿证据表明其符合固定资产确认条件,应予以资本化计入固定资产的成本。与固定资产有关的修理费用等后续支出,不符合资本化条件的,应当根据不同情况分别在发生时计入当期管理费用或者销售费用。

企业生产车间(部门)和行政管理部门等发生的固定资产修理费用等后续支出,借记"管理费用"等科目,贷记"银行存款"等科目;企业发生的与专设销售机构相关的固定资产修理费用等后续支出,借记"销售费用"科目,贷记"银行存款"等科目。

例 4-16

2020 年 5 月 1 日,华美股份有限公司对生产车间使用的设备进行日常修理,发生维修费 10 000 元。华美股份有限公司应编制如下会计分录。

借:管理费用　　　　　　　　　　　　　10 000
　　贷:银行存款　　　　　　　　　　　　　　10 000

例 4-17

2020 年 5 月 1 日,华美股份有限公司对管理部门使用的设备进行日常修理,发生修理费 15 000 元。华美股份有限公司应编制如下会计分录。

借:管理费用　　　　　　　　　　　　　15 000
　　贷:银行存款　　　　　　　　　　　　　　15 000

第四节　固定资产的处置

固定资产的处置是指对企业固定资产退出生产经营过程所作的处理活动。在企业固定资产的使用过程中,有时会出现固定资产退出生产经营过程的情况,如固定资产的出售、转让、报废或毁损等。

一、固定资产的终止确认

固定资产满足下列条件之一的,应当予以终止确认。

(一)该固定资产处于处置状态

处于处置状态是指固定资产不能再用于生产商品、提供劳务、出租或经营管理,从而不符合固定资产的定义,因此,应予以终止确认。

(二)该固定资产预期通过使用或处置不能产生经济利益

固定资产的确认条件之一是与该固定资产有关的经济利益很可能流入企业,当该固定资产预期通过使用或处置不能为企业产生经济利益时,就不再符合固定资产大的确认条件,因此,也应终止确认。

二、固定资产处置的会计核算

企业出售、转让划归为持有待售类别的,按照持有待售非流动资产、处置组的相关章内容进行会计处理;未划归为持有待售类别而出售、转让的,通过"固定资产清理"科目核算。

固定资产因报废、毁损等原因而终止确认的,也通过"固定资产清理"核算。

"固定资产清理"账户借方用来核算清理时固定资产的账面价值、清理应该支付的相关税费以及结转清理的净收益;贷方用来核算清理时的收入以及结转清理的净损失。清理结束期末没有余额,如果会计期末清理尚未完成既可能是借方余额也可能是贷方余额,贷方余额填列到资产负债表时用"一"表示。

企业通过"固定资产清理"科目核算的出售、转让、报废及毁损而处置的固定资产,其会计处理一般经过下面几个步骤。

一是固定资产转入清理:固定资产转入清理时,按固定资产账面价值,借记"固定资产清理"科目;按已计提的累计折旧,借记"累计折旧"科目;按已计提的减值准备,借记"固定资产减值准备"科目;按固定资产账面余额,贷记"固定资产"科目。

二是发生的清理费用的处理:固定资产清理过程中发生的整理、拆卸、搬运等费用,借记"固定资产清理"科目,贷记"银行存款"科目。

三是出售收入和残料等的处理:企业收回出售固定资产的价款、残料价值和变价收入等,应冲减清理支出,按实际收到的出售价款以及残料变价收入等,借记"银行存款""原材料"等科目,贷记"固定资产清理""应交税费"等科目。

四是保险赔偿的处理:企业计算或收到的应由保险公司或过失人赔偿的损失,应冲减清理支出,借记"其他应收款""银行存款"等科目,贷记"固定资产清理"科目。

五是清理净损益的处理:固定资产清理完成后的净损失,属于正常出售、转让所产生的利得或损失,借记或贷记"资产处置损益"科目,贷记或借记"固定资产清理"科目;属于正常报废所产生的利得或损失,借记或贷记"营业外支出一非流动资产报废"科目,贷记或借记"固定资产清理"科目;属于自然灾害等非正常原因产生的利得或损失,借记或贷记"营业外支出一非常损失"科目,贷记或借记"固定资产清理"科目。

(一)报废

固定资产报废是指固定资产已经不能为企业带来经济利益的流入。报废又可以分为正常报废和提前报废,正常报废和提前报废的会计核算原理基本没有区别。提前报废折旧没有提足,一般损失要比正常报废大,正常报废可能会有净收益,而非正常报废基本都是净损失。

例 4-18

华美股份有限公司现有一台设备决定提前报废,原价 500 000 元,已计提折旧 450 000 元,未计提减值准备,报废时的残值变价收入 20 000 元,报废清理过程中发生清理费用 3 500 元。有关收入、支出均通过银行办理结算。假定不考虑相关税收影响,华美股份有限公司应编制如下会计分录。

(1) 将报废固定资产转入清理时。

借:固定资产清理	50 000
累计折旧	450 000
贷:固定资产	500 000

(2) 收回残料变价收入时。

借:银行存款	20 000
贷:固定资产清理	20 000

(3) 支付清理费用时。

借:固定资产清理	3 500
贷:银行存款	3 500

(4) 结转报废固定资产发生的净损失时。

借:营业外支出——非流动资产报废	33 500
贷:固定资产清理	33 500

例 4-19

华美股份有限公司因遭受水灾而毁损一座仓库,该仓库原价 4 000 000 元,已计提折旧 1 000 000 元,未计提减值准备,其残料估计价值 50 000 元,残料已办理入库,发生的清理费用 20 000 元,以现金支付。经保险公司核定应赔偿损失 1 500 000 元,尚未收到赔款。假定不考虑相关税费,华美股份有限公司应编制如下会计分录。

(1) 将毁损的仓库转入清理时。

借:固定资产清理	3 000 000
累计折旧	1 000 000
贷:固定资产	4 000 000

(2) 残料入库时。

借:原材料	50 000
贷:固定资产清理	50 000

(3) 支付清理费用时。

借:固定资产清理	20 000
贷:库存现金	20 000

(4) 确定应由保险公司理赔的损失时。

借:其他应收款　　　　　　　　　　　　　1 500 000
　　贷:固定资产清理　　　　　　　　　　　　1 500 000
(5)结转毁损固定资产发生的损失时:
借:营业外支出——非常损失　　　　　　　1 470 000
　　贷:固定资产清理　　　　　　　　　　　　1 470 000

(二)出售

虽然固定资产持有目的不是销售,但是企业转产或者旧设备要更新换代以及购置新的办公楼等都可能会涉及出售固定资产。

例 4-20

华美股份有限公司出售一座建筑物,原价为 2 000 000 元,已计提折旧 1 000 000 元,未计提减值准备,实际出售价格为 1 200 000 元,已通过银行收回价款。假设不考虑相关税费,华美股份有限公司应编制如下会计分录。

(1)将出售固定资产转入清理时。
借:固定资产清理　　　　　　　　　　　　1 000 000
　　累计折旧　　　　　　　　　　　　　　1 000 000
　　贷:固定资产　　　　　　　　　　　　　　2 000 000
(2)收回出售固定资产的价款时。
借:银行存款　　　　　　　　　　　　　　1 200 000
　　贷:固定资产清理　　　　　　　　　　　　1 200 000
(3)结转出售固定资产实现的利得时。
借:固定资产清理　　　　　　　　　　　　　200 000
　　贷:资产处置损益　　　　　　　　　　　　　200 000

(三)固定资产盘亏

企业应定期或者至少于每年年末对固定资产进行清查盘点,以保证固定资产核算的真实性,充分挖掘企业现有固定资产的潜力。在固定资产清查过程中,如果发现盘盈、盘亏的固定资产,应填制固定资产盘盈盘亏报告表。清查固定资产的损益,应及时查明原因,并按照规定程序报批处理。

企业在财产清查中盘亏的固定资产,按盘亏固定资产的账面价值,借记"待处理财产损溢"科目;按已计提的累计折旧,借记"累计折旧"科目;按已计提的减值准备,借记"固定资产减值准备"科目;按固定资产的原价,贷记"固定资产"科目。按管理权限报经批准后处理时,按可收回的保险赔偿或过失人赔偿,借记"其他应收款"科目;按应计入营业外支出的金额,借记"营业外支出——盘亏损失"科目,贷记"待处理财产损溢"科目。

第四章 固定资产

例 4-21

华美股份有限公司进行财产清查时发现短缺一台办公设备,原价为 100 000 元,已计提折旧 60 000 元。华美股份有限公司应编制如下会计分录。

(1)盘亏固定资产时。

借:待处理财产损溢　　　　　　　　　　　40 000
　　累计折旧　　　　　　　　　　　　　　60 000
　　贷:固定资产　　　　　　　　　　　　　　　　100 000

(2)报经批准转销时。

借:营业外支出——盘亏损失　　　　　　　40 000
　　贷:待处理财产损溢　　　　　　　　　　　　　40 000

(四)持有待售的固定资产

1. 持有待售类别资产及划分条件

企业非流动资产或处置组如果不是通过持续使用而主要是出售(包括具有商业实质的非货币性资产交换)收回资产账面价值的,应当将其划分为持有待售类别。

企业将非流动资产或处置组划分为持有待售类别,应当同时具备以下两个条件。

(1)可立即出售。可立即出售是指按照惯例,在类似交易中出售此类资产或处置组,在当前情况下即可立即出售。

(2)出售极可能发生。即企业已经就一项出售计划作出决议且已获得确定的购买承诺,预计出售将在一年内完成。企业该项资产出售协议一般需要由企业相应级别的管理层作出,有关规定要求企业相关权力机构或者监管部门批准后方可出售的,应当已经获得批准。

其中,确定的购买承诺是指企业与其他方签订的具有法律约束力的购买协议,该协议包含交易价格、时间和足够严厉的违约惩罚等重要条款,以使协议出现重大调整或者撤销的可能性极小。

2. 持有待售固定资产会计处理

企业固定资产如果通过出售而收回其账面价值,在满足以上两个条件时应转为持有待售固定资产。固定资产从被划分为持有待售类别至按照协议出售期间,包括划分日初始计量、后续资产负债表日重新计量、持有待售固定资产出售三个环节账务处理。

(1)划分日初始计量。

企业的固定资产划分为持有待售类别时,其初始计量应按账面价值与公允价值减去出售费用后的净额两者孰低进行计量。

①如果账面价值高于公允价值减去出售费用后的净额,企业应当将账面价值减记至公允价值减去出售费用后的净额,减记的金额确认为资产减值损失,计入当期损益,同时计提持有待售资产减值准备。

②如果账面价值低于公允价值减去出售费用后的净额,企业不需要对账面价值进行调整。

企业的固定资产被划分为持有待售类别时,按固定资产账面价值,借记"持有待售资产"科目,按已计提的累计折旧,借记"累计折旧"科目,按计提的减值准备,借记"固定资产减值准备"科目,按固定资产账面余额,贷记"固定资产"科目;划分日按减值的金额,借记"资产减值损失"科目,贷记"持有待售资产减值准备"科目。

例 4-22

华美股份有限公司2018年12月15日购买一台设备,原始价值1 250 000元,预计使用10年,净残值率为4%,按年限平均法计提折旧。2020年3月10日,华美股份有限公司由于转产,此设备不再使用,与甲公司签订不可撤销销售协议,约定在2020年年底将此设备转售给甲公司。2020年3月10日,甲公司出价1 000 000元,预计处置费用30 000元。假定不考虑相关税费,2020年3月10日,该项设备应转为持有待售固定资产,华美股份有限公司的账务处理如下。

(1)固定资产转为持有待售类别。

固定资产累计折旧=1 250 000×(1−4%)÷(10×12)×15=150 000(元)

固定资产账面价值=1 250 000−150 000=1 100 000(元)

借:持有待售资产　　　　　　　　　　　1 100 000
　　累计折旧　　　　　　　　　　　　　　150 000
　　贷:固定资产　　　　　　　　　　　　　　　1 250 000

(2)计算减值损失。

计提减值准备金额=1 100 000−(1 000 000−30 000)=130 000(元)

借:资产减值损失　　　　　　　　　　　130 000
　　贷:持有待售资产减值准备　　　　　　　　　130 000

(2)后续资产负债表日重新计量。

后续资产负债表日持有待售固定资产账面价值高于公允价值减去出售费用后的净额,例如,预计出售费用增加,应当将账面价值减记至公允价值减去出售费用后的净额,减记的金额确认为资产减值损失,计入当期损益,同时计提持有待售资产减值准备。

后续资产负债表日持有待售固定资产公允价值减去出售费用后的净额增加的,例如,预计出售费用减少,以前减记的金额应当予以恢复,并在划分为持有待售类别后确认的资产减值损失金额内转回,转回金额计入当期损益。划分为持有待售类别前确认的资产减值损失不得转回。

例 4-23

接例4-22,在后续资产负债表日,出售费用预计发生金额为40 000元。则华美股份有限公司应当调整增加10 000元减记金额,并作如下会计分录。

借:资产减值损失　　　　　　　　　　　10 000
　　贷:持有待售资产减值准备　　　　　　　　　10 000

持有待售固定资产在持有期间不得计提折旧。

(3)持有待售固定资产出售。

持有待售固定资产在出售时,借记"银行存款""持有待售资产减值准备"科目,贷记"持有待售资产""应交税费""资产处置损益"科目;支付出售费用时,借记"资产处置损益"科目,贷记"银行存款"科目。

例 4-24

接例 4-22,假定华美股份有限公司如期于 2020 年年底按照协议将该设备转售给甲公司,实际发生出售费用 46 000 元,其他条件不变。华美股份有限公司的账务处理如下。

(1)出售持有待售资产时。

借:银行存款	1 130 000
持有待售资产减值准备	130 000
贷:持有待售资产	1 100 000
应交税费——应交增值税(销项税额)	130 000
资产处置损益	30 000

(2)支付出售费用时。

借:资产处置损益	46 000
贷:银行存款	46 000

第五章　　无形资产及其他长期资产

第一节　　无形资产概述

一、无形资产的定义及特征

无形资产是指企业拥有或者控制的没有实物形态的可辨认非货币性资产。通常包括专利权、非专利技术、商标权、著作权、特许权、土地使用权等。无形资产具有以下特征。

(一)由企业拥有或者控制并能为其带来未来经济利益的资源

无形资产作为一项资产,具有一般资产的本质特征,即由企业拥有或者控制并能为企业带来未来经济利益。例如,企业自行研发新技术,通过申请依法取得专利权,该专利权可以为企业带来经济利益。

(二)无形资产不具有实物形态

无形资产通常表现为某种权利、某项技术或者某种获取超额利润的综合能力,它们不具有实物形态,这也是无形资产区别于固定资产的最主要特征。无形资产和固定资产相比,企业持有的目的是相似的,都是为了日常经营而持有。但不同的是,固定资产有实物形态,无形资产没有实物形态。

需要指出的是,某些无形资产的存在有赖于实物载体,例如,计算机软件需要存储在介质中,但这并不改变无形资产本身不具有实物形态的特征。在确定一项包含无形和有形要素的资产究竟是属于固定资产,还是属于无形资产时,通常以哪个要素更重要作为判断的依据。例如,计算机控制的机械工具没有特定计算机软件就不能运行,这说明该软件是构成相关硬件不可缺少的组成部分,该软件应作为固定资产处理;如果计算机软件不是相关硬件不可缺少的组成部分,则该软件应作为无形资产核算。

(三)无形资产具有可辨认性

作为无形资产核算的资产必须是能够区别于其他资产可单独辨认的。例如,从可辨认角度考虑,商誉是与企业整体价值联系在一起的,无法单独辨认,因此,商誉不是无形资产,往往作为一项单独的长期资产核算。企业合并中取得的商誉是企业合并成本大于合并中取得的各项可辨认资产、负债公允价值份额的差额,代表的是企业未来现金流量大于每一单项资产产生未来现金流量的合计金额,其存在无法与企业自身区分开来,由于不具有可辨认性,虽然商誉也是没有实物形态的非货币性资产,但不构成无形资产。

通常来说,满足下列条件之一的,应当认定为其具有可辨认性:

能够从企业中分离或者划分出来,并能单独或者与相关合同、资产或负债一起,用于出售、转移、授予许可、租赁或者交换;

源自合同性权利或其他法定权利,无论这些权利是否可以从企业或其他权利和义务中转移或者分离。

> **知识链接**
>
> 商誉被西方会计学家称为"最为无形的资产",虽然商誉也不具有实物形态,但是与无形资产不同,商誉不能单独转让,不能独立于其他资产或会计实体而单独存在,因此,不具有可辨认性,不是无形资产,应当单列为一项长期资产。通常,企业的商誉是在企业合并中形成的,企业合并成本大于合并中取得的各项可辨认资产、负债公允价值份额的差额确认为商誉,这其中综合了多种因素的影响,如企业得天独厚的地理位置,出色的管理人员队伍,良好的广告效应,悠久的经营历史,在同行中享有的声誉,卓著的信誉等。

(四)无形资产属于非货币性资产

非货币性资产是指到期金额不确定的资产,货币性资产是指到期金额确定的资产。无形资产在持有过程中为企业带来未来经济利益的情况不确定,不属于以固定或可确定的金额收取的资产,属于非货币性资产。

在会计实务中,货币资金、应收款项和债权投资等资产属于货币性资产;存货、固定资产、无形资产等资产属于非货币性资产。

准则规定"无形资产属于非货币性资产"主要是为了将其与应收款项等资产相区分。应收款项也是"没有实物形态的"且"可辨认"的资产,但是因为其到期金额固定,所以不属于无形资产。

二、无形资产的分类

无形资产按取得来源不同分类,可分为外购的无形资产、自主研发的无形资产、接受投资取得的无形资产、接受捐赠取得的无形资产、债务重组取得的无形资产、以非货币性资产交换取得的无形资产等。这种分类的目的主要是使无形资产的初始计量更加准确和合理,这是因为从不同来源渠道取得的无形资产,其初始成本的确定方法及所包含的经济内容是不同的。

无形资产按其使用寿命是否有期限,可分为有期限无形资产和无期限无形资产。无形资产的使用寿命是否有期限应在企业取得无形资产时就加以分析和判断,其中需要考虑的因素是很多的。这种分类的目的主要是正确地将无形资产的应摊销金额在无形资产的使用寿命内系统而合理地进行摊销。这是因为按照会计准则的规定,只有使用寿命有限的无形资产才存在价值的摊销问题,而使用寿命不能确定的无形资产,其价值是无法进行摊销的。

无形资产按其内容分类,可分为专利权、非专利技术、商标权、著作权、特许权、土地使用权等。专利权是指国家专利主管机关依法授予发明创造专利申请人,对其发明创造在法定期限内所享有的专有权利,包括发明专利权、实用新型专利权和外观设计专利权。发明专利权的期限为20年,实用新型专利权和外观设计专利权的期限为10年。非专利技术也称专有技术,是指不为外界所知、在生产经营中已采用了的、不享有法律保护的、可以带来经济利益的各种技术和诀窍。商标权是指专门在某类指定的商品或产品上使用特定的名称或图案的权利。注册商标的有效期为10年,自核准注册之日起计算。著作权又称版权,是指作者对其创作的文学、科学和艺术作品依法享有的某些特殊权利。特许权又称经营特许权、专营权,是指企业在某一地区经营或销售某种特定商品的权利或是一家企业接受另一家企业使用其商标、商号、技术秘密等的权利。土地使用权是指国家准许某企业在一定期间内对国有土地享有开发、利用、经营的权利。

三、无形资产的确认

无形资产在符合定义的前提下,只有同时满足以下两个确认条件,才能予以确认。

(一)与该无形资产有关的经济利益很可能流入企业

作为无形资产确认的项目,必须具备其生产的经济利益很可能流入企业这一条件。通常情况下,无形资产产生的未来经济利益可能包括在销售商品、提供劳务的收入中,或者企业使用该无形资产而减少或节约的成本中。比如,企业拥有的商标权可以借助"品牌的号召力"吸引顾客,为企业带来经济利益。又比如,企业拥有的专利权可以给企业提供更加先进的生产技术,大大提高生产效率、节约成本,为企业带来经济利益。

(二)该无形资产的成本能够可靠的计量

成本能够可靠的计量是资产确认的一项基本条件。比如,企业内部产生的品牌、报刊名等,因其成本无法可靠计量,不作为无形资产的确认。又比如,一些高新科技企业的科技人才,假定与企业签订了服务合同,且合同规定其在一定期限内不能为其他企业提供服务。在这种情况下,虽然这些科技人才的知识在规定的期限内预期能够为企业创造经济利益,但由于这些技术人才的知识难以辨认,且形成这些知识所发生的支出难以计量,不能作为企业的无形资产加以确认。

第二节　无形资产取得的计量

无形资产通常按照实际成本进行初始计量,即以取得无形资产并使之达到预定用途而发生的全部必要合理的支出作为无形资产的成本。对于不同来源取得的无形资产,其成本构成不尽相同。

一、外购无形资产的初始计量

外购无形资产的成本,包括购买价款、相关税费(不包含可抵扣的增值税进项税额)以及直接归属于使该项资产达到预定用途所发生的其他支出。其中,直接归属于使该项资产达到预定用途所发生的其他支出包括使无形资产达到预定用途所发生的专业服务费用、测试无形资产是否能够正常发挥作用的费用等,但不包括为引入新产品进行宣传发生的广告费、管理费用及其他间接费用,也不包括在无形资产已经达到预定用途以后发生的费用。

例 5-1

华美股份有限公司因某项生产活动需要购入 A 公司的发明专利技术,如果使用了该专利技术,华美股份有限公司预计生产能力比原先提高 20%,销售利润率增长 15%。华美股份有限公司支付专利转让款 180 万元,另发生相关税费 3 万元和有关专业服务费用 5 万元。此外,为了在市场上宣传该专利技术生产的产品,发生广告费用 50 万元。以上款项均通过银行存款转账支付。

无形资产取得的成本 = 180 + 3 + 5 = 188(万元)

(为引入新产品进行宣传发生的广告费不计入无形资产成本,直接计入销售费用)

华美股份有限公司账务处理如下。

借:无形资产——专利权　　　　　　　　1 880 000
　　销售费用　　　　　　　　　　　　　　500 000
　贷:银行存款　　　　　　　　　　　　　　　　2 380 000

外购的无形资产,应按其取得成本进行初始计量,如果购买无形资产的价款超过正常信用条件延期支付,实质上是具有融资性质的,无形资产的成本应以购买价款的现值为基础确定。实际支付的价款与购买价款的现值之间的差额作为未确认融资费用,在付款期间内采用实际利率法进行摊销,摊销金额除满足借款费用资本化条件应当计入无形资产成本外,均应当在信用期间内确认为财务费用,计入当期损益。

例 5-2

2019 年 1 月 1 日,华美股份有限公司从 A 公司购买一项商标权,由于华美股份有限公司资金周转比较紧张,经与 A 公司协议,采用分期付款方式支付款项。合同规定,该项商标权总计 600 万元,每年末付款 200 万元,3 年付清。假定银行同期贷款利率为 5%。为了简化核算,假定不考虑其他有关税费(已知 3 年期 5% 利率,其年金现值系数为 2.7232)。

华美股份有限公司有关计算及账务处理如表 5-1 所示。

表 5-1　未确认的融资费用计算表(单位:万元)

年份	融资余额	利率	本年利息 融资余额×利率	付款	付款−利息	未确认融资费用 上年余额−本期利息
0	544.64					55.36
1	371.87	0.05	27.23	200.00	172.77	28.13
2	190.47	0.05	18.59	200.00	181.41	9.53
3	0.00	0.05	9.53	200.00	190.47	0.00
合计			55.36	600.00	544.64	

无形资产现值 = 200 × 2.7232 = 544.64(万元)

未确认的融资费用 = 600 − 544.64 = 55.36(万元)

借：无形资产——商标权　　　　　　　　　　　　5 446 400
　　未确认的融资费用　　　　　　　　　　　　　　553 600
　贷：长期应付款　　　　　　　　　　　　　　　　　　6 000 000

(1) 2019年年末付款时。

借：长期应付款　　　　　　　　　　　　　　　　2 000 000
　贷：银行存款　　　　　　　　　　　　　　　　　　　2 000 000
借：财务费用　　　　　　　　　　　　　　　　　　272 300
　贷：未确认的融资费用　　　　　　　　　　　　　　　272 300

(2) 2020年年末付款时。

借：长期应付款　　　　　　　　　　　　　　　　2 000 000
　贷：银行存款　　　　　　　　　　　　　　　　　　　2 000 000
借：财务费用　　　　　　　　　　　　　　　　　　185 900
　贷：未确认的融资费用　　　　　　　　　　　　　　　185 900

(3) 2021年年末付款时。

借：长期应付款　　　　　　　　　　　　　　　　2 000 000
　贷：银行存款　　　　　　　　　　　　　　　　　　　2 000 000
借：财务费用　　　　　　　　　　　　　　　　　　 95 300
　贷：未确认的融资费用　　　　　　　　　　　　　　　 95 300

二、自主研发无形资产的初始计量

一个成熟和有竞争力的企业，每年都应在研究和开发上投入一定数量的资金，通过研究和开发活动取得专利权和非专利技术等无形资产，以保持和取得技术上的领先地位。《企业会计准则第6号——无形资产》要求对企业进行的研究开发项目，应当区分研究阶段与开发阶段，分别进行核算。对于研究阶段的支出，全部费用化支出计入当期损益；对于开发阶段的支出，符合资本化条件的资本化支出计入无形资产成本，不符合资本化条件的费用化支出计入当期损益。

(一) 研究与开发阶段的区分

对于企业自行进行的研究开发项目，应当区分研究阶段与开发阶段，分别进行核算。在实际工作中，关于研究与开发阶段的具体划分，企业应当根据自身实际情况及相关信息加以判断。

1. 研究阶段

研究是指为获取并理解新的科学或技术知识等进行的独创性的有计划的调查。研究阶段基本上是探索性的，是为进一步的开发活动进行资料及相关方面的准备，已经进行的研究活动将来是否会转入开发、开发后是否会形成无形资产等均具有较大的不确定性。这一阶段一般不会形成阶段性成果。

2. 开发阶段

开发是指在进行商业性生产或使用前，将研究成果或其他知识应用于某项计划或设计，以生产出新的或具有实质性改进的材料、装置、产品等。相对于研究阶段而言,开发阶段应当已完成研究阶段的工作,在很大程度上具备了形成一项新产品或新技术的基本条件。

(二)研究与开发阶段支出的确认

1. 研究阶段支出

考虑到研究阶段的探索性及其成果的不确定性,企业无法证明支出能够带来未来经济利益的无形资产的存在,因此,研究阶段的有关支出应当在发生时全部费用化,计入当期损益(管理费用)。

2. 开发阶段支出

考虑到进入开发阶段的研发项目往往形成成果的可能性较大,因此,如果企业能够证明开发支出符合无形资产的定义及相关确认条件,则可将其确认为无形资产。具体来讲,对于企业内部研究开发项目,开发阶段的支出只有同时满足下列五个条件才能资本化,计入无形资产成本,否则应当计入当期损益(管理费用)。

(1)完成该无形资产以使其能够使用或出售在技术上具有可行性;
(2)具有完成该无形资产并使用或出售的意图;
(3)无形资产产生经济利益的方式,包括能够证明运用该无形资产生产的产品存在市场或无形资产自身存在市场,无形资产将在内部使用的,应当证明其有用性;
(4)有足够的技术、财务资源和其他资源支持,以完成该无形资产的开发,并有能力使用或出售该无形资产;
(5)归属于该无形资产开发阶段的支出能够可靠地计量。

企业对于开发活动所发生的支出应单独核算,例如,直接发生的开发人员薪酬、材料费以及相关设备折旧费等。在企业同时从事多项开发活动的情况下,所发生的支出同时用于支持多项开发活动的,应按照合理的标准在各项开发活动之间进行分配;无法合理分配的,应予以费用化计入当期损益,不计入开发活动的成本。

3. 无法区分研究阶段和开发阶段的支出

无法区分研究阶段和开发阶段的支出,应当在发生时费用化,计入当期损益(管理费用)。

(三)内部开发的无形资产的计量

自行开发的无形资产,其成本包括开发阶段自满足上述五个条件后至达到预定用途前所发生的支出总额。具体包括:开发该无形资产时耗费的材料、劳务成本、注册费、在开发该无形资产过程中使用的其他专利权和特许权的摊销、按照借款费用的处理原则可以资本化的利息支出等。在开发无形资产过程中发生的,除上述可直接归属于无形资产开发活动之外的其他销售费用、管理费用等间接费用,无形资产达到预定用途前发生的可辨认的无效和初始运作损失,为运行该无形资产发生的培训支出等不构成无形资产的开发成本。

值得强调的是,内部开发无形资产的成本仅包括在满足资本化条件的时点至无形资产达到预定用途前发生的支出总和,对于同一项无形资产在开发过程中达到资本化条件之前已经费用化计入当期损益的支出不再进行调整。

(四)内部研究开发费用的会计处理

企业自行开发无形资产发生的研发支出,不满足资本化条件的,借记"研发支出——费用化支出"科目,满足资本化条件的,借记"研发支出——资本化支出"科目,贷记"原材料""银行存款""应付职工薪酬"等科目。

企业以其他方式取得的正在进行中的研究开发项目,应按确定的金额,借记"研发支出——资本化支出"科目,贷记"银行存款"等科目。以后发生的研发支出,应当比照上述第一条原则进行处理。

研究开发项目达到预定用途形成无形资产的,应按"研发支出——资本化支出"科目的余额,借记"无形资产"科目,贷记"研发支出——资本化支出"科目。

期末,应将不符合资本化条件的研发支出转入当期管理费用,借记"管理费用"科目,贷记"研发支出——费用化支出"科目;将符合资本化条件但尚未完成的开发费用继续保留在"研发支出"科目中,待开发项目达到预定用途形成无形资产时,再将发生的实际成本转入无形资产。

例 5-3

2020年1月1日,华美股份有限公司经董事会批准研发某项新产品专利技术,公司董事会认为,研发该项目具有可靠的技术和财务等资源的支持,并且一旦研发成功将降低公司生产产品的生产成本。华美股份有限公司在研究开发过程中发生材料费6 000万元、人工工资1 000万元以及其他费用3 000万元,总计10 000万元,其中,符合资本化条件的支出为7 000万元。2020年12月31日,该专利技术已经达到预定用途。

华美股份有限公司的账务处理如下。

(1)发生研发支出。

借:研发支出——费用化支出　　　　　　　　30 000 000
　　　　　——资本化支出　　　　　　　　　70 000 000
　贷:原材料　　　　　　　　　　　　　　　60 000 000
　　　应付职工薪酬　　　　　　　　　　　　10 000 000
　　　银行存款　　　　　　　　　　　　　　30 000 000

(2)2020年12月31日,该专利技术已经达到预定用途。

借:管理费用　　　　　　　　　　　　　　　30 000 000
　　无形资产　　　　　　　　　　　　　　　70 000 000
　贷:研发支出——费用化支出　　　　　　　30 000 000
　　　　　——资本化支出　　　　　　　　　70 000 000

三、接受投资取得无形资产的初始计量

投资者投入无形资产的成本,应当按照投资合同或协议约定的价值确定,但合同或协议约定

价值不公允的,应按无形资产的公允价值作为无形资产初始成本入账。

例 5-4

因 A 公司创立的商标已有较好的声誉,华美股份有限公司预计使用 A 公司商标后可使未来利润增长 10%。为此,华美股份有限公司与 A 公司协议商定,A 公司以其商标权投资于华美股份有限公司,双方协议价格(等于公允价值)为 400 万元,取得华美股份有限公司股票 100 万股。华美股份有限公司另支付印花税等相关税费 5 万元,款项已通过银行转账支付。

该商标权的初始计量,应当以取得时的成本为基础。取得时的成本为投资协议约定的价格 400 万元,加上支付的相关税费 5 万元。

华美股份有限公司接受 A 公司作为投资的商标权的成本＝400＋5＝405(万元)

华美股份有限公司的账务处理如下。

借:无形资产——商标权	4 050 000
贷:股本	1 000 000
资本公积——股本溢价	3 000 000
银行存款	50 000

例 5-5

A 公司以一项专利权向华美股份有限公司进行投资,根据投资双方签订的投资合同,此项专利权的价值 300 000 元,增值税进项税额 18 000 元,折合为公司的股票 50 000 股,每股面值 1 元。

华美股份有限公司的账务处理如下。

借:无形资产——专利权	300 000
应交税费——应交增值税(进项税额)	18 000
贷:股本	50 000
资本公积——股本溢价	268 000

四、接受捐赠取得无形资产的初始计量

接受捐赠的无形资产,应根据具体情况合理确定其入账价值。一般分为以下两种情况。

一是捐赠方提供了有关凭据的,按凭据标明的金额加上应支付的相关税费,作为入账价值。

二是捐赠方没有提供有关凭据的,按如下顺序确定其入账价值:

同类或类似无形资产存在活跃市场的,按市场价格估计的金额,加上应支付的相关税费,作为入账价值;

同类或类似无形资产不存在活跃市场的,应按该无形资产预计未来现金流量的现值,加上应支付的相关税费,作为入账价值;

企业接受捐赠的无形资产在按照上述会计规定确定入账价值以后,按接受捐赠金额,计入营

业外收入。

> **例 5-6**

华美股份有限公司接受 A 公司捐赠的一项专利权,捐赠者提供的有关凭证上标明的价格为 100 000 元,应交增值税为 6 000 元。

华美股份有限公司的账务处理如下。

借:无形资产——专利权　　　　　　　　　　　100 000
　　应交税费——应交增值税(进项税额)　　　　6 000
　　贷:营业外收入——捐赠利得　　　　　　　　　106 000

五、土地使用权的初始计量

企业取得的土地使用权,通常应当按照取得时所支付的价款及相关税费确认为无形资产。但属于投资性房地产的土地使用权,应当按投资性房地产进行会计处理。

土地使用权用于自行开发建造厂房等地上建筑物时,土地使用权的账面价值不与地上建筑物合并计算其成本,而仍作为无形资产进行核算。也就是说,地上建筑物按固定资产核算,建筑物下的土地使用权按照无形资产核算。土地使用权与地上建筑物分别进行摊销和计提折旧。但下列情况除外:

房地产开发企业取得的土地使用权用于建造对外出售的房屋建筑物,相关的土地使用权和地上建筑物的建造成本一起计入存货;

企业外购房屋建筑物所支付的价款中同时包括土地使用权和建筑物的价值的,应当对实际支付的价款按照合理的方法(如公允价值相对比例)在土地使用权与地上建筑物之间进行分配;如果确实无法在土地使用权与地上建筑物之间进行合理分配的,应当全部作为固定资产,按照固定资产确认和计量的原则进行会计处理。

企业改变土地用途,停止自用土地使用权而用于赚取租金或资本增值时,应将其转为投资性房地产。

> **例 5-7**

2020 年 1 月 1 日,华美股份有限公司购入一块土地的使用权,以银行存款转账支付 9 000 万元,并在该土地上自行建造厂房等工程,发生材料支出 11 000 万元,工资费用 5 000 万元,其他相关费用 8 000 万元等。该工程已经完工并达到预定可使用状态。假定土地使用权的使用年限为 50 年,该厂房的使用年限为 25 年,两者都没有净残值,都采用直线法进行摊销和计提折旧。为简化核算,不考虑其他相关税费。

华美股份有限公司购入土地使用权,使用年限为 50 年,表明它属于使用寿命有限的无形资产。在该土地上自行建造厂房,应将土地使用权和地上建筑物分别作为无形资产和固定资产进行核算,并分别摊销和计提折旧。

华美股份有限公司的账务处理如下。

(1) 支付转让价款。

借：无形资产——土地使用权　　　　90 000 000
　　贷：银行存款　　　　　　　　　　　　90 000 000

(2) 在土地上自行建造厂房。

借：在建工程　　　　　　　　　　240 000 000
　　贷：工程物资　　　　　　　　　　　110 000 000
　　　　应付职工薪酬　　　　　　　　　 50 000 000
　　　　银行存款　　　　　　　　　　　 80 000 000

(3) 厂房达到预定可使用状态。

借：固定资产　　　　　　　　　　240 000 000
　　贷：在建工程　　　　　　　　　　　240 000 000

(4) 每年分期摊销土地使用权和对厂房计提折旧。

借：制造费用　　　　　　　　　　 11 400 000
　　贷：累计摊销　　　　　　　　　　　 1 800 000
　　　　累计折旧　　　　　　　　　　　 9 600 000

第三节　无形资产的后续计量

一、无形资产摊销概述

无形资产经初始确认和计价后，在使用该项无形资产期间内应以成本减去累计摊销和累计的无形资产减值准备后的余额计量。

无形资产的应摊销金额是指其成本扣除预计残值后的金额。已计提减值准备的无形资产，还应扣除已计提的无形资产减值准备累计金额。

(一) 无形资产使用寿命的估计

要确定无形资产在使用过程中的累计摊销额，基础是估计其使用寿命，只有使用寿命有限的无形资产才需要在估计使用寿命内采用系统合理的方法进行摊销，对于使用寿命不确定的无形资产则不需要摊销。

无形资产的使用寿命包括法定寿命和经济寿命两个方面。

有些无形资产的使用寿命受法律、规章或合同的限制，称为法定寿命。例如，土地使用权、专利权都有法律规定的有效年限。

经济寿命则是指无形资产可以为企业带来经济利益的年限。

> **知识链接**

在估计无形资产的使用寿命时,除了考虑某些资产的法定寿命外,还应当综合考虑各方面相关因素的影响,其中通常应当考虑的因素有:

运用该资产生产的产品通常的寿命周期、可获得的类似资产使用寿命的信息;

技术、工艺等方面的现实情况及对未来发展的估计;

以该资产生产的产品或提供的服务的市场需求情况;

现在或潜在的竞争者预期将采取的行动;

为维持该资产产生未来经济利益的能力预期的维护支出,以及企业预计支付有关支出的能力;

对该资产的控制期限,以及对该资产使用的法律或类似限制,如特许使用期间、租赁期等;

与企业持有的其他资产使用寿命的关联性等。

源自合同性权利或其他法定权利取得的无形资产,其使用寿命通常不应超过合同性权利或其他法定权利的期限。例如,企业应以支付土地出让金方式取得一块土地50年的使用权,如果企业准备持续持有,在50年期间内没有计划出售,该项土地使用权预期为企业带来未来经济利益的期间为50年。没有明确的合同或法律规定无形资产的使用寿命的,企业应当综合各方面因素判断,例如,企业经过努力,聘请相关专家进行论证、与同行业的情况进行比较以及参考企业的历史经验等,来确定无形资产为企业带来未来经济利益的期限。只有经过上述努力仍确实无法合理确定无形资产为企业带来经济利益的期限的,才能将其作为使用寿命不确定的无形资产。

企业至少应当于每年年度终了,对使用寿命有限的无形资产的使用寿命进行复核。如果有证据表明无形资产的使用寿命与以前估计不同的,应当改变其摊销期限,并按照会计估计变更进行处理。例如,企业使用的某项专利权,原预计使用寿命为10年,使用至第3年年末时,该企业计划再使用2年即不再使用,为此,在第3年年末,企业应当变更该项无形资产的使用寿命,并作为会计估计变更进行处理。

企业应当在每个会计期间对使用寿命不确定的无形资产的使用寿命进行复核。如果有证据表明该无形资产的使用寿命是有限的,应当按照《企业会计准则第28号——会计政策、会计估计变更和差错更正》进行处理,并按照使用寿命有限的无形资产的处理原则进行会计处理。

(二)无形资产的摊销方法

可供企业选择的无形资产的摊销方法有很多,如直线法、余额递减法和产量法等。目前,国际上普遍采用的主要是直线法。企业选择的无形资产摊销方法,应当能够反映与该项无形资产有关的经济利益的预期实现方式,并一致地运用于不同会计期间。例如,受技术陈旧因素影响较大的专利权和专有技术等无形资产,可采用类似固定资产加速折旧的方法进行摊销;有特定产量限制的特许经营权或专利权,应采用产量法进行摊销;无法可靠确定其预期实现方式的,应当采用直线法进行摊销。

企业至少应当于每年年度终了,对使用寿命有限的无形资产的使用寿命及摊销方法进行复核,如果有证据表明无形资产的使用寿命及摊销方法是与以前估计不同的,应当改变摊销年限和摊销方法,并按照会计估计变更进行会计处理。

(三)无形资产摊销的范围

使用寿命有限的无形资产需要在估计使用寿命内采用系统合理的方法进行摊销,对于使用寿命不确定的无形资产则不需要摊销,但需要在每年年末进行减值测试。

持有待售的无形资产不进行摊销,按照账面价值与公允价值减去处置费用后的净额孰低进行计量。

(四)无形资产摊销的起止时点

无形资产的摊销期自其可供使用(即其达到预定用途)时起至终止确认时止。具体来说,当月增加的无形资产,当月开始摊销;当月减少的无形资产,当月不再摊销。

(五)无形资产的残值

无形资产的残值一般为零,但下列情况除外:

有第三方承诺在无形资产使用寿命结束时购买该无形资产;

可以根据活跃市场得到预计残值信息,并且从目前情况看,该市场在无形资产使用寿命结束时还可能存在。

无形资产的残值意味着,在其经济寿命结束之前,企业预计将会处置该无形资产,并且从该处置中获得利益。估计无形资产的残值应以资产处置时的可收回金额为基础,此时的可收回金额是指在预计出售日,出售一项使用寿命已满且处于类似使用状况下,同类无形资产预计的处置价格(扣除相关税费)。残值确定以后,在持有无形资产的期间内,至少应于每年年末进行复核,预计其残值与原估计金额不同的,应按照会计估计变更进行处理。如果无形资产的残值重新估计以后高于其账面价值的,则无形资产不再摊销,直至残值降至低于账面价值时再恢复摊销。

二、无形资产摊销的会计核算

(一)使用寿命有限的无形资产摊销的会计处理

无形资产的摊销金额一般应当计入当期损益,但如果某项无形资产是专门用于生产某种产品或其他资产的,其所包含的经济利益是通过转入所生产的产品或其他资产中实现的,则该无形资产的摊销金额应当计入相关资产的成本。例如,一项专门用于生产某种产品的专利技术,其摊销金额应构成所生产产品成本的一部分,计入制造该产品的制造费用。

例 5-8

2019年1月1日,华美股份有限公司从外单位购得一项新专利技术用于产品生产,支付价款 75 000 000 元，款项已支付。该项专利技术法律保护期间为 15 年，公司预计运用该专利生产的产品在未来 10 年内会为公司带来经济利益。假定这项无形资产的净残值均为零，并按年采用直线法摊销。

本例中，华美股份有限公司外购的专利技术的预计使用期限（10 年）短于法律保护期间（15 年），则应当按照企业预期使用期限确定其使用寿命，同时这也就表明该项专利技术是使用寿命有限的无形资产，且该项无形资产用于产品生产，因此，应当将其摊销金额计入相关产品的成本。

华美股份有限公司的账务处理如下。

(1) 取得无形资产时。

借：无形资产——专利权　　　　　　　　75 000 000
　　贷：银行存款　　　　　　　　　　　　75 000 000

(2) 按年摊销时。

借：制造费用——专利权摊销　　　　　　 7 500 000
　　贷：累计摊销　　　　　　　　　　　　 7 500 000

2021 年 1 月 1 日，就上述专利技术，第三方向华美股份有限公司承诺在 3 年内以其最初取得公允价值的 60% 购买该专利技术，从公司管理层目前的持有计划来看，准备在 3 年内将其出售给第三方。为此，华美股份有限公司应当在 2021 年变更该项专利技术的估计使用寿命为 3 年，变更净残值为 45 000 000（= 75 000 000 × 60%）元，并按会计估计变更进行处理。2021 年该项无形资产的摊销金额为 5 000 000[=(75 000 000 − 7 500 000 × 2 − 45 000 000) ÷ 3]元。

华美股份有限公司 2021 年对该项专利技术按年摊销的账务处理如下。

借：制造费用——专利权摊销　　　　　　 5 000 000
　　贷：累计摊销　　　　　　　　　　　　 5 000 000

(二) 使用寿命不确定无形资产会计处理

根据可获得的相关信息判断，有确凿证据表明，只有无法合理估计其使用寿命的无形资产，才能作为使用寿命不确定的无形资产。对于使用寿命不确定的无形资产，在持有期间内不需要进行摊销，但应当至少在每年年度终了按照《企业会计准则第 8 号——资产减值》的有关规定进行减值测试。如经减值测试表明已发生减值，则需要计提相应的减值准备，具体账务处理为：借记"资产减值损失"科目，贷记"无形资产减值准备"科目。

例 5-9

2019 年 1 月 1 日，华美股份有限公司自行研发的某项非专利技术已经达到预定可使用状态，累计研究支出为 800 000 元，累计开发支出为 2 500 000 元（其中符合资本化条件的支出为 2 000 000 元）。有关调查表明，根据产品生命周期、市场竞争等方面情况综合判断，该非专利技术将在不确定的期间内为企业带来经济利益。

由此,该非专利技术可视为使用寿命不确定的无形资产,在持有期间内不需要进行摊销。

2020年年底,华美股份有限公司对该项非专利技术按照资产减值的原则进行减值测试,经测试表明其已发生减值。2020年年底,该非专利技术的可收回金额为1 800 000元。

华美股份有限公司的账务处理如下。

(1)2019年1月1日,非专利技术达到预定用途

借:无形资产——非专利技术　　　　　　　　　2 000 000
　　贷:研发支出——资本化支出　　　　　　　　　2 000 000

(2)2020年12月31日,非专利技术发生减值

借:资产减值损失——非专利技术　　　　　　　　200 000(=2 000 000-1 800 000)
　　贷:无形资产减值准备——非专利技术　　　　　200 000

第四节　无形资产的处置

无形资产的处置主要是指无形资产对外出租、出售,或者是无法为企业带来未来经济利益时,应予转销并终止确认。

一、无形资产的出售

企业出售无形资产,表明企业放弃该无形资产的所有权,应将所取得的价款与该无形资产账面价值的差额作为资产处置利得或损失,计入当期损益。

出售无形资产时,应按实际收到的金额等,借记"银行存款"等科目;按已计提的累计摊销额,借记"累计摊销"科目;原已计提减值准备的,借记"无形资产减值准备"科目;按应支付的相关税费及其他费用,贷记"应交税费""银行存款"等科目;按其账面余额,贷记"无形资产"科目;按其差额,借记或贷记"资产处置损益"科目。

例 5-10

华美股份有限公司出售一项商标权,所得价款为1 200 000元,假定应缴纳增值税税率为6%(不考虑其他税费)。该商标权成本为3 000 000元,出售时已摊销金额为1 800 000元,已计提的减值准备为300 000元。

华美股份有限公司的账务处理如下。

借:银行存款　　　　　　　　　　　　　　　　1 200 000
　　累计摊销　　　　　　　　　　　　　　　　1 800 000
　　无形资产减值准备——商标权　　　　　　　300 000
　　贷:无形资产——商标权　　　　　　　　　　3 000 000
　　　　应交税费——应交增值税(销项税额)　　72 000
　　　　资产处置损益　　　　　　　　　　　　228 000

二、无形资产的出租

企业让渡无形资产使用权并收取租金,在满足收入确认条件的情况下,应确认相关的收入和费用。出租无形资产取得租金收入时,借记"银行存款"等科目,贷记"其他业务收入"等科目;摊销出租无形资产的成本和发生与转让有关的各种费用支出时,借记"其他业务成本"等科目,贷记"累计摊销""应交税费"等科目。

例 5-11

2020年1月1日,华美股份有限公司将某商标权出租给乙公司使用,租期为4年,每年收取租金150 000元,华美股份有限公司在出租期间内不再使用该商标权,该商标权系华美股份有限公司2019年1月1日购入的,初始入账价值为1 800 000元,预计使用年限为15年,采用直线法摊销,假定不考虑其他税费并按年摊销。

华美股份有限公司的账务处理如下。

(1)每年取得租金。

借:银行存款　　　　　　　　　　　　　　　150 000
　　贷:其他业务收入——出租商标权　　　　　　　150 000

(2)按年对该商标权进行摊销。

借:其他业务成本——商标权摊销　　　　　　　120 000
　　贷:累计摊销　　　　　　　　　　　　　　　120 000(=1 800 000÷15)

三、无形资产的报废

如果无形资产预期不能为企业带来未来经济利益,例如,无形资产已被其他新技术所替代或超过法律保护期,不能再为企业带来经济利益,则不再符合无形资产的定义,应将其报废并予以转销,其账面价值转作当期损益。转销时,按已计提的累计摊销额,借记"累计摊销"科目;按已计提的减值准备,借记"无形资产减值准备"科目;按无形资产账面余额,贷记"无形资产"科目;按其差额,借记"营业外支出"科目。

例 5-12

华美股份有限公司原拥有一项非专利技术,采用直线法进行摊销,预计使用期限为10年。现该项非专利技术已被内部研发成功的新技术所替代,并且根据市场调查,用该非专利技术生产的产品已没有市场,预期不能再为企业带来任何经济利益,应当予以转销。转销时,该项非专利技术的成本为9 000 000元,已摊销6年,累计计提减值准备2 400 000元,该项非专利技术的残值为0。假定不考虑其他相关因素,华美股份有限公司的账务处理如下。

借:累计摊销　　　　　　　　　　　　　　　5 400 000
　　无形资产减值准备——专利权　　　　　　　2 400 000

营业外支出	1 200 000
贷:无形资产——专利权	9 000 000

第五节　其他长期资产

一、长期应收款

长期应收款是指企业融资租赁产生的应收款项和采用分期收款方式、实质上具有融资性质的销售商品和提供劳务等经营活动产生的应收款项。出租人于融资租赁开始日应设置"融资租赁资产""长期应收款""未担保余值""未实现融资收益"等会计科目。"长期应收款"科目用于核算企业以融资租赁方式出租的固定资产所引起的长期债权。其借方登记租赁期开始日形成的最低租赁收款项,贷方登记每期收回的应收融资租赁款。

例 5-13

2019 年 12 月 31 日,华美股份有限公司将一台塑钢机租给 A 公司,供其生产塑钢窗。承租人(A 公司)与华美股份有限公司签订了一份租赁合同,合同的主要条款如下。

(1)租赁标的物:塑钢机。

(2)租赁期开始日:2020 年 1 月 1 日。

(3)租赁期:2020 年 1 月 1 日—2022 年 12 月 31 日,共 36 个月。

(4)租金支付方式:自租赁开始日每隔 6 个月于月末支付租金 150 000 元。

(5)该塑钢机在 2020 年 1 月 1 日的账面价值和公允价值均为 750 000 元。

(6)华美股份有限公司为签订租赁合同发生的初始直接费用为 10 000 元,已用银行存款支付。

(7)租赁期满时,A 公司享有优惠购买机器的选择权,购买价为 200 元。估计租赁期满时该日租赁资产的公允价值为 80 000 元。

要求:编制出租人(华美股份有限公司)在租赁期开始日的会计分录。

华美股份有限公司的账务处理如下。

最低租赁收款额=承租人最低租赁付款额+对出租人而言的担保余值
　　　　　　　＝150 000×6+200+0=900 200(元)

长期应收款=最低租赁收款额+初始直接费用
　　　　　＝900 200+10 000=910 200(元)

未实现融资收益=(长期应收款+未担保余值)−(租赁资产公允价值+初始直接费用)
　　　　　　　＝(910 200+0)−(750 000+10 000)
　　　　　　　＝150 200(元)

借:长期应收款	910 200
贷:银行存款	10 000

| 融资租赁资产 | 750 000 |
| 未实现融资收益 | 150 200 |

根据我国会计准则规定,初始直接费用将参与租赁内含利率的计算,这将会导致以后各期未实现融资收益的摊销放缓,为避免在以后各期高估未实现融资收益,华美股份有限公司在租赁开始日也可以将初始直接费用直接抵减未实现融资收益。

借:未实现融资收益　　　　　　　　　　10 000
　　贷:长期应收款　　　　　　　　　　　　　10 000

二、长期待摊费用

长期待摊费用是指企业已经支出,但是摊销期在1年以上(不含1年)的各项费用,包括租入固定资产的改良支出以及摊销期限在1年以上的其他待摊费用。

长期待摊费用应根据配比原则,在受益期内进行分摊,转记为费用。摊销的方法采用直线法。在尚未摊销完毕时,若可以肯定长期待摊费用已经不具有经济价值的,应予以注销。长期待摊费用余额应在会计报表中列示。

企业发生的长期待摊费用,企业应设置"长期待摊费用"科目对此类项目进行核算,企业发生的长期待摊费用,借记"长期待摊费用"科目,贷记"原材料""银行存款"等科目;摊销长期待摊费用,借记"管理费用""销售费用"等科目,贷记"长期待摊费用"科目;"长期待摊费用"科目期末借方余额,反映企业尚未摊销完毕的长期待摊费用。

例 5-14

2020年4月1日,华美股份有限公司对其办公楼进行装修,发生以下有关支出:领用生产材料50万元,购进该批原材料时支付的增值税进项税额为6.5万元;辅助生产车间为该装修工程提供的劳务支出为20万元;有关人员工资等职工薪酬43.5万元。2020年12月1日,该办公楼装修完工,达到预定可使用状态并交付使用,按租赁期10年开始进行摊销。假定不考虑其他因素,华美股份有限公司应作如下会计处理。

(1)装修领用原材料。

借:长期待摊费用　　　　　　　　　　565 000
　　贷:原材料　　　　　　　　　　　　　　500 000
　　　　应交税费——应交增值税(进项税额转出)　65 000

(2)辅助生产车间为装修工程提供劳务时。

借:长期待摊费用　　　　　　　　　　200 000
　　贷:生产成本——辅助生产成本　　　　200 000

(3)确认工程人员职工薪酬时。

借:长期待摊费用　　　　　　　　　　435 000
　　贷:应付职工薪酬　　　　　　　　　　　435 000

(4)2019年摊销装修支出时。

借:管理费用　　　　　　　　　　　　　　10 000
　贷:长期待摊费用　　　　　　　　　　　　　　10 000

三、其他非流动资产

其他非流动资产是指不能归入以上各项资产项目以外的长期资产,如国家特许储存的特种储备物资、由法院管理的封存物资、冻结银行存款等。其他非流动资产的特点是企业拥有所有权,但不参加企业正常的生产经营周转,无须摊销价值。

第六章　投资性房地产

第一节　投资性房地产概述

一、投资性房地产的定义及特征

随着我国房地产市场的日益活跃,企业持有的房地产除了用作自身管理、生产经营活动和对外销售外,还可用于赚取租金或增值收益的活动。其中,用于赚取租金或增值收益的房地产就属于投资性房地产。确切地说,投资性房地产是指为赚取租金或资本增值,或两者兼有而持有的房地产。

> **知识点链接**
>
> 房地产是土地和房屋及其权属的总称。在我国,土地归国家或集体所有,企业只能取得土地使用权。因此,房地产中的土地是指土地使用权。房屋是指土地上的房屋等建筑物及构筑物。

投资性房地产主要具有以下特征。

(一)投资性房地产是一种经营性活动

投资性房地产的主要形式是出租建筑物、出租土地使用权,这实质上属于一种让渡资产使用权行为。所获得的租金就是让渡资产使用权取得的使用费收入,是企业为完成经营目标所从事的经营性活动以及与之相关的其他活动形成的经济利益的总流入。投资性房地产的另一种形式是持有并准备增值后转让的土地使用权,尽管其增值收益通常与市场供求、经济发展等因素相关,但目的是增值后转让以赚取增值收益,也是企业为完成经营目标所从事的经营性活动以及与之相关的其他活动形成的经济利益的总流入。根据税法规定,企业房地产出租、国有土地使用权增值后转让均属于经营活动,其取得的房地产租金收入或国有土地使用权转让收益应当缴纳增值税等。因此,出租建筑物和土地使用权以及持有土地使用权并准备增值后转让属于企业的日常活动,所获得的经济利益总流入构成企业的收入。

对某些企业而言,出租建筑物和土地使用权以及持有土地使用权并准备增之后转让属于为完成经营目标所从事的经常性活动,取得的租金收入或转让增值收益构成企业的主营业务收入;但对大部分企业而言,出租建筑物和土地使用权以及持有土地使用权并准备增之后转让属于与经常性活动相关的其他活动,取得的租金收入或转让增值收益构成企业的其他业务收入。

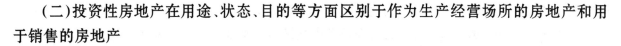

(二)投资性房地产在用途、状态、目的等方面区别于作为生产经营场所的房地产和用于销售的房地产

企业持有的房地产除了用于自身管理、生产经营活动和对外销售,还可用于赚取租金或增值收益的活动,这甚至是个别企业的主营业务。因此,企业需要将投资性房地产单独作为一项资产核算和反映,与自用的厂房、办公楼等房地产和作为存货(已建完工商品房)的房地产加以区别,从而更加清晰地反映企业持有房地产的构成情况和盈利能力。

二、投资性房地产的范围

(一)属于投资性房地产的项目

投资性房地产的项目包括:已出租的土地使用权,持有并准备增值后转让的土地使用权,已出租的建筑物。

1. 已出租的土地使用权

已出租的土地使用权是指企业通过出让或转让方式取得的、以经营租赁方式出租的土地使用权。企业取得的土地使用权通常包括在一级市场上以缴纳土地出让金方式取得的土地使用权,也包括从二级市场上接受其他单位转让的土地使用权。企业将通过以上方式取得的土地使用权以经营租赁方式出租给其他单位使用的,属于投资性房地产。但是企业计划出租但尚未出租的土地使用权不属于投资性房地产;对于以经营租赁方式租入土地使用权再转租给其他单位的,不能确认为投资性房地产。例如,甲公司与乙公司签署了土地使用权租赁协议,甲公司将其拥有的土地使用权以经营租赁方式出租给乙公司使用,则从租赁协议约定的租赁期开始日起,该项土地使用权属于甲公司的投资性房地产。但若乙公司将租入的该项土地使用权又转租给丙公司,则不能确认为乙公司的投资性房地产。

2. 持有并准备增值后转让的土地使用权

企业取得的准备增值后转让的土地使用权,很可能给企业带来资本增值收益,符合投资性房地产的定义。根据我国对土地的使用规定,企业首先要按国家相关政策的规定进行"三通一平"(即水通、电通、路通、场地平整),之后才可进行开发或增值。只有符合国家有关土地政策并拟用于出租和增值的土地才可定为投资性房地产。例如,企业发生转产或厂址搬迁,部分土地使用权停止自用,管理层决定继续持有这部分土地使用权,待其增值后转让以赚取增值收益,该土地使用权属于投资性房地产。

按照国家有关规定认定的闲置土地,不属于持有并准备增值后转让的土地使用权,也就不属于投资性房地产。

知识点链接

什么是闲置土地

企业依法取得土地使用权后,应当按照国有土地有偿使用合同或建设用地批准书规定的期限动工开发建设。土地使用者依法取得土地使用权后,未经原批准用地的人民政府同意,超过规定的期限未动工开发建设的建设用地属于闲置土地。具有下列情形之一的,可以认定为闲置土地:第一,国有土地有偿使用合同或者建设用地批准书未规定动工开发日期,自国有土地有偿使用合同生效或者土地行政主管部门建设用地批准书颁发之日起满1年未动工开发建设的;第二,已动工开发建设但开发建设的面积占应动工开发建设总面积不足1/3或者已投资额不足25%且未经批准中止开发建设连续满1年的;第三,法律、行政法规规定的其他情形。

3. 已出租的建筑物

已出租的建筑物是指企业拥有产权的、以经营租赁方式出租的建筑物,包括自行建造或开发活动完成后用于出租的建筑物以及正在建造或开发过程中将来用于出租的建筑物。企业在判断和确认已出租的建筑物时,应把握以下要点。

(1)用于出租的建筑物是指企业拥有产权的建筑物。企业以经营租赁方式租入再转租的建筑物不属于投资性房地产。例如,甲公司将其拥有产权的一栋房屋以经营租赁方式出租给乙公司使用,乙公司又将其转租给丙公司使用,以赚取租金差价。在这种情况下,这栋房屋对甲公司而言,属于投资性房地产,对乙公司而言,则不属于投资性房地产。

(2)已出租的建筑物是指企业已经与其他方签订了租赁协议,约定以经营租赁方式出租的建筑物。从确认时点来看,自租赁协议规定的租赁期开始日起,经营租出的建筑物便属于已出租的建筑物。对企业持有以备经营出租的空置建筑物或在建建筑物,如果董事会或类似机构已作出正式书面决议,明确表明将其用于经营出租且持有意图短期内不再发生变化的,即使尚未签订租赁协议,也应视为投资性房地产。这里所说"空置建筑物"是指企业新购入、自行建造或开发完工但尚未使用的建筑物,以及不再用于日常生产经营活动且经整理后达到可经营出租状态的建筑物。

(二)不属于投资性房地产的项目

1. 自用房地产

自用房地产是指企业为生产商品、提供劳务或者经营管理而持有的房地产。自用房地产的特征是服务于企业自身的生产经营活动,其价值将随着房地产的使用而逐渐转移到企业的产品或服务中,通过销售产品或提供服务为企业带来经济利益,在产生现金流量的过程中与企业持有的其他资产密切相关。例如:企业出租给本企业职工居住的房屋;企业用于自身经营的土地使用权;企业拥有并自行经营的旅馆饭店;企业自用的办公楼、生产车间厂房等。这些资产应列入企业的"固定资产"或"无形资产"科目核算。

2. 作为存货的房地产

作为存货的房地产是指房地产开发企业在正常经营过程中销售的或为销售而正在开发的商品房和土地。这部分房地产属于房地产开发企业的存货,不属于投资性房地产。

从事房地产经营开发的企业依法取得的、用于开发后出售的土地使用权,属于房地产开发企业的存货,即使房地产开发企业决定待增值后再转让开发的土地,也不得确认为投资性房地产。

(三)需要根据具体情况判断是否属于投资性房地产的情形

如果某项房地产,部分用于赚取租金或资本增值,部分用于生产商品、提供劳务或经营管理,能够单独计量和出售的,用于赚取租金或资本增值的部分,应当确认为投资性房地产;不能够单独计量和出售的,用于赚取租金或资本增值的部分,不应确认为投资性房地产。该项房地产自用的部分,以及不能够单独计量和出售的,用于赚取租金或资本增值的部分,应当确认为固定资产或无形资产。

企业已将建筑物出租,按租赁协议向承租人提供的相关辅助服务在整个协议中不重大的,应当将该建筑物确认为投资性房地产。例如,企业将拥有产权的办公楼经营出租给其他单位,同时向承租人提供保安、维修等日常辅助服务,企业应当将该办公楼确认为投资性房地产。

关联企业之间租赁房地产的,出租方应将出租的房地产确认为投资性房地产。但对于母公司与其子公司之间租赁房地产的,出租方在个别财务报表中应将其作为投资性房地产,而在编制合并报表时,应将其作为企业集团的自用房地产。

三、投资性房地产的确认

(一)投资性房地产的确认条件

投资性房地产只有在符合定义的前提下,同时满足下列条件的,才能予以确认:

与该投资性房地产有关的经济利益很可能流入企业;

该投资性房地产的成本能够可靠地计量。

(二)投资性房地产的确认时点

对于已出租的土地使用权和已出租的建筑物,确认为投资性房地产的时点一般为租赁开始日,即土地使用权和建筑物已进入出租状态、开始赚取租金的日期。

企业持有以备经营出租、可视为投资性房地产的空置建筑物或在建建筑物,确认为投资性房地产的时点是企业董事会或类似机构就该事项作出正式书面决议的日期。

对于持有并准备增值后转让的土地使用权,确认为投资性房地产的时点是企业将自用土地使用权停止自用,准备增值后转让的日期。

四、投资性房地产的后续计量模式

投资性房地产的后续计量模式有成本模式和公允价值模式两种,通常应当采用成本模式进行后续计量,满足特定条件时也可以采用公允价值模式计量。但是,同一企业只能采用一种模式对所有投资性房地产进行后续计量,不得同时采用两种计量模式,即不得对一部分投资性房地产采用成本模式计量,对另一部分投资性房地产采用公允价值模式计量。

为保证会计信息的可比性,企业对投资性房地产的计量模式一经确定,不得随意变更。只有在房地产市场比较成熟、能够满足采用公允价值模式条件的情况下,才允许企业对投资性房地产从成本模式计量变更为公允价值模式计量。从成本模式转为公允价值模式的,应当作会计政策变更处理,按计量模式变更时公允价值与账面价值的差额,调整期初留存收益。已采用公允价值模式计量的投资性房地产,不得从公允价值模式转为成本模式。

第二节 投资性房地产的初始计量

投资性房地产无论采用哪一种后续计量模式,取得时均应当按照成本进行初始计量。投资性房地产的成本一般应当包括取得投资性房地产时和直至使该投资性房地产达到预定可使用状态前所实际发生的各项必要的、合理的支出,如购买价款、土地开发费、建筑安装成本、应予以资本化的借款费用等。投资性房地产的取得渠道不同,成本的具体构成内容就会有所不同。

一、外购的投资性房地产

企业外购的房地产,只有在购入的同时开始对外出租或用于资本增值,才能作为投资性房地产确认。企业外购投资性房地产时,应当按照取得时的实际成本进行初始计量。取得时的实际成本包括购买价款、相关税费和可直接归属于该资产的其他支出。

在采用成本模式计量下,外购的土地使用权和建筑物,按照取得时的实际成本进行初始计量,借记"投资性房地产"科目,贷记"银行存款"等科目。

在采用公允价值模式计量下,企业应当在购入投资性房地产时,借记"投资性房地产——成本"科目,贷记"银行存款"等科目。

例 6-1

2020年5月10日,华美股份有限公司购入土地使用权用于出租,价款为7 000万元,款项以银行存款转账支付,并且签订了租赁合同,约定自购买日起将该土地使用权出租给甲公司。假定不考虑其他相关税费,华美股份有限公司的会计处理如下。

(1)假定华美股份有限公司对投资性房地产采用成本模式进行后续计量。

借:投资性房地产——土地使用权　　70 000 000
　贷:银行存款　　　　　　　　　　　　　70 000 000

(2)假定华美股份有限公司对投资性房地产采用公允价值模式进行后续计量。

借:投资性房地产——土地使用权(成本)　70 000 000
　贷:银行存款　　　　　　　　　　　　　70 000 000

二、自建的投资性房地产

企业自行建造的房地产,只有在自行建造活动完成(即达到预定可使用状态)的同时开始对外出租或用于资本增值时,才能将自行建造的房地产确认为投资性房地产。企业自行建造投资性房地产,其成本由建造该项资产达到预定可使用状态前发生的必要支出构成,包括土地开发费、建筑成本、安装成本、应予以资本化的借款费用、支付的其他费用和分摊的间接费用等。在建造过程中发生的非正常性损失,直接计入当期损益,不计入建造成本。

在采用成本模式计量下,按照建造过程中发生的成本,借记"投资性房地产"科目,贷记"银行存款"等科目。

在采用公允价值模式计量下,按照建造过程中发生的成本,借记"投资性房地产——成本"科目,贷记"银行存款"等科目。

例 6-2

华美股份有限公司在拥有使用权的一块土地上自行建造一幢办公楼,准备用于出租。工程期间投入工程物资 6 800 万元,发生人工费 400 万元,假定无相关税费。现工程完工达到预定可使用状态并开始出租。该土地使用权成本为 4 800 万元,应作会计处理如下。

(1)工程领用物资时。

借:在建工程　　　　　　　　　　　　68 000 000
　　贷:工程物资　　　　　　　　　　　　68 000 000

(2)发生工程人员薪酬时。

借:在建工程　　　　　　　　　　　　4 000 000
　　贷:应付职工薪酬　　　　　　　　　　4 000 000

(3)工程完工并出租时。

①假定华美股份有限公司对投资性房地产采用成本模式进行后续计量。

借:投资性房地产——办公楼　　　　　72 000 000
　　贷:在建工程　　　　　　　　　　　　72 000 000
借:投资性房地产——土地使用权　　　48 000 000
　　贷:无形资产　　　　　　　　　　　　48 000 000

②假定华美股份有限公司对投资性房地产采用公允价值模式进行后续计量。

借:投资性房地产——办公楼(成本)　　72 000 000
　　贷:在建工程　　　　　　　　　　　　72 000 000
借:投资性房地产——土地使用权(成本)　48 000 000
　　贷:无形资产　　　　　　　　　　　　48 000 000

三、以其他方式增加的投资性房地产

以其他方式增加的投资性房地产主要是以接受投资、捐赠等方式取得的投资性房地产。在这些情况下,应该按双方协议的价格确定增加的投资性房地产的价值,借记"投资性房地产"科目,贷记"实收资本"或"股本""资本公积"等科目。

例 6-3

华美股份有限公司于 2020 年 5 月 1 日接受甲公司投入的土地使用权,该资产在甲公司的账面价值为 4 000 万元,双方协议以评估价为投资价值确认标准,经评估,其公允价值为 5 000 万元。华美股份有限公司取得地皮后,拟于适当时机转让,应作会计处理如下。

(1)假定华美股份有限公司对投资性房地产采用成本模式进行后续计量。

借：投资性房地产——土地使用权　　　　　　50 000 000
　　贷：股本　　　　　　　　　　　　　　　　50 000 000
(2)假定华美股份有限公司对投资性房地产采用公允价值模式进行后续计量。
借：投资性房地产——土地使用权(成本)　　　50 000 000
　　贷：股本　　　　　　　　　　　　　　　　50 000 000

第三节　投资性房地产的后续计量

投资性房地产的后续计量，通常应当采用成本模式，只有满足特定条件才可以采用公允价值模式。但是，同一企业只能采用一种模式对所有投资性房地产进行后续计量，不得同时采用两种计量模式。

一、采用成本模式计量的投资性房地产

采用成本模式计量的建筑物的后续计量，适用《企业会计准则第4号——固定资产》，采用成本模式计量的土地使用权的后续计量，适用《企业会计准则第6号——无形资产》，存在减值迹象的，适用《企业会计准则第8号——资产减值》。

企业设置"投资性房地产"科目核算采用成本模式计量的投资性房地产的成本，该科目可按投资性房地产类别和项目进行明细核算。采用成本模式计量的投资性房地产的累计折旧或累计摊销，可以单独设置"投资性房地产累计折旧""投资性房地产累计摊销"科目，比照"累计折旧""累计摊销"等科目进行处理。采用成本模式计量的投资性房地产发生减值的，可以单独设置"投资性房地产减值准备"科目，比照"固定资产减值准备""无形资产减值准备"等科目进行处理。计提的折旧或摊销的成本计入其他业务成本，取得的租金收入计入其他业务收入。其会计处理如下。

(一)按期(月)计提折旧或摊销时

借：其他业务成本
　　贷：投资性房地产累计折旧(摊销)

(二)取得租金收入时

借：银行存款
　　其他应收款等
　　贷：其他业务收入
　　　　应交税费——应交增值税(销项税)

(三)经减值测试后确定发生减值时

借：资产减值损失
　　贷：投资性房地产减值准备

例 6-4

华美股份有限公司于 2019 年 12 月 31 日将一栋写字楼出租给乙公司使用,确认为投资性房地产,采用成本模式进行后续计量。假设这栋办公楼的成本为 7 200 万元,按照年限平均法计提折旧,使用寿命为 20 年,预计净残值为零。经营租赁合同约定,乙公司每月等额支付华美股份有限公司租金 50 万元(不考虑增值税)。2020 年年末这栋写字楼发生减值迹象,经减值测试,可收回金额为 6500 万元,该写字楼以前未计提减值准备。

华美股份有限公司的账务处理如下。

(1)每月计提折旧。

每月计提的折旧=(72 000 000÷20)÷12=300 000(元)

借:其他业务成本——出租写字楼折旧　　　300 000
　　贷:投资性房地产累计折旧　　　　　　　　　　300 000

(2)每月确认租金收入。

借:银行存款(或其他应收款)　　　　　　　500 000
　　贷:其他业务收入——出租写字楼租金收入　　500 000

(3)2020 年末投资性房地产的账面价值为 6 840(=7 200−7 200÷20)万元,可收回金额为 6500 万元,账面价值高于可收回金额,因此,应计提减值准备为 340(=6 840−6 500)万元。计提减值准备时账务处理如下。

借:资产减值损失　　　　　　　　　　　　3 400 000
　　贷:投资性房地产减值准备　　　　　　　　　　3 400 000

二、采用公允价值模式计量的投资性房地产

只有存在确凿证据表明投资性房地产的公允价值能够持续可靠取得,企业才可以采用公允价值模式对投资性房地产进行后续计量。企业一旦选择采用公允价值模式,就应当对其所有投资性房地产均采用公允价值模式进行后续计量。

(一)采用公允价值模式进行后续计量的投资性房地产,应当同时满足以下两个前提条件

第一个条件,投资性房地产所在地有活跃的房地产交易市场。

所在地,通常是指投资性房地产所在的城市。对于大中型城市,应当为投资性房地产所在的城区。

第二个条件,企业能够从活跃的房地产交易市场上取得同类或类似房地产的市场价格及其他信息,从而对投资性房地产的公允价值作出合理的估计。

投资性房地产的公允价值是指在公平交易中,熟悉情况的当事人之间自愿进行房地产交换的价格。企业在确定房地产的公允价值时,应当参照活跃市场上同类或类似房地产的现行市场价格(市场公开报价);无法取得同类或类似房地产现行市场价格的,应当参照活跃市场上同类或类似

房地产的最近交易价格,并考虑交易情况、交易日期、所在区域等因素,从而对投资性房地产的公允价值作出合理的估计;企业也可以基于未来获得的租金收益和相关现金流量的现值予以计量。

(二)采用公允价值模式进行后续计量的投资性房地产的会计处理

投资性房地产采用公允价值模式计量的不需要对投资性房地产计提折旧或摊销,应当以资产负债表日的公允价值计量,公允价值的变动计入当期损益。其会计处理如下。

1. 资产负债表日,当投资性房地产的公允价值高于账面余额的差额时

借:投资性房地产——公允价值变动
　　贷:公允价值变动损益

2. 当公允价值低于账面余额的差额时,作相反的会计分录

借:公允价值变动损益
　　贷:投资性房地产——公允价值变动

例 6-5

2020年9月,华美股份有限公司与乙公司签订租赁协议,约定将华美股份有限公司新建造的一栋写字楼租赁给乙公司使用,租赁期为10年。2020年12月1日,该写字楼开始起租,写字楼的工程造价为80 000 000元,公允价值也为相同金额。该写字楼所在区域有活跃的房地产交易市场,并且能够从房地产交易市场上取得同类房地产的市场报价,华美股份有限公司决定采用公允价值模式对该项出租的房地产进行后续计量。在确定该投资性房地产的公允价值时,华美股份有限公司选取了与该处房产所处地区相近、结构及用途相同的房地产,参照公司所在地房地产交易市场上平均销售价格,结合了周边市场信息和自有房产的特点。2020年12月31日,该写字楼的公允价值为84 000 000元。

华美股份有限公司的账务处理如下。

(1)2020年12月1日,华美股份有限公司出租写字楼。

借:投资性房地产——写字楼(成本)　　　　80 000 000
　　贷:固定资产——写字楼　　　　　　　　　　　80 000 000

(2)2020年12月31日,按照公允价值调整其账面价值,公允价值与原账面价值之间的差额计入当期损益

借:投资性房地产——写字楼(公允价值变动)　4 000 000
　　贷:公允价值变动损益　　　　　　　　　　　　4 000 000

三、投资性房地产后续计量模式的变更

企业对投资性房地产的计量模式一经确定,不得随意变更。只有在房地产市场比较成熟、能够满足采用公允价值模式条件的情况下,才允许企业对投资性房地产从成本模式计量变更为公允价值模式计量。已采用公允价值模式计量的投资性房地产,不得从公允价值模式转为成本模式。

成本模式转为公允价值模式的,应当作为会计政策变更,按照《企业会计准则第28号——会计政策、会计估计变更和差错更正》处理。按计量模式变更时投资性房地产的公允价值与账面价值之间的差额,调整期初留存收益。不考虑所得税情况下的会计处理如下。

借:投资性房地产——成本(转换日投资性房地产的公允价值)
　　投资性房地产累计折旧(摊销)(投资性房地产累计已计提的折旧或摊销)
　　投资性房地产减值准备(投资性房地产已计提的减值准备)
　贷:投资性房地产(投资性房地产的账面原价)
　　利润分配——未分配利润(公允价值高于账面价值的差额×90%)
　　盈余公积(公允价值高于账面价值的差额×10%)

例 6-6

2018年末,华美股份有限公司将完工的一栋写字楼对外出租,并采用成本模式进行后续计量。2021年1月1日,假设华美股份有限公司持有的投资性房地产满足了采用公允价值模式进行后续计量的条件,华美股份有限公司决定采用公允价值模式计量对该写字楼进行后续计量。2021年1月1日,该写字楼的原价为7 200万元,已计提折旧480万元,账面价值为6 720万元,公允价值为7 620万元。华美股份有限公司按净利润的10%计提盈余公积。假定除上述对外出租的写字楼外,华美股份有限公司无其他的投资性房地产,不考虑相关税费。

华美股份有限公司的账务处理如下。

借:投资性房地产——成本　　　　　　　　7 620
　　投资性房地产累计折旧　　　　　　　　　480
　贷:投资性房地产　　　　　　　　　　　　　　7 200
　　利润分配——未分配利润　　　　　　　　　810
　　盈余公积　　　　　　　　　　　　　　　　　90

四、投资性房地产的后续支出

(一)资本化的后续支出

与投资性房地产有关的后续支出,满足投资性房地产确认条件的,应当计入投资性房地产成本。例如,企业为了提高投资性房地产的使用效能,往往需要对投资性房地产进行改建、扩建而使其更加坚固耐用,或者通过装修而改善其室内装潢,改扩建或装修支出满足确认条件的,应当将其资本化。企业对某项投资性房地产改扩建等再开发且将来仍作为投资性房地产的,在再开发期间应继续将其作为投资性房地产,再开发期间不计提折旧或摊销。

例 6-7

2020年5月,华美股份有限公司与乙公司的一项厂房经营租赁合同即将到期。该厂房按照成本模式进行后续计量,原价为2 000万元,已计提折旧600万元。为了提高厂房的租金收入,华美股份有限公司决定在租赁期满后对厂房进行改扩建,并与丙企业签订了经营租赁合同,约定自改扩建完工时将厂房出租给丙公司。5月15日,与乙公司的租赁合同到期,厂房随即进入改扩建工程。12月10日,厂房改扩建工程完工,共发生支出150万元,即日按照租赁合同出租给丙公司。假设华美股份有限公司采用成本计量模式。

本例中,改扩建支出属于资本化的后续支出,应当记入投资性房地产的成本。

华美股份有限公司的账务处理如下。

(1)2020年5月15日,投资性房地产转入改扩建工程。

借:投资性房地产——厂房(在建)   14 000 000
    投资性房地产累计折旧   6 000 000
  贷:投资性房地产——厂房   20 000 000

(2)2020年5月15日—12月10日。

借:投资性房地产——厂房(在建)   1 500 000
  贷:银行存款   1 500 000

(3)2020年12月10日,改扩建工程完工。

借:投资性房地产——厂房   15 500 000
  贷:投资性房地产——厂房(在建)   15 500 000

例 6-8

2020年5月,华美股份有限公司与乙公司的一项厂房经营租赁合同即将到期。为了提高厂房的租金收入,华美股份有限公司决定在租赁期满后对厂房进行改扩建,并与丙公司签订了经营租赁合同,约定自改扩建完工时将厂房出租给丙企业。5月15日,与乙公司的租赁合同到期,厂房随即进入改扩建工程。11月10日,厂房改扩建工程完工,共发生支出150万元,即日起按照租赁合同出租给丙公司。5月15日,厂房账面余额为1 200万元,其中成本1 000万元,累积公允价值变动200万元。假设华美股份有限公司采用公允价值计量模式。

华美股份有限公司的账务处理如下。

(1)2020年5月15日,投资性房地产转入改扩建工程。

借:投资性房地产——厂房(在建)   12 000 000
  贷:投资性房地产——厂房(成本)   10 000 000
    ——公允价值变动   2 000 000

(2)2020年5月15日—11月10日。

借:投资性房地产——厂房(在建)   1 500 000
  贷:银行存款   1 500 000

(3)2020年11月10日,改扩建工程完工。

借:投资性房地产——厂房(成本)　　　　13 500 000
　　贷:投资性房地产——厂房(在建)　　　　13 500 000

(二)费用化的后续支出

与投资性房地产有关的后续支出,不满足投资性房地产确认条件的,应当在发生时计入当期损益。例如,企业对投资性房地产进行日常维护发生一些支出。企业在发生投资性房地产费用化的后续支出时,借记"其他业务成本"等科目,贷记"银行存款"等科目。

例 6-9

2020年8月,华美股份有限公司对其投资性房地产进行日常维修,以银行存款支付维修费2万元。

借:其他业务成本　　　　　　　　　　　20 000
　　贷:银行存款　　　　　　　　　　　　20 000

第四节　投资性房地产的转换

一、投资性房地产转换形式和转换日

房地产的转换是因房地产用途发生改变而对房地产进行的重新分类。这里所说的房地产转换是针对房地产用途发生改变而言的,而不是后续计量模式的转变。企业有确凿证据表明房地产用途发生改变且满足下列条件之一的,应当将投资性房地产转换为其他资产或者将其他资产转换为投资性房地产。

(一)投资性房地产开始自用

即投资性房地产转为自用房地产。在此种情况下,转换日为房地产达到自用状态,企业开始将房地产用于生产商品、提供劳务或者经营管理的日期。

(二)作为存货的房地产改为出租

即房地产开发企业将其持有的开发产品以经营租赁的方式出租,存货相应地转换为投资性房地产。在此种情况下,转换日为房地产的租赁期开始日。租赁期开始日是指承租人有权行使其使用租赁资产权利的日期。

(三)自用建筑物或土地使用权停止自用,改为出租

即企业将原本用于生产商品、提供劳务或者经营管理的房地产改用于出租,固定资产或土地

使用权相应地转换为投资性房地产。在此种情况下,转换日为租赁期开始日。

(四)自用土地使用权停止自用改用于资本增值

即企业将原本用于生产商品、提供劳务或者经营管理的土地使用权改用于资本增值,土地使用权相应地转换为投资性房地产。在此种情况下,转换日为自用土地使用权停止自用后确定用于资本增值的日期。

(五)房地产开发企业将用于经营租出的房地产重新开发用于对外销售的

即从投资性房地产转换为存货。在此种情况下,转换日为租赁期届满、企业董事会或类似机构作出书面决议明确表明将其重新开发用于对外销售的日期。

二、非投资性房地产转为投资性房地产

(一)成本模式下的转换

1. 作为存货的房地产转换为投资性房地产

作为存货的房地产转换为投资性房地产,通常指房地产开发企业将其持有的开发产品以经营租赁的方式出租,存货相应地转换为投资性房地产。

企业将作为存货的房地产转换为采用成本模式计量的投资性房地产,应当按该项存货在转换日的账面价值作为投资性房地产的入账价值。转换时做如下会计分录。

借:投资性房地产(房地产在转换日的账面价值)
　　存货跌价准备(房地产已计提的存货跌价准备)
　贷:开发产品(房地产的账面余额)

例 6-10

华美股份有限公司是从事房地产开发的企业,2020年4月10日,公司董事会就将其开发的一栋写字楼不再出售改用作出租形成了书面决议。华美股份有限公司遂与乙公司签订了租赁协议,将此写字楼整体出租给乙公司使用,租赁期开始日为2020年5月1日,租赁期为5年。2020年5月1日,该写字楼的账面余额为50 000 000元,已计提存货跌价准备5 000 000,转换后采用成本模式进行后续计量。

华美股份有限公司2020年5月1日的账务处理如下。

借:投资性房地产——写字楼　　　　45 000 000
　　存货跌价准备　　　　　　　　　 5 000 000
　贷:开发产品　　　　　　　　　　　50 000 000

2. 自用房地产转换为投资性房地产

企业将原本用于日常生产商品、提供劳务或者经营管理的房地产改用于出租,通常应该于租赁期开始日,按照固定资产或无形资产的账面价值,将固定资产或无形资产相应地转换为投资性

房地产。

企业将自用土地使用权或建筑物转换为以成本模式计量的投资性房地产时,应当按该项建筑物或土地使用权在转换日的原价、累计折旧(摊销)、减值准备等,分别转入"投资性房地产""投资性房地产累计折旧(摊销)"科目。转换时做会计分录如下。

借:投资性房地产(房地产的账面原价)
　　累计折旧(摊销)(房地产已计提的折旧或摊销)
　　固定(无形)资产减值准备(房地产已计提的减值准备)
　贷:固定资产(或无形资产)(房地产的账面原价)
　　　投资性房地产累计折旧(房地产已计提的折旧或摊销)
　　　投资性房地产减值准备(房地产已计提的减值准备)

例 6-11

华美股份有限公司拥有一栋公司总部办公使用的办公楼,公司董事会就将该栋办公楼用于出租形成了书面决议。2020 年 4 月 10 日,华美股份有限公司与乙公司签订了经营租赁协议,将这栋办公楼整体出租给乙公司使用,租赁期开始日为 2020 年 5 月 1 日,租期为 5 年。2020 年 5 月 1 日,这栋办公楼的账面余额为 800 000 000 元,已计提折旧 8 000 000 元。假设华美股份有限公司所在城市不存在活跃的房地产交易市场。

华美股份有限公司 2020 年 5 月 1 日的账务处理如下。

借:投资性房地产——办公楼　　　　　　800 000 000
　　累计折旧　　　　　　　　　　　　　　8 000 000
　贷:固定资产——办公楼　　　　　　　　800 000 000
　　　投资性房地产累计折旧　　　　　　　　8 000 000

(二)公允价值模式下的转换

1. 作为存货的房地产转换为投资性房地产

企业将作为存货的房地产转换为采用公允价值模式计量的投资性房地产,应当按该项房地产在转换日的公允价值入账,转换日的公允价值小于账面价值的额,计入当期损益(公允价值变动损益);转换日的公允价值大于账面价值的差额,计入所有者权益(其他综合收益)。当该项投资性房地产处置时,因转换计入其他综合收益的部分应转入当期损益(其他业务成本)。转换时应做如下会计分录。

(1)转换当日的公允价值小于原账面价值。

借:投资性房地产——成本(转换当日房地产的公允价值)
　　存货跌价准备(转换当日房地产已计提的存货跌价准备)
　　公允价值变动损益(房地产的公允价值小于其账面价值的差额)
　贷:开发产品(房地产的账面余额)

(2)转换当日的公允价值大于原账面价值。

借:投资性房地产——成本(转换当日房地产的公允价值)
　　存货跌价准备(转换当日房地产已计提的折存货跌价准备)
　贷:开发产品(房地产的账面余额)
　　　其他综合收益(房地产的公允价值大于其账面价值的差额)

例 6-12

华美股份有限公司是一家房地产开发公司,2020年5月10日与乙公司签订了租赁协议,将其开发的一栋写字楼出租给乙公司。租赁期开始日为2020年6月15日。2020年6月15日,该写字楼的账面余额45 000万元,公允价值为47 000万元。2020年12月31日,该项投资性房地产的公允价值为48 000万元。

华美股份有限公司的账务处理如下。

(1)2020年6月15日。

借:投资性房地产——成本　　　　　　　　　470 000 000
　贷:开发产品　　　　　　　　　　　　　　　　450 000 000
　　　其他综合收益　　　　　　　　　　　　　　 20 000 000

(2)2020年12月31日。

借:投资性房地产——公允价值变动　　　　　　10 000 000
　贷:公允价值变动损益　　　　　　　　　　　　 10 000 000

2. 自用房地产转换为投资性房地产

企业将自用房地产转换为采用公允价值模式计量的投资性房地产,应当按该项土地使用权或建筑物在转换日的公允价值作为投资性房地产的入账价值,转换日的公允价值小于账面价值的差额,计入当期损益(公允价值变动损益);转换日的公允价值大于账面价值的差额,计入所有者权益(其他综合收益)。当该项投资性房地产处置时,因转换计入其他综合收益的部分应转入当期损益(其他业务成本)。转换时应做如下会计分录。

(1)转换当日的公允价值小于原账面价值。

借:投资性房地产——成本(转换当日房地产的公允价值)
　　累计折旧(摊销)(转换当日房地产已计提的累计折旧或摊销)
　　固定(无形)资产减值准备(转换当日房地产已计提的减值准备)
　　公允价值变动损益(房地产的公允价值小于其账面价值的差额)
　贷:固定(无形)资产(房地产的账面余额)

(2)转换当日的公允价值大于原账面价值。

借:投资性房地产——成本(转换当日房地产的公允价值)
　　累计折旧(摊销)(转换当日房地产已计提的累计折旧或摊销)
　　固定(无形)资产减值准备(转换当日房地产已计提的减值准备)
　贷:固定(无形)资产(房地产的账面余额)
　　　其他综合收益(房地产的公允价值大于其账面价值的差额)

例6-13

2020年6月,华美股份有限公司打算搬迁至新建办公楼,由于原办公楼处于商业繁华地段,华美股份有限公司准备将其出租,以赚取租金收入。2020年10月30日,华美股份有限公司完成了搬迁工作,原办公楼停止自用,并与乙公司签订了租赁协议,将其原办公楼租赁给乙企业使用,租赁期开始日为2020年10月30日,租赁期限为3年。2020年10月30日,该办公楼原价为5亿元,已提折旧14 250万元,公允价值为35 000万元。假设华美股份有限公司对投资性房地产采用公允价值模式计量。

华美股份有限公司的账务处理如下。

借:投资性房地产——成本　　　　　　350 000 000
　　公允价值变动损益　　　　　　　　　7 500 000
　　累计折旧　　　　　　　　　　　　142 500 000
　贷:固定资产　　　　　　　　　　　　　　　　500 000 000

三、投资性房地产转为非投资性房地产

(一)成本模式下的转换

1. 投资性房地产转换为自用房地产

企业将原本赚取租金或资本增值的房地产改用于生产商品、提供劳务或者经营管理,投资性房地产相应地转换为固定资产或无形资产。例如,企业将出租的厂房收回,并用于生产本企业的产品。在此情况下,转换日为房地产达到自用状态,企业开始将房地产用于生产商品、提供劳务或者经营管理的日期。

企业将投资性房地产转换为自用房地产,应当按该项投资性房地产在转换日的账面余额、累计折旧或摊销、减值准备等账户。转换时应做会计分录如下。

借:固定资产(或无形资产)(投资性房地产的账面原价)
　　投资性房地产累计折旧(摊销)(投资性房地产已计提的折旧或摊销)
　　投资性房地产减值准备(投资性房地产已计提的减值准备)
　贷:投资性房地产(投资性房地产的账面原价)
　　　累计折旧(投资性房地产已计提的折旧或摊销)
　　　固定(无形)资产减值准备(投资性房地产已计提的减值准备)

例6-14

2020年8月1日,华美股份有限公司将出租在外的厂房收回,开始用于本企业生产商品。该项房地产账面价值为3 765万元,其中,原价为5 000万元,累计已提折旧1 235万元。假设华美股份有限公司采用成本模式计量。

华美股份有限公司的账务处理如下。

```
借:固定资产                              50 000 000
   投资性房地产累计折旧                  12 350 000
   贷:投资性房地产                          50 000 000
      累计折旧                              12 350 000
```

2. 投资性房地产转换为存货

房地产开发企业将用于经营出租的房地产重新开发用于对外销售的,从投资性房地产转换为存货。企业应当按照该项房地产在转换日的账面价值结转,作为存货的入账价值。转换时应做会计分录如下。

借:开发产品(投资性房地产在转换日的账面价值)
　　投资性房地产累计折旧(摊销)(投资性房地产已计提的折旧或摊销)
　　投资性房地产减值准备(投资性房地产已计提的减值准备)
　　贷:投资性房地产(投资性房地产的账面原价)

(二)公允价值模式下的转换

1. 投资性房地产转换为自用房地产

企业将采用公允价值模式计量的投资性房地产转换为自用房地产时,应当以其转换当日的公允价值作为自用房地产的账面价值,公允价值与原账面价值的差额计入当期损益。转换时会计处理如下。

借:固定(无形)资产(投资性房地产在转换当日的公允价值)
　　贷:投资性房地产——成本(投资性房地产的成本)
　　贷(或借):投资性房地产——公允价值变动(投资性房地产累计确认的公允价值变动)
　　贷(或借):公允价值变动损益(投资性房地产公允价值高与账面价值的差额)

例 6-15

2020 年 10 月 15 日,华美股份有限公司因租赁期满,将出租的写字楼收回,开始作为办公楼用于本企业的行政管理。2020 年 10 月 15 日,该写字楼的公允价值为 4 800 万元。该项房地产在转换前采用公允价值模式计量,原账面价值为 4 750 万元,其中,成本为 4 500 万元,公允价值变动为增值 250 万元。

华美股份有限公司的账务处理如下。

```
借:固定资产                              48 000 000
   贷:投资性房地产——成本                    45 000 000
                 ——公允价值变动              2 500 000
      公允价值变动损益                          500 000
```

2. 投资性房地产转换为存货

企业将采用公允价值模式计量的投资性房地产转换为存货时,应当以其转换当日的公允价值作为存货的账面价值,公允价值与原账面价值的差额计入当期损益。转换时会计处理如下。

借:开发产品(投资性房地产在转换当日的公允价值)
　贷:投资性房地产——成本(投资性房地产的成本)
　贷(或借):投资性房地产——公允价值变动(投资性房地产累计确认的公允价值变动)
　贷(或借):公允价值变动损益(投资性房地产公允价值高与账面价值的差额)

例 6-16

华美股份有限公司是一家房地产开发公司,将其开发的部分写字楼用于对外经营租赁。2020年10月15日,因租赁期满,华美股份有限公司将出租的写字楼收回,并作出书面决议,将该写字楼重新开发用于对外销售,即由投资性房地产转换为存货,当日的公允价值为5 800万元。该项房地产在转换前采用公允价值模式计量,原账面价值为5 600万元,其中,成本为5 000万元,公允价值增值为600万元。

华美股份有限公司的账务处理如下。

借:开发产品　　　　　　　　　　　58 000 000
　贷:投资性房地产——成本　　　　　　50 000 000
　　　　　　　　——公允价值变动　　　6 000 000
　　公允价值变动损益　　　　　　　　2 000 000

第五节　投资性房地产的处置

投资性房地产的处置,既包括投资性房地产的对外出售或转让、报废和毁损,也包括对外投资、非货币性资产交换、债务重组等原因转出的投资性房地产。当投资性房地产被处置,或者永久退出使用且预计不能从其处置中取得经济利益时,企业应当终止确认该项投资性房地产。企业出售、转让、报废投资性房地产或者发生投资性房地产毁损,应当将处置收入扣除其账面价值和相关税费后的金额计入当期损益。

一、成本计量模式下投资性房地产的处置

采用成本模式进行后续计量的投资性房地产处置时,应当将实际收到的处置收入计入其他业务收入,将处置投资性房地产的账面价值转入其他业务成本。具体会计处理如下。

(一)取得处置收入时

借:银行存款(实际收到的处置收入)
　贷:其他业务收入
　　　应交税费——应交增值税(销项税额)

(二)结转账面价值时

借:其他业务成本(投资性房地产的账面价值)

投资性房地产累计折旧(摊销)(投资性房地产已计提的累计折旧或摊销)
投资性房地产减值准备(投资性房地产已计提的减值准备)
  贷:投资性房地产(投资性房地产的账面余额)

例 6-17

华美股份有限公司将其出租的一栋写字楼确认为投资性房地产。租赁期届满后,华美股份有限公司将该栋写字楼出售给乙公司,合同价款为 200 000 000 元,乙公司已用银行存款付清。假设这栋写字楼原采用成本模式计量。出售时,该栋写字楼的成本为 180 000 000 元,已计提折旧 20 000 000 元,不考虑相关税费。

华美股份有限公司的账务处理如下。

借:银行存款   200 000 000
  贷:其他业务收入   200 000 000
借:其他业务成本   160 000 000
  投资性房地产累计折旧   20 000 000
  贷:投资性房地产——写字楼   180 000 000

二、公允价值计量模式下投资性房地产的处置

处置公允价值模式计量的投资性房地产时,应当将实际收到的处置收入计入其他业务收入,将处置投资性房地产的账面价值转入其他业务成本,同时将累计确认的公允价值变动损益转入其他业务成本;若存在原转换日计入其他综合收益的金额,则也需一并转入其他业务成本。具体会计处理如下。

(一)取得处置收入时

借:银行存款(实际收到的处置收入)
  贷:其他业务收入
    应交税费——应交增值税(销项税额)

(二)结转账面价值时

借:其他业务成本(投资性房地产的账面价值)
  贷:投资性房地产——成本(投资性房地产的成本)
         ——公允价值变动(投资性房地产累计公允价值变动的金额)

(三)结转累计确认的公允价值变动时

借或贷:公允价值变动损益(累计公允价值变动)
  贷或借:其他业务成本

(四)结转转换房地产产生的其他综合收益

借:其他综合收益
    贷:其他业务成本

例 6-18

华美股份有限公司为一家房地产开发企业,2019 年 3 月 10 日,华美股份有限公司与乙公司签订了租赁协议,将其开发的一栋写字楼出租给乙公司使用,租赁期开始日为 2019 年 4 月 15 日。2019 年 4 月 15 日,该写字楼的账面余额为 45 000 万元,公允价值为 47 000 万元。2019 年 12 月 31 日,该项投资性房地产的公允价值为 48 000 万元。2020 年 6 月租赁期届满,华美股份有限公司收回该项投资性房地产,并以 55 000 万元出售,出售款项已收讫。华美股份有限公司采用公允价值模式计量。

华美股份有限公司的账务处理如下。

(1)2019 年 4 月 15 日,存货转换为投资性房地产。

借:投资性房地产——成本	470 000 000
贷:开发产品	450 000 000
其他综合收益	20 000 000

(2)2019 年 12 月 31 日,公允价值变动。

借:投资性房地产——公允价值变动	10 000 000
贷:公允价值变动损益	10 000 000

(3)2020 年 6 月,出售投资性房地产:

借:银行存款	550 000 000
公允价值变动损益	10 000 000
其他综合收益	20 000 000
其他业务成本	450 000 000
贷:投资性房地产——成本	470 000 000
——公允价值变动	10 000 000
其他业务收入	550 000 000

或:

借:银行存款	550 000 000
贷:其他业务收入	550 000 000
借:其他业务成本	480 000 000
贷:投资性房地产——成本	470 000 000
——公允价值变动	10 000 000
借:公允价值变动损益	10 000 000
其他综合收益	20 000 000
贷:其他业务成本	30 000 000

第七章 金融资产

第一节 以摊余成本计量的金融资产

一、概述

(一)金融资产

金融资产是指企业持有的现金、其他方的权益工具以及符合下列条件之一的资产。

一是从其他方收取现金或其他金融资产的合同权利。例如,企业的银行存款、应收账款、应收票据和贷款等均属于金融资产。再如,预付账款不是金融资产,因其产生的未来经济利益是商品或服务,而不是收取现金或其他金融资产的权利。

二是在潜在有利条件下,与其他方交换金融资产或金融负债的合同权利。例如,企业持有的看涨期权或看跌期权等。

三是将来须用或可用企业自身权益工具进行结算的非衍生工具合同,且企业根据该合同将收到可变数量的自身权益工具。

四是将来须用或可用企业自身权益工具进行结算的衍生工具合同,但以固定数量的自身权益工具交换固定金额的现金或其他金融资产的衍生工具合同除外。

其中,企业自身权益工具不包括应当按照《企业会计准则第 37 号——金融工具列报》分类为权益工具的可回售工具或发行方仅在清算时才有义务向另一方按比例交付其净资产的金融工具,也不包括本身就要求在未来收取或交付企业自身权益工具的合同。

(二)金融资产的分类

企业应根据其管理金融资产的业务模式和金融资产的合同现金流量特征,对金融资产进行合理的分类(初始分类)。

金融资产一般划分为以下三类:

以摊余成本计量的金融资产;

以公允价值计量且其变动计入其他综合收益的金融资产;

以公允价值计量且其变动计入当期损益的金融资产。

对金融资产的分类一经确定,不得随意变更。(当管理金融资产的业务模式发生改变时,允许重分类。)

(三)金融资产的划分依据

1. 业务模式

企业管理金融资产的业务模式是指企业如何管理其金融资产以产生现金流量。业务模式决定企业所管理金融资产现金流量的来源是收取合同现金流量、出售金融资产还是两者兼有。

(1)模式1:以收取合同现金流量为目标的业务模式。

在"以收取合同现金流量为目标的业务模式"下,企业管理金融资产旨在通过在金融资产存续期内收取合同付款来实现现金流量,而不是通过持有并出售金融资产产生整体回报。

以下几类情形不视为改变业务模式。

①在以收取合同现金流量为目标的业务模式下,金融资产的信用质量影响着企业收取合同现金流量的能力。为减少因信用恶化所导致的潜在信用损失而进行的风险管理活动与以收取合同现金流量为目标的业务模式并不矛盾。因此,即使企业在金融资产的信用风险增加时为减少信用损失而将其出售,金融资产的业务模式仍然可能是以收取合同现金流量为目标的业务模式。

②如果企业在金融资产到期日前出售金融资产,即使与信用风险管理活动无关,在出售只是偶然发生(即使价值重大),或者单独及汇总而言出售的价值非常小(即使频繁发生)的情况下,金融资产的业务模式仍然可能是以收取合同现金流量为目标。如果企业能够解释出售的原因并且证明出售并不反映业务模式的改变,出售频率或者出售价值在特定时期内增加不一定与收取合同现金流量为目标的业务模式相矛盾。

③如果出售发生在金融资产临近到期时,且出售所得接近待收取的剩余合同现金流量,金融资产的业务模式仍然可能是以收取合同现金流量为目标。

(2)模式2:以收取合同现金流量和出售金融资产为目标的业务模式。

在"以收取合同现金流量和出售金融资产为目标的业务模式"下,企业的关键管理人员认为收取合同现金流量和出售金融资产对于实现其管理目标而言都是不可或缺的。

与"以收取合同现金流量为目标的业务模式"相比,此业务模式涉及的出售通常频率更高、价值更大。因为出售金融资产是此业务模式的目标之一,所以在该业务模式下不存在出售金融资产的频率或者价值的明确界限。

(3)模式3:其他业务模式。

如果企业管理金融资产的业务模式,不是以收取合同现金流量为目标,也不是既以收取合同现金流量又以出售金融资产为目标,则该企业管理金融资产的业务模式是"其他业务模式"。

即使企业在持有金融资产的过程中会收取合同现金流量,企业管理金融资产的业务模式也不是既以收取合同现金流量又出售金融资产来实现其目标,因为收取合同现金流量对实现该业务模式目标来说只是附带性质的活动。

企业确定其管理金融资产的业务模式时,应当注意以下方面。

①企业应当在金融资产组合的层次上确定管理金融资产的业务模式,而不必按照单个金融资产逐项确定业务模式。

②一个企业可能会采用多个业务模式管理其金融资产。

③企业应当以企业关键管理人员决定的对金融资产进行管理的特定业务目标为基础,确定管

理金融资产的业务模式。

关键管理人员是指有权力并负责计划、指挥和控制企业活动的人员,主要包括董事长、董事、董事会秘书、总经理、总会计师、财务总监、主管各项事务的副总经理以及行使类似决策职能的人员等。

④企业应当以客观事实为依据,确定管理金融资产的业务模式,不得以按照合理预期不会发生的情形为基础确定。

此外,如果金融资产实际现金流量的实现方式不同于评估业务模式时的预期(如企业出售的金融资产数量超出或少于在对资产作出分类时的预期),只要企业在评估业务模式时已经考虑了当时所有可获得的相关信息,这一差异不构成企业财务报表的前期差错,也不改变企业在该业务模式下持有的剩余金融资产的分类。但是,企业在评估新的金融资产的业务模式时,应当考虑这些信息。

2. 关于金融资产的合同现金流量特征

金融资产的合同现金流量特征是指金融工具合同约定的、反映相关金融资产经济特征的现金流量属性。

企业分类为以摊余成本计量的金融资产和以公允价值计量且其变动计入其他综合收益的金融资产,其合同现金流量特征应当与基本借贷安排相一致。即相关金融资产在特定日期产生的合同现金流量仅为对本金和以未偿付本金金额为基础的利息的支付。

二、以摊余成本计量的金融资产

(一)以摊余成本计量的金融资产的确认条件

此类金融资产应当同时符合以下条件(模式1):

企业管理该金融资产的业务模式是以收取合同现金流量为目标;

该金融资产的合同条款规定,在特定日期产生的现金流量,仅为对本金和以未偿付本金金额为基础的利息的支付。

以摊余成本计量的金融资产可分为货币资金、应收款项、贷款、债权投资,本节不涉及货币资金、应收款项、贷款的核算。

(二)债权投资取得

债权投资初始计量,债权投资应当按取得时的公允价值(不含已到付息期而尚未领取的利息)和相关交易费用之和作为初始确认金额。初始确认后,企业应以摊余成本进行后续计量。

交易费用是指可直接归属于购买、发行或处置金融工具的增量费用。包括支付给代理机构、咨询公司、券商、证券交易所、政府有关部门等的手续费、佣金、相关税费以及其他必要支出,不包括债券溢价、折价、融资费用、内部管理成本和持有成本等与交易不直接相关的费用。

企业取得金融资产所支付的价款中包含的已到期但尚未领取的利息或已宣告但尚未发放的现金股利,应当单独确认为应收项目处理。

金融资产或金融负债公允价值与交易价格存在差异的,企业应当区别下列情况进行处理:

在初始确认时,金融资产或金融负债的公允价值依据相同资产或负债在活跃市场上的报价或者以仅使用可观察市场数据的估值技术确定的,企业应当将该公允价值与交易价格之间的差额确认为一项利得或损失;

在初始确认时,金融资产或金融负债的公允价值以其他方式确定的,企业应当将该公允价值与交易价格之间的差额递延。

(三)债权投资利息及摊余成本的计算

1. 利息的计算方法

(1)如果债券是溢折价购入的,则债券票面应计利息不等于当期的利息收益。

(2)企业应当按照实际利率法确认利息收入。应当按照摊余成本和实际利率计算确认利息收入,并计入投资收益。

摊余成本＝债权投资账面余额－债权投资减值准备

(3)计算分期付期利息收益的会计处理。

借:应收利息（面值×票面利率）
　　债权投资——利息调整（折价摊销）
贷:投资收益（期初摊余成本×实际利率）
　　债权投资——利息调整（溢价摊销）

债券的溢折价应在持有期内分期摊销,调整各期的实际利息收入,即以当期的票面应计利息减去当期应分摊的溢价额或加上当期应分摊的折价额作为当期利息收入。

(4)未发生减值的以摊余成本计量的金融资产,如为分期付息、一次还本债券投资,应于资产负债表日按票面利率计算确定的应收未收利息,借记"应收利息"科目,按以摊余成本计量的金融资产的摊余成本和实际利率计算确定的利息收入,贷记"投资收益"科目,按其差额,借记或贷记"债权投资——利息调整"科目。如为一次还本付息债券投资,借记"债权投资——应计利息"。

2. 摊余成本

以摊余成本计量的债权投资的账面余额,指"债权投资"科目的账面实际余额,即债权投资的初始入账金额加上(初始入账金额低于面值时)或减去(初始入账金额高于面值时)利息调整的累计摊销额后的余额,或者债权投资的面值加上(初始入账金额高于面值时)或减去(初始入账金额低于面值时)利息调整的摊余金额。

需要注意的是,如果债权投资为到期一次还本付息的债券,其账面余额还应当包括应计未付的债券利息;如果债权投资提前收回了部分本金,其账面余额还应当扣除已偿还的本金。

债权投资的摊余成本是指金融资产的初始入账金额经下列调整后的结果:

扣除已偿还的本金;

加上或减去采用实际利率法将该初始确认金额与到期日金额之间的差额进行摊销形成的累计摊销额;

扣除累计计提的损失准备(仅适用于金融资产)。

在会计处理上,以摊余成本计量的债权投资计提的损失准备是通过专门设置的"债权投资减值准备"科目单独核算的,如果债权投资没有计提损失准备,则摊余成本等于账面余额。

3. 实际利率法

实际利率法是指以实际利率为基础计算确定金融资产的账面余额(或摊余成本)以及将利息收入分摊计入各会计期间的方法。实际利率是指将金融资产在预期存续期的估计未来现金流量,折现为该金融资产账面余额所使用的利率。

(1)对于未发生信用减值的债权投资,采用实际利率法确认利息收入并确定账面余额的程序如下:

①以债权投资的面值乘以票面利率计算确定应收利息;

②以债权投资的期初账面余额乘以实际利率计算确定利息收入(总额法);

③以应收利息与利息收入的差额作为当期利息调整摊销额;

④以债权投资的期初账面余额加上(初始入账金额低于面值时)或减去(初始入账金额高于面值时)当期利息调整的摊销额作为期末账面余额。

(2)已发生信用减值的金融资产。

当对金融资产预期未来现金流量具有不利影响的一项或多项事件发生时,该金融资产成为已发生信用减值的金融资产。金融资产已发生信用减值的证据包括下列可观察信息:

①发行方或债务人发生重大财务困难;

②债务人违反合同,如偿付利息或本金违约或逾期等;

③债权人出于与债务人财务困难有关的经济或合同考虑,给予债务人在任何其他情况下都不会做出的让步;

④债务人很可能破产或进行其他财务重组;

⑤发行方或债务人财务困难导致该金融资产的活跃市场消失;

⑥以大幅折扣购买或源生一项金融资产,该折扣反映了发生信用损失的事实。

金融资产发生信用减值,有可能是多个事件的共同作用所致,未必是可单独识别的事件所致。

对于已经发生信用减值的债权投资,应当以债权投资的摊余成本乘以实际利率(或经信用调整的实际利率)计算确定其利息收入(净额法)。

(3)债权投资的处置。

处置债权投资时,应将所取得对价的公允价值与该投资账面价值之间的差额确认为投资收益。出售债权投资时:应按收到的金额,借记"银行存款"等科目;已计提损失准备的借记"债权投资减值准备"科目;按其账面余额,贷记"债权投资(成本、利息调整、应计利息)"科目;按其差额,贷记或借记"投资收益"科目。

> **例 7-1**

分次付息到期还本+无手续费

2020年1月1日,华美股份有限公司购入10万张乙公司当日发行的3年期分期付息(于次年初支付上年度利息)、到期还本债券,债券面值为100元/张,票面年利率为5%。华美股

第七章 金融资产

份有限公司根据其管理该债券的业务模式和该债券的合同现金流量特征,将该债券划分为以摊余成本计量的金融资产。

要求:分别以下两类情形编写债券持有期间的会计分录。

情形1:债券发行价格为103元/张。

情形2:债券发行价格为97元/张。

【解析】

情形1:债券发行价格为103元/张,以下分录金额单位为"万元"。

(1)2020年1月1日购入债券时。

借:债权投资——成本　　　　　　　　　　1 000(=100×10)
　　　　　　——利息调整　　　　　　　　30
　　贷:银行存款　　　　　　　　　　　　1 030

$1\,030 = 1\,000 \times (P/F, i, 3) + 1\,000 \times 5\% \times (P/A, i, 3)$

接下来逐步测试,显然,在i=5%(票面利率)时,等式右边的取值必然等于面值1000(万元)。此时,等式右边小于等式左边1 030(万元),说明等式右边折现率太大了,折现后现值太小,应当降低折现率,取i=3%时,等式右边等于1 000×0.9151+1 000×5%×2.8286=1 056.53(万元),此时,等式右边大于等式左边,说明实际的i必定介于3%至5%之间。

采用插值法计算。

$i = 3\% + [(1\,000 - 1\,056.53) \div (1\,030 - 1\,056.53)] \times (5\% - 3\%)$

计算得:实际利率i=3.92%

年份	期初摊余成本(a)	实际利息收入(b)	现金流入(c)	期末摊余成本(d=a+b−c)
2020	1 030	40.38	50	1020.38
2021	1 020.38	40	50	1010.38
2022	1 010.38	39.62	1050	0

(2)2020年12月31日。

借:应收利息　　　　　　　　　　　　　　50(=1000×5%)
　　贷:投资收益　　　　　　　　　　　　40.38(≈1030×3.92%)
　　　　债权投资——利息调整　　　　　　9.62

此时的摊余成本=1030+40.38−50=1020.38(万元)

实际收到利息时的分录省略,以下同。

(3)2021年12月31日。

借:应收利息　　　　　　　　　　　　　　50
　　贷:投资收益　　　　　　　　　　　　40(≈1020.38×3.92%)
　　　　债权投资——利息调整　　　　　　10

此时的摊余成本=1 020.38+40−50=1 010.38(万元)

(4)2022年12月31日。

借:应收利息　　　　　　　　　　　　　　50

贷:投资收益		40(≈1 020.38×3.92%)
债权投资——利息调整		10.38(=30-9.62-10)

此时的摊余成本=1 010.38-10.38=1000(万元)

借:银行存款　　　　　　　　　　　　　　1 000
　　贷:债权投资——成本　　　　　　　　　　　　1 000

此时的摊余成本=1 000-1 000=0(万元)

情形2:债券发行价格为97元/张时,以下分录金额单位为"万元"。

(1)2020年1月1日购入债券时。

借:债权投资——成本　　　　　　　　　　1 000(=100×10)
　　贷:银行存款　　　　　　　　　　　　　　　970
　　　　债权投资——利息调整　　　　　　　　　　30

970=1 000×(P/F,i,3)+1000×5%×(P/A,i,3)

插值法计算得到,实际利率i=6.12%

年份	期初摊余成本(a)	实际利息收入(b)	现金流入(c)	期末摊余成本(d=a+b-c)
2020	970	59.36	50	979.36
2021	979.36	59.94	50	989.30
2022	989.30	60.7	1 050	0

(2)2020年12月31日。

借:应收利息　　　　　　　　　　　　　　50(=1 000×5%)
　　债权投资——利息调整　　　　　　　　　9.36
　　贷:投资收益　　　　　　　　　　　　　　59.36(≈970×6.12%)

此时的摊余成本=970+59.36-50=979.36(万元)

实际收到利息时的分录省略,以下同

(3)2021年12月31日。

借:应收利息　　　　　　　　　　　　　　50(=1 000×5%)
　　债权投资——利息调整　　　　　　　　　9.94
　　贷:投资收益　　　　　　　　　　　　　　59.94(≈979.36×6.12%)

此时的摊余成本=979.36+59.94-50=989.30(万元)

(4)2022年12月31日

借:应收利息　　　　　　　　　　　　　　50
　　债权投资——利息调整　　　　　　　　　10.7(=30-9.36-9.94)
　　贷:投资收益　　　　　　　　　　　　　　60.7

此时的摊余成本=989.30+60.7-50=1 000(万元)

借:银行存款　　　　　　　　　　　　　　1 000
　　贷:债权投资——成本　　　　　　　　　　　　1 000

此时的摊余成本＝1 000－1 000＝0(万元)

例 7-2

分次付息到期还本＋手续费

将【例 7-1】改编,假设购买债券另外支付手续费 2 万元。

要求:分别以下两类情形编写债券持有期间的会计分录。

情形 1:债券发行价格为 103 元/张。

情形 2:债券发行价格为 97 元/张。

【解析】

情形 1:债券发行价格为 103 元/张时,以下分录金额单位为"万元"。

(1)2020 年 1 月 1 日购入债券时。

借:债权投资——成本　　　　　　　　1 000＝100×10
　　　　　　——利息调整　　　　　　32
　贷:银行存款　　　　　　　　　　　1 032

1 032＝1 000×(P/F,i,3)＋1 000×5%×(P/A,i,3)

插值法计算得到,实际利率 i＝3.85%

年份	期初摊余成本(a)	实际利息收入(b)	现金流入(c)	期末摊余成本(d＝a＋b－c)
2020	1 032	39.73	50	1 021.73
2021	1 021.73	39.34	50	1 011.07
2022	1 011.07	38.93	1 050	0

(2)2020 年 12 月 31 日。

借:应收利息　　　　　　　　　　　　50(＝1 000×5%)
　贷:投资收益　　　　　　　　　　　39.73(≈1 032×3.85%)
　　　债权投资——利息调整　　　　　10.27

此时的摊余成本＝1 032＋39.73－50＝1 021.73(万元)

实际收到利息时的分录省略,以下同。

(3)2021 年 12 月 31 日。

借:应收利息　　　　　　　　　　　　50(＝1 000×5%)
　贷:投资收益　　　　　　　　　　　39.34(≈1 021.73×3.85%)
　　　债权投资——利息调整　　　　　10.66

此时的摊余成本＝1 021.73＋39.34－50＝1 011.07(万元)

(4)2022 年 12 月 31 日。

借:应收利息　　　　　　　　　　　　50(＝1 000×5%)
　贷:投资收益　　　　　　　　　　　38.93
　　　债权投资——利息调整　　　　　11.07(＝32－10.27－10.66)

此时的摊余成本＝1 011.07＋38.93－50＝1 000(万元)

借:银行存款 1 000
　　贷:债权投资——成本 1 000
此时的摊余成本=1 000-1 000=0(万元)

情形2: 债券发行价格为97元/张时,以下分录金额单位为"万元"。
(1)2020年1月1日购入债券时。
借:债权投资——成本　　　　　　　　1 000(=100×10)
　　贷:银行存款　　　　　　　　　　　972
　　　　债权投资——利息调整　　　　　　28

972=1 000×(P/F,i,3)+1 000×5%×(P/A,i,3)
插值法计算得到,实际利率i=6.05%

年份	期初摊余成本(a)	实际利息收入(b)	现金流入(c)	期末摊余成本(d=a+b-c)
2020	972	58.81	50	980.81
2021	980.81	59.34	50	990.15
2022	990.15	59.85	1 050	0

(2)2020年12月31日。
借:应收利息　　　　　　　　　　　　50(=1 000×5%)
　　债权投资——利息调整　　　　　　8.81
　　贷:投资收益　　　　　　　　　　　58.81(≈972×6.05%)
此时的摊余成本=972+58.81-50=980.81(万元)
实际收到利息时的分录省略,以下同。

(3)2021年12月31日。
借:应收利息　　　　　　　　　　　　50
　　债权投资——利息调整　　　　　　9.34
　　贷:投资收益　　　　　　　　　　　59.34(≈980.81×6.05%)
此时的摊余成本=980.81+59.34-50=990.15(万元)

(4)2022年12月31日。
借:应收利息　　　　　　　　　　　　50
　　债权投资——利息调整　　　　　　9.85(=28-8.81-9.34)
　　贷:投资收益　　　　　　　　　　　59.85
此时的摊余成本=990.15+59.85-50=1 000(万元)
借:银行存款　　　　　　　　　　　　1 000
　　贷:债权投资——成本　　　　　　　1 000
此时的摊余成本=1 000-1 000=0(万元)

例 7-3

分次付息到期还本＋提前还款

将【例 7-2】改编,假设 2021 年年初华美股份有限公司预计乙公司将在 2021 年年末偿还本金的 1/2,剩余本金将在债券到期日(2022 年年末)付清。

要求:分别以下两种情形编写债券持有期间的会计分录。

情形 1:债券发行价格为 103 元/张。

情形 2:债券发行价格为 97 元/张。

【解析】

情形 1:债券发行价格为 103 元/张时,以下分录金额单位为"万元"。

(1) 2020 年 1 月 1 日购入债券时。

借:债权投资——成本　　　　　　　　　1 000(＝100×10)
　　　　　　——利息调整　　　　　　　32
　贷:银行存款　　　　　　　　　　　　1 032

$1\,032 = 1\,000 \times (P/F, i, 3) + 1\,000 \times 5\% \times (P/A, i, 3)$

插值法计算得到,实际利率 $i = 3.85\%$

年份	期初摊余成本(a)	实际利息收入(b)	现金流入(c)	期末摊余成本(d＝a＋b－c)
2020	1 032	39.73	50	1 021.73
2021	1 016.41	39.13	550	505.54
2022	505.54	19.46	525	0

(2) 2020 年 12 月 31 日。

借:应收利息　　　　　　　　　　　　　50(＝1 000×5%)
　贷:投资收益　　　　　　　　　　　　39.73(≈1 032×3.85%)
　　　债权投资——利息调整　　　　　　10.27

此时的摊余成本＝1 032＋39.73－50＝1 021.73(万元)

实际收到利息时的分录省略,以下同。

(3) 2021 年 1 月 1 日。

期初调整后的账面余额＝(1 000×1/2＋1 000×5%)÷(1＋3.85%)
　　　　　　　　　　＋(1 000×1/2＋1 000×1/2×5%)÷(1＋3.85%)²
　　　　　　　　　　≈529.61＋486.80＝1 016.41(万元)

账面余额的调整额＝1 021.73－1 016.41＝5.32(万元)

借:投资收益　　　　　　　　　　　　　5.32
　贷:债权投资——利息调整　　　　　　　5.32

此时新的摊余成本＝1016.41(万元)

(4) 2021 年 12 月 31 日。

借:应收利息　　　　　　　　　　　　　50

貸:投资收益 39.13(≈1016.41×3.85%)
　　债权投资——利息调整 10.87
此时的摊余成本=1 016.41+39.13-50=1 005.54(万元)
借:银行存款 500
　贷:债权投资——成本 500
此时的摊余成本=1 005.54-500=505.54(万元)

(5)2022年12月31日。
借:应收利息 25(=500×5%)
　贷:投资收益 19.46
　　债权投资——利息调整 5.54(=32-10.27-5.32-10.87)
此时的摊余成本=505.54+19.46-25=500(万元)
借:银行存款 500
　贷:债权投资——成本 500
此时的摊余成本=500-500=0(万元)

情形2:债券发行价格为97元/张时,以下分录金额单位为"万元"
(1)2020年1月1日购入债券时。

借:债权投资——成本 1 000(=100×10)
　贷:银行存款 972
　　债权投资——利息调整 28

$972=1\,000×(P/F,i,3)+1\,000×5\%×(P/A,i,3)$

插值法计算得到,实际利率 i=6.05%

年份	期初摊余成本(a)	实际利息收入(b)	现金流入(c)	期末摊余成本(d=a+b-c)
2020	972	58.81	50	980.81
2021	985.43	59.62	550	495.05
2022	495.05	29.95	525	0

(2)2020年12月31日。
借:应收利息 50(=1 000×5%)
　　债权投资——利息调整 8.81
　贷:投资收益 58.81(≈972×6.05%)
此时的摊余成本=972+58.81-50=980.81(万元)
实际收到利息时的分录省略,以下同。

(3)2021年1月1日。
期初调整后的账面余额=$(1\,000×1/2+1\,000×5\%)÷(1+6.05\%)$
　　　　　　　　　$+(1\,000×1/2+1\,000×1/2×5\%)÷(1+6.05\%)^2$
　　　　　　　　≈518.62+466.81=985.43(万元)

账面余额的调整额＝980.81－985.43＝－4.62(万元)

借:债权投资——利息调整　　　　　　　　4.62
　　贷:投资收益　　　　　　　　　　　　　　　4.62

此时新的摊余成本＝985.43(万元)

(4)2021年12月31日。

借:应收利息　　　　　　　　　　　　　　50
　　债权投资——利息调整　　　　　　　9.62
　　贷:投资收益　　　　　　　　　　　　　　59.62(≈985.43×6.05％)

此时的摊余成本＝985.43＋59.62－50＝995.05(万元)

借:银行存款　　　　　　　　　　　　　　500
　　贷:债权投资——成本　　　　　　　　　　500

此时的摊余成本＝995.05－500＝495.05(万元)

(5)2022年12月31日。

借:应收利息　　　　　　　　　　　　　　25(＝500×5％)
　　债权投资——利息调整　　　　　　　　4.95(＝28－8.81－4.62－9.62)
　　贷:投资收益　　　　　　　　　　　　　　29.95

此时的摊余成本＝495.05＋29.95－25＝500(万元)

借:银行存款　　　　　　　　　　　　　　500
　　贷:债权投资——成本　　　　　　　　　　500

此时的摊余成本＝500－500＝0(万元)

例7-4

到期一次还本付息＋无手续费

2020年1月1日,华美股份有限公司购入10万张乙公司当日发行的3年期平时不付息到期一次还本付息债券,债券面值为100元/张,票面年利率为5％。华美股份有限公司根据管理该债券的业务模式和该债券的合同现金流量特征,将该债券划分为以摊余成本计量的金融资产。

要求:分别以下两种情形编写债券持有期间的会计分录。

情形1:债券发行价格为103元/张。

情形2:债券发行价格为97元/张。

【解析】

情形1:债券发行价格为103元/张时,以下分录金额单位为"万元"。

(1)2020年1月1日购入债券时。

借:债权投资——成本　　　　　　　　　1 000(＝100×10)
　　　　　　——利息调整　　　　　　　　30
　　贷:银行存款　　　　　　　　　　　　　1 030

$1\,030＝1\,000×(1＋5％×3)÷(1＋i)^3$

计算得到，实际利率 i=3.74%

年份	期初摊余成本(a)	实际利息收入(b)	现金流入(c)	期末摊余成本(d=a+b−c)
2020	1 030	38.52	0	1 068.52
2021	1 068.52	39.96	0	1 108.48
2022	1 108.48	41.52	1 150	0

(2)2020年12月31日。

借：债权投资——应计利息　　　　　　　　50(=1 000×5%)
　　贷：投资收益　　　　　　　　　　　　38.52(≈1 030×3.74%)
　　　　债权投资——利息调整　　　　　　11.48

此时的摊余成本=1 030+38.52=1 068.52(万元)

(3)2021年12月31日。

借：债权投资——应计利息　　　　　　　　50
　　贷：投资收益　　　　　　　　　　　　39.96(≈1 068.52×3.74%)
　　　　债权投资——利息调整　　　　　　10.04

此时的摊余成本=1 068.52+39.96=1 108.48(万元)

(4)2022年12月31日。

借：债权投资——应计利息　　　　　　　　50
　　贷：投资收益　　　　　　　　　　　　41.52
　　　　债权投资——利息调整　　　　　　8.48(=30−11.48−10.04)

此时的摊余成本=1108.48+41.52=1150(万元)

借：银行存款　　　　　　　　　　　　　　1 150
　　贷：债权投资——成本　　　　　　　　1 000
　　　　　　　　——应计利息　　　　　　150

此时的摊余成本=1 150−1 150=0(万元)

情形2：债券发行价格为97元/张时，以下分录金额单位为"万元"。

(1)2020年1月1日购入债券时。

借：债权投资——成本　　　　　　　　　　1 000(=100×10)
　　贷：银行存款　　　　　　　　　　　　970
　　　　债权投资——利息调整　　　　　　30

$970 = 1\,000 \times (1+5\% \times 3) \div (1+i)^3$

计算得到，实际利率 i=5.84%

年份	期初摊余成本(a)	实际利息收入(b)	现金流入(c)	期末摊余成本(d=a+b−c)
2020	970	56.65	0	1026.65
2021	1026.65	59.96	0	1086.61
2022	1086.61	63.39	1150	0

(2)2020年12月31日。

借:债权投资——应计利息　　　　　　　50(＝1 000×5％)
　　　　　——利息调整　　　　　　　　6.65
　　贷:投资收益　　　　　　　　　　　56.65(≈970×5.84％)

此时的摊余成本＝970＋56.65＝1 026.65(万元)

(3)2021年12月31日。

借:债权投资——应计利息　　　　　　　50
　　　　　——利息调整　　　　　　　　9.96
　　贷:投资收益　　　　　　　　　　　59.96(≈1 026.65×5.84％)

此时的摊余成本＝1 026.65＋59.96＝1 086.61(万元)

(4)2022年12月31日。

借:债权投资——应计利息　　　　　　　50
　　　　　——利息调整　　　　　　　　13.39(＝30－6.65－9.96)
　　贷:投资收益　　　　　　　　　　　63.39

此时的摊余成本＝1 086.61＋63.39＝1 150(万元)

借:银行存款　　　　　　　　　　　　　1 150
　　贷:债权投资——成本　　　　　　　1 000
　　　　　　　——应计利息　　　　　　150

此时的摊余成本＝1 150－1 150＝0(万元)

例 7-5

到期一次还本付息＋手续费

将【例 7-4】改编,假设购买债券另外支付手续费 2 万元。

要求:分别以下两种情形编写债券持有期间的会计分录。

情形 1:债券发行价格为 103 元/张。

情形 2:债券发行价格为 97 元/张。

【解析】

情形 1:债券发行价格为 103 元/张,以下分录金额单位为"万元"。

(1)2020 年 1 月 1 日购入债券时。

借:债权投资——成本　　　　　　　　　1 000(＝100×10)
　　　　　——利息调整　　　　　　　　32
　　贷:银行存款　　　　　　　　　　　1 032

$1\ 032＝1\ 000×(1＋5\%×3)÷(1＋i)^3$

计算得到,实际利率 $i＝3.67\%$

年份	期初摊余成本(a)	实际利息收入(b)	现金流入(c)	期末摊余成本(d=a+b-c)
2020	1 032	37.87	0	1 069.87
2021	1 069.87	39.26	0	1 109.13
2022	1 109.13	40.87	1 150	0

(2)2020年12月31日。

借:债权投资——应计利息　　　　　　　　　50(=1 000×5%)
　　贷:投资收益　　　　　　　　　　　　　37.87(≈1 032×3.67%)
　　　　债权投资——利息调整　　　　　　　12.13

此时的摊余成本=1 032+37.87=1 069.87(万元)

(3)2021年12月31日。

借:债权投资——应计利息　　　　　　　　　50
　　贷:投资收益　　　　　　　　　　　　　39.26(≈1 069.87×3.67%)
　　　　债权投资——利息调整　　　　　　　10.74

此时的摊余成本=1 069.87+39.26=1 109.13(万元)

(4)2022年12月31日。

借:债权投资——应计利息　　　　　　　　　50
　　贷:投资收益　　　　　　　　　　　　　40.87
　　　　债权投资——利息调整　　　　　　　9.13(=32-12.13-10.74)

此时的摊余成本=1109.13+40.87=1150(万元)

借:银行存款　　　　　　　　　　　　　　　1150
　　贷:债权投资——成本　　　　　　　　　1 000
　　　　　　　　——应计利息　　　　　　　150

此时的摊余成本=1 150-1 150=0(万元)

情形2:债券发行价格为97元/张时,以下分录金额单位为"万元"。

(1)2020年1月1日购入债券时

借:债权投资——成本　　　　　　　　　　　1 000(=100×10)
　　贷:银行存款　　　　　　　　　　　　　972
　　　　债权投资——利息调整　　　　　　　28

$972=1\,000×(1+5\%×3)÷(1+i)^3$

计算得到,实际利率$i=5.77\%$

年份	期初摊余成本(a)	实际利息收入(b)	现金流入(c)	期末摊余成本(d=a+b-c)
2020	972	56.08	0	1 028.08
2021	1 028.08	59.32	0	1 087.40
2022	1 087.40	62.60	1 150	0

(2)2020年12月31日。

借:债权投资——应计利息　　　　　　　　50(＝1000×5%)
　　　　　　——利息调整　　　　　　　　6.08
　　贷:投资收益　　　　　　　　　　　　56.08(≈972×5.77%)

此时的摊余成本＝972＋56.08＝1 028.08(万元)

(3)2021年12月31日。

借:债权投资——应计利息　　　　　　　　50
　　　　　　——利息调整　　　　　　　　9.32
　　贷:投资收益　　　　　　　　　　　　59.32(≈1 028.08×5.77%)

此时的摊余成本＝1 028.08＋59.32＝1 087.40(万元)

(4)2022年12月31日。

借:债权投资——应计利息　　　　　　　　50
　　　　　　——利息调整　　　　　　　　12.60(＝28－6.08－9.32)
　　贷:投资收益　　　　　　　　　　　　62.60

此时的摊余成本＝1 087.40＋62.60＝1 150(万元)

借:银行存款　　　　　　　　　　　　　　1 150
　　贷:债权投资——成本　　　　　　　　1 000
　　　　　　　——应计利息　　　　　　　150

此时的摊余成本＝1 150－1 150＝0(万元)

第二节　以公允价值计量且其变动计入其他综合收益的金融资产

一、概述

金融资产同时符合下列条件的(模式2),应当分类为以公允价值计量且其变动计入其他综合收益的金融资产:

企业管理该金融资产的业务模式既以收取合同现金流量为目标,又以出售该金融资产为目标;

该金融资产的合同条款规定,在特定日期产生的现金流量,仅为对本金和以未偿付本金金额为基础的利息的支付。

企业应当设置"其他债权投资"科目核算分类为以公允价值计量且其变动计入其他综合收益的金融资产。

在初始确认时,企业可以将非交易性权益工具投资指定为以公允价值计量且其变动计入其他综合收益的金融资产,并按照准则规定确认股利收入。该指定一经作出,不得撤销。企业投资其他上市公司股票或非上市公司股权的,都可能属于这种情形。

对于此类金融资产应当设置"其他权益工具投资"科目核算。

(一)投资于股票(非交易性权益工具投资)

为了反映其他权益工具投资的取得、处置、公允价值变动等情况,企业应当设置"其他权益工具投资"科目,并设置"成本"和"公允价值变动"明细科目。

1. 初始计量

企业取得的股权如果划分为其他权益工具投资,应按该股权的公允价值和相关交易费用之和作为初始投资成本,借记"其他权益工具投资——成本"科目,贷记"银行存款"等科目。如果支付的价款中包含了已宣告但尚未发放的现金股利,应确认为应收项目,借记"应收股利"科目。

2. 股利收益

企业将股权投资划分为其他权益工具投资,对于收到的属于取得该股权支付价款中包含的已宣告发放的现金股利,应视为该债权的收回,借记"银行存款"等科目,贷记"应收股利"科目;在该股权持有期间被投资单位宣告发放的现金股利,应将其确认为投资收益,宣告日,应借记"应收股利"科目,贷记"投资收益"科目;收到现金股利时,应借记"银行存款"等科目,贷记"应收股利"科目。

3. 期末计价

资产负债表日,其他权益工具投资应当按照公允价值计量。按照我国企业会计准则的规定,其他权益工具投资的公允价值与账面价值的差额,即公允价值的变动,不得计入当期损益,而应作为所有者权益变动,计入其他综合收益,借记或贷记"其他权益工具投资——公允价值变动"科目,贷记或借记"其他综合收益"科目。

4. 处置

指定为以公允价值计量且其变动计入其他综合收益的非交易性权益工具投资,除了获得的股利(明确代表投资成本部分收回的股利除外)计入当期损益,其他相关的利得和损失(包括汇兑损益)均应当计入其他综合收益,且后续不得转入当期损益。当其终止确认时,之前计入其他综合收益的累计利得或损失应当从其他综合收益中转出,计入留存收益。

(二)投资于债券

为了反映其他债权投资的取得、处置、公允价值变动等情况,企业应当设置"其他债权投资"科目,并设置"成本""利息调整""应计利息""公允价值变动"明细科目。

1. 初始计量

企业取得的债券,如果划分为其他债权投资,应按该债券的公允价值和相关交易费用之和作为该金融资产的入账价值,分别借记"其他债权投资——成本""其他债权投资——应计利息""应收利息"科目,借记或贷记"其他债权投资——利息调整"科目;根据实际支付的价款,贷记"银行存款"等科目。

2. 收益确认

企业将债权投资划分为其他债权投资,应按照债券的摊余成本和初始确认的实际利率确定投资收益,根据应收的票面利息,借记"其他债权投资——应计利息"或"应收利息"等科目;根据以实际利率计算的实际利息收入,贷记"投资收益"科目;根据两者的差额,借记或贷记"其他债权投资——利息调整"科目。

3. 期末计量

资产负债表日,其他债权投资应当按照公允价值计量。按照我国企业会计准则的规定,其他债权投资公允价值与账面价值的差额,即公允价值的变动,不得计入当期损益,而应作为所有者权益变动,计入其他综合收益,借记或贷记"其他债权投资——公允价值变动"科目,贷记或借记"其他综合收益——其他债权投资公允价值变动"科目。

4. 处置

企业出售其他债权投资,应终止确认该金融资产,将实际收到的金额与其账面价值的差额确认为投资收益,同时,将原累计计入其他综合收益的公允价值变动转为投资收益。企业应根据实际收到的出售价款,借记"银行存款"等科目;根据其账面价值,贷记"其他债权投资"科目;根据其差额,贷记或借记"投资收益"科目;同时,根据累计公允价值变动原计入其他综合收益的金额,借记或贷记"其他综合收益——其他债权投资公允价值变动"科目,贷记或借记"投资收益"科目。

二、以公允价值计量且其变动计入其他综合收益的金融资产会计处理实例

(一)投资于股票(非交易性权益工具投资)

例 7-6

2020 年 5 月 6 日,华美股份有限公司支付价款 1 016 万元(含交易费用 1 万元和已宣告发放现金股利 15 万元),购入乙公司发行的股票 200 万股,占乙公司有表决权股份的 0.5%。华美股份有限公司将其指定为以公允价值计量且其变动计入其他综合收益的非交易性权益工具投资。

2020 年 5 月 10 日,华美股份有限公司收到乙公司发放的现金股利 15 万元。

2020 年 6 月 30 日,该股票市价为每股 5.2 元。

2020 年 12 月 31 日,华美股份有限公司仍持有该股票;当日,该股票市价为每股 5 元。

2021 年 5 月 9 日,乙公司宣告发放股利 4 000 万元。

2021 年 5 月 13 日,华美股份有限公司收到乙公司发放的现金股利。

2021 年 5 月 20 日,华美股份有限公司由于特殊原因,以每股 4.9 元的价格将股票全部转让。

假定不考虑其他因素。

假设华美股份有限公司盈余公积计提比例为 10%。

华美股份有限公司的账务处理如下(金额单位:元)。

(1)2020 年 5 月 6 日,购入股票。

借:其他权益工具投资——成本　　　　　　10 010 000

应收股利	150 000
贷：银行存款	10 160 000

股票单位成本＝10 010 000÷2 000 000＝5.005(元/股)

(2)2020年5月10日，收到现金股利。

借：银行存款	150 000
贷：应收股利	150 000

(3)2020年6月30日，确认股票价格变动。

借：其他权益工具投资——公允价值变动	390 000[＝(5.2－5.005)×2 000 000]
贷：其他综合收益	390 000

(4)2020年12月31日，确认股票价格变动。

借：其他综合收益	400 000(＝(5.2－5)×2 000 000)
贷：其他权益工具投资——公允价值变动	400 000

(5)2021年5月9日，确认应收现金股利。

借：应收股利	200 000[＝400 000×0.5%]
贷：投资收益	200 000

(6)2021年5月13日，收到现金股利。

借：银行存款	200 000
贷：应收股利	200 000

(7)2021年5月20日，出售股票。

借：银行存款	9 800 000(＝4.9×2 000 000)
其他权益工具投资——公允价值变动	10 000
盈余公积	20 000(＝200 000×10%)
利润分配——未分配利润	180 000[＝200 000×(1－10%)]
贷：其他权益工具投资——成本	10 010 000
借：盈余公积	1 000(＝10 000×10%)
利润分配——未分配利润	9 000[＝10 000×(1－10%)]
贷：其他综合收益	10 000

(二)投资于债券

例 7-7

分次付息到期还本＋无手续费

2020年1月1日，华美股份有限公司购入10万张乙公司当日发行的3年期分期付息(于次年初支付上年度利息)、到期还本债券，债券面值为100元/张，发行价格为103元/张，票面年利率为5%。华美股份有限公司根据管理该债券的业务模式和该债券的合同现金流量特征，将该债券划分为以公允价值计量且变动计入其他综合收益的金融资产。

2020年12月31日,该债券的市价为104元/张。
2021年12月31日,该债券的市价为102元/张。
2022年3月5日,华美股份有限公司将上述债券按101元/张的价格全部出售。
华美股份有限公司债券持有期间的会计分录如下,金额以"万元"为单位。
(1)2020年1月1日购入债券时。

借:其他债权投资——成本　　　　　　　　　　1 000(＝100×10)
　　　　　　　　——利息调整　　　　　　　　30
　贷:银行存款　　　　　　　　　　　　　　　1 030

1 030＝1 000×(P/F,i,3)＋1 000×5%×(P/A,i,3)

插值法计算得到,实际利率i＝3.92%

年份	期初摊余成本(a)	实际利息收入(b)	现金流入(c)	期末摊余成本(d＝a＋b－c)
2020	1 030	40.38	50	1 020.38
2021	1 020.38	40	50	1 010.38
2022	1 010.38	39.62	1 050	0

(2)2020年12月31日。

①确认利息收入、摊销利息调整。

借:应收利息　　　　　　　　　　　　　　　　50(＝1 000×5%)
　贷:投资收益　　　　　　　　　　　　　　　40.38(≈1 030×3.92%)
　　　其他债权投资——利息调整　　　　　　　9.62

此时的摊余成本＝130＋40.38－50＝1 020.38(万元)

实际收到利息时的分录省略,以下同。

②判断当期涨跌。

借:其他债权投资——公允价值变动　　　　　　19.62(＝104×10－1 020.38)
　贷:其他综合收益　　　　　　　　　　　　　19.62

此时的摊余成本不变,还是1 020.38(万元)

(3)2021年12月31日。

①确认利息收入、摊销利息调整。

借:应收利息　　　　　　　　　　　　　　　　50
　贷:投资收益　　　　　　　　　　　　　　　40(≈1 020.38×3.92%)
　　　其他债权投资——利息调整　　　　　　　10

此时的摊余成本＝1 020.38＋40－50＝1 010.38(万元)

②判断当期涨跌。

借:其他综合收益　　　　　　　　　　　　　　10(＝102×10－1 010.38－19.62)
　贷:其他债权投资——公允价值变动　　　　　10

此时的摊余成本不变,还是1 010.38(万元)

(4)2022年3月5日。

借:银行存款	1 010(=101×10)	
投资收益	10	
贷:其他债权投资——成本		1 000
——利息调整		10.38(=30−9.62−10)
——公允价值变动		9.62(=19.62−10)
借:其他综合收益	9.62	
贷:投资收益		9.62

例 7-8

到期一次还本付息＋无手续费

2020 年 1 月 1 日,华美股份有限公司购入 10 万张乙公司当日发行的 3 年期平时不付息到期一次还本付息债券,债券面值为 100 元/张,发行价格为 103 元/张,票面年利率为 5%。华美股份有限公司根据其管理该债券的业务模式和该债券的合同现金流量特征,将该债券划分为以公允价值计量且其变动计入其他综合收益的金融资产。

2020 年 12 月 31 日,该债券的市价为 109 元/张。

2021 年 12 月 31 日,该债券的市价为 112 元/张。

2022 年 3 月 5 日,华美股份有限公司将上述债券按 113 元/张全部出售。

华美股份有限公司债券持有期间的会计分录如下,金额以"万元"为单位。

(1)2020 年 1 月 1 日购入债券时。

借:其他债权投资——成本	1 000(=100×10)	
——利息调整	30	
贷:银行存款		1 030

$1\,030 = 1\,000 \times (1 + 5\% \times 3) \div (1+i)^3$

计算得到,实际利率 $i = 3.74\%$

年份	期初摊余成本(a)	实际利息收入(b)	现金流入(c)	期末摊余成本(d=a+b−c)
2020	1 030	38.52	0	1 068.52
2021	1 068.52	39.96	0	1 108.48
2022	1 108.48	41.52	1 150	0

(2)2020 年 12 月 31 日。

①确认利息收入、摊销利息调整。

借:其他债权投资——应计利息	50(=1 000×5%)	
贷:投资收益		38.52(≈1 030×3.74%)
其他债权投资——利息调整		11.48

此时的摊余成本 = 1 030 + 38.52 = 1 068.52(万元)

②判断当期涨跌

借:其他债权投资——公允价值变动	21.48(=109×10−1 068.52)	

贷：其他综合收益 21.48

此时的摊余成本不变，还是1 068.52(万元)。

(3)2021年12月31日。

①确认利息收入、摊销利息调整。

借：其他债权投资——应计利息 50
 贷：投资收益 39.96(≈1 068.52×3.74%)
  其他债权投资——利息调整 10.04

此时的摊余成本=1 068.52+39.96=1 108.48(万元)

②判断当期涨跌。

借：其他综合收益 9.96(=112×10-1 108.48-21.48)
 贷：其他债权投资——公允价值变动 9.96

此时的摊余成本不变，还是1 108.48(万元)。

(4)2022年3月5日。

借：银行存款 1 130(=113×10)
 贷：其他债权投资——成本 1 000
  ——应计利息 100(=50×2)
  ——利息调整 8.48(=30-11.48-10.04)
  ——公允价值变动 11.52(=21.48-9.96)
  投资收益 10
借：其他综合收益 11.52
 贷：投资收益 11.52

第三节 应收和预付款项

一、应收账款

(一)概述

应收账款是指企业因销售商品、产品或提供劳务等经营活动，应向购货单位或接受劳务单位收取的款项，主要包括应向有关债务人收取的货物价款、增值税及代购货单位垫付的运杂费、包装费等。

在现实经济生活中，企业为了促销或尽快收回货款，往往会实行折扣的办法。因此，在确认应收账款的入账价值时，还要考虑折扣因素。

1. 商业折扣

商业折扣是指企业为促进商品销售而在商品标价上给予的价格扣除。例如，企业为鼓励客户多买商品，可能规定购买10件以上商品给予客户10%的折扣，或客户每买10件送1件等。此外，企业为了尽快出售一些残次、陈旧的商品,也可能降价(即打折)出售。商业折扣作为企业的一种促销手段,有利于扩大销路。

商业折扣在销售时即已发生,并不构成最终成交价格的一部分。因此,涉及商业折扣的,应当按照扣除商业折扣后的金额确定销售商品收入金额和应收账款金额。

2. 现金折扣

现金折扣是指债权人为鼓励债务人在规定的期限内付款而向债务人提供的债务折扣。现金折扣一般用符号"折扣率/付款期"表示,例如,"2/10,1/20,n/30"表示:销货方允许客户最长的付款期限为30天,如果客户在10天内付款,销货方可给予客户2%的折扣;如果客户在20天内付款,销货方可给予客户1%的折扣;如果客户在21天至30天内付款,将不能享受现金折扣。

现金折扣发生在企业销售商品之后,现金折扣是否发生以及发生多少要视买方的付款情况而定,企业在确认销售商品收入时不能确定现金折扣金额。因此,企业销售商品涉及现金折扣的,应当按照未扣除现金折扣前的金额确定应收账款金额。现金折扣实际上是企业为了尽快回笼资金而发生的理财费用,应在实际发生时计入当期财务费用。

在计算现金折扣时,还应注意销售方是按不包含增值税的价款提供现金折扣,还是按包含增值税的价款提供现金折扣,两种情况下购买方享有的折扣金额不同。

3. 销售折让

销售折让是指由于商品的质量、规格等不符合要求,销售单位同意在商品价格上给予的减让。在核算时,销售折让不具备费用的属性,因此,应当作为收入的抵减数处理。

(二)会计处理

为了反映应收账款的增减变动及其结存情况,企业应设置"应收账款"科目,不单独设置"预收账款"科目的企业,预收的账款也在"应收账款"科目核算。"应收账款"科目的借方登记应收账款的增加,贷方登记应收账款的收回及确认的坏账损失,期末余额一般在借方,反映企业尚未收回的应收账款;如果期末余额在贷方,则反映企业预收的账款。该账户应按不同购货单位或接受劳务的单位设置账户进行明细核算,以便及时向债务人催收账款。

例 7-9

华美股份有限公司赊销给乙公司商品一批,货款总计50 000元,适用的增值税税率为13%,代垫运杂费1 000元(假设不作为计税基数)。该公司编制会计分录如下。

借:应收账款——乙公司　　　　　　　　　　　57 500
　　贷:主营业务收入　　　　　　　　　　　　　50 000
　　　　应交税费——应交增值税(销项税额)　　　6 500
　　　　银行存款　　　　　　　　　　　　　　　1 000
实际收到货款时。
借:银行存款　　　　　　　　　　　　　　　　57 500
　　贷:应收账款——乙公司　　　　　　　　　　57 500

例 7-10

华美股份有限公司赊销商品一批,按价目表的价格计算,货款金额总计 10 000 元,给买方的商业折扣为 10%,适用的增值税税率为 13%,代垫运杂费为 500 元(假设不作为计税基数)。该公司编制会计分录如下。

借:应收账款　　　　　　　　　　　　　　　10 670
　　贷:主营业务收入　　　　　　　　　　　　9 000[=10 000×(1-10%)]
　　　　应交税费——应交增值税(销项税额)　1 170
　　　　银行存款　　　　　　　　　　　　　　500

实际收到货款时。
借:银行存款　　　　　　　　　　　　　　　10 670
　　贷:应收账款　　　　　　　　　　　　　　10 670

例 7-11

华美股份有限公司赊销商品一批,合同规定的客户付款期为企业交付货物后 30 天内,付款条件为 2/20、N/30,适用的增值税税率为 13%。按含增值税的价款计算现金折扣。当日开出增值税专用发票,发票上注明的不含税价款为 50 000 元,增值税额为 6 500 元,价税合计为 56 500 元。公司依客户以往付款情况的经验及客户现实经营状况,估计客户很可能在 20 天内结清全部款项,并且很有可能获得 1 130(=56 500×2%)元的现金折扣。该公司编制会计分录如下。

借:应收账款　　　　　　　　　　　　　　　56 500
　　贷:主营业务收入　　　　　　　　　　　　50 000
　　　　应交税费——应交增值税(销项税额)　6 500

客户于 20 天内付款时。
借:银行存款　　　　　　　　　　　　　　　55 370
　　财务费用　　　　　　　　　　　　　　　1 130
　　贷:应收账款　　　　　　　　　　　　　　56 500

二、应收票据

(一)概述

应收票据是指企业因销售商品、提供劳务等而收到的尚未到期兑付的商业汇票。

商业汇票是一种由出票人签发的,委托付款人在指定日期无条件支付确定金额给收款人或者持票人的票据。商业汇票根据承兑人的不同,可分为商业承兑汇票和银行承兑汇票。商业汇票按是否计息可分为不带息商业汇票和带息商业汇票。

(二)确认和计价

为了反映和监督应收票据取得、票据收回等经济业务,企业应当设置"应收票据"科目,借方登记取得的应收票据的面值,贷方登记到期收回票款或到期前向银行贴现的应收票据的票面余额,期末余额在借方。

企业将持有的应收票据背书转让,如为带息应收票据,既可以先将未计提的票据利息借记"应收票据"科目,贷记"财务费用"科目,再把应收票据金额作为转让金额,也可以将应提未提利息作为转让应收票据价值的一部分直接计入接受资产价值的构成。

例 7-12

华美股份有限公司 2020 年 10 月 1 日销售一批产品给乙公司,货已发出,发票上注明的销售收入为 100 000 元,增值税税额为 13 000 元。收到乙公司交来的商业承兑汇票一张,期限为 6 个月,票面利率为 10%。华美股份有限公司有关账务处理如下。

(1)收到票据时。

借:应收票据　　　　　　　　　　　　　　113 000
　　贷:主营业务收入　　　　　　　　　　　　　　100 000
　　　　应交税费——应交增值税(销项税额)　　13 000

(2)年度终了(2020 年 12 月 31 日),计提票据利息。

借:应收票据　　　　　　　　　　　　　　2 825(=113 000×10%×3÷12)
　　贷:财务费用　　　　　　　　　　　　　　2 825

(3)若该商业承兑汇票到期时,付款人账户资金充足。

借:银行存款　　　　　　　　　　　　　　118 650
　　贷:应收票据　　　　　　　　　　　　　　115 825(=113 000+2 825)
　　　　财务费用　　　　　　　　　　　　　　2 825

(4)若该商业承兑汇票到期时,付款人账户资金不足,由银行退票。

借:应收账款　　　　　　　　　　　　　　115 825
　　贷:应收票据　　　　　　　　　　　　　　115 825

注:尚未计提的利息在实际收到时计入当期损益。

三、其他应收款

(一)概述

其他应收款是指除应收票据、应收账款、预付账款以外的其他各种应收及暂付款项。其主要内容包括:

应收的各种赔款、罚款,如企业财产等遭受意外损失而应向有关保险公司收取的赔款等;

应收的出租包装物租金;

应向职工收取的各种垫付款,如为职工垫付的水电费,应由职工负担的医药费、房租费等;

存出保证金,如租入包装物支付的押金;

其他各种应收、暂付款项。

(二)会计处理

为了反映其他应收款的增减变动及其结存情况,企业应设置"其他应收款"科目对其进行核算。"其他应收款"科目的借方登记其他应收款的增加,贷方登记其他应收款的收回,期末余额一般在借方,反映企业尚未收回的其他应收款项。在"其他应收款"科目下,应按不同债务人设置明细科目,进行明细核算。

例 7-13

华美股份有限公司租入包装物一批,以银行存款支付包装物押金 3 000 元。该公司编制会计分录如下。

(1)租入包装物支付包装物押金时。

借:其他应收款——存出保证金　　　　3 000
　　贷:银行存款　　　　　　　　　　　　3 000

(2)企业归还租入包装物,收到出租方退还的押金时。

借:银行存款　　　　　　　　　　　　3 000
　　贷:其他应收款——存出保证金　　　　3 000

例 7-14

华美股份有限公司以银行存款代职工张三垫付应由其个人负担的医药费 2 400 元,拟从其下月工资中扣回。该公司编制会计分录如下。

(1)垫付医药费时。

借:其他应收款——张三　　　　　　2 400
　　贷:银行存款　　　　　　　　　　　　2 400

(2)从下月工资中扣款时。

借:应付职工薪酬　　　　　　　　　　2 400
　　贷:其他应收款——张三　　　　　　　2 400

企业应定期或至少于年度终了时,对其他应收款进行检查,预计其可能发生的损失,并计提坏账准备。对于不能收回的其他应收款应查明原因,追究责任。对确实无法收回的,按照企业的管理权限,经股东大会或董事会,或经理(厂长)会议或类似机构批准作为坏账损失,冲减提取的坏账准备。

四、预付账款

(一)概述

预付账款不属于金融资产。预付账款是指企业按照合同规定预付的款项。预付账款是企业暂时被供应单位占有的资金。企业预付货款后,有权要求供货方按照购货合同规定发货。预付账款必须以购销双方签定的购货合同为条件,按照规定的程序和方法进行核算。

(二)会计处理

企业为了反映和监督预付账款的增减变动及其结存情况,应设置"预付账款"科目,借方登记预付的款项和补付的款项,贷方登记收到所购物资时按发票账单金额冲销的预付账款数及退回的多付款项,期末余额一般在借方,反映企业实际预付的款项;若为贷方余额,则表示尚未补付的款项,在"预付账款"科目下,应按供货单位设置明细科目进行明细核算。

在实际工作中,预付款项情况不多的企业,可以不设置"预付账款"科目,而直接通过"应付账款"科目核算。但在编制"资产负债表"时,应当将"预付账款"和"应付账款"项目的金额分别反映。

例 7-15

华美股份有限公司向乙公司采购材料 5 000 吨,单价 50 元,所需支付的款项总额 250 000 元。按照合同规定,华美股份有限公司向乙公司预付货款的 40%,验收货物后补付其余款项。华美股份有限公司编制会计分录如下。

(1)预付 40% 的货款时。

借:预付账款——乙公司　　　　　　　　100 000
　　贷:银行存款　　　　　　　　　　　　　　100 000

(2)收到乙公司发来的 5 000 吨材料,验收无误,增值税专用发票记载的货款为 250 000 元,增值税额为 32 500 元。

借:原材料　　　　　　　　　　　　　　250 000
　　应交税费——应交增值税(进项税额)　　32 500
　　贷:预付账款——乙公司　　　　　　　　282 500

(3)以银行存款补付所欠款项 182 500 元时。

借:预付账款——乙公司　　　　　　　　182 500
　　贷:银行存款　　　　　　　　　　　　　　182 500

预付账款属于企业的一项短期债权,如果有确凿证据表明企业的预付账款已不符合预付账款的性质,或者因供货单位破产、撤销等原因已无望再收到所购货物的,应按照规定确认其资产的减值损失,计提坏账准备。

第四节 以公允价值计量且其变动计入当期损益的金融资产

一、概述

以公允价值计量且其变动计入当期损益的金融资产,主要是按照企业会计准则的规定,除以摊余成本计量的金融资产和以公允价值计量且其变动计入其他综合收益的金融资产以外的金融资产,主要包括以交易为目的的债券、股票、基金和权证等。

指定以公允价值计量且其变动计入当期损益的金融资产包括:

企业在非同一控制下的企业合并中确认的或有对价构成金融资产的,该金融资产应分类为以公允价值计量且其变动计入当期损益的金融资产;

在初始确认时,如果能够消除或显著减少会计错配,企业可以将金融资产指定为以公允价值计量且其变动计入当期损益的金融资产;该指定一经作出,不得撤销。

形成以公允价值计量且其变动计入当期损益的金融资产的方式主要有两种:一是购入;二是重分类,即将一项以摊余成本计量的金融资产或以公允价值计量且其变动计入其他综合收益的金融资产重分类为以公允价值计量且其变动计入当期损益的金融资产。本部分仅就购入方式的会计处理进行说明。

为核算以公允价值计量且其变动计入当期损益的金融资产,企业应设置"交易性金融资产"和"公允价值变动损益"账户,其中"交易性金融资产"下设"成本"和"公允价值变动"两个明细账户:"成本"明细账户用来核算以公允价值计量且其变动计入当期损益的金融资产的初始确认金额;"公允价值变动"明细账户用来核算以公允价值计量且其变动计入当期损益的金融资产在持有期间的公允价值变动金额。"公允价值变动损益"用来核算以公允价值计量且其变动计入当期损益的金融资产等在持有期间的公允价值变动产生的损益。

(一)初始计量

企业会计准则要求,企业初始确认金融资产,应当按照公允价值计量。企业取得交易性金融资产,按其公允价值,借记"交易性金融资产——成本",按发生的交易费用,借记"投资收益"科目,按实际支付的价款中所包含的已到付息期但尚未领取的利息或已宣告但尚未发放的现金股利,借记"应收利息"或"应收股利"科目,按实际支付的金额,贷记"银行存款"等科目。

(二)持有收益的确认

交易性金融资产在持有期间被投资单位宣告发放的现金股利,或在资产负债表日按分期付息、一次还本债券的票面利率计算的利息,借记"应收股利"或"应收利息"科目,贷记"投资收益"科目。

(三)期末计量

资产负债表日,交易性金融资产应按公允价值计量,公允价值与账面余额之间的差额通过"公允价值变动损益"科目核算,计入当期损益。期末公允价值高于其账面余额的差额,借记"交易性金融资产——公允价值变动",贷记"公允价值变动损益"科目;公允价值低于其账面余额的差额做相反的会计分录。

(四)处置

企业出售交易性金融资产时,应按实际收到的金额,借记"银行存款"等科目,按该金融资产的账面余额,贷记"交易性金融资产",按其差额,贷记或借记"投资收益"科目。

二、以公允价值计量且其变动计入当期损益的金融资产

(一)债券投资

例 7-16

2020年1月1日,华美股份有限公司从二级市场购入甲公司债券,支付价款合计1 020 000元(含已到付息期但尚未领取的利息20 000元),另发生交易费用20 000元。该债券面值1 000 000元,剩余期限为2年,票面年利率为4%,每半年付息一次。华美股份有限公司根据其管理该债券的业务模式和该债券的合同现金流量特征,将该债券分类为以公允价值计量且其变动计入当期损益的金融资产。其他资料如下。

(1)2020年1月5日,收到甲公司债券2019年下半年利息20 000元。

(2)2020年6月30日,甲公司债券的公允价值为1 150 000元(不含利息)。

(3)2020年7月5日,收到甲公司债券2020年上半年利息。

(4)2020年12月31日,甲公司债券的公允价值为1 100 000元(不含利息)。

(5)2021年1月5日,收到甲公司债券2020年下半年利息。

(6)2021年3月31日,通过二级市场出售甲公司债券,取得价款1 180 000元(含1季度利息10 000元)。

假定不考虑其他因素,华美股份有限公司的账务处理如下(金额单位:元)。

(1)2020年1月1日,从二级市场购入甲公司债券。

借:交易性金融资产——成本　　　　　　　　1 000 000
　　应收利息　　　　　　　　　　　　　　　　　20 000
　　投资收益　　　　　　　　　　　　　　　　　20 000
　　贷:银行存款　　　　　　　　　　　　　　　1 040 000

(2)2020年1月5日,收到该债券2019年下半年利息20 000元。

借:银行存款　　　　　　　　　　　　　　　　20 000
　　贷:应收利息　　　　　　　　　　　　　　　20 000

(3)2020年6月30日,确认甲公司债券公允值变动和投资收益。

借:交易性金融资产——公允价值变动　　　　150 000

  贷：公允价值变动损益   150 000
  借：应收利息   20 000
    贷：投资收益   20 000

(4) 2020年7月5日，收到甲公司债券2020年上半年利息。

  借：银行存款   20 000
    贷：应收利息   20 000

(5) 2020年12月31日，确认甲公司债券公允价值变动和投资收益。

  借：公允价值动损益   50 000
    贷：交易性金融资产——公允价值变动   50 000
  借：应收利息   20 000
    贷：投资收益   20 000

(6) 2021年1月5日，收到甲公司债券2020年下半年利息。

  借：银行存款   20 000
    贷：应收利息   20 000

(7) 2021年3月31日，通过二级市场出售甲公司债券。

  借：银行存款   1 170 000
    贷：交易性金融资产——成本   1 000 000
         ——公允价值变动   100 000
      投资收益   70 000
  借：银行存款   10 000
    贷：投资收益   10 000

(二) 股票投资

例 7-17

  2020年5月13日，华美股份有限公司支付价款106万元从二级市场购入乙公司发行的股票10万股，每股价格10.60元（含已宣告尚未发放现金股利0.6元），另支付交易费用0.1万元。华美股份有限公司将持有的乙公司股票划分为为以公允价值计量且其变动计入当期损益的金融资产。

  2020年5月23日，华美股份有限公司收到乙公司发放的现金股利。

  2020年6月30日，该股票市价为每股13元。

  2020年8月15日，华美股份有限公司将持有的乙公司股票全部售出，每股售价15元。

  假定不考虑其他因素，华美股份有限公司的账务处理如下（金额单位：万元）。

(1) 2020年5月13日，购入股票。

  借：应收股利   6(=10×0.6)

交易性金融资产——成本　　　　　　　　100(＝10×10)
　　投资收益　　　　　　　　　　　　　　　0.1
　　　贷：银行存款　　　　　　　　　　　　106.1
(2)2020年5月23日,收到现金股利。
借:银行存款　　　　　　　　　　　　　　　6
　　贷:应收股利　　　　　　　　　　　　　6
(3)2020年6月30日,确认股票价格变动。
借:交易性金融资产——公允价值变动　　　　30[＝10×(13－10)]
　　贷:公允价值变动损益　　　　　　　　　30
(4)2020年8月15日,出售股票。
借:银行存款　　　　　　　　　　　　　　　150
　　贷:交易性金融资产——成本　　　　　　100
　　　　　　　　　　——公允价值变动　　　30
　　　　投资收益　　　　　　　　　　　　　20

第五节　金融资产减值与金融资产重分类

一、金融资产减值

(一)金融资产减值的范围

企业应当按照相关准则的规定,以预期信用损失为基础,对下列项目进行减值会计处理并确认损失准备：

一是以摊余成本计量的金融资产和以公允价值计量且其变动计入其他综合收益的金融资产；

二是租赁应收款；

三是合同资产。

损失准备是指针对以摊余成本计量的金融资产、租赁应收款和合同资产的预期信用损失计提的准备,以公允价值计量且其变动计入其他综合收益的金融资产的累计减值金额以及针对贷款承诺和财务担保合同的预期信用损失计提的准备。

预期信用损失是指以发生违约的风险为权重的金融工具信用损失的加权平均值。

信用损失,是指企业按照原实际利率折现的、根据合同应收的所有合同现金流量与预期收取的所有现金流量之间的差额,即全部现金短缺的现值。对于企业购买或源生的已发生信用减值的金融资产,应按照该金融资产经信用调整的实际利率折现。由于预期信用损失考虑付款的金额和时间分布,即使企业预计可以全额收款但收款时间晚于合同规定的到期期限,也会产生信用损失。

(二)应收款项减值

企业的各项应收款项,可能会因购货人拒付、破产、死亡等原因而无法收回。这类无法收回的应收款项就是坏账。企业因坏账而遭受的损失为坏账损失或减值损失。企业应当在资产负债表日对应收款项的账面价值进行评估,应收款项发生减值的,应当将减记的金额确认为减值损失,计提坏账准备。应收款项减值有两种方法,即直接转销法和备抵法。我国企业会计准则规定,应收款项减值的核算应当采用备抵法,不得采用直接转销法。

备抵法是采用一定的方法按期估计坏账损失,计入当期损益,同时建立坏账准备,待坏账实际发生时,冲销已计提的坏账准备和相应的应收款项。采用这种方法,在财务报表上列示应收款项的净额,财务报表使用者能了解企业应收款项预期可收回的金额或真实的财务情况。

企业应当设置"坏账准备"科目,核算应收款项的坏账准备计提、转销等事项。"坏账准备"科目的贷方登记当期计提的坏账准备、收回已转销的应收账款而恢复的坏账准备,借方登记实际发生的坏账损失金额和冲减的坏账准备金额,期末贷方余额反映企业已计提但尚未转销的坏账准备。

1. 计提坏账准备

企业计提坏账准备时,按照应收款项应减记的金额,借记"信用减值损失"科目,贷记"坏账准备"科目。冲减多计提的坏账准备时,借记"坏账准备"科目,贷记"信用减值损失"科目。"当期计提坏账准备"的计算方法有应收账款余额百分比法、账龄分析法、销货百分比法和个别认定法。

账龄分析是根据应收账款账龄的长短来估计坏账的方法。账龄是指顾客所欠账款的时间。账龄分析法实质上是应收账款余额百分比法的分段使用,其计算公式、要求、会计处理与应收账款余额百分比法基本相同。其计提的步骤如下:

第一步,根据应收账款明细账分析应收账款的账龄,通常按年划分账龄;

第二步,编制账龄表;

第三步,根据每一账龄段款项的收回情况估计各个账龄段的坏账计提比率;

第四步,计算各个年份段应计提的坏账准备;

第五步,根据计算结果和计提坏账准备前"坏账准备"科目的余额情况,计算应补提或冲减的坏账准备。

华美股份有限公司 2020 年末,"坏账准备"科目贷方余额为 2 000 元,账龄及提取比例如下表所示。

账龄	期末余额		
	金额	坏账准备计提比例	坏账准备
1 年以内	500 000	5‰	2 500
1—2 年	200 000	10‰	2 000
2—3 年	100 000	20‰	2 000
3—4 年	150 000	50‰	7 500
4—5 年	30 000	50‰	1 500

续表

5年以上	20 000	50‰	1 000
合计	1 000 000		16 500

根据上表计算的结果可以看出,"坏账准备"科目贷方余额应为16 500元,计提坏账准备前的余额为2 000元,需要补提14 500(=16 500-2 000)元。该公司编制会计分录如下。

借:信用减值损失　　　　　　　　　　　　　　　14 500
　贷:坏账准备　　　　　　　　　　　　　　　　　　　14 500

2. 转销坏账

企业确实无法收回的应收款项按管理权限报经批准后作为坏账转销时,应当冲减已计提的坏账准备。企业实际发生坏账损失时,借记"坏账准备"科目,贷记"应收账款"等科目。

3. 收回已确认坏账并转销应收款项

已确认并转销的应收款项以后又收回的,应当按照实际收到的金额增加坏账准备的账面余额。已确认并转销的应收款项以后又收回时,借记"应收账款"等科目,贷记"坏账准备"科目;同时;借记"银行存款"科目,贷记"应收账款"等科目。

例 7-19

华美股份有限公司自2019年起计提坏账准备,计提比例为应收款项余额的5‰。2019年末应收款项余额3 800万元;2020年发生坏账损失320万元,年末应收款项余额5 200万元;2021年收回已核销的坏账160万元,年末应收款项余额4 100万元。华美股份有限公司各年处理如下。

(1)2019年期末计提准备。

借:信用减值损失　　　　　　　　　　　　　　　190(=3 800×5‰)
　贷:坏账准备　　　　　　　　　　　　　　　　　　　190

(2)2020年发生坏账和期末计提准备。

借:坏账准备　　　　　　　　　　　　　　　　　320
　贷:应收账款　　　　　　　　　　　　　　　　　　　320

2020年末"坏账准备"应有的余额=5 200×5‰=260(万元)

已提的"坏账准备"=190-320=-130(万元)

本期"坏账准备"补提金额=260-(-130)=390(万元)

借:信用减值损失　　　　　　　　　　　　　　　390
　贷:坏账准备　　　　　　　　　　　　　　　　　　　390

(3)2021年发生坏账又收回、期末再次计提准备。

借:应收账款　　　　　　　　　　　　　　　　　160
　贷:坏账准备　　　　　　　　　　　　　　　　　　　160

借:银行存款　　　　　　　　　　　　　　　　　160

贷：应收账款　　　　　　　　　　　　　　　　　　　　　160

2021年末"坏账准备"应有的余额＝4 100×5％＝205(万元)

已提的"坏账准备"＝260＋160＝420(万元)

本期"坏账准备"补提金额＝205－420＝－215(万元)

　　借：坏账准备　　　　　　　　　　　　　　　　　　　　　215

　　　　贷：信用减值损失　　　　　　　　　　　　　　　　　　215

二、金融资产重分类

(一)金融资产重分类的原则

1. 金融资产重分类

企业改变其管理金融资产的业务模式时,应当按照规定对所有受影响的相关金融资产进行重分类。金融资产(即非衍生债权资产)可以在以摊余成本计量的金融资产、以公允价值计量且其变动计入其他综合收益的金融资产和以公允价值计量且其变动计入当期损益的金融资产之间进行重分类。

企业对金融资产进行重分类,不属于会计政策变更,应当自重分类日起采用未来适用法进行相关会计处理,不得对以前已经确认的利得、损失(包括减值损失或利得)或利息进行追溯调整。

2. 重分类日的确定

重分类日是指导致企业对金融资产进行重分类的业务模式发生变更后的首个报告期间的第一天。

例如,甲上市公司决定于2020年3月22日改变某金融资产的业务模式,则重分类日为2020年4月1日(即下一个季度会计期间的期初);乙上市公司决定于2020年10月15日改变某金融资产的业务模式,则重分类日为2021年1月1日。

企业业务模式的变更必须在重分类日之前生效。

3. 以下情形不属于业务模式变更

(1)企业持有特定金融资产的意图改变。企业即使在市场状况发生重大变化的情况下改变对特定资产的持有意图,也不属于业务模式变更。

(2)金融资产特定市场暂时性消失从而暂时影响金融资产出售。

(3)金融资产在企业具有不同业务模式的各部门之间转移。

4. 特别规定

(1)如果企业管理金融资产的业务模式没有发生变更,而金融资产的条款发生变更但未导致终止确认的,不允许重分类。

(2)如果金融资产条款发生变更导致金融资产终止确认的,不涉及重分类问题,企业应当终止确认原金融资产,同时按照变更后的条款确认一项新金融资产。

(二)以摊余成本计量的金融资产的重分类

1. 企业将一项以摊余成本计量的金融资产重分类为以公允价值计量且其变动计入当期损益的金融资产

应当按照该资产在重分类日的公允价值进行计量。原账面价值与公允价值之间的差额计入当期损益(公允价值变动损益)。

例 7-20

2020年1月1日,华美股份有限公司购入10万张乙公司当日发行的3年期分期付息(于次年初支付上年度利息)、到期还本债券,债券面值为100元/张,票面年利率为5%,债权成交价格为103元/张。华美股份有限公司根据其管理该债券的业务模式和该债券的合同现金流量特征,将该债券划分为以摊余成本计量的金融资产。

2020年12月1日,华美股份有限公司管理金融资产的业务模式发生变更,变更为以公允价值计量且其变动计入当期损益的金融资产。

假设2021年1月1日该债券的市价是104.5元/张。

华美股份有限公司相关会计分录如下(单位金额:万元)。

(1)2020年1月1日购入债券时。

借:债权投资——成本　　　　　　　　　　　1 000(=100×10)
　　　　　　——利息调整　　　　　　　　　30
　　贷:银行存款　　　　　　　　　　　　　1 030

$1\,030 = 1\,000 \times (P/F, i, 3) + 1\,000 \times 5\% \times (P/A, i, 3)$

插值法计算得到,实际利率 $i = 3.92\%$

年份	期初摊余成本(a)	实际利息收入(b)	现金流入(c)	期末摊余成本(d=a+b−c)
2020	1030	40.38	50	1020.38
2021	1020.38	40	50	1010.38
2022	1010.38	39.62	1050	0

(2)2020年12月31日。

借:应收利息　　　　　　　　　　　　　　　50(=1000×5%)
　　贷:投资收益　　　　　　　　　　　　　40.38(≈1030×3.92%)
　　　　债权投资——利息调整　　　　　　　9.62

此时的摊余成本=1 030+40.38−50=1 020.38(万元)

实际收到利息时的分录省略,以下同。

(3)2021年1月1日(重分类日)。

借:交易性金融资产　　　　　　　　　　　　1 045(=104.5×10)
　　贷:债权投资——成本　　　　　　　　　1 000

——利息调整　　　　　　　　　　　　　　20.38(=30－9.62)
公允价值变动损益　　　　　　　　　　　　24.62

2. 企业将一项以摊余成本计量的金融资产重分类为以公允价值计量且其变动计入其他综合收益的金融资产

应当按照该金融资产在重分类日的公允价值进行计量，原账面价值与公允价值之间的差额计入其他综合收益。该金融资产重分类不影响其实际利率和预期信用损失的计量。

例 7-21

2020年1月1日，华美股份有限公司购入10万张乙公司当日发行的3年期分期付息（于次年初支付上年度利息）、到期还本债券，债券面值为100元/张，票面年利率为5%，债权成交价格为103元/张。华美股份有限公司根据其管理该债券的业务模式和该债券的合同现金流量特征，将该债券划分为以摊余成本计量的金融资产。

2020年12月1日，华美股份有限公司管理金融资产的业务模式发生变更，变更为以公允价值计量且其变动计入其他综合收益的金融资产。

假设2021年1月1日该债券的市价是104.5元/张。

华美股份有限公司相关会计分录如下（单位金额：万元）。

(1) 2020年1月1日购入债券时。

借：债权投资——成本　　　　　　　　　　1 000(=100×10)
　　　　　　——利息调整　　　　　　　　30
　贷：银行存款　　　　　　　　　　　　　1 030

$1\,030 = 1\,000 \times (P/F, i, 3) + 1\,000 \times 5\% \times (P/A, i, 3)$

插值法计算得到，实际利率 $i = 3.92\%$

年份	期初摊余成本(a)	实际利息收入(b)	现金流入(c)	期末摊余成本(d=a+b-c)
2020	1 030	40.38	50	1 020.38
2021	1 020.38	40	50	1 010.38
2022	1 010.38	39.62	1 050	0

(2) 2020年12月31日。

借：应收利息　　　　　　　　　　　　　　50(=1 000×5%)
　贷：投资收益　　　　　　　　　　　　　40.38(≈1 030×3.92%)
　　　债权投资——利息调整　　　　　　　9.62

此时的摊余成本 = 1 030 + 40.38 - 50 = 1 020.38（万元）

实际收到利息时的分录省略，以下同

(3) 2021年1月1日（重分类日）

借：其他债权投资——成本　　　　　　　　1 000
　　　　　　　——利息调整　　　　　　　20.38

	——公允价值变动	24.62(=104.5×10−1 000−20.38)
贷:债权投资——成本		1 000
	——利息调整	20.38(=30−9.62)
其他综合收益		24.62

(三)以公允价值计量且其变动计入其他综合收益的金融资产的重分类

1. 企业将一项以公允价值计量且其变动计入其他综合收益的金融资产重分类为以摊余成本计量的金融资产

应当将之前计入其他综合收益的累计利得或损失转出,调整该金融资产在重分类日的公允价值,并以调整后的金额作为新的账面价值,即视同该金融资产一直以摊余成本计量。该金融资产重分类不影响其实际利率和预期信用损失的计量。

例 7-22

2020年1月1日,华美股份有限公司购入10万张乙公司当日发行的3年期分期付息(于次年初支付上年度利息)、到期还本债券,债券面值为100元/张,债券发行价格为103元/张,票面年利率为5%。华美股份有限公司根据其管理该债券的业务模式和该债券的合同现金流量特征,将该债券划分为以公允价值计量且其变动计入其他综合收益的金融资产。

2020年12月1日,华美股份有限公司管理金融资产的业务模式发生变更,变更为以摊余成本计量的金融资产。

假设2020年12月31日和2021年1月1日该债券的市价分别是104元/张和104.5元/张。

华美股份有限公司相关会计分录如下(单位金额:万元)。

(1)2020年1月1日购入债券时。

借:其他债权投资——成本	1 000(=100×10)
——利息调整	30
贷:银行存款	1 030

$1\,030 = 1\,000 \times (P/F, i, 3) + 1\,000 \times 5\% \times (P/A, i, 3)$

插值法计算得到,实际利率 $i = 3.92\%$

年份	期初摊余成本(a)	实际利息收入(b)	现金流入(c)	期末摊余成本(d=a+b−c)
2020	1 030	40.38	50	1 020.38
2021	1 020.38	40	50	1 010.38
2022	1 010.38	39.62	1 050	0

(2)2020年12月31日。

①确认利息收入、摊销利息调整。

借:应收利息	50(=1 000×5%)

贷:投资收益　　　　　　　　　　　　　　　　40.38(≈1 030×3.92％)
　　其他债权投资——利息调整　　　　　　　　9.62

此时的摊余成本＝1 030＋40.38－50＝1 020.38(万元)

实际收到利息时的分录省略,以下同。

②判断当期涨跌。

借:其他债权投资——公允价值变动　　　　　　19.62(＝104×10－1 020.38)
　贷:其他综合收益　　　　　　　　　　　　　19.62

此时的摊余成本不变,是1 020.38万元,但账面价值却是1 040万元。

(3)2021年1月1日(重分类日)。

借:债权投资——成本　　　　　　　　　　　　1 000
　　　　　　——利息调整　　　　　　　　　　20.38
　贷:其他债权投资——成本　　　　　　　　　1 000
　　　　　　　　——利息调整　　　　　　　　20.38(＝30－9.62)
借:其他综合收益　　　　　　　　　　　　　　19.62
　贷:其他债权投资——公允价值变动　　　　　19.62

2. 企业将一项以公允价值计量且其变动计入其他综合收益的金融资产重分类为以公允价值计量且其变动计入当期损益的金融资产

应当继续以公允价值计量该金融资产。同时,企业应当将之前计入其他综合收益的累计利得或损失从其他综合收益转入当期损益。

例 7-23

2020年1月1日,华美股份有限公司购入10万张乙公司当日发行的3年期分期付息(于次年初支付上年度利息)、到期还本债券,债券面值为100元/张,债券发行价格为103元/张,票面年利率为5％。华美股份有限公司根据其管理该债券的业务模式和该债券的合同现金流量特征,将该债券划分为以公允价值计量且其变动计入其他综合收益的金融资产。

2020年12月1日,华美股份有限公司管理金融资产的业务模式发生变更,变更为以公允价值计量且其变动计入当期损益的金融资产。

假设2020年12月31日和2021年1月1日该债券的市价分别是104元/张和104.5元/张。

华美股份有限公司相关会计分录如下(单位金额:万元)。

(1)2020年1月1日购入债券时。

借:其他债权投资——成本　　　　　　　　　　1 000(＝100×10)
　　　　　　　——利息调整　　　　　　　　　30
　贷:银行存款　　　　　　　　　　　　　　　1 030

$1\,030 = 1\,000 \times (P/F, i, 3) + 1\,000 \times 5\% \times (P/A, i, 3)$

插值法计算得到,实际利率$i = 3.92\%$

年份	期初摊余成本(a)	实际利息收入(b)	现金流入(c)	期末摊余成本(d=a+b−c)
2020	1 030	40.38	50	1 020.38
2021	1 020.38	40	50	1 010.38
2022	1 010.38	39.62	1 050	0

(2)2020年12月31日。

①确认利息收入、摊销利息调整

借：应收利息　　　　　　　　　　　　　　　　50(=1 000×5%)

　　贷：投资收益　　　　　　　　　　　　　　40.38(≈1 030×3.92%)

　　　　其他债权投资——利息调整　　　　　　9.62

此时的摊余成本＝1 030＋40.38－50＝1 020.38(万元)

实际收到利息时的分录省略，以下同。

②判断当期涨跌。

借：其他债权投资——公允价值变动　　　　　　19.62(=104×10－1 020.38)

　　贷：其他综合收益　　　　　　　　　　　　19.62

此时的摊余成本不变，是1 020.38万元，但账面价值是1 040万元。

(3)2021年1月1日(重分类日)

借：交易性金融资产　　　　　　　　　　　　　1 045(=104.5×10)

　　贷：其他债权投资——成本　　　　　　　　1 000

　　　　　　　　　　——利息调整　　　　　　20.38(=30－9.62)

　　　　　　　　　　——公允价值变动　　　　19.62

　　　　公允价值变动损益　　　　　　　　　　5

借：其他综合收益　　　　　　　　　　　　　　19.62

　　贷：公允价值变动损益　　　　　　　　　　19.62

(四)以公允价值计量且其变动计入当期损益的金融资产的重分类

1. 企业将一项以公允价值计量且其变动计入当期损益的金融资产重分类为以摊余成本计量的金融资产

应当以其在重分类日的公允价值作为新的账面余额。对以公允价值计量且其变动计入当期损益的金融资产进行重分类的，企业应当根据金融资产在重分类日的公允价值确定实际利率。同时，企业应当自重分类日起对该金融资产适用金融资产减值的相关规定，并将重分类日视为初始确认日。

例 7-24

2020年1月1日，华美股份有限公司购入10万张乙公司当日发行的4年期分期付息(于年末支付当年度利息)、到期还本债券，债券面值为100元/张，票面年利率为5%，债权成交价格为102元/张。华美股份有限公司根据其管理该债券的业务模式和该债券的合同现金流量特征,将该债券划分为以公允价值计量且其变动计入当期损益的金融资产。

2020年12月1日,华美股份有限公司管理金融资产的业务模式发生变更,变更为以摊余成本计量的金融资产。

假设2020年12月31日和2021年1月1日该债券的市价均为103元/张。

华美股份有限公司相关会计分录如下,单位金额为万元:

(1) 2020年1月1日购入债券时。

　　借:交易性金融资产　　　　　　　　　　　　　　1 020
　　　　贷:银行存款　　　　　　　　　　　　　　　　　1 020

(2) 2020年12月31日。

　　借:交易性金融资产　　　　　　　　　　　　　　10
　　　　贷:公允价值变动损益　　　　　　　　　　　　10

(3) 2021年1月1日(重分类日)——债券剩余3年。

　　借:债权投资——成本　　　　　　　　　　　　　1 000
　　　　　　——利息调整　　　　　　　　　　　　　30
　　　　贷:交易性金融资产　　　　　　　　　　　　　1 030

$1\,030 = 1\,000 \times (P/F,i,3) + 1\,000 \times 5\% \times (P/A,i,3)$

插值法计算得到,实际利率 $i = 3.92\%$

年份	期初摊余成本(a)	实际利息收入(b)	现金流入(c)	期末摊余成本(d=a+b−c)
2021	1 030	40.38	50	1 020.38
2022	1 020.38	40	50	1 010.38
2023	1 010.38	39.62	1 050	0

(4) 2021年12月31日。

　　借:应收利息　　　　　　　　　　　　　　　　　50 (=1 000×5%)
　　　　贷:投资收益　　　　　　　　　　　　　　　　40.38 (≈1 030×3.92%)
　　　　　　债权投资——利息调整　　　　　　　　　9.62

此时的摊余成本 = 1 030 + 40.38 − 50 = 1 020.38(万元)

实际收到利息时分录省略,以下同。

2. 企业将一项以公允价值计量且其变动计入当期损益的金融资产重分类为以公允价值计量且其变动计入其他综合收益的金融资产

应当继续以公允价值计量该金融资产。对以公允价值计量且其变动计入当期损益的金融资产进行重分类的,企业应当根据该金融资产在重分类日的公允价值确定实际利率。同时,企业应当自重分类日起对该金融资产适用金融资产减值的相关规定,并将重分类日视为初始确认日。

例 7-25

2020年1月1日,华美股份有限公司购入10万张乙公司当日发行的4年期分期付息(于年末支付当年度利息)、到期还本债券,债券面值为100元/张,票面年利率为5%,债权成交价格为102元/张。华美股份有限公司根据其管理该债券的业务模式和该债券的合同现金流量特征,将该债券划分为以公允价值计量且其变动计入当期损益的金融资产。

2020年12月1日,华美股份有限公司管理金融资产的业务模式发生变更,变更为以公允价值计量且其变动计入其他综合收益的金融资产。

假设2020年12月31日和2021年1月1日该债券的市价均为103元/张,2021年12月31日该债券的市价为104元/张。

华美股份有限公司相关会计分录如下(单位金额:万元)。

(1) 2020年1月1日购入债券时。

借:交易性金融资产　　　　　　　　　　　　1 020
　　贷:银行存款　　　　　　　　　　　　　　　　1 020

(2) 2020年12月31日。

借:交易性金融资产　　　　　　　　　　　　10
　　贷:公允价值变动损益　　　　　　　　　　　　10

(3) 2021年1月1日(重分类日)——债券剩余3年。

借:债权投资——成本　　　　　　　　　　　1 000
　　　　　　——利息调整　　　　　　　　　30
　　贷:交易性金融资产　　　　　　　　　　　　1 030

$1\,030 = 1\,000 \times (P/F, i, 3) + 1\,000 \times 5\% \times (P/A, i, 3)$

插值法计算得到,实际利率 $i = 3.92\%$

年份	期初摊余成本(a)	实际利息收入(b)	现金流入(c)	期末摊余成本(d=a+b-c)
2021	1 030	40.38	50	1 020.38
2022	1 020.38	40	50	1 010.38
2023	1 010.38	39.62	1 050	0

(4) 2021年12月31日。

① 确认利息收入,摊销利息调整。

借:应收利息　　　　　　　　　　　　　　　50 (=1 000×5%)
　　贷:投资收益　　　　　　　　　　　　　　　40.38 (≈1 030×3.92%)
　　　　其他债权投资——利息调整　　　　　　9.62

此时的摊余成本=1 030+40.38-50=1 020.38(万元)

实际收到利息时分录省略,以下同。

② 判断当期涨跌。

借:其他债权投资——公允价值变动　　　　　19.62 (=104×10-1 020.38)

贷：其他综合收益 19.62

此时的摊余成本不变，还是1 020.38万元，但是账面价值是1 040万元。

第八章　长期股权投资

第一节　长期股权投资的初始计量

一、长期股权投资的定义及核算内容

(一)长期股权投资的定义及核算范围

长期股权投资是指投资方对被投资单位实施控制、重大影响以及对其合营企业的权益性投资。企业持有的下列权益性投资,在初始确认时应当划分为长期股权投资。

1. 企业持有的能够对被投资单位实施控制的权益性投资——对子公司的投资

企业持有的能够对被投资单位实施控制的权益性投资,应当划分为长期股权投资。

控制是指投资方拥有对被投资方的权力,通过参与被投资方的相关活动而享有可变回报,并且有能力运用对被投资方的权力影响其回报金额。拥有对被投资方的权力是指投资方享有现时权利使其目前有能力主导被投资方的相关活动,而不论其是否实际行使该权利,视为投资方拥有对被投资方的权力。相关活动是指对被投资方的回报产生重大影响的活动。通常包括商品或劳务的销售和购买、金融资产的管理、资产的购买和处置、研究与开发活动以及融资活动等。投资方自被投资方取得的回报可能会随着被投资方业绩而变动的,视为享有可变回报。拥有对被投资方的权力的情形如下。

(1)投资企业直接拥有被投资单位半数以上的表决权资本,通常表明其拥有对被投资方的权力。但是,有确凿证据表明其不能主导被投资方相关活动的除外。

(2)投资方持有被投资方半数或以下的表决权,但通过与其他表决权持有人之间的协议能够控制半数以上表决权行使的,通常视为投资方拥有对被投资方的权力。但是,有确凿证据表明其不能主导被投资方相关活动的除外。投资方持有被投资方半数或以下的表决权,但综合考虑下列事实和情况后,判断投资方持有的表决权足以使其目前有能力主导被投资方相关活动的,视为投资方拥有对被投资方的权力:投资方持有的表决权相对于其他投资方持有的表决权份额的大小,以及其他投资方持有表决权的分散程度;投资方和其他投资方持有的被投资方具有实质性权利的潜在表决权,如当期可转换公司债券、当期可执行认股权证等;其他合同安排产生的权利;被投资方以往的表决权行使情况等其他相关事实和情况。

投资企业能够对被投资单位实施控制的,被投资单位为其子公司,投资企业应当将子公司纳入合并财务报表的合并范围。

2. 企业持有的能够对被投资单位实施共同控制的权益性投资——即对合营企业的投资

企业持有的能够与其他合营方一同对被投资单位实施共同控制的权益性投资，应当划分为长期股权投资。

共同控制是指按照相关约定对某项安排所共有的控制，并且该安排的相关活动必须经过分享控制权的参与方一致同意后才能决策。例如，由两个以上企业共同投资设立一个实体，投资各方持股比例相同，任何一方均不能单独控制该实体的重要财务和经营政策，而须由投资各方共同决定。

投资企业与其他方对被投资单位实施共同控制的，被投资单位为合营企业。

合营企业是指合营方仅对该安排的净资产享有权利的合营安排。共同控制的实质是通过合同约定建立起来的、合营各方对合营企业共有的控制。在判断是否存在共同控制时，应当首先判断所有参与方或参与方组合是否集体控制该安排；其次判断该安排相关活动的决策是否必须经过这些集体控制该安排的参与方一致同意。如果存在两个或两个以上的参与方组合能够集体控制某项安排的，不构成共同控制。

3. 企业持有的能够对被投资单位施加重大影响的权益性投资——即对联营企业的投资

企业持有的能够对被投资单位施加重大影响的权益性投资，应当划分为长期股权投资。

重大影响是指投资方对被投资单位的财务和经营政策有参与决策的权力，但并不能够控制或者与其他方一起共同控制这些政策的制定。在通常情况下，当投资企业直接或通过子公司间接拥有被投资单位 20% 或以上表决权资本，但未形成控制或共同控制的，可以认为对被投资单位具有重大影响，除非有确凿的证据表明投资企业不能参与被投资单位的生产经营决策的，不能对被投资单位形成重大影响。投资企业拥有被投资单位的表决权资本不足 20%，一般认为对被投资单位不具有重大影响，但符合下列情况之一的，可以认为对被投资单位具有重大影响：在被投资单位董事会或类似权力机构中派有代表；参与被投资单位的政策制定过程，包括股利分配政策等的制定；与被投资单位之间发生重要交易；向被投资单位派出管理人员；向被投资单位提供关键技术资料。

在确定能否对被投资单位施加重大影响时，还应当考虑投资企业及其他方持有的现行可执行潜在表决权在假定转换为对被投资单位的股权后产生的影响，如被投资单位发行的现行可转换的认股权证、股票期权及可转换公司债券等的影响。如果这些潜在表决权在转换为对被投资单位的股权后，能够增加投资企业的表决权比例或是降低被投资单位其他投资者的表决权比例，从而使得投资企业能够参与被投资单位的财务和经营决策，应当认为投资企业对被投资单位具有重大影响。

投资企业能够对被投资单位施加重大影响的，被投资单位为其联营企业。

注意：企业持有的对被投资单位不具有控制、共同控制或重大影响，并且在活跃市场中没有报价、公允价值不能可靠计量的权益性投资按《企业会计准则第 22 号——金融资产的确认和计量》进行处理。

(二)长期股权投资初始计量的原则

长期股权投资在取得时,应按初始投资成本入账。长期股权投资可以通过企业合并形成,也可以通过企业合并以外的其他方式取得,在不同的取得方式下,初始投资成本的确定有所不同。因此,企业应当区分企业合并和非企业合并两种情况确定长期股权投资的初始投资成本。

企业在取得长期股权投资时,如果实际支付的价款或其他对价中包含已宣告但尚未发放的现金股利或利润,则该现金股利或利润在性质上属于暂付应收款项,应作为应收项目单独入账,不构成长期股权投资的初始投资成本。

二、企业合并形成的长期股权投资

企业合并是指将两个或者两个以上单独的企业合并形成一个报告主体的交易或事项,企业合并通常分为吸收合并、新设合并和控股合并。其中,吸收合并和新设合并均不形成投资关系,只有控股合并形成投资关系。因此,企业合并形成的长期股权投资,是指控股合并所形成的投资方(即合并后的母公司)对被投资方(即合并后的子公司)的股权投资。企业合并形成的长期股权投资,应当区分同一控制下的企业合并和非同一控制下的企业合并分别确定初始投资成本。

(一)同一控制下企业合并形成的长期股权投资

同一控制下的企业合并指参与合并的各方在合并前后均受同一方或相同的多方最终控制,且该控制并非暂时性的,其中,在合并日取得对其他参与合并企业控制权的一方为合并方,参与合并的其他企业为被合并方。对于同一控制下的企业合并,从能够对参与合并各方在合并前及合并后均实施最终控制的一方来看,最终控制方在企业合并前及合并后能够控制的资产并没有发生变化。因此,合并方通过企业合并形成的对被合并方的长期股权投资,其成本代表的是被合并方账面所有者权益中享有的份额。

1. 合并方以支付现金、转让非现金资产或承担债务方式作为合并对价

合并方以支付现金、转让非现金资产或承担债务方式作为合并对价的,应当在合并日按照取得被合并方所有者权益账面价值的份额作为长期股权投资的初始投资成本。长期股权投资的初始投资成本与支付的现金、转让的非现金资产及所承担债务账面价值之间的差额,应当调整资本公积(资本溢价或股本溢价);初始投资成本小于支付的现金、转让的非现金资产及所承担债务账面价值之间的差额,应当冲减资本公积(资本溢价或股本溢价),资本公积(资本溢价或股本溢价)的余额不足冲减的,调整留存收益,即应依次冲减盈余公积、未分配利润。

合并方为进行企业合并而发行债券或承担其他债务支付的手续费、佣金等,应当计入所发行债券及其他债务的初始确认金额;为进行企业合并而发生的各项直接相关费用,如合并方发生的审计、法律服务、评估咨询等中介费用以及其他相关管理费用,应当发生时计入当期管理费用。

具体进行会计处理时,合并方在合并日按取得被合并方所有者权益账面价值的份额,借记"长期股权投资"科目,按应享有被投资单位已宣告但尚未发放的现金股利或利润,借记"应收股利"科目,按支付的合并对价的账面价值,贷记有关资产或借记有关负债科目,按其差额,贷记"资本公积——资本溢价或股本溢价"科目;如为借方差额,应借记"资本公积——资本溢价或股本溢价"科目,资本公积(资本溢价或股本溢价)不足冲减的,借记"盈余公积""利润分配——未分配利润"科目。

例 8-1

华美股份有限公司和 A 公司是同为甲公司所控制的两个子公司。2020 年 2 月 20 日,该企业和 A 公司达成合并协议,约定华美股份有限公司以无形资产和银行存款作为合并对价,取得 A 公司 80% 的股份。华美股份有限公司付出无形资产的账面原价为 1 800 万元,已摊销金额为 500 万元,未计提无形资产减值准备;付出银行存款的金额为 2 500 万元。2020 年 3 月 1 日,华美股份有限公司实际取得对 A 公司的控制权,当日,A 公司所有者权益账面价值总额为 4 500 万元,华美股份有限公司"资本公积——股本溢价"科目余额为 140 万元。在与 A 公司的合并中,华美股份有限公司以银行存款支付审计费用、评估费用、法律费用等共计 10 万元。

在上例中,华美股份有限公司和 A 公司在合并前后均受甲公司控制,通过合并,华美股份有限公司取得了对 A 公司的控制权。因此,该合并为同一控制下的控股合并,华美股份有限公司为合并方,A 公司为被合并方,甲公司为能够对参与合并各方在合并前及合并后均实施最终控制的一方,合并日为 2020 年 3 月 1 日。华美公司在合并日的会计处理如下。

(1) 确认取得的长期股权投资。

初始投资成本 = 4 500 × 80% = 3 600(万元)

借:长期股权投资	36 000 000
资本公积——股本溢价	1 500 000
盈余公积	500 000
累计摊销	5 000 000
贷:无形资产	18 000 000
银行存款	25 000 000

(2) 支付直接相关费用。

借:管理费用	100 000
贷:银行存款	100 000

2. 合并方以发行权益性证券作为合并对价

合并方以发行权益性证券作为合并对价的,应按发行权益性证券的面值总额作为股本,长期股权投资初始投资成本与所发行权益性证券面值总额之间的差额,应当调整资本公积(资本溢价或股本溢价);初始投资成本小于发行权益性证券的面值总额的差额,应当冲减资本公积(资本溢价或股本溢价),资本公积(资本溢价或股本溢价)的余额不足冲减的,调整留存收益,即应依次冲减盈余公积、未分配利润。

合并方为进行企业合并而发行权益性证券发生的手续费、佣金等,应当抵减权益性证券的溢价发行收入;溢价发行收入不足冲减的,冲减留存收益。

具体进行会计处理时,在合并日应按取得被合并方所有者权益账面价值的份额,借记"长期股权投资"科目,按应享有被投资单位已宣告但尚未发放的现金股利或利润,借记"应收股利"科目,按发行权益性证券的面值,贷记"股本"科目,按其差额,贷记"资本公积——资本溢价或股本溢价"科目;如为借方差额,应借记"资本公积——资本溢价或股本溢价"科目,资本公积(资本溢价或股本溢价)不足冲减的,借记"盈余公积""利润分配——未分配利润"科目。

上述在按照合并日应享有被合并方账面所有者权益的份额确定长期股权投资的初始投资成本时,对于被合并方账面所有者权益,应当在考虑以下几个因素的基础上计算确定形成长期股权投资的初始投资成本。

(1)被合并方与合并方的会计政策、会计期间是否一致。如果在合并前合并方与被合并方的会计政策、会计期间不同的,应首先按照合并方的会计政策、会计期间对被合并方资产、负债的账面价值进行调整,在此基础上计算确定被合并方的账面所有者权益,并计算确定长期股权投资的初始投资成本。

(2)被合并方账面所有者权益是指被合并方的所有者权益相对于最终控制方而言的账面价值。

(3)形成同一控制下控股合并的长期股权投资,如果子公司按照改制时确定的资产、负债经评估确认的价值调整资产、负债账面价值的,合并方应当按照取得子公司经评估确认的净资产的份额作为长期股权投资的初始投资成本。

(4)如果被合并方本身编制合并财务报表的,被合并方的账面所有者权益的价值应当以合并财务报表为基础确定。

(5)如果被合并方在合并日的净资产账面价值为负数,则长期股权投资成本按零确定,同时在备查簿中予以登记。

(6)如果被合并方在被合并以前,是最终控制方通过非同一控制下的企业合并所控制的,则合并方长期股权投资的初始投资成本还应包含相关商誉金额。

例 8-2

华美股份有限公司和B公司是同为甲公司所控制的两个子公司。2020年3月20日,华美股份有限公司和B公司达成合并协议,约定华美股份有限公司以增发的权益性证券作为合并对价,取得B公司80%的股份。华美股份有限公司增发的权益性证券为每股面值为1元的普通股股票,共增发1 500万股,支付手续费及佣金等发行费用30万元。2020年3月20日,华美股份有限公司实际取得对B公司的控制权,当日B公司所有者权益账面价值总额为5 000万元。

在本例中,华美股份有限公司和B公司在合并前后均受甲公司控制,通过合并,华美股份有限公司取得了对B公司的控制权。因此,该合并为同一控制下的控制合并,华美股份有限公司为合并方,B公司为被合并方,甲公司为能够对参与合并各方在合并前及合并后均实施最终控制的一方,合并日为2020年3月20日。华美股份有限公司在合并日的会计处理如下。

(1)确认取得的长期股权投资。

初始投资成本=5 000×80%=4 000(万元)

借：长期股权投资　　　　　　　　　　　　　　　　40 000 000
　　贷：股本　　　　　　　　　　　　　　　　　　　　　15 000 000
　　　　资本公积——股本溢价　　　　　　　　　　　　25 000 000
(2)支付手续费及佣金。
借：资本公积——股本溢价　　　　　　　　　　　　　300 000
　　贷：银行存款　　　　　　　　　　　　　　　　　　　300 000

3. 企业通过多次交易分步取得同一控制下被投资单位的股权，最终形成企业合并的，应当判断多次交易是否属于"一揽子交易"

各项交易的条款、条件以及经济影响符合以下一种或多种情况的，通常应将多次交易事项作为"一揽子交易"进行会计处理：

这些交易是同时或者在考虑了彼此影响的情况下订立的；

这些交易整体才能达成一项完整的商业结果；

一项交易的发生取决于至少一项其他交易的发生；

一项交易单独看是不经济的，但是和其他交易一并考虑时是经济的。

属于"一揽子交易"的，合并方应当将各项交易作为一项取得控制权的交易进行会计处理。

不属于"一揽子交易"的，取得控制权日，应按照以下步骤进行会计处理。

(1)确定同一控制下企业合并形成的长期股权投资的初始投资成本。在合并日，根据合并后应享有被合并方净资产在最终控制方合并财务报表中的账面价值的份额，确定长期股权投资的初始投资成本。

(2)长期股权投资初始投资成本与合并对价账面价值之间的差额的处理。合并日长期股权投资的初始投资成本，与达到合并前的长期股权投资账面价值加上合并日进一步取得股份新支付对价的账面价值之和的差额，调整资本公积(资本溢价或股本溢价)，资本公积不足冲减的，冲减留存收益。

(3)合并日之前持有的股权投资，因采用权益法核算或金融工具确认和计量准则核算而确认的其他综合收益，暂不进行会计处理，直至处置该项投资时采用与被投资单位直接处置相关资产或负债相同的基础进行会计处理。

因采用权益法核算而确认的被投资单位净资产中除净损益、其他综合收益和利润分配以外的所有者权益其他变动，暂不进行会计处理，直至处置该项投资时转入当期损益。其中，处置后的剩余股权根据采用成本法或权益法核算的，其他综合收益和其他所有者权益应按比例结转，处置后的剩余股权改按金融工具确认和计量准则进行会计处理的，其他综合收益和其他所有者权益应全部结转。

需要注意的是，在按照合并日应享有被合并方所有者权益账面价值的份额确定长期股权投资的初始投资成本时，要求合并前合并方与被合并方采用的会计政策、会计期间相一致。如果合并前合并方与被合并方的会计政策、会计期间不同的，应首先按照合并方的会计政策、会计期间对被合并方资产、负债的账面价值进行调整，在此基础上计算确定被合并方的账面所有者权益，并计算确定长期股权投资的初始投资成本。

(二)非同一控制下企业合并形成的长期股权投资

参与合并的企业在合并前后不受同一方或相同的多方最终控制的,为非同一控制下的企业合并。其中,在购买日取得对其他参与合并企业控制权的一方为购买方,参与合并的其他企业为被购买方。对于非同一控制下的企业合并,购买方应将企业合并视为一项交易,合理确定合并成本,作为长期股权投资的初始投资成本。

1. 购买方以支付现金、转让非现金资产或承担债务方式作为合并对价

购买方以支付现金、转让非现金资产或承担债务方式作为合并对价的,合并成本为购买方在购买日为取得对被购买方的控制权而支付的资产、发生或承担的负债的公允价值。

购买方作为合并对价付出的资产,应当按照以公允价值处置该资产进行会计处理。其中,付出资产为固定资产、无形资产的,付出资产的公允价值与其账面价值的差额,计入资产处置损益(如果付出资产是指定为以公允价值计量且其变动计入其他综合收益的非交易性权益工具投资,则付出资产的公允价值与账面价值之差应计入留存收益);付出资产为金融资产的,付出资产的公允价值与其账面价值的差额,计入投资收益;付出资产为存货的按其公允价值确认收入,同时按其账面价值结转成本,涉及增值税的,还应进行相应的处理。此外,企业以公允价值计量且其变动计入其他综合收益的金融资产作为合并对价的,该金融资产在持有期间因公允价值变动而形成的其他综合收益应同时转出,计入当期投资收益。

购买方为进行企业合并而发行债券或承担其他债务支付的手续费、佣金等,应当计入所发行债券及其他债务的初始确认金额,不构成初始投资成本;购买方为进行企业合并而发生的各项直接相关费用,如合并方发生的审计、法律服务、评估咨询等中介费用以及其他相关管理费用,应当发生时计入当期管理费用。

具体进行会计处理时,对于非同一控制下企业合并形成的长期股权投资,应在购买日按企业合并成本(不含应自被投资单位收取的现金股利或利润),借记"长期股权投资"科目,按享有被投资单位已宣告但尚未发放的现金股利或利润,借记"应收股利"科目,按支付合并对价的账面价值,贷记有关资产或借记有关负债科目,按其差额,贷记"资产处置损益"或"投资收益"等科目,或借记"资产处置损益""投资收益"等科目。以公允价值计量且其变动计入其他综合收益的金融资产作为合并对价的,还应按持有期间公允价值变动形成的其他综合收益,借记或贷记"其他综合收益"科目,贷记或借记"投资收益"科目;按发生的直接相关费用,借记"管理费用"科目,贷记"银行存款"等科目。非同一控制下企业合并涉及以库存商品等作为合并对价的,应按库存商品的公允价值,贷记"主营业务收入"或"其他业务收入"科目,并同时结转相关的成本。

例 8-3

华美股份有限公司于 2020 年 3 月 31 日取得 B 公司 70% 的股权。为核实 B 公司的资产价值,华美股份有限公司聘请专业资产评估机构对 B 公司的资产进行评估,支付评估费用 100 万元。合并中,华美股份有限公司支付的有关资产在购买日的账面价值与公允价值如表 8-1 所示。

表8-1　2020年3月31日(单位:万元)

项　　目	账面价值	公允价值
土地使用权(自用)	6 000	9 600
专利技术	2 400	3 000
银行存款	2 400	2 400
合　计	10 800	15 000

假定合并前华美股份有限公司与B公司不存在任何关联方关系,华美股份有限公司用作合并对价的土地使用权和专利技术原价为9 600万元,至企业合并发生时已累计摊销1 200万元。

在本例中,因华美股份有限公司与B公司在合并前不存在任何关联方关系,应作为非同一控制下的企业合并处理。华美股份有限公司对于形成控股合并的对B公司的长期股权投资,应按确定的企业合并成本作为其初始投资成本。华美股份有限公司应进行如下会计处理。

借:长期股权投资　　　　　　　　　　　　　150 000 000
　　管理费用　　　　　　　　　　　　　　　　1 000 000
　　累计摊销　　　　　　　　　　　　　　　12 000 000
　　贷:无形资产　　　　　　　　　　　　　　96 000 000
　　　　银行存款　　　　　　　　　　　　　25 000 000
　　　　资产处置损益　　　　　　　　　　　42 000 000

2. 购买方以发行权益性证券作为合并对价

购买方以发行权益性证券作为合并对价的,合并成本为购买方在购买日为取得对被购买方的控制权而发行的权益性证券的公允价值。

购买方为发行权益性证券发生的手续费、佣金等费用,应当抵减权益性证券的溢价发行收入;溢价发行收入不足冲减的,冲减留存收益,不构成初始投资成本。

购买方应当在购买日,按照所发行权益性证券的公允价值(不含应自被购买方收取的现金股利或利润),借记"长期股权投资"科目,按应享有被投资单位已宣告但尚未发放的现金股利或利润,借记"应收股利"科目,按发行权益性证券的面值,贷记"股本"科目,按其差额,贷记"资本公积——资本溢价或股本溢价"科目。发行权益性证券发生的手续费、佣金等费用,应借记"资本公积——股本溢价"科目,贷记"银行存款"等科目,溢价发行收入不足冲减的,应依次借记"盈余公积"、"利润分配——未分配利润"科目。同时,按企业合并发生的各项直接相关费用,借记"管理费用"科目,贷记"银行存款"科目。

例8-4

华美股份有限公司和B公司是两个独立的法人企业,合并前不存在任何关联关系。华美股份有限公司和B公司达成合并协议,约定华美股份有限公司以发行的权益性证券作为合并对价,取得B公司80%的股权。华美股份有限公司拟增发的权益性证券为每股面值为1元的普通股股票,共增发1300万股,每股公允价值为5元;2020年3月20日,华美股份有限公司完成了权益性证券的增发,支付手续费及佣金等发行费用80万元。在与B公司的合并中,华美股份有限公司另以银行存款支付审计费、评估费用、法律费用等共计50万元。

在上例中,华美股份有限公司和B公司是两个独立的法人企业,合并前不存在任何关联关系,通过合并,华美股份有限公司取得了对B公司的控制权。因此,该合并为非同一控制下的控股合并,华美股份有限公司为购买方,B公司为被购买方,购买日为2020年3月20日。华美股份有限公司在购买日的会计处理如下。

(1)确认取得的长期股权投资。

合并成本＝1 300×5＝4 500(万元)

借:长期股权投资	45 000 000
贷:股本	13 000 000
资本公积——股本溢价	32 000 000

(2)支付手续费及佣金

借:资本公积——股本溢价	800 000
贷:银行存款	800 000

(3)支付审计费、评估费用、法律费用

借:管理费用	500 000
贷:银行存款	500 000

3. 购买方通过多次交换交易分步实现的企业合并

企业通过多次交易分步取得股权最终形成控股合并的,应当区分个别财务报表和合并财务报表进行相关会计处理。

(1)在购买方个别财务报表中,应当以购买日之前所持被购买方的股权投资的账面价值与购买日新增投资成本之和,作为该项投资的初始投资成本。具体来说,长期股权投资初始投资成本=购买日之前所持被购买方的股权投资的账面价+购买日新增投资成本,若长期股权投资原采用权益法进行核算的,初始投资成本=权益法下的账面价值+购买日为取得新股份所支付的对价的公允价值,购买日之前因权益法形成的其他综合收益或其他资本公积暂时不作处理,待到处置该项投资时将与其相关的其他综合收益或其他资本公积再按长期股权投资的规定进行处理。若原来采用公允价值计量,长期股权投资的初始投资成本=原公允价值计量的账面价值+购买日为取得新股份所支对价的公允价值,购买日之前持有的被购买方股权涉及其他综合收益的转入留存收益。

(2)在合并财务报表中,以购买日之前所持被购买方股权于购买日的公允价值与购买日支付对价的公允价值之和,作为合并成本。

例8-5

2019年1月1日,华美股份有限公司以1 050万元取得A公司20%的股权,款项以银行存款支付,A 公司 2019 年 1 月 1 日可辨认净资产公允价值总额为 5 000 万元(假定其公允价值等于账面价值),因对 A 公司具有重大影响,华美股份有限公司对该项投资采用权益法核算。华美股份有限公司每年均按 10% 提取盈余公积。

2019 年 A 公司实现净利润 800 万元,未分派现金股利。因其他债权投资公允价值变动确认其他综合收益 200 万元。

2020 年 1 月 1 日,华美股份有限公司又以 2 600 万元取得 A 公司 40% 的股权,款项以银行存款支付,当日 A 公司可辨认净资产公允价值总额为 6 000 万元,取得该部分股权后,华美股份有限公司能够对 A 公司实施控制,因此,华美股份有限公司将对 A 公司的股权投资转为成本法核算。华美股份有限公司之前所取得的 20% 股权于购买日的公允价值为 1 300 万元。

在本例中,华美股份有限公司是通过分步购买最终达到对 A 公司实施控制,因华美股份有限公司与 A 公司不存在任何关联方关系,故形成非同一控制下控股合并。在购买日,华美股份有限公司对该项股权投资的有关会计处理如下。

(1) 2019 年 1 月 1 日取得 20% 股权时。

借:长期股权投资——A 公司(投资成本)　　　　　10 500 000
　　贷:银行存款　　　　　　　　　　　　　　　　10 500 000

(2) 2019 年末。

借:长期股权投资——A 公司(损益调整)　　　　　1 600 000
　　贷:投资收益　　　　　　　　　　　　　　　　1 600 000
借:长期股权投资——A 公司(其他综合收益)　　　　400 000
　　贷:其他综合收益　　　　　　　　　　　　　　400 000

(3) 2020 年 1 月 1 日购入 40% 股权时。

原持有 A 公司 20% 账面价值 1 050+160+40=1 250(万元)
长期股权投资的初始投资成本=1 250+2 600=3 850(万元)

借:长期股权投资——A 公司　　　　　　　　　　　3 850
　　贷:银行存款　　　　　　　　　　　　　　　　2 600
　　　　长期股权投资——A 公司(投资成本)　　　　1 050
　　　　　　　　　　——A 公司(损益调整)　　　　160
　　　　　　　　　　　　A 公司(其他综合收益)　　40

三、非企业合并方式取得的长期股权投资的计量

除企业合并形成的对子公司的长期股权投资外,企业以支付现金、转让非现金资产、发行权益性证券等方式取得的对被投资单位不具有控制的长期股权投资,为非企业合并方式取得的长期股权投资。企业通过非企业合并方式取得的长期股权投资,应当根据不同的取得方式,按照实际支付的价款、转让非现金资产的公允价值、发行权益性证券的公允价值等分别确定其初始投资成本,作为入账的依据。具体应遵循以下规定。

(一)以支付现金取得的长期股权投资

企业以支付现金取得的长期股权投资,应当按照实际支付的购买价款作为长期股权投资的初始投资成本,包括购买过程中支付的手续费、税金等必要支出。但所支付价款中包含的被投资单位已宣告但尚未发放的现金股利或利润应作为应收项目核算,不构成取得长期股权投资的成本。

企业支付现金取得的长期股权投资时,按照确定的初始投资成本,借记"长期股权投资"科目,按应享有被投资单位已宣告但尚未发放的现金股利或利润,借记"应收股利"科目,按照实际支付的买价及手续费、税金等,贷记"银行存款"等科目。

例 8-6

华美股份有限公司于2020年7月1日以支付现金方式取得A上市公司25%的股权,实际支付价款2 000万元,在购买过程中另支付手续费等相关费用20万元。股权购买价款中包含A上市公司已宣告但尚未发放的现金股利30万元。华美股份有限公司将其划分为长期股权投资。

在本例中,华美股份有限公司应进行如下账务处理。

(1)购入A上市公司25%的股权。

初始投资成本=2 000+20-30=1 990(万元)

借:长期股权投资	19 900 000	
应收股利	300 000	
贷:银行存款		20 200 000

(2)收到A上市公司派发的现金股利

借:银行存款	300 000	
贷:应收股利		300 000

(二)以发行权益性证券方式取得的长期股权投资

企业以发行权益性证券方式取得的长期股权投资,其成本为所发行权益性证券的公允价值,但不包括应自被投资单位收取的已宣告但尚未发放的现金股利或利润。

为发行权益性证券支付给有关证券承销机构等的手续费、佣金等与权益性证券发行直接相关的费用,不构成取得长期股权投资的成本,应自权益性证券的溢价发行收入中扣除,权益性证券的溢价收入不足冲减的,应冲减盈余公积和未分配利润。

企业发行权益性证券取得长期股权投资时,按照确定的初始投资成本,借记"长期股权投资"科目,按应享有被投资单位已宣告但尚未发放的现金股利或利润,借记"应收股利"科目,按发行权益性证券的面值,贷记"股本"科目,按其差额,贷记"资本公积——资本溢价或股本溢价"科目。发行权益性证券发生的手续费、佣金等相关税费及其直接相关支出,应借记"资本公积——股本溢价"科目,贷记"银行存款"等科目,溢价发行收入不足冲减的,应依次借记"盈余公积""利润分配——未分配利润"科目。

例 8-7

2020年7月5日,华美股份有限公司通过增发9 000万股本公司普通股(每股面值1元)取得B公司20%的股权,该9 000万股股份的公允价值为16 500万元。为增发该部分股份,华美股份有限公司向证券承销机构等支付了500万元的佣金和手续费。假定华美股份有限公司取得该部分股权后,能够对B公司的财务和生产经营决策施加重大影响。

华美股份有限公司应当以所发行股份的公允价值作为取得长期股权投资的成本,其账务处理如下。

借:长期股权投资　　　　　　　　　　　　　　　165 000 000
　　贷:股本　　　　　　　　　　　　　　　　　　90 000 000
　　　　资本公积——股本溢价　　　　　　　　　　75 000 000

发行权益性证券过程中支付的佣金和手续费,应冲减权益性证券的溢价发行收入,其账务处理如下。

借:资本公积——股本溢价　　　　　　　　　　　　5 000 000
　　贷:银行存款　　　　　　　　　　　　　　　　 5 000 000

(三)投资者投入的长期股权投资

投资者投入的长期股权投资,应当按照投资合同或协议约定的价值作为初始投资成本,但合同或协议约定的价值不公允的除外。投资者在合同或协议中约定的价值如果不公允,应当按照取得的长期股权投资公允价值作为其初始投资成本。

投资者投入的长期股权投资,是指投资者以其持有的对第三方的投资作为出资投入企业,接受投资的企业原则上应当按照投资各方在投资合同或协议中约定的价值作为取得投资的初始投资成本。

例 8-8

华美股份有限公司的甲股东以其持有的G公司每股面值1元的普通股股票2 000万股作为资本金投入企业,投资协议约定的股权投资价值为9 000万元,可折算成华美股份有限公司每股面值1元的普通股股票4 000万股。投资协议约定的股权投资价值是按照G公司股票的市价并考虑相关调整因素后确定的。华美股份有限公司取得的G公司股票占G公司股本的30%,取得该项投资后,华美股份有限公司能够对G公司的生产经营决策施加重大影响,华美股份有限公司将该项股权投资划分为长期股权投资。

借:长期股权投资——G公司　　　　　　　　　　　90 000 000
　　贷:股本——甲股东　　　　　　　　　　　　　40 000 000
　　　　资本公积——股本溢价　　　　　　　　　　50 000 000

(四)其他情况

以债务重组方式取得的长期股权投资,其初始投资成本应按照《企业会计准则第12号——债务重组》准则的规定确定。

以非货币性资产交换等方式取得的长期股权投资,其初始投资成本应按照《企业会计准则第7号——非货币性资产交换》准则的规定确定。

第二节　长期股权投资的后续计量

长期股权投资在持有期间,根据投资企业对被投资单位的影响程度及是否存在活跃市场、公允价值能否可靠计量等进行划分,应当分别采用成本法及权益法进行核算。

一、成本法

(一)成本法的定义及其适用范围

1. 成本法的定义

成本法是指长期股权投资的价值通常按初始投资成本计量,除追加或收回投资外,一般不对长期股权投资的账面价值进行调整的一种会计处理方法。

2. 成本法的适用范围

成本法适用于企业持有的能够对被投资单位实施控制的长期股权投资。

(二)成本法的核算

采用成本法核算的长期股权投资,核算方法如下:

设置"长期股权投资"科目,反映长期股权投资的初始投资成本。在收回投资前,无论被投资单位经营情况如何,净资产是否增减,投资企业一般不对股权投资的账面价值进行调整;

初始投资或追加投资时,按照初始投资或追加投资时的成本增加长期股权投资的账面价值;

除取得投资时实际支付的价款或对价中包含的已宣告但尚未发放的现金股利或利润外,投资企业应当按照享有被投资单位宣告发放的现金股利或利润确认投资收益,不管有关利润分配是属于对取得投资前还是取得投资后被投资单位实现净利润的分配。被投资单位宣告分派股票股利,投资企业应于除权日作备忘记录。被投资单位未分派股利,投资企业不作任何会计处理。

投资企业在确认自被投资单位应分得的现金股利或利润后,应当考虑有关长期股权投资是否发生减值。在判断该类长期股权投资是否存在减值迹象时,应当关注长期股权投资的账面价值是否大于享有被投资单位净资产(包括相关商誉)账面价值的份额等情况。出现类似情况时,企业应当按照《企业会计准则第8号——资产减值》的规定对长期股权投资进行减值测试,长期股权投资可收回金额低于其账面价值的,应当计提减值准备。

企业在持有长期股权投资期间,当被投资单位宣告发放现金股利或利润时,投资企业应当按照享有的份额,借记"应收股利"科目,贷记"投资收益"科目;收到上述现金股利或利润时,借记"银行存款"科目,贷记"应收股利"科目。

例 8-9

2020年5月2日,华美股份有限公司公司以3 500万元购入乙公司58%的股权。华美股份有限公司取得该部分股权后,派出人员参与乙公司的财务和生产经营决策,华美股份有限公司将其划分为长期股权投资并采用成本法进行核算。

2020年6月30日,乙公司宣告分派现金股利,华美股份有限公司按照其持有比例确定可收回60万元。

2020年7月20日,华美股份有限公司收回乙公司分派现金股利60万元。

华美股份有限公司对乙公司长期股权投资应进行的账务处理如下。

(1) 2020年5月2日,取得投资时。

借:长期股权投资　　　　　　　　　　　　35 000 000
　　贷:银行存款　　　　　　　　　　　　　　　35 000 000

(2) 2020年6月30日,乙公司宣告分派现金股利时。

借:应收股利　　　　　　　　　　　　　　　600 000
　　贷:投资收益　　　　　　　　　　　　　　　　600 000

(3) 2020年7月20日,收回乙公司分派现金股利时。

借:银行存款　　　　　　　　　　　　　　　600 000
　　贷:应收股利　　　　　　　　　　　　　　　　600 000

二、权益法

(一) 权益法的定义及其适用范围

权益法是指投资以初始投资成本计量后,在投资持有期间根据投资企业享有被投资单位所有者权益的份额的变动对投资的账面价值进行调整的方法。

投资企业对被投资单位具有共同控制或重大影响的长期股权投资,即对合营企业投资及联营企业投资,应当采用权益法核算。

(二) 权益法的核算

1. 会计科目的设置

采用权益法核算,在"长期股权投资"科目下应当设置"投资成本""损益调整""其他综合收益""其他权益变动"明细科目,分别反映长期股权投资的初始投资成本、被投资单位发生净损益、其他综合收益及其他权益变动而对长期股权投资账面价值进行调整的金额。

(1) 投资成本,反映长期股权投资的初始投资成本,以及在长期股权投资的初始投资成本小于取得投资时应享有被投资单位可辨认净资产公允价值份额的情况下,按其差额调整初始投资成本后形成的账面价值。

(2)损益调整,反映投资企业应享有或应分担的被投资单位实现的净损益份额,以及被投资单位分派的现金股利或利润中投资企业应获得的份额。

(3)其他综合收益,反映因被投资单位其他综合收益发生变动而调整长期股权投资账面价值的金额。

(4)其他权益变动,反映被投资单位除净损益、其他综合收益和分红以外所有者权益的其他变动中,投资企业应享有或承担的份额。

2. 初始投资成本的调整

投资企业取得对联营企业或合营企业的投资以后,对于取得投资时投资成本与应享有被投资单位可辨认净资产公允价值份额之间的差额,应区别情况分别处理。

(1)初始投资成本大于取得投资时应享有被投资单位可辨认净资产公允价值份额的,该部分差额从本质上是投资企业在取得投资过程中通过购买作价体现出的与所取得股权份额相对应的商誉及被投资单位不符合确认条件的资产价值。初始投资成本大于投资时应享有被投资单位可辨认净资产公允价值的份额时,两者之间的差额不要求对长期股权投资的成本进行调整。

(2)初始投资成本小于取得投资时应享有被投资单位可辨认净资产公允价值份额的,两者之间的差额体现为双方在交易作价过程中转让方的让步,该部分经济利益流入应作为收益处理,计入取得投资当期的营业外收入,同时调整增加长期股权投资的账面价值。

投资企业应享有被投资单位可辨认净资产公允价值份额,可用下列公式计算。

应享有被投资单位可辨认净资产公允价值份额＝投资时被投资单位可辨认净资产公允价值总额×投资企业持股比例

例 8-10

华美股份有限公司于 2020 年 6 月取得 B 公司 30% 的股权,支付价款 11 000 万元。取得投资时被投资单位净资产账面价值为 35 000 万元(假定被投资单位各项可辨认资产、负债的公允价值与其账面价值相同)。

在 B 公司的生产经营决策过程中,所有股东均按持股比例行使表决权。华美股份有限公司在取得 B 公司的股权后,派人参与了 B 公司的生产经营决策。因能够对 B 公司施加重大影响,华美股份有限公司对该投资应当采用权益法核算。

取得投资时,华美股份有限公司应进行以下账务处理。

借:长期股权投资——B公司(投资成本)　　　　110 000 000
　　贷:银行存款　　　　　　　　　　　　　　　　110 000 000

长期股权投资的初始投资成本 11 000 万元大于取得投资时应享有被投资单位可辨认净资产公允价值的份额 10 500(＝35 000×30%)万元,两者之间的差额不调整长期股权投资的账面价值。

如果本例中取得投资时被投资单位可辨认净资产的公允价值为 40 000 万元,华美股份有限公司按持股比例 30% 计算确定应享有 12 000 万元,则初始投资成本与应享有被投资单位可辨认净资产公允价值份额之间的差额 1 000 万元应计入取得投资当期的营业外收入。华美股份有限公司的账务处理如下：

借：长期股权投资——B公司（投资成本）　　　　110 000 000
　　贷：银行存款　　　　　　　　　　　　　　　　　　110 000 000
借：长期股权投资——B公司（投资成本）　　　　10 000 000
　　贷：营业外收入　　　　　　　　　　　　　　　　　10 000 000

3. 投资损益的确认

投资企业取得长期股权投资后，应当按照应享有或应分担被投资单位实现净利润或发生净亏损的份额（法规或章程规定不属于投资企业的净损益除外），调整长期股权投资的账面价值，并确认为当期投资损益。

在确认应享有或应分担被投资单位的净利润或净亏损时，在被投资单位账面净利润的基础上，应考虑以下因素的影响进行适当调整。

（1）被投资单位采用的会计政策及会计期间与投资企业不一致的，应按投资企业的会计政策及会计期间对被投资单位的财务报表进行调整。

（2）以取得投资时被投资单位固定资产、无形资产的公允价值为基础计提的折旧额或摊销额，以及以投资企业取得投资时的公允价值为基础计算确定的资产减值准备金额等对被投资单位净利润的影响。

（3）在评估投资方对被投资方是否具有重大影响时，应考虑潜在表决权的影响，但在确定应享有被投资单位实现的净损益、其他综合收益和其他所有者权益变动的份额时，潜在表决权所对应的权益份额不应予以考虑。

（4）在确认应享有或分担的被投资单位实现的净利润（或亏损）时，法规或规章规定不属于投资企业的净损益的，应当予以剔除后计算。如被投资单位发行了分类为权益的可累积优先股等类似的权益工具，无论被投资单位是否宣告分配优先股股利，投资方计算应享有被投资单位实现的净利润时，均应将归属于其他投资方的累积优先股股利予以剔除。

被投资单位个别利润表中的净利润是以其持有的资产、负债账面价值为基础持续计算的，而投资企业在取得投资时，是以被投资单位有关资产、负债的公允价值为基础确定投资成本，长期股权投资的投资收益所代表的是被投资单位资产、负债在公允价值计量的情况下在未来期间通过经营产生的损益中归属于投资企业的部分。取得投资时有关资产、负债的公允价值与其账面价值不同的，未来期间，在计算归属于投资企业应享有的净利润或应承担的净亏损时，应以投资时被投资单位有关资产对投资企业的成本即取得投资时的公允价值为基础计算确定，从而产生了需要对被投资单位账面净利润进行调整的情况。

在针对上述事项对被投资单位实现的净利润进行调整时，应考虑重要性原则，不具重要性的项目可不予调整。符合下列条件之一的，投资企业可以以被投资单位的账面净利润为基础，计算确认投资损益，同时应在会计报表附注中说明不能按照准则规定进行核算的原因：

①投资企业无法合理确定取得投资时被投资单位各项可辨认资产等的公允价值；
②投资时被投资单位可辨认资产的公允价值与其账面价值相比，两者之间的差额不具重要

性的;

③其他原因导致无法取得被投资单位的有关资料,不能按照准则中规定的原则对被投资单位的净损益进行调整的。

例 8-11

沿用【例8-10】的资料,假定长期股权投资的成本大于取得投资时被投资单位可辨认净资产公允价值份额,取得投资当年被投资单位实现净利润为1 200万元。投资企业与被投资单位均以公历年度作为会计年度,两者之间采用的会计政策相同。由于投资时被投资单位各项资产、负债的账面价值与其公允价值相同,且假定投资企业与被投资单位未发生任何内部交易,不需要对被投资单位实现的净损益进行调整,投资企业应确认的投资收益为360(=1 200×30%)万元。

因此,确认投资收益时,华美股份有限公司应进行以下账务处理。

借:长期股权投资——B公司(损益调整)　　　3 600 000
　　贷:投资收益　　　　　　　　　　　　　　　　3 600 000

例 8-12

假设2020年1月1日,华美股份有限公司以500万元取得D公司30%的股权,并对D公司有重大影响,取得投资时D公司的固定资产公允价值为1 000万元,账面价值为500万元,剩余使用年限为10年,净残值为零,按照年限平均法计提折旧。D公司2020年度利润表中净利润为600万元。假定不考虑公允价值调整的所得税影响,华美股份有限公司2020年度对D公司投资应确认的投资收益计算确定如下。

按固定资产的公允价值与账面价值的差额调整增加的折旧=1 000÷10-500÷10=50(万元)

调整后的D公司净利润=600-50=550(万元)

华美股份有限公司应确认的投资收益=550×30%=165(万元)

其账务处理如下。

借:长期股权投资——D公司(损益调整)　　　1 650 000
　　贷:投资收益　　　　　　　　　　　　　　　　1 650 000

(5)在确认投资收益时,除考虑公允价值的调整外,对于投资企业与其联营企业及合营企业之间发生的未实现内部交易损益应予抵销。即投资企业与联营企业及合营企业之间发生的未实现内部交易损益按照持股比例计算归属于投资企业的部分应当予以抵销,在此基础上确认投资损益。投资企业与被投资单位发生的内部交易损失,按照《企业会计准则第8号——资产减值》等规定属于资产减值损失的,应当全额确认。具体又要区分投出或出售资产的交易是否构成业务分别处理。

① 投资企业与其联营企业、合营企业之间发生的投出或出售资产的交易,该资产构成业务

的,按企业合并和合并财务报表准则的规定处理。具体来说,联营、合营企业向投资方出售业务的(逆流交易),投资方应按《企业会计准则第20号——企业合并》的规定进行会计处理;投资方应全额确认与交易相关的利得或损失;投资方向联营、合营企业投出业务的(顺流交易),投资方因此取得长期股权投资但未取得控制权的,应以投出业务的公允价值作为新增投资的初始投资成本,初始投资成本与投出业务的账面价值之差,全额计入当期损益;投资方向联营、合营企业出售业务的,取得的对价与业务的账面价值之间的差额,全额计入当期损益。

②投资企业与其联营企业、合营企业之间发生的投出或出售资产的交易,该资产不构成业务的,投资企业与联营企业及合营企业之间发生的未实现内部交易损益,按照持股比例计算归属于投资企业的部分应当予以抵销,在此基础上确认投资损益。因逆流交易产生的未实现内部交易损益,投资企业对外编制合并财务报表的,应在合并财务报表中对长期股权投资及包含未实现内部交易损益的资产账面价值进行调整,抵销有关资产账面价值中包含的未实现内部交易损益,相应调整对联营企业或合营企业的长期股权投资。即在合并报表中作如下调整分录。

借:长期股权投资
　　贷:存货等(未实现内部交易损益×持股比例)

因顺流交易产生的未实现内部交易损益,投资企业对外编制合并财务报表的,应在合并财务报表中对未实现内部交易损益应在个别报表已确认投资损益的基础上进行调整。即在合并报表中作如下调整分录:

借:营业收入(售价×投资方持股比例)
　　贷:营业成本 (内部交易成本×持股比例)
　　　　投资收益(差额)

4. 被投资单位宣告分配现金股利或利润时的处理

按照权益法核算的长期股权投资,投资企业自被投资单位取得的现金股利或利润,应抵减长期股权投资的账面价值。在被投资单位宣告分派现金股利或利润时,借记"应收股利"科目,贷记"长期股权投资(损益调整)"科目。被投资单位分派股票股利时,投资企业不进行账务处理,但应于除权日在备查簿中注明所增加的股数,以反映股份的变化情况。

例 8-13

假设2021年1月1日,华美股份有限公司购入乙公司股票1 000万股,实际以银行存款2 350万元支付购买价款(包括交易费用)。华美股份有限公司对乙公司的投资占乙企业注册资本的20%,能够对乙公司的生产经营决策施加重大影响,华美股份有限公司采用权益法核算该项长期股权投资。华美股份有限公司在取得乙公司20%股权时,乙公司各项可辨认资产、负债的公允价值与其账面价值相同,双方在以前期间未发生过内部交易,假设双方的会计政策和会计期间一致。假设2021年度,乙公司实现净利润5 000万元。2022年3月1日,乙公司宣告分派2021年度利润分配方案,每股分派现金股利0.4元。2022年3月15日,华美股份有限公司收到上述现金股利。2022年度,乙公司发生亏损1 100万元。

假设不考虑所得税的影响,则华美股份有限公司应作相应的会计处理如下(单位:万元)。

(1) 2021年1月1日取得投资时。

借:长期股权投资——乙公司(成本)　　　　　　2 350
　　贷:银行存款　　　　　　　　　　　　　　　　　　　2 350

(2) 2021年度乙公司盈利时。

借:长期股权投资——乙公司(损益调整)　　　　1 000(5 000×20%)
　　贷:投资收益　　　　　　　　　　　　　　　　　　　1 000

(3) 2022年3月1日,乙公司宣告分派2021年度利润分配方案时。

借:应收股利　　　　　　　　　　　　　　　　　　　　400
　　贷:长期股权投资——乙公司(损益调整)　　　　　　　400

(4) 2022年3月15日,甲公司收到上述现金股利时。

借:银行存款　　　　　　　　　　　　　　　　　　　　400
　　贷:应收股利　　　　　　　　　　　　　　　　　　　　400

(5) 2022年度乙公司生亏损1 100万元时。

借:投资收益　　　　　　　　　　　　　　　　　　　　220
　　贷:长期股权投资——乙公司(损益调整)　　　　　　　220

5. 超额亏损的确认

按照权益法核算的长期股权投资,投资企业确认应分担被投资单位发生的损失,原则上应以长期股权投资及其他实质上构成对被投资单位净投资的长期权益减记至零为限,投资企业负有承担额外损失义务的除外。这里所讲的"其他实质上构成对被投资单位净投资的长期权益"通常是指长期应收项目,比如,企业对被投资单位的长期债权,该债权没有明确的清收计划且在可预见的未来期间不准备收回的,实质上构成对被投资单位的净投资,但不包括投资企业与被投资单位之间因销售商品、提供劳务等日常活动所产生的长期债权。

投资企业在确认应分担被投资单位发生的亏损时,具体应按照以下顺序处理。

首先,减记长期股权投资的账面价值。

其次,在长期股权投资的账面价值减记至零的情况下,对于未确认的投资损失,考虑除长期股权投资以外,在账面上是否有其他实质上构成对被投资单位净投资的长期权益项目,如果有,则应以其他长期权益的账面价值为限,继续确认投资损失,冲减长期应收项目等的账面价值。

最后,经过上述处理,按照投资合同或协议约定,投资企业仍需要承担额外损失弥补等义务的,应按预计将承担的义务金额确认预计负债,计入当期投资损失。

企业在实务操作过程中,在发生投资损失时,应借记"投资收益"科目,贷记"长期股权投资——损益调整"科目。在长期股权投资的账面价值减记至零以后,考虑其他实质上构成对被投资单位净投资的长期权益,继续确认的投资损失,应借记"投资收益"科目,贷记"长期应收款"等科目;因投资合同或协议约定导致投资企业需要承担额外义务的,按照或有事项准则的规定,对于符合确认条件的义务,应确认为当期损失,同时确认预计负债,借记"投资收益"科目,贷记"预计负债"科目。除上述情况仍未确认的应分担被投资单位的损失,应在账外备查登记。

在确认了有关的投资损失以后,被投资单位于以后期间实现盈利的,应按以上相反顺序分别减记账外备查登记的金额、已确认的预计负债、恢复其他长期权益及长期股权投资的账面价值,同时确认投资收益。即应当按顺序分别借记"预计负债""长期应收款""长期股权投资"等科目,贷记"投资收益"科目。

例 8-14

华美股份有限公司持有乙企业40%的股权,能够对乙企业施加重大影响,华美股份有限公司对该项股权投资采用权益法核算。华美股份有限公司除了对乙企业的长期股权投资外,华美股份有限公司还有一笔应收乙企业的长期应收款 2 400 万元,该款项从目前情况看,没有明确的清偿计划(并非产生于商品购销等日常活动),且在可预见的未来期间不准备收回。假定华美股份有限公司在取得该投资时,乙企业各项可辨认资产、负债的公允价值与其账面价值相等,双方所采用的会计政策及会计期间也相同。双方未发生任何内部交易,华美股份有限公司按照乙企业的账面净损益和持股比例计算确认投资损益。由于乙公司持续亏损,华美股份有限公司在确认 2019 年度的投资损失以后,2019 年 12 月 31 日,该项长期股权投资的账面价值已经减至为 9 600 万元,其中,"长期股权投资——乙公司(投资成本)"科目借方余额 6 000 万元,"长期股权投资——乙公司(损益调整)"科目借方余额 3 600 万元。乙企业 2020 年由于一项主营业务市场条件发生变化,当年度又亏损 9 000 万元。2021 年乙企业继续亏损,当年度的亏损额为 20 000 万元。则华美股份有限公司相应的账务处理如下。

(1)2020 年 12 月 31 日,由于乙企业各项可辨认资产、负债的公允价值与其账面价值相等,双方所采用的会计政策及会计期间也相同。则华美股份有限公司当年度应确认的投资损失为 3 600 万元。确认上述投资损失后,长期股权投资的账面价值变为 6 000 万元。

借:投资收益　　　　　　　　　　　　　　　　　36 000 000
　　贷:长期股权投资——乙公司(损益调整)　　　　36 000 000

(2)2021 年 12 月 31 日,由于乙企业各项可辨认资产、负债的公允价值与其账面价值相等,双方所采用的会计政策及会计期间也相同。则华美股份有限公司按其持股比例确认应分担的损失为 8 000 万元,但长期股权投资的账面价值仅为 6 000 万元,在确认了 6 000 万元的投资损失,长期股权投资的账面价值减记至零以后,剩余应分担的亏损 2 000 万元,应继续冲减长期应收款项目,并以长期应收款的账面价值为限进一步确认投资损失 2 000 万元。华美股份有限公司应进行的账务处理如下。

借:投资收益　　　　　　　　　　　　　　　　　60 000 000
　　贷:长期股权投资——乙公司(损益调整)　　　　60 000 000
借:投资收益　　　　　　　　　　　　　　　　　20 000 000
　　贷:长期应收款　　　　　　　　　　　　　　　20 000 000

6. 被投资单位其他综合收益变动的处理

采用权益法核算时,投资企业对于被投资单位由于其他综合收益变动引起的所有者权益发生的变动,投资企业应按享有的份额,调整增加或减少长期股权投资账面价值,同时增加或减少其他综合收益。具体会计分录为:借记(或贷记)"长期股权投资——其他综合收益"科目,贷记(或借记)"其他综合收益"科目。

例 8-15

华美股份有限公司持有B企业30%的股份,能够对B企业施加重大影响。当期B企业因持有的其他权益工具投资公允价值的变动计入其他综合收益的金额为900万元,除该事项外,B企业当期实现的净损益为10 000万元。假定华美股份有限公司与B企业适用的会计政策、会计期间相同,投资时B企业有关资产、负债的公允价值与其账面价值亦相同,双方当期及以前期间未发生任何内部交易。

华美股份有限公司在确认应享有被投资单位所有者权益的变动时,应进行的账务处理如下。

借:长期股权投资——B企业(损益调整)　　　30 000 000
　　　　　　　　——其他综合收益　　　　　　2 700 000
　　贷:投资收益　　　　　　　　　　　　　　30 000 000
　　　　其他综合收益　　　　　　　　　　　　2 700 000

7. 被投资单位除净损益、其他综合收益和分红以外所有者权益的其他变动的处理

采用权益法核算时,投资企业对于被投资单位除净损益以外所有者权益的其他变动,在持股比例不变的情况下,应按照持股比例与被投资单位除净损益以外所有者权益的其他变动归属于本企业的部分,相应调整长期股权投资的账面价值,同时增加或减少资本公积。具体会计分录为:借记(或贷记)"长期股权投资——其他权益变动"科目,贷记(或借记)"资本公积——其他资本公积"科目。

8. 长期股权投资减值

采用权益法核算时,在资产负债表日应比较长期股权投资的账面价值和未来可收回金额,若长期股权投资账面价值小于其未来可收回金额,按照《企业会计准则第8号——资产减值》有关规定需要及时计提长期股权投资减值准备。其会计分录为:借记"资产减值损失"科目,贷记"长期股权投资减值准备"科目。按《企业会计准则第8号——资产减值》的规定,长期股权投资已计提的减值准备不得转回。

第三节　长期股权投资的转换

一、长期股权投资核算方法的转换

长期股权投资核算方法的转换是指因追加投资或处置投资导致持股比例发生变动而将长期股权投资核算方法由成本法转换为权益法或者由权益法转换为成本法,包括处置投资导致的成本法转换为权益法和追加投资导致的权益法转换为成本法。

(一)处置投资导致的成本法转换为权益法

投资方原持有的对被投资方具有控制的长期股权投资,因处置投资导致持股比例下降,不再对被投资方具有控制但仍能够施加重大影响或与其他投资方一起实施共同控制的,长期股权投资的核算方法应当由成本法转换为权益法。对于处置的长期股权投资,应当按照处置投资的比例转销应终止确认的长期股权投资账面价值,并与处置价款相比较,确认处置损益;对于剩余的长期股权投资,应当将其原采用成本法核算的账面价值按照权益法核算的要求进行追溯调整,调整的具体内容与方法如下。

将剩余的长期股权投资成本与按照剩余持股比例计算的取得原投资时应享有被投资方可辨认净资产公允价值的份额进行比较,二者之间存在差额的,如果属于剩余投资成本大于取得原投资时应享有被投资方可辨认净资产公允价值份额的差额,不调整长期股权投资的账面价值;如果属于剩余投资成本小于取得原投资时应享有被投资方可辨认净资产公允价值份额的差额,应按其差额调整长期股权投资的账面价值,同时调整留存收益。

对于取得原投资后至处置投资交易日之间被投资方实现的净损益(扣除已发放及已宣告发放的现金股利或利润)中投资方按剩余持股比例计算的应享有份额,在调整长期股权投资账面价值的同时,对于在取得原投资时至处置投资当期期初被投资方实现的净损益中应享有的份额,应调整留存收益;对于在处置投资当期期初至处置投资交易日之间被投资方的净损益中应享有的份额,应调整当期损益。

对于取得原投资后至处置投资交易日之间被投资方确认其他综合收益导致的所有者权益变动投资方按剩余持股比例计算的应享有份额,在调整长期股权投资账面价值的同时,计入"其他综合收益"。

对于取得原投资后至处置投资交易日之间被投资方除发生净损益、其他综合收益和利润分配外的所有者权益的其他变动中应享有的份额,在调整长期股权投资的账面价值的同时,应当计入"资本公积——其他资本公积"。

例 8-16

2018 年 1 月 1 日,华美股份有限公司以 3 300 万元取得 B 公司 60% 的股权,款项以银行存款支付,B 公司 2018 年 1 月 1 日可辨认净资产公允价值总额为 5 000 万元(假定其公允价值等于账面价值),华美股份有限公司对 B 公司具有控制权,并对该项投资采用成本法核算。华美股份有限公司每年均按 10% 提取盈余公积。

(1)2018 年 B 公司实现净利润 1 800 万元,未分派现金股利。因其他债权投资公允价值变动增加其他综合收益 200 万元。

(2)2019 年 B 公司实现净利润 1 200 万元,未分派现金股利。

(3)2020 年 1 月 3 日,华美股份有限公司出售 B 公司 30% 的股权,取得出售价款 2 600 万元,款项已收入银行存款户,剩余 30% 股权投资的公允价值为 3 000 万元。当日 B 公司可辨认净资产公允价值总额为 8 000 万元。

出售该部分股权后,华美股份有限公司不能再对 B 公司实施控制,但能够对 B 公司施加重大影响,因此,华美股份有限公司将对 B 公司的股权投资由成本法改为权益法核算。

华美股份有限公司账务处理如下(单位:万元)。

(1) 2018年1月1日。

借：长期股权投资　　　　　　　　　　　3 300
　　贷：银行存款　　　　　　　　　　　　　　3 300

(2) 2020年1月3日。

① 借：银行存款　　　　　　　　　　　　　2 600
　　贷：长期股权投资　　　　　　　　　　　　1 650
　　　　投资收益　　　　　　　　　　　　　　950

② 对剩余股权改按权益法核算。

借：长期股权投资——损益调整　　　　900(=3 000×30%)
　　　　　　　　　——其他综合收益　　60(200×30%)
　　贷：盈余公积　　　　　　　　　　　90[=(1 800+1 200)×30%×10%]
　　　　利润分配——未分配利润　　　　810(3 000×30%×90%)
　　　　其他综合收益　　　　　　　　　60

(二)追加投资导致的权益法转换为成本法

投资方因追加投资等使原持有的对联营企业或合营企业的投资转变为对子公司的投资，长期股权投资的核算方法应当由权益法转换为成本法。在转换核算方法时，应当根据追加投资所形成的企业合并类型，确定按照成本法核算的初始投资成本。

追加投资形成同一控制下企业合并的，应当按照取得的被合并方所有者权益在最终控制方合并财务报表中的账面价值份额，作为改按成本法核算的初始投资成本。

追加投资形成非同一控制下企业合并的，应当按照原持有的股权投资账面价值与新增投资成本之和，作为作为改按成本法核算的初始投资成本。

原采用权益法核算时确认的其他综合收益，暂不作会计处理，待将来处置该项长期股权投资时，采用与被投资方直接处置相关资产或负债相同的基础进行会计处理；原采用权益法核算时确认的其他权益变动，也不能自资本公积(其他资本公积)转为本期投资收益，而应待将来处置该项长期股权投资时，转为处置当期投资收益。

例 8-17

2019年1月2日，华美股份有限公司以5 000万元的价款取得B公司30%的股份，能够对B公司施加重大影响，采用权益法核算，当日，B公司可辨认净资产公允价值为20 000万元。由于该项投资的初始成本小于投资时应享有B公司可辨认净资产公允价值的份额6 000万元(20 000×30%)，因此，华美股份有限公司按其差额调增了该项股权投资的成本1 000万元，计入营业外收入。2019年度，B公司实现净收益2 000万元，未分配现金股利，华美股份有限公司已将应享有的收益份额600(=2 000×30%)万元作为投资收益确认入账，并相应调整了长期股权投资的账面价值；除实现净损益外，B公司在此期间还确认的以公允价值计量且其变动计入其他综合收益的金融资产公允价值变动利得500万元，华美股份有限公司已将应享有的份额150(＝500×30%)万元万元作为其他综合收益确认入账,并相应调整了长期股权投资的账面价值。2020年2月5日,华美股份有限公司又以4 800万元的价款取得B公司25%的股份,当日,B公司所有者权益在最终控制方合并财务报表中的账面价值为30 000万元。至此,华美股份有限公司对B公司的持股比例已增至55%,对B公司形成控制,长期股权投资的核算方法由权益法转换为成本法。

(1)假设该项合同为同一控制下的企业合并。

原持有股份按权益法核算的账面价值＝5 000＋1 000＋600＋150＝6 750(万元)

成本法下的初始投资成本＝30 000×55%＝16 500(万元)

借:长期股权投资	165 000 000
贷:长期股权投资——投资成本	60 000 000
——损益调整	6 000 000
——其他综合收益	1 500 000
银行存款	48 000 000
资本公积——股本溢价	49 500 000

(2)假设该项合同为非同一控制下的企业合并。

成本法下的初始投资成本＝6 750＋4 800＝11 550(万元)

借:长期股权投资	115 500 000
贷:长期股权投资——投资成本	60 000 000
——损益调整	6 000 000
——其他综合收益	1 500 000
银行存款	48 000 000

华美股份有限公司采用权益法核算期间确认的在B公司以公允价值计量且其变动计入其他综合收益的金融资产公允价值变动中应享有的份额150万元,不能自其他综合收益转为本期投资收益,而应待将来处置该项长期股权投资时,转为处置当期投资收益。

二、长期股权投资与以公允价值计量的金融资产之间的转换

长期股权投资与以公允价值计量的金融资产之间的转换,是指因追加投资或处置投资导致持股比例发生变动而将长期股权投资转换为以公允价值计量的金融资产或者将以公允价值计量的金融资产转换为长期股权投资,包括追加投资导致的以公允价值计量的金融资产转换为长期股权投资和处置投资导致的长期股权投资转换为以公允价值计量的金融资产两种情况。其中,以公允价值计量的金融资产,是指以公允价值计量且其变动计入当期损益的权益工具投资和制定为以公允价值计量且其变动计入其他综合收益的非交易性权益工具投资。需要注意的是,企业指定为以公允价值计量且其变动计入其他综合收益的非交易性权益工具投资不能重分类为以公允价值计量且其变动计入当期损益的金融资产,但可以转换为长期股权投资。

(一)追加投资导致的以公允价值计量的金融资产转换为长期股权投资

追加投资导致的以公允价值计量的金融资产转换为长期股权投资,具体可以分成为追加投资

形成控制而将以公允价值计量的金融资产转换为对子公司的长期股权投资和追加投资形成共同控制或重大影响而将以公允价值计量的金融资产转换为对合营企业或联营企业的长期股权投资两种情况。

1. 追加投资形成对子公司的长期股权投资

企业因追加投资形成控制（即实现企业合并）而将以公允价值计量的金融资产转换为对子公司的长期股权投资，应当根据追加投资所形成的企业合并类型，确定对子公司长期股权投资的初始投资成本。

(1)追加投资最终形成同一控制下企业合并的，合并方应当按照形成企业合并时的累计持股比例计算的合并日应享有被合并方所有者权益在最终控制方合并财务报表中的账面价值份额，作为长期股权投资的初始投资成本。初始投资成本大于原作为以公允价值计量的金融资产持有的被合并方股权投资账面价值与合并日取得进一步股份新支付的对价之和的差额，应当计入资本公积(资本溢价或股本溢价)；初始投资成本小于原作为以公允价值计量的金融资产持有的被合并方股权投资账面价值与合并日取得进一步股份新支付的对价之和的差额，应当冲减资本公积(仅限于资本溢价或股本溢价)，资本公积余额不足冲减的，应依次冲减盈余公积、未分配利润。

例 8-18

华美股份有限公司和 C 公司同为甲公司所控制的子公司。2019 年 4 月 2 日，华美股份有限公司以 1 300 万元的价款取得 C 公司 10% 有表决权的股份，华美股份有限公司将其划分为交易性金融资产，在持有该项金融资产期间，累计确认公允价值变动收益 200 万元。2020 年 1 月 1 日，华美股份有限公司再次以 6 800 万元的价款(包括相关税费)取得 C 公司 45% 表决权的股份。至此，原将作为交易性金融资产持有的 C 公司 10% 的股权投资转换为长期股权投资并采用成本法核算。2020 年 1 月 1 日，C 公司所有者权益在最终控制方合并财务报表中的账面价值总额为 20 000 万元。

初始投资成本 = 20 000 × 55% = 11 000（万元）

借：长期股权投资	110 000 000
贷：交易性金融资产——成本	13 000 000
——公允价值变动	2 000 000
银行存款	68 000 000
资本公积——股本溢价	27 000 000
借：公允价值变动损益	2 000 000
贷：投资收益	2 000 000

(2)追加投资最终形成非同一控制下企业合并的，购买方应当按照原作为以公允价值计量的金融资产持有的被购买方股权投资账面价值与购买日取得进一步股份新支付对价的公允价值之和，作为长期股权投资的初始投资成本。原指定为以公允价值计量且其变动计入其他综合收益的非交易性权益工具投资，因追加投资转换为长期股权投资时，该非交易性权益工具投资在持有期间因公允价值变动而形成的其他综合收益应同时转出，计入留存收益。

例 8-19

华美股份有限公司和 D 公司为两个独立的法人公司,在合并之前不存在任何关联方关系。2019 年 2 月 2 日,华美股份有限公司以 1 500 万元的价款取得 D 公司 12% 有表决权的股份,华联公司将其划分为以公允价值计量且其变动计入其他综合收益的金融资产,至 2019 年 12 月 31 日,该项金融资产的账面价值为 1 800 万元。2020 年 1 月 1 日,华美股份有限公司再次以 6 800 万元的价款(包括相关税费)取得 D 公司 45% 表决权的股份。至此,原将作为其他权益工具投资持有的 D 公司 12% 的股权投资转换为长期股权投资并采用成本法核算。华美股份有限公司按 10% 提取法定盈余公积。

初始投资成本 = 1 800 + 6 800 = 8 600(万元)

借:长期股权投资　　　　　　　　　　　　　　　　86 000 000
　　贷:其他权益工具投资——成本　　　　　　　　　15 000 000
　　　　　　　　　　　——公允价值变动　　　　　　3 000 000
　　　　银行存款　　　　　　　　　　　　　　　　68 000 000
借:其他综合收益　　　　　　　　　　　　　　　　3 000 000
　　贷:盈余公积　　　　　　　　　　　　　　　　　300 000
　　　　利润分配——未分配利润　　　　　　　　　　2 700 000

2. 追加投资形成对合营企业或联营企业的长期股权投资

企业因追加投资形成共同控制或重大影响而将以公允价值计量的金融资产转换为对合营企业或联营企业的长期股权投资,应当按照原作为以公允价值计量的金融资产持有的被购买方股权投资公允价值与取得的新增股权投资而应支付的对价的公允价值之和,作为长期股权投资的初始投资成本。原指定为以公允价值计量且其变动计入其他综合收益的非交易性权益工具投资,因追加投资转换为长期股权投资时,该金融资产公允价值与账面价值之间的差额,以及在持有期间因公允价值变动而形成的其他综合收益,应当计入留存收益。

例 8-20

华美股份有限公司 2019—2000 年有关投资业务如下。

(1)2019 年 1 月 1 日,华美股份有限公司以 610 万元(含已宣告但尚未领取的现金股利 10 万元和支付的相关费用 2 万元)购入 A 公司 10% 的股权,华美股份有限公司对 A 公司没有重大影响。华美股份有限公司公司将购买的 A 公司股份指定为其他权益工具投资。

(2)2019 年 2 月 10 日,华美股份有限公司收到 A 公司支付的现金股利 10 万元。

(3)2019 年 12 月 31 日,华美股份有限公司持有的 A 公司股权的公允价值为 660 万元。

(4)2020 年 6 月 30 日,华美股份有限公司又从 A 公司的另一投资者处取得 A 公司 20% 的股份,实际支付价款 1 450 万元。此次购买完成后,持股比例达到 30%,对 A 公司有重大影响。2020 年 6 月 30 日,华美股份有限公司原持有的 A 公司 10% 股权的公允价值为 700 万元。A 公司可辨认净资产公允价值为 7 000 万元。华美股份有限公司按照 10% 提取法定盈余公积。

根据上述资料，华美股份有限公司编制与投资业务有关的会计分录如下。

(1) 2019年1月1日取得投资时。

借：其他权益工具投资——成本	6 000 000	
应收股利	100 000	
贷：银行存款		6 100 000

(2) 2019年2月10日收到现金股利时：

借：银行存款	100 000	
贷：应收股利		100 000

(3) 2019年12月31日确认公允价值变动：

借：其他权益工具投资——公允价值变动	600 000	
贷：其他综合收益		600 000

(4) 2020年6月30日，购入20%股权时：

借：长期股权投资——成本	21 500 000 (=1 450+700)	
贷：银行存款		14 500 000
其他权益工具投资——成本		6 000 000
——公允价值变动		600 000
盈余公积		40 000
利润分配——未分配利润		360 000
借：其他综合收益	600 000	
贷：盈余公积		60 000
利润分配——未分配利润		540 000

采用权益法核算的初始投资成本为2 150万元，大于按照累计持股比例30%计算的转换日应享有A公司可辨认净资产公允价值份额2 100(=7 000×30%)万元，因此，不需要调整初始投资成本。

(二) 处置投资导致的长期股权投资转换为以公允价值计量的金融资产

处置投资导致对被投资方不再具有控制、共同控制或重大影响而将剩余股权投资转换为以公允价值计量的金融资产，具体又可以分为将剩余股权投资转换为以公允价值计量且其变动计入当期损益的金融资产和将剩余股权投资转指定为以公允价值计量且其变动计入其他综合收益的金融资产两种情况。

处置投资导致的长期股权投资转换为以公允价值计量的金融资产，均应按转换日该金融资产的公允价值计量，公允价值与原采用成本法或权益法核算的股权投资账面价值之间的差额，应当计入当期投资收益。原持有的对合营企业或联营企业的长期股权投资，因采用权益法核算而确认的其他综合收益，应当在终止采用权益法核算时，采用与被投资方直接处置相关资产资产或负债相同的基础进行会计处理；因采用权益法核算而确认的其他所有者权益变动，应当在终止采用权益法核算时,全部转入当期投资收益。

例 8-21

华美股份有限公司持有 A 公司 30% 的有表决权股份,因能够对 A 公司的生产经营决策施加重大影响,采用权益法核算。2020 年 12 月,华美股份有限公司将该项投资中的 50% 对外出售,出售以后,无法再对 A 公司施加重大影响,将剩余股权投资作为其他权益工具投资,剩余股权投资在当日的公允价值为 2 000 万元。出售时,该项长期股权投资的账面价值为 3 200 万元,其中成本 2 600 万元,损益调整为 600 万元,出售取得价款 1 800 万元已收入银行存款户。

华美股份有限公司对上述业务进行会计处理如下。

(1) 出售股权投资。

借:银行存款　　　　　　　　　　　　　18 000 000
　　贷:长期股权投资　　　　　　　　　　　16 000 000
　　　　投资收益　　　　　　　　　　　　　2 000 000

(2) 结转剩余股权。

借:其他权益工具投资——成本　　　　　　20 000 000
　　贷:长期股权投资——成本　　　　　　　13 000 000
　　　　　　　　　　——损益调整　　　　　　3 000 000
　　　　投资收益　　　　　　　　　　　　　4 000 000

第四节　长期股权投资的处置

长期股权投资的处置,主要指通过证券市场出售股权,也包括抵偿债务转出、非货币性资产交换转出以及因被投资企业破产清算而被迫清算股权等情形。

长期股权投资的处置损益,是指取得处置收入扣除长期股权投资的账面价值和已确认但尚未收到的现金股利之后的差额。其中:

处置收入是指企业处置长期股权投资时收到的价款,该价款已经扣除了手续费、佣金等交易费用;

长期股权投资的账面价值是指长期股权投资的账面余额扣除相应的减值准备后的金额;

已确认但尚未收到的现金股利是指投资企业已于被投资单位宣告分派现金时按应享有的份额确认了应收债权,但至处置投资时被投资单位尚未实际派发的现金股利。

一、采用成本法核算的处置

处置长期股权投资发生损益应当在符合股权转让条件时予以确认,计入处置当期投资损益。企业处置长期股权投资时,应相应结转与所售股权相对应的长期股权投资的账面价值,出售所得价款与处置长期股权投资账面价值之间的差额,应确认为处置损益。已计提减值准备的长期股权投资,处置时应将与所处置的长期股权投资相对应的减值准备予以转出。

处置长期股权投资时,一般的会计处理为:按实际收到的价款,借记"银行存款"科目;按已计提的长期股权投资减值准备,借记"长期股权投资减值准备"科目;按长期股权投资的账面余额,贷记"长期股权投资"科目;按已确认但尚未收到的现金股利,贷记"应收股利"科目;按上列贷方差额,贷记"投资收益"科目,如为借方差额,借记"投资收益"科目。

例 8-22

2020 年 1 月 2 日,华美股份有限公司购入 N 公司股票 150 000 股,获得 60% 股权,实际支付购买价款 250 000 元(包括交易税费),华美股份有限公司将其划分为长期股权投资,并采用成本法核算;2020 年 12 月 31 日,华美股份有限公司为该项股权投资计提了减值准备 100 000 元;2021 年 9 月 25 日,华美股份有限公司将持有的 N 公司股票全部转让,实际收到转让价款 200 000 元。华美股份有限公司处置长期股权投资时的会计处理如下。

转让损益＝200 000－(250 000－100 000)＝50 000(元)

借:银行存款　　　　　　　　　　　　　　200 000
　　长期股权投资减值准备　　　　　　　　100 000
　贷:长期股权投资——N 公司　　　　　　 250 000
　　　投资收益　　　　　　　　　　　　　 50 000

二、采用权益法核算的处置

采用权益法核算的长期股权投资处置时,原股权投资因采用权益法核算而确认的其他综合收益,应当在终止采用权益法核算时采用与被投资单位直接处置相关资产或负债相同的基础进行会计处理。因被投资单位除净损益、其他综合收益和利润分配外的其他所有者权益变动而确认的所有者权益,应当在终止采用权益法核算时全部转入当期损益。

采用权益法核算的长期股权投资,处置时还应将与所处置的长期股权投资相对应的原计入其他综合收益、资本公积项目的金额转出,计入处置当期损益。结转时,按与所处置的长期股权投资相对应的其他综合收益、资本公积贷方金额,借记"其他综合收益""资本公积——其他资本公积"科目,贷记"投资收益"科目;如为借方差额,则借记"投资收益"科目,贷记"其他综合收益""资本公积——其他资本公积"科目。

在部分处置某项长期股权投资时,按该项投资的总平均成本确定处置部分的成本,并按相同的比例结转已计提的长期股权投资减值准备和相关的其他综合收益及资本公积金额。

例 8-23

华美股份有限公司对持有的 L 公司股份采用权益法核算。2020 年 10 月 5 日,华美股份有限公司将持有的 L 公司股份全部转让,收到转让价款 3 500 万元。转让日,该项长期股权投资的账面余额为 3 400 万元,其中,成本 2 900 万元,损益调整(借方)300 万元,其他综合收益

(借方)50万元,期他权益变动(借方)200万元。则华美股份有限公司处置长期股权投资时的会计处理如下。

借:银行存款		35 000 000
贷:长期股权投资——L公司(投资成本)		29 000 000
——L公司(损益调整)		3 000 000
——L公司(其他权益变动)		2 000 000
——L公司(其他综合收益)		500 000
投资收益		500 000
借:资本公积——其他资本公积		2 000 000
其他综合收益		500 000
贷:投资收益		2 000 000

第九章 非货币性资产交换

企业在生产经营过程中,用货币性资产(如现金、银行存款等)来交换非货币性资产(如存货、固定资产等)的交易最为普遍,但是在有些情况下,企业为了满足各自生产经营的需要,同时减少货币性资产的流入和流出,而进行非货币性资产交换交易。例如,甲企业需要乙企业闲置的生产设备,而乙企业恰好需要甲企业闲置的办公楼,双方在货币性资产短缺的情况下,可能会出现非货币性资产交换的交易行为。

第一节 非货币性资产交换概述

一、非货币性资产交换的相关概念

(一)非货币性资产的概念

资产按未来经济利益流入(表现形式是货币金额)是否固定或可确定,分为货币性资产和非货币性资产。非货币性资产是相对于货币性资产而言的。货币性资产,是指企业持有的货币资金和收取固定或可确定金额的货币资金的权利,包括现金、银行存款、应收账款和应收票据等。非货币性资产,是指货币性资产以外的资产,如存货(原材料、包装物、低值易耗品、库存商品等)、固定资产、在建工程、生产性生物资产、无形资产、投资性房地产、长期股权投资等。非货币性资产有别于货币性资产的最基本特征是其在将来为企业带来的经济利益(即货币金额)是不固定的或不可确定的。例如,企业持有固定资产的主要目的是生产经营,通过折旧方式将磨损价值转移到产品成本或服务中,然后通过产品销售或提供服务获利,固定资产在将来为企业带来的经济利益(即货币金额)是不固定的或不可确定的,因此,固定资产属于非货币性资产。

> **提示说明**
>
> 预付账款未来收到的不是固定或可确定货币资金,而是货物,属于非货币性资产。

(二)非货币性资产交换的概念

非货币性资产交换,是指企业主要以固定资产、无形资产、投资性房地产和长期股权投资等非货币性资产进行的交换。该交换不涉及或只涉及少量的货币性资产(即补价)。

货币性资产交换,对于被投资方来说,则是接受换入的实物资产,属于接受权益性投资,不属于非货币性资产交换。

在通常情况下,交易双方对于某项交易是否为非货币性资产交换的判断是一致的。需要注意的是,对非货币性资产交换进行判断,企业应从自身的角度,根据交易的实质判断相关交易是否属于本章定义的非货币性资产交换,不应基于交易双方的情况进行判断。例如,投资方以一项固定资产出资取得对被投资方的权益性投资,对投资方来说,换出资产为固定资产,换入资产为长期股权投资,属于非货币性资产交换;对被投资方来说,则是接受投入的实物资产,属于接受权益性投资,不属于非货币性资产交换。

(三)非货币性资产交换的认定

非货币性资产交换一般不涉及货币性资产,或只涉及少量货币性资产,即补价。判断涉及少量货币性资产的交换是否为非货币性资产交换时,通常以补价占整个资产交换金额的比例是否低于25%作为参考比例。支付的货币性资产占换出资产公允价值与支付的货币性资产之和(或占换入资产公允价值)的比例、或者收到的货币性资产占换出资产公允价值(或占换入资产公允价值和收到的货币性资产之和)的比例低于25%的,视为非货币性资产交换;如果上述比例高于25%(含25%)的,则不视为非货币性资产交换,适用《企业会计准则第14号——收入》等相关准则的规定。

对于公允价值能够可靠计量的非货币性资产,非货币性资产的认定条件可以用下面的公式表示。

支付补价的企业:

$$\frac{支付的货币性资产}{换入资产公允价值(或换出资产允价值+支付的货币性资产)}<25\%$$

收到补价的企业:

$$\frac{收到的货币性资产}{换出资产公允价值(或换入资产允价值+收到的货币性资产)}<25\%$$

提示说明

计算补价比例时不应当考虑交换双方所支付的增值税差额(分子、分母均无需考虑增值税)。

(四)非货币性资产交换不涉及的交易和事项

本章所指非货币性资产交换不涉及以下交易和事项。

1. 换出资产为存货的非货币性资产交换

企业以存货换取客户的非货币性资产(如固定资产、无形资产等)的,换出存货的企业相关的会计处理适用《企业会计准则第14号——收入》。

2. 在企业合并中取得的非货币性资产

非货币性资产交换中涉及企业合并的,适用《企业会计准则第20号——企业合并》《企业会计准则第2号——长期股权投资》和《企业会计准则第33号——合并财务报表》。

3. 交换的资产包括属于非货币性资产的金融资产

非货币性资产交换中涉及由《企业会计准则第22号——金融工具确认和计量》规范的金融资产的,金融资产的确认、终止确认和计量适用《企业会计准则第22号——金融工具确认和计量》和

《企业会计准则第23号——金融资产转移》。

4. 非货币性资产交换中涉及使用权资产或应收融资租赁款

非货币性资产交换中涉及由《企业会计准则第21号——租赁》规范的使用权资产或应收融资租赁款等的,相关资产的确认、终止确认和计量适用《企业会计准则第21号——租赁》。

5. 非货币性资产交换构成权益性交易

非货币性资产交换的一方直接或间接对另一方持股且以股东身份进行交易,或者非货币性资产交换的双方均受同一方或相同的多方最终控制,且该非货币性资产交换的交易实质是交换的一方向另一方进行了权益性分配或交换的一方接受了另一方权益性投入,应当适用权益性交易的有关会计处理规定。

6. 其他不适用非货币性资产交换准则的交易和事项

(1)企业从政府无偿取得非货币性资产(如企业从政府无偿取得土地使用权等)的,适用《企业会计准则第16号——政府补助》。

(2)企业将非流动资产或处置组分配给所有者的,适用《企业会计准则第42号——持有待售的非流动资产、处置组和终止经营》。

(3)企业以非货币性资产向职工发放非货币性福利的,适用《企业会计准则第9号——职工薪酬》。

(4)企业以发行股票方式取得非货币性资产的,相当于以权益工具结算买入非货币性资产,其成本确定适用《企业会计准则第37号——金融工具列报》。

(5)企业用于非货币性资产交换的非货币性资产应当符合资产的定义并满足资产的确认条件,且作为资产列报于企业的资产负债表上。因此,企业用于交换的资产目前尚未列报于资产负债表上,或不存在或尚不属于本企业的,适用其他相关会计准则。

二、非货币性资产交换的会计处理原则

(一)非货币性资产交换的确认原则

企业在非货币性资产交换中,换入资产应当在其符合资产定义并满足资产确认条件时予以确认;换出资产应当在其满足资产终止确认条件时终止确认。例如,某企业在非货币性资产交换中的换入资产和换出资产均为固定资产,换入的固定资产应当在与该固定资产相关的经济利益很可能流入企业,且成本能够可靠计量时确认;换出的固定资产应当以换入企业取得该固定资产控制权时点作为处置时点终止确认。

如果换入资产的确认时点与换出资产的终止确认时点存在不一致,在资产负债表日,企业应当按照下列原则进行会计处理:

换入资产满足资产确认条件,换出资产尚未满足终止确认条件的,在确认换入资产的同时将交付换出资产的义务确认为一项负债,如其他应付款;

换入资产尚未满足资产确认条件,换出资产满足终止确认条件的,在终止确认换出资产的同时将取得换入资产的权利确认为一项资产,如其他应收款。

(二)非货币性资产交换的计量原则

在非货币性资产交换中,不论涉及的资产是一项还是多项,准则规定了如何确认换入资产的成本和交换所产生的损益的两种计量原则:公允价值和账面价值。

1. 以公允价值为基础计量

(1)非货币性资产交换同时满足下列两个条件的,应当以公允价值和应支付的相关税费作为换入资产的成本,公允价值与换出资产账面价值的差额计入当期损益:

①该项交换具有商业实质;

②换入资产或换出资产的公允价值能够可靠地计量。

(2)商业实质的判断。

认定某项非货币性资产交换是否具有商业实质,需满足下列条件之一。

①换入资产的未来现金流量在风险、时间和金额方面与换出资产显著不同。

在通常情况下,只要换入资产和换出资产的未来现金流量在风险、时间或金额中的某个方面存在显著不同,即表明满足商业实质的判断条件。

例如,企业以一项生产用的设备换入一批存货,设备作为固定资产要在较长的时间内为企业带来现金流量,而存货流动性强,能够在较短的时间内产生现金流量。两者产生现金流量的时间相差较大,即使假定两者产生未来现金流量的风险和总额均相同,可以认为上述固定资产与存货的未来现金流量显著不同,因而交换具有商业实质。

又如,甲企业以其用于经营出租的一幢公寓楼,与乙企业同样用于经营出租的一幢公寓楼进行交换,两幢公寓楼的租期、每期租金总额均相同,但是甲企业的公寓楼是租给一家财务及信用状况良好的知名上市公司作为职工宿舍,乙企业的公寓楼则是租给多个个人租户。相比较而言,甲企业无法取得租金的风险较小,乙企业取得租金依赖于各个个人租户的财务和信用状况,两者现金流量流入的风险或不确定性存在明显差异,因此,可以认为两栋公寓楼的未来现金流量显著不同,因而交换具有商业实质。

②使用换入资产所产生的预计未来现金流量现值与继续使用换出资产所产生的预计未来现金流量现值不同,且其差额与换入资产和换出资产的公允价值相比是重大的。

企业如果难以判断某项非货币性资产交换是否满足第一项条件,则应当考虑第二项条件。

资产的预计未来现金流量现值,应当按照资产在持续使用过程和最终处置时预计产生的税后未来现金流量(因为交易双方适用的所得税税率可能不同),根据企业自身而不是市场参与者对资产特定风险的评价,选择恰当的折现率对预计未来现金流量折现后的金额加以确定。强调企业自身,是考虑到换入资产的性质和换入企业经营活动的特征,换入资产与换入企业其他现有资产相结合,可能比换出资产产生更大的作用,即换入资产与换出资产对换入企业的使用价值明显不同,使换入资产的预计未来现金流量现值与换出资产相比产生明显差异,因而表明该两项资产的交换具有商业实质。

例如,某企业以一项专利权换入另一企业拥有的长期股权投资,假定从市场参与者角度看,该项专利权与该项长期股权投资的公允价值相同,同时假定两项资产未来现金流量的风险、时间和金额也相同,但是对换入企业来讲,换入该项长期股权投资使该企业与被投资方的投资关系由重大影响变为控制,另一企业换入的专利权能够解决生产中的技术难题,两家企业换入资产的预计未来现金流量现值与换出资产相比均有明显差异,因而可以判断两项资产的交换具有商业实质。

2. 以账面价值为基础计量

不具有商业实质或交换涉及资产的公允价值均不能可靠计量的非货币性资产交换,应当按照换出资产的账面价值和应支付的相关税费作为换入资产的成本,无论是否支付补价,均不确认损益;收到或支付的补价应调整换入资产的入账价值。

第二节 非货币性资产交换的会计处理

一、以公允价值为基础计量的会计处理

非货币性资产交换具有商业实质,且换入资产或者换出资产的公允价值能够可靠计量的,应以交换资产的公允价值为基础,对该非货币性资产交换进行会计处理。

(一)涉及单项非货币性资产交换的会计处理

1. 换入资产成本的确定

换入资产和换出资产公允价值均能够可靠计量的,应当以换出资产公允价值作为确定换入资产成本的基础。一般来说,取得资产的成本应当按照所放弃资产的对价来确定,在非货币性资产交换中,换出资产就是放弃的对价,如果其公允价值能够可靠确定,应当优先考虑按照换出资产的公允价值作为确定换入资产成本的基础;如果有确凿证据表明换入资产的公允价值更加可靠的,应当以换入资产公允价值为基础确定换入资产的成本。涉及补价的,补价应该作为换入资产的入账价值的调整。其计算公式如下。

换入资产成本=换出资产的公允价值(或换入资产的公允价值)+应支付的相关税费+支付补价的公允价值(或-收到补价的公允价值)

> **提示说明**
>
> 计入换入资产的应支付的相关税费应当符合相关会计准则规定的应该计入换入资产成本的各项税金及相关费用。例如,换入资产为存货的,包括相关税费、使该资产达到目前场所和状态所发生的运输费、装卸费、保险费以及可归属于该资产的其他成本。上述税费不包括准予从增值税销项税额中抵扣的进项税额。

2. 换出资产损益的确定

在以公允价值为基础计量的情况下,不论是否涉及补价,只要换出资产的公允价值与其账面价值不相同,就一定会涉及损益的确认。因此,企业应当在换出资产终止确认时,将换出资产的公允价值与其账面价值之间的差额计入当期损益。其计算公式如下。

换出资产的交换损益=换出资产的公允价值-换出资产的账面价值

第九章 非货币性资产交换

如果换出资产的公允价值不能够可靠计量,或换入资产和换出资产的公允价值均能够可靠计量,但有确凿证据表明换入资产的公允价值更加可靠的,应当在终止确认时,将换入资产的公允价值与换出资产账面价值之间的差额计入当期损益。其计算公式如下。

换出资产的交换损益＝换入资产的公允价值－支付补价的公允价值(或＋收到补价的公允价值)－换出资产的账面价值

具体的会计处理,视换出资产的类别不同而有所区别:

换出资产为固定资产、在建工程、生产性生物资产、无形资产的,换出资产公允价值和换出资产账面价值的差额,计入资产处置损益;

换出资产为长期股权投资的,换出资产公允价值和换出资产账面价值的差额,计入投资收益;

换出资产为投资性房地产的,按换出资产公允价值或换入资产公允价值确认其他业务收入,按换出资产账面价值结转其他业务成本,二者之间的差额计入当期损益。

【提示说明】

换入资产与换出资产涉及相关税费的,按照相关税收规定计算确定。

3. 以公允价值为基础计量的会计处理

(1)不涉及补价的情况。

【例 9-1】

华美股份有限公司和 A 公司均为增值税一般纳税人,适用的增值税税率均为 13%。华美股份有限公司与 A 公司于 2020 年 6 月 30 日签订资产交换合同,约定华美股份有限公司以生产经营过程中使用的一台包装设备与 A 公司生产的一部载货电梯进行交换,用于交换的包装设备和载货电梯当日的公允价值均为 8 万元。合同签订日即交换日,华美股份有限公司的包装设备的账面价值为 6 万元(其中账面原价为 10 万元,已计提折旧 4 万元);A 公司的载货电梯账面价值为 6.4 万元。华美股份有限公司将换入的载货电梯作为固定资产使用和管理;A 公司将换入的包装设备作为固定资产使用和管理。华美股份有限公司和 A 公司开具的增值税专用发票注明的计税价格均为 8 万元。

假设华美股份有限公司在整个交易过程中,除用银行存款支付设备的清理费用 1 500 元外,没有发生其他相关税费。A 公司在整个交易过程中没有发生除增值税以外的其他税费。

在本例中,整个资产交换过程不涉及收付货币性资产,因此,该项交换属于非货币性资产交换。本例是以固定资产交换存货,两项资产的交换后对换入企业的特定价值显著不同,因而该项交易具有商业实质;同时,两项资产的公允价值都能够可靠地计量,符合以公允价值计量的两个条件。因此,华美股份有限公司应当根据非货币性资产交换准则,以换出资产的公允价值为基础,A 公司应当根据收入准则,以换入资产的公允价值为基础确定换入资产的成本,并确认产生的损益。

(1)华美股份有限公司的账务处理如下。

借:固定资产清理	60 000	
累计折旧	40 000	
贷:固定资产——包装设备		100 000
借:固定资产清理	1 500	
贷:银行存款		1 500
借:固定资产——载货电梯	80 000	
应交税费——应交增值税(进项税额)	10 400	
贷:固定资产清理		61 500
应交税费——应交增值税(销项税额)		10 400
资产处置损益		18 500

(2)A公司的账务处理如下。

对于A公司来说,以存货换取非货币性资产的,相关收入应当按照收入准则的相关规定进行会计处理。根据增值税税法的相关规定,企业以库存商品换入其他资产,视同销售行为发生,应计算增值税销项税额,缴纳增值税。

借:固定资产——包装设备	80 000	
应交税费——应交增值税(进项税额)	10 400	
贷:主营业务收入		80 000
应交税费——应交增值税(销项税额)		10 400
借:主营业务成本	64 000	
贷:库存商品		64 000

(2)涉及补价的情况。

在以公允价值为基础确认换入资产成本的情况下,发生补价的,支付补价方和收到补价方应当分情况处理。

①支付补价方:以换出资产的公允价值,加上支付补价的公允价值和应支付的相关税费,作为换入资产的成本,换出资产的公允价值与其账面价值之间的差额计入当期损益。

有确凿证据表明换入资产的公允价值更加可靠的,以换入资产的公允价值和应支付的相关税费作为换入资产的初始计量金额,换入资产的公允价值减去支付补价的公允价值,与换出资产账面价值之间的差额计入当期损益。

②收到补价方:以换出资产的公允价值,减去收到补价的公允价值,加上应支付的相关税费,作为换入资产的成本,换出资产的公允价值与其账面价值之间的差额计入当期损益。

有确凿证据表明换入资产的公允价值更加可靠的,以换入资产的公允价值和应支付的相关税费作为换入资产的初始计量金额,换入资产的公允价值加上收到补价的公允价值,与换出资产账面价值之间的差额计入当期损益。

提示说明

有确凿证据表明换入资产公允价值更可靠的,即以换入资产的公允价值为基础计量。

在涉及补价的情况下,对于支付补价方而言,作为补价的货币性资产构成换入资产所放弃对价的一部分;对于收到补价方而言,作为补价的货币性资产构成换入资产的一部分。

例 9-2

沿用【例 9-1】,假设其他条件不变,合同约定华美股份有限公司用于交换的包装设备的公允价值为 8 万元,A 公司用于交换的载货电梯的公允价值为 9 万元,华美股份有限公司以银行存款向 A 公司支付补价 1 万元。华美股份有限公司开具的增值税专用发票注明的计税价格是 8 万元,增值税额是 10 400 元;A 公司开具的增值税专用发票注明的价格是 9 万元,增值税额是 11 700 元;华美股份有限公司以银行存款向 A 公司支付增值税差额为 1 300 元。

在本例中,涉及收付货币性资产,应当计算货币性资产占整个资产交换金额的比例。对于华美股份有限公司来说,支付的补价 1 万元÷换入资产公允价值 9 万元(或换出资产公允价值 8 万元+支付的补价 1 万元)≈11.11%<25%,因而属于非货币性资产交换。

华美股份有限公司的账务处理如下。

借:固定资产清理　　　　　　　　　　　　60 000
　　累计折旧——包装设备　　　　　　　　40 000
　　贷:固定资产——包装设备　　　　　　　　　100 000
借:固定资产清理　　　　　　　　　　　　1 500
　　贷:银行存款　　　　　　　　　　　　　　　1 500
借:固定资产——载货电梯　　　　　　　　90 000
　　应交税费——应交增值税(进项税额)　　11 700
　　贷:固定资产清理　　　　　　　　　　　　　61 500
　　　　应交税费——应交增值税(销项税额)　　10 400
　　　　银行存款　　　　　　　　　　　　　　　11 300
　　　　资产处置损益　　　　　　　　　　　　　18 500

对于 A 公司来说,以存货换取非货币性资产的,相关收入应当按照收入准则的相关规定进行会计处理。具体账务处理参照【例 9-1】中 A 公司的账务处理。

(二)涉及多项非货币性资产的会计处理

在非货币性资产交换中,企业可能以一项非货币性资产同时换入另一企业的多项非货币性资产,或同时以多项非货币性资产换入另一企业的一项非货币性资产,或以多项非货币性资产同时换入多项非货币性资产,也可能涉及补价。如果该交换具有商业实质,并且换入资产或者换出资产的公允价值能够可靠计量,则该非货币性资产交换应该采用公允价值计量。

1. 换入资产成本的确定

对于同时换入的多项资产,按照换入的金融资产以外的各项换入资产公允价值相对比例,将换出资产公允价值总额(涉及补价的,加上支付补价的公允价值或减去收到补价的公允价值)扣除换入金融资产公允价值后的净额进行分摊,以分摊至各项换入资产的金额,加上应支付的相关税费,作为各项换入资产的成本进行初始计量。

换入资产的总成本＝换出资产的公允价值之和(不含金融资产)＋支付补价的公允价值(或一收到补价的公允价值)

每项换入资产成本的分配比例＝该换入资产的公允价值÷换入资产公允价值之和(不含金融资产)

每项换入资产成本(不含金融资产)＝换入资产的总成本×每项换入资产成本的分配比例

有确凿证据表明换入资产的公允价值更加可靠的,以各项换入资产的公允价值和应支付的相关税费作为各项换入资产的初始计量金额。

2. 以公允价值为基础计量的会计处理

与单项非货币性资产交换相似,在以公允价值为基础计量时,企业应该将各项换出资产的公允价值与其账面价值之间的差额,在各项换出资产终止确认时计入当期损益。

有确凿证据表明换入资产的公允价值更加可靠的,按照各项换出资产的公允价值的相对比例,将换入资产的公允价值总额(涉及补价的,减去支付补价的公允价值或加上收到补价的公允价值)分摊至各项换出资产,分摊至各项换出资产的金额与各项换出资产账面价值之间的差额,在各项换出资产终止确认时计入当期损益。

例 9-3

华美股份有限公司与B公司均为增值税一般纳税人,适用的增值税税率为13%,不动产为9%。2020年7月1日,为适应业务发展的需要,经协商,华美股份有限公司决定以生产经营过程中使用的厂房以及库存商品换入B公司生产经营过程中使用的办公楼和生产设备。华美股份有限公司厂房的账面原价为3 500万元,在交换日的累计折旧为2 200万元,公允价值为1 500万元;库存商品的账面价值为300万元,交换日的市场价格为500万元,市场价格等于计税价格。B公司办公楼的账面原价为1 800万元,在交换日的累计折旧为800万元,公允价值为1 400万元;设备的账面原价为600万元,在交换日的累计折旧为300万元,公允价值为400万元。B公司另外以银行存款向华美股份有限公司支付补价222万元,其中包括由于换出资产和换入资产公允价值不同而支付的补价200万元,以及换出资产销项税额与换入资产进项税额的差额22万元。

华美股份有限公司换入B公司的办公楼和生产设备均作为固定资产使用和管理;B公司换入甲公司的厂房作为固定资产使用和管理,换入的库存商品作为原材料使用和管理。华美股份有限公司和B公司均开具了增值税专用发票。

本例涉及收付货币性资产,应当计算华美股份有限公司收到的货币性资产占其换出资产公允价值总额的比例(等于B公司支付的补价占其换出资产公允价值与支付的补价之和的比例),即:200÷(1 500＋500)＝10%＜25%。可以认定这一涉及多项资产的交换行为属于非货币性资产交换。

对于华美股份有限公司而言,它为了拓展业务,需要办公大楼以及生产设备等,B公司为了扩大产品生产,需要厂房和原材料,换入的资产对换入企业均能发挥更大的作用。因此,该项涉及多项资产的非货币性资产交换具有商业实质;同时,各单项换入资产和换出资产的公允价值均能可靠计量,因此,交换双方均应当以换出资产的公允价值为基础确定换入资产的总成本,并确认换出资产产生的相关损益。同时,按照各单项换入资产的公允价值占换入资产公允价值总额的比例,确定各单项换入资产的成本。

(1)华美股份有限公司的账务处理如下。

根据税法的有关规定:

换出资产(库存商品与厂房)的增值税销税额＝500×13％＋1 500×9％＝200(万元)

换入资产(办公楼与设备)的增值税进项税额＝1 400×9％＋400×13％＝178(万元)

计算各项换入资产的初始计量金额,如表 9-1 所示:

表 9-1　华美股份有限公司计算各项换入资产初始计量金额(单位:元)

换入资产	公允价值	换出资产 公允价值总额－补价	分配比例	初始计量金额
固定资产——办公楼	14 000 000	—	77.78％	14 000 000
固定资产——设备	4 000 000	—	22.22％	4 000 000
合计	18 000 000	18 000 000	100％	18 000 000

借:固定资产清理　　　　　　　　　　　　　　　13 000 000
　　累计折旧——厂房　　　　　　　　　　　　　22 000 000
　　　贷:固定资产——厂房　　　　　　　　　　　35 000 000
借:固定资产——办公楼　　　　　　　　　　　　14 000 000
　　　　　——设备　　　　　　　　　　　　　　　4 000 000
　　应交税费——应交增值税(进项税额)　　　　 1 780 000
　　银行存款　　　　　　　　　　　　　　　　　 2 220 000
　　　贷:固定资产清理　　　　　　　　　　　　　13 000 000
　　　　　资产处置损益　　　　　　　　　　　　　2 000 000
　　　　　主营业务收入　　　　　　　　　　　　　5 000 000
　　　　　应交税费——应交增值税(销项税额)　　2 2 000 000
借:主营业务成本　　　　　　　　　　　　　　　　3 000 000
　　　贷:库存商品　　　　　　　　　　　　　　　3 000 000

(2)B公司的账务处理如下。

根据税法的有关规定:

换出资产(办公楼与设备)的增值税销项税额＝1 400×9％＋400×13％＝178(万元)

换入资产(原材料与厂房)的增值税进项税额＝500×13％＋1 500×9％＝200(万元)

计算各项换入资产的初始计量金额,如表 9-2 所示:

表 9-2 B公司计算各项换入资产初始计量金额(单位:元)

换入资产	公允价值	换出资产公允价值总额+补价	分配比例	初始计量金额
固定资产——厂房	15 000 000	—	75%	15 000 000
原材料	5 000 000	—	25%	5 000 000
合计	20 000 000	20 000 000	100%	20 000 000

借:固定资产清理　　　　　　　　　　　　　　13 000 000
　　累计折旧——办公楼　　　　　　　　　　　 8 000 000
　　　　　　——设备　　　　　　　　　　　　 3 000 000
　贷:固定资产——办公楼　　　　　　　　　　　18 000 000
　　　　　　　——设备　　　　　　　　　　　　6 000 000
借:固定资产——厂房　　　　　　　　　　　　　15 000 000
　　原材料　　　　　　　　　　　　　　　　　 5 000 000
　　应交税费——应交增值税(进项税额)　　　　 2 000 000
　贷:固定资产清理　　　　　　　　　　　　　　13 000 000
　　　应交税费——应交增值税(销项税额)　　　　1 780 000
　　　银行存款　　　　　　　　　　　　　　　 2 220 000
　　　资产处置损益　　　　　　　　　　　　　 5 000 000

二、以账面价值为基础计量的会计处理

非货币性资产交换不具有商业实质,或者虽然具有商业实质但换入资产和换出资产的公允价值均不能可靠计量的,应当以换出资产账面价值为基础确定换入资产成本,无论是否支付补价,换出资产终止确认时均不确认损益。

(一)涉及单项非货币性资产交换的会计处理

1. 换入资产成本的确定

在以账面价值为基础的非货币性资产交换中,换入资产的成本应以换出资产的账面价值为基础来确定,涉及补价的,补价应作为换入资产入账价值的调整。其计算公式如下。

换入资产的成本=换出资产的账面价值+应支付的相关税费
+支付补价的账面价值(-收到补价的公允价值)

2. 以账面价值为基础计量的会计处理

在以账面价值为基础的非货币性资产交换中,由于换出资产以账面价值入账,不确认换出资产交换时产生的损益。

(1)不涉及补价的情况。

例 9-4

华美股份有限公司是一家制药公司,因经营战略发生重大转变,将专注于疫苗的生产和销售,其拥有的一项生产抗生素的专利权难以满足新的经营战略。S公司也是一家制药公司,正在开展抗生素方面的新业务。2020年7月30日,华美股份有限公司和S公司签订交换协议,约定华美股份有限公司将其抗生素专利权与S公司刚申请的一项传染病疫苗专利权进行交换,由华美股份有限公司进行生产推广。交换日当天,华美股份有限公司换出的抗生素专利权的账面价值为60万元(其中账面原价为80万元,累计摊销额为20万元);S公司刚申请的传染病疫苗已转为无形资产核算,账面价值为55万元,尚未进行摊销。假设两项专利权的公允价值不能可靠计量。

假设整个交易过程中没有发生相关税费。双方取得专利后仍作为无形资产核算。

在本例中,整个资产交换过程中没有涉及收付货币性资产,交换的资产为无形资产,属于非货币性资产交换。由于用于交换的两项专利权的公允价值均不能可靠计量,因此交换双方均应当以换出资产的账面价值为基础确定换入资产的初始计量金额,换出资产不确认损益。

(1)华美股份有限公司的账务处理如下。

借:无形资产——传染病疫苗专利权　　　　600 000
　　累计摊销——抗生素专利权　　　　　　200 000
　　贷:无形资产——抗生素专利权　　　　　　800 000

②S公司的账务处理如下。

借:无形资产——抗生素专利权　　　　　　550 000
　　贷:无形资产——传染病疫苗专利权　　　　550 000

(2)涉及补价的情况。

对于以账面价值为基础计量的非货币性资产交换,涉及补价的,应当将补价作为确定换入资产初始计量金额的调整因素,分别下列情况进行处理。

①支付补价方:应当以换出资产的账面价值,加上支付补价的账面价值和应支付的相关税费,作为换入资产的初始计量金额,不确认损益。

②收到补价方:应当以换出资产的账面价值,减去收到补价的公允价值,加上应支付的相关税费,作为换入资产的初始计量金额,不确认损益。

例 9-5

华美股份有限公司拥有一台专有设备,该设备的账面原价500万元,已计提折旧350万元,M公司拥有一项长期股权投资,账面价值为120万元,两项资产均未计提减值准备。华美股份有限公司决定以其专有设备交换M公司拥有的长期股权投资,该专有设备是生产某种产品必需的设备。由于专有设备系当时专门制造、性质特殊,其公允价值不能可靠计量,M公司拥有的长期股权投资的公允价值也不能可靠计量。经双方商定,M公司支付了20万元补价。假定交易不考虑相关税费。

该项资产交换涉及收付货币性资产,即补价20万元。对华美股份有限公司而言,收到的补价20万元÷换出资产账面价值150万元≈13.33%<25%。因此,该项交换属于非货币性资产交换,M公司的情况也类似。由于换出资产与换入资产的公允价值均不能可靠计量,交换双方均应当按照换出资产的账面价值为基础确定换入资产成本。

(1)华美股份有限公司的账务处理如下。

借:固定资产清理　　　　　　　　　　　　　　1 500 000
　　累计折旧——专有设备　　　　　　　　　　3 500 000
　　贷:固定资产——专有设备　　　　　　　　　5 000 000
借:长期股权投资　　　　　　　　　　　　　　1 300 000
　　银行存款　　　　　　　　　　　　　　　　　200 000
　　贷:固定资产清理　　　　　　　　　　　　　1 500 000

(2)M公司的账务处理如下。

借:固定资产——专有设备　　　　　　　　　　1 400 000
　　贷:长期股权投资　　　　　　　　　　　　　1 200 000
　　　　银行存款　　　　　　　　　　　　　　　200 000

(二)涉及多项非货币性资产的会计处理

在涉及多项非货币性资产交换中,如果该非货币性资产交换不具有商业实质或换入资产和换出资产的公允价值均不能可靠计量,该非货币性资产交换应当采用账面价值为计量基础。

1. 换入资产成本的确定

对于同时换入的多项资产,按照各项换入资产的公允价值的相对比例,将换出资产的账面价值总额(涉及补价的,加上支付补价的账面价值或减去收到补价的公允价值)分摊至各项换入资产,加上应支付的相关税费,作为各项换入资产的初始计量金额。其计算公式如下。

换入资产的总成本=换出资产的账面价值之和+支付补价的账面价值(或-收到补价的公允价值)

每项换入资产成本的分配比例=该换入资产的公允价值÷换入资产公允价值之和

每项换入资产成本=换入资产的总成本×每项换入资产成本的分配比例

换入资产的公允价值不能够可靠计量的,可以按照各项换入资产的原账面价值的相对比例或其他合理的比例对换出资产的账面价值进行分摊。

2. 以账面价值为基础计量的会计处理

以账面价值为基础计量的非货币性资产交换,对于同时换出的多项资产,各项换出资产终止确认时均不确认损益。

例 9-6

2020年7月1日,华美股份有限公司与甲公司协商,将其一项专利技术与甲公司正在建造过程中的一幢建筑物以及拥有的A公司的长期股权投资进行交换。华美股份有限公司换出专利技术的账面原价为6 000万元,已计提摊销1 500万元。甲公司在建工程截止到交换日的成本为2 000万元,对A公司的长期股权投资账面余额为1000万元。华美股份有限公司持有的专利技术公允价值不能可靠计量。假设不考虑增值税等相关税费。

本例不涉及收付货币性资产,属于非货币性资产交换。由于换入资产和换出资产的公允价值均不能可靠计量,交换双方均应当以换出资产账面价值总额作为换入资产的成本。华美股份有限公司应当按照各项换入资产的账面价值占换入资产原账面价值总额的比例分配确定各项换入资产的成本。

(1)华美股份有限公司的账务处理如下。

计算各项换入资产的初始计量金额,如表9-3所示。

表9-3　华美股份有限公司计算各项换入资产初始计量金额(单位:元)

换入资产	在换出方的原账面价值	换出资产账面价值总额	分配比例	初始计量金额
在建工程	20 000 000	—	66.67%	30 000 000
长期股权投资	10 000 000	—	33.33%	15 000 000
合计	30 000 000	45 000 000	100%	45 000 000

借:在建工程　　　　　　　　　　　　　　　　　30 000 000
　　长期股权投资　　　　　　　　　　　　　　　10 000 000
　　累计摊销——专利技术　　　　　　　　　　　15 000 000
　贷:无形资产——专利技术　　　　　　　　　　　60 000 000

(2)甲公司的账务处理如下。

换入资产成本=换出资产账面价值总额=3000(万元)

借:无形资产——专利技术　　　　　　　　　　　30 000 000
　贷:在建工程　　　　　　　　　　　　　　　　　20 000 000
　　长期股权投资　　　　　　　　　　　　　　　10 000 000

第十章 资产减值

第一节 资产减值概述

一、资产减值准则适用范围

企业所有资产在发生减值时,原则上都应当对所发生的减值损失及时加以确认和计量,但是有关资产特性不同,其减值会计处理也不尽相同,因而适用的具体企业会计准则不尽相同。本章内容仅限于《企业会计准则第8号——资产减值》规定的资产范围。具体包括下列的非流动资产:

对子公司、联营企业和合营企业的长期股权投资;

采用成本模式进行后续计量的投资性房地产;

固定资产;

生产性生物资产;

无形资产;

商誉;

探明石油天然气矿区权益和井及相关设施。

对于存货、消耗性生物资产、采用公允价值进行后续计量的投资性房地产、金融资产等资产的减值分别适用《企业会计准则第1号——存货》《企业会计准则第5号——生物资产》《企业会计准则第3号——投资性房地产》《企业会计准则第22号——金融工具确认和计量》,因此,本章不涉及这些资产的减值的会计核算。

二、资产减值概念

所谓资产减值是指由外部或内部因素对资产带来不利影响,使得资产未来给企业带来的全部经济利益小于其现有的账面价值,因而给企业带来损失的事项。《企业会计准则——基本准则》给"资产"下的定义是:资产是指企业过去的交易或者事项形成的、由企业拥有或者控制的、预期会给企业带来经济利益的资源。资产的主要特征之一是这种资源必须能够为企业带来经济利益的流入。如果资源不能够为企业带来经济利益或者该资源被确认为资产后带来的经济资源低于其账面价值,那么该资源就不能确认为资产,或者不能再以原来的账面价值对该资产予以确认,否则就不符合资产的定义,也无法反映资产的实际价值。其结果会导致企业资产的虚增和利润的虚增。因此,当企业资产的可收回金额低于账面价值时,即表明资产发生了减值,企业应当确认资产减值给企业带来的损失,同时把资产的账面价值减至可收回金额。

三、资产价值的迹象与测试

(一)资产减值迹象的判断

根据资产减值准则规定,企业在资产负债表日应当判断资产是否存在可能发生价值的迹象,主要从外部信息来源和内部信息来源两方面加以判断。

从企业外部信息来源来看,如果出现了资产市价在当期大幅度下跌,其跌幅明显高于因时间的推移或者正常使用而预计的下跌;企业经营所处的经济、技术或者法律等环境以及资产所处的市场在当期或者将在近期发生重大变化,从而对企业产生不利影响;市场利率或者其他市场投资报酬率在当期已经提高,从而影响企业计算资产未来现金流量现值的折现率,导致资产可收回金额大幅度降低;企业所有者权益(净资产)的账面价值远高于其市值等,均属于资产可能发生减值的迹象,企业需要据此估计资产的可收回金额,决定是否需要确认资产减值损失。

从企业内部信息来源来看,如果有证据表明资产已经陈旧过时或者其实体已经损坏;资产已经或者将被闲置、终止使用或者计划提前处置;企业内部报告的证据表明资产的经济绩效已经低于或者预计金额、资产发生的营业损失远远高于原来的预算或者预计金额、资产在建造或者收购时所需的现金支出远远高于最初的预算、资产在经营或者维护中所需的现金支出远远高于最初的预算等,均属于资产可能发生减值的迹象。

需要注意的是,企业应当根据实际情况来认定资产可能发生的减值迹象,以上列举的减值迹象不能包含所有资产的减值迹象。

(二)资产减值的测试

如果有确凿的证据表明资产存在减值迹象的,应当进行减值测试,估计资产的可收回金额。资产存在减值迹象是资产是否需要进行减值测试的必要条件。企业合并形成的商誉、使用寿命不确定的无形资产以及尚未达到可使用状态的无形资产除外,这是因为准则规定,对于这些资产,无论是否存在减值迹象,都应当至少于每年年度终了进行减值测试。

企业在判断资产减值迹象以决定是否需要估计资产可收回金额时,应当遵循重要性原则。根据这一原则,企业资产存在下列情况的,可以不估计其可收回金额:

第一,以前报告期间的计算结果表明,资产可收回金额远高于其账面价值,之后没有发生消除这一差异的交易或者事项的,企业在资产负债表日可以不需要重估该资产的可收回金额。

第二,以前报告期间的计算与分析表明,资产可收回金额对于资产减值准备准则中所列示的一种或者多种减值迹象不敏感,在本报告期间发生了这些减值迹象的,在资产负债表日企业可以不需要因上述减值迹象的出现而重新估计该资产的可收回金额。

四、资产可收回金额的确定

(一)资产可收回金额的定义

资产的可收回金额是指资产的公允价值减去处置费用后的净额与资产预计未来现金流量的

现值两者之间的较高者。根据资产减值准则的规定，当资产存在减值迹象的，首先要估计其可收回金额，然后将所估计的资产可收回金额与其账面价值进行比较，以确定资产是否发生了减值及是否需要计提减值准备并确认相应的减值损失。如某企业有一项固定资产出现减值迹象，根据估计，该固定资产的公允价值减去处置费用后的净额为95万元，该固定资产预计未来现金净流量的现值为90万元，则该固定资产的可收回金额为95万元。

(二)资产可收回金额的确定

在估计资产可收回金额时，原则上应当以单项资产为基础，如果企业难以对单项资产的可收回金额进行估计的，应当以该资产所属的资产组为基础确定资产组的可收回金额。

资产可收回金额的估计，应当根据其公允价值减去处置费用后的净额与资产预计未来现金流量的现值两者较高者。因此，要估计资产的可收回金额，通常需要同时估计该资产的公允价值减去处置费用后的净额和资产预计未来现金流量的现值。

1. 资产的公允价值减去处置费用后的净额的估计

资产的公允价值减去处置费用后的净额，通常反映的是资产如果被出售或者处置时可以收回的净现金收入。其中，资产的公允价值是指市场参与者在计量日发生的有序交易中，出售一项资产所能收到或者转移一项负债所需支付的价格；处置费用是指可以直接归属于资产处置的增量成本，包括与资产处置有关的法律费用、相关税费、搬运费以及为使资产达到可销售状态所发生的直接费用等，但是，财务费用和所得税费用等不包括在内。

企业在估计资产的公允价值减去处置费用后的净额时，应当按照下列顺序进行。

(1)优先采用的方法：应当根据公平交易中资产的销售协议价格减去可直接归属于该资产处置费用的金额来确定。这是估计资产的公允价值减去处置费用后的净额的首选方法。但是，在实务中，企业的资产往往都是内部持续使用的，取得资产的销售协议价格并不容易，因此，需采用其他方法进行估计。

(2)其次采用的方法：在资产不存在销售协议但存在活跃市场的情况下，应当根据该资产的市场价格减去处置费用后的金额确定。资产的市场价格通常应当按照资产的买方出价确定。但是，如果难以获得资产在估计日的买方出价的，在资产的交易日和估计日之间，有关经济、市场环境等没有发生重大变化时，企业可以资产最近的交易价格为其公允价值减去处置费用后的净额的估计基础。

(3)最后采用的方法：在既不存在资产销售协议又不存在资产活跃市场的情况下，企业应当以可获取最佳信息为基础，根据熟悉情况的交易双方自愿进行公平交易提供的价格减去处置费用后的金额，来估计资产的公允价值减去处置费用后的净额。在实务中，该金额可以参考同行类似资产的最近交易价格或者结果进行估计。

如果企业按照上述要求仍然无法可靠估计资产的公允价值减去处置费用后的净额的，则应当以该资产预计未来现金净流量的现值作为该资产的可收回金额。

2. 资产预计未来现金流量的现值的估计

资产预计未来现金流量的现值，应当按照资产在持续使用过程中和最终处置时所产生的预计未来现金流量,选择适当的折现率对其进行折现后的金额。

预计资产未来现金流量的现值,主要应当综合考虑资产的预计未来现金流量、资产的使用寿命和折现率。

(1)资产未来现金流量的预计。

①预计资产未来现金流量的基础。

为了估计资产未来现金流量的现值,需要首先预计资产的未来每期现金流量,为此,企业管理层应当在合理和有依据的基础上对资产剩余使用寿命内整个经济状况进行最佳估计,并将资产未来每年现金流量的预计建立在经企业管理层批准的最近的财务预算或者预测数据之上,一般最多涵盖5年的时间。如果包括最近财务预算或者预测期之后的每期现金流量,应当以该预算或预测期之后年份稳定的或者递减的增长率为基础,不应当超过长期平均增长率。在恰当、合理的情况下,该增长率可以是零或者是负数。

但是,由于经济环境随时处于变化中,资产的实际现金流量往往会与预计数有出入,且预计资产未来每年现金流量时的假设也可能有变化,企业管理层在每次预计资产未来每年现金流量时,应当首先分析以前期间现金净流量预计数和现金净流量实际数出现差异的情况,确保所依据假设与前期保持一致。

②预计资产未来现金流量应当包括的内容。

一是资产持续使用过程中预计每期产生的现金流入。

二是为实现资产持续使用过程中每期产生的现金流入所必需的预计每期的现金流出(包括为使资产达到预定可使用状态所发生的现金流出)。该现金流出应当是直接归属于或者可通过合理和一致的技术分配到资产中的现金流出,后者通常是指那些与资产相关的间接费用。

三是资产使用寿命结束时,处置资产所收回或者支付的净现金流量。该现金流量应当是在公平交易中,熟悉情况的交易双方自愿进行交易时,企业预期可以从资产的处置中获取或者支付的减去预计处置费用后的金额。

③预计资产未来现金净流量应当考虑的因素。

一是以资产的当前状况为基础预计资产未来现金净流量。企业资产在使用过程中有时会因修理、改良、重组等而发生变化,在预计资产未来现金流量时,企业应当以资产的当前状况为基础,不应当包括与将来可能会发生的、尚未作出承诺的重组事项或者与资产改良有关的预计未来现金流量。具体为:企业已经承诺重组的,在确定资产的未来每期现金流量的时,预计的未来每期现金流入量和流出量,应当反映重组所能节约的费用和由重组所带来的其他利益,以及因重组所导致的估计未来每期现金流出数;企业在发生与资产改良有关的现金流出之前,预计的资产未来现金流量应当以资产的当前状况为基础,不应当包括因与该现金流出相关的未来经济利益增加而导致的预计未来现金流入金额;企业未来发生的现金流出如果是为了维持资产正常运转或者资产正常产出水平而必需的支出或者属于资产维护支出,应当在预计资产未来现金流量时将其考虑在内。

二是预计资产未来现金流量不应当包括筹资活动和所得税收付产生的现金流量。

企业预计的资产未来现金流量,不应当包括筹资活动产生的现金流入量或者流出量。

三是对通货膨胀因素的考虑应当和折现率相一致。企业在预计资产未来现金流量和折现率时,如果折现率考虑了因一般通货膨胀而导致的物价上涨影响因素,资产预计未来现金流量也应进行考虑;反之,如果折现率没有考虑一般通货膨胀而导致的物价上涨的影响因素,则资产预计未来现金流量不需要考虑这一影响因素。

四是内部转移价格应当予以调整。在部分企业集团里,由于集团整体战略发展,有些资产生产出的产品或者产出可能是供集团内部其他企业使用或者对外出售的,产品或产出在集团内部所确定的交易价格或者结算价格是基于内部转移价格,而内部转移价格很可能与市场交易价格不同,在此时,为了真实预测企业资产的价值,就不应当简单以内部转移价格为基础预计资产未来现金流量,而应当采用市场交易中企业管理层能够达成的最佳未来价格估计进行预计。

④预计资产未来现金流量的方法。

第一种:传统法(单一法)。企业预计资产未来现金流量的现值,需要预计资产未来现金流量。预计资产未来现金流量,通常可以根据资产未来每期最有可能产生的现金流量进行预测。这种方法通常叫作传统法(单一法),它使用单一的未来每期预计现金流量和单一的折现率计算资产未来现金流量的现值。

例 10-1

华美股份有限公司 2020 年年末对某项固定资产进行价值测试。该固定资产预计尚可使用三年,公司预计在未来三年内,该项固定资产每年可为公司产生的现金净流量分别为 50 万元、30 万元、10 万元。该现金净流量一般为最有可能发生的现金流量,公司应该以该现金流量的预计数为基础计算该资产的未来现金流量的现值。

第二种:期望值法。在实务中,有时影响资产未来现金流量的因素较多,情况较为复杂,且有很大的不确定性,使用传统法的现金流量可能不会真实反映资产创造现金流量的实际情况。因此,企业应当采用期望值法计算期望现金流量预计资产未来现金流量。

例 10-2

沿用【例 10-1】,假定该固定资产生产的产品受市场行情波动影响大,企业预计未来三年每年的现金净流量情况如表 10-1 所示。

表 10-1 某项固定资产未来三年现金净流量概率分布及发生情况(单位:万元)

年 份	行情好(30%)	行情一般(60%)	行情差(10%)
第一年	80	50	40
第二年	40	30	10
第三年	30	10	5

用期望值法计算每年现金净流量如下。

第一年的预计现金净流量(期望现金净流量):$80\times30\%+50\times60\%+40\times10\%=58$(万元)

第二年的预计现金净流量(期望现金净流量):$40\times30\%+30\times60\%+10\times10\%=31$(万元)

第三年的预计现金净流量(期望现金净流量):$30\times30\%+10\times60\%+5\times10\%=15.5$(万元)

(2)折现率的预计。

为了资产减值测试,计算资产未来现金流量现值时所使用的折现率应当是反映当前市场货币时间价值和资产特定风险的税前利率。该折现率是企业在购置或投资资产时所要求的必要报酬率。折现率的确定,应当首先以该资产的市场利率为依据,如果该资产的利率无法从市场获得,则可以使用替代利率加以估计,在估计替代利率时,企业应当充分考虑资产剩余使用寿命期间的货币时间价值和其他相关因素。在估计替代利率时,可以根据企业加权平均资金成本、增量借款利率或者其他相关市场借款利率做适当调整后确定。

估计资产未来现金流量现值,通常应当使用单一的折现率。但是,如果资产未来现金流量的现值对未来不同期间的风险差异或者利率的期间结构是反应敏感的,则企业应当在未来各期采用不同的折现率。

(3)资产未来现金流量现值的预计。

在预计资产未来现金流量和折现率的基础上,资产未来现金流量的现值只需要将该资产的预计未来现金流量按照预计的折现率在预计期限内进行折现即可确定。

例 10-3

2020年年末,华美股份有限公司发现市场上出现更加新颖的专利技术,这使公司在2年前购入的W机器设备存在减值迹象。假定该项机器设备尚可使用五年,预计未来5年的现金流量分别为500 000元、480 000元、450 000元(改良后为500 000元)、300 000元(改良后为380 000元)、100 000元(改良后为150 000元)。折现率确定为5%。

该公司对该项机器设备的未来现金流量现值计算如表10-2所示。

表10-2　W机器设备未来现金流量现值计算表(单位:元)

年　份	预计未来现金流量	折现率	折现系数	现值
第一年	500 000	5%	$1/(1+5\%)=0.9524$	476 200
第二年	480 000	5%	$1/(1+5\%)^2=0.9070$	435 360
第三年	450 000	5%	$1/(1+5\%)^3=0.8638$	388 710
第四年	300 000	5%	$1/(1+5\%)^4=0.8227$	246 810
第五年	100 000	5%	$1/(1+5\%)^5=0.7835$	78 350

(4)外币未来现金流量及其现值的预计。

在企业使用资产所收到的未来现金流量如果是外币,企业应当按照以下顺序确定资产未来现金流量的现值。

首先,应当以该资产所产生的未来现金流量的结算货币为基础预计其未来现金流量,并按照该货币适用的折现率计算资产的现值。

其次,将该外币现值按照计算资产未来现金流量现值当日的即期汇率进行折算,从而折算成按照记账本位币表示的资产未来现金流量的现值。

第二节　单项资产减值的确认和计量

一、资产减值损失确认与计量的一般原则

企业在对资产进行减值测试后，如果可收回金额的计量结果表明，资产的可收回金额低于其账面价值的，应当将资产的账面价值减记至可收回金额，减记的金额确认为资产减值损失，计入当期损益，同时，计提相应的资产减值准备。这样，企业当期确认的减值损失应当反映在其利润表中，而计提的资产减值准备应当作为相关资产的备抵项目，反映于资产负债表中。

在资产减值损失确认后，减值资产的折旧或摊销费用的计算应当在未来期间作相应的调整，以使该资产在剩余使用寿命内，系统地分摊调整后的资产账面价值。

由于固定资产、无形资产、商誉等资产发生价值后，一方面价值回升的可能性比较小，通常属于永久性减值；另一方面从会计信息稳健性要求，为了避免确认资产重估增值和操纵利润，资产减值损失一经确认，在以后会计期间不得转回。以前期间计提的减值准备，在资产处置或报废时方可转出。

二、资产减值损失的账务处理

为了正确核算企业确认的资产减值损失和计提的资产减值准备，企业应当设置"资产减值损失"科目，按照资产类别进行明细核算，反映各类资产在当期确认的资产减值损失金额；同时应当根据不同的资产类别，分别设置"固定资产减值准备""投资性房地产减值准备""在建工程减值准备""无形资产减值准备""商誉减值准备""长期股权投资减值准备""生产性生物资产减值准备"等科目。

当企业确定资产发生了减值时，应当根据确认的资产减值金额，借记"资产减值损失"科目，贷记"固定资产减值准备""投资性房地产减值准备""在建工程减值准备""无形资产减值准备""商誉减值准备""长期股权投资减值准备""生产性生物资产减值准备"等科目。在期末，企业应当将"资产减值损失"科目余额转入"本年利润"科目，结转后该科目应当没有余额。各资产减值准备科目累计每期计提的资产减值准备，直至相关资产被处置或报废时才予以转出。

例 10-4

沿用【例10-3】，假定该机器设备在2020年12月31日账面价值为1 800 000元，预计净残值为5 430元，采用平均年限法计提折旧，公允价值减去处置费用后的净额为1 500 000元。

根据该机器设备的未来现金流量现值的计算，现值为1 625 430（467 200＋435 360＋388 710＋246 810＋78 350）元，公允价值减去处置费用后的净额为1 500 000元，则该机器设备的可收回金额为1 625 430元，由于该机器设备的账面价值1 800 000元大于可收回金额1 625 430元，根据资产减值准备规定，该机器设备发生了减值，华美股份有限公司在2020年12月31日应确认减值损失为174 570元。其账务处理如下。

借:资产减值损失——计提固定资产减值损失   174 570
　　贷:固定资产减值准备——W机器设备   174 570

计提资产减值准备后,W机器设备的账面价值变为1 625 430元,在未来五年的使用寿命内,公司应当以1 625 430元为基础计提折旧。如果发生进一步减值,再进一步进行减值测试。

华美股份有限公司在2021年对W机器设备计提折旧额应为:(1 625 430－5 430)÷5＝324 000(元)。

例10-5

2020年12月31日,华美股份有限公司在对外购的A项专利技术进行检查时发现市场上已存在类似专利技术所生产出的产品,从而对华美股份有限公司产品的销售造成不利影响。当时A项专利技术的账面价值1 000 000元,剩余使用寿命3年,根据2020年12月31日的市场情况,如果公司将该项专利技术出售,在扣除发生的相关费用后,则可以获得710 000元。但是如果公司计划继续使用该专利技术,则在未来三年内预计可以获得现金流量的现值为700 000元。

华美股份有限公司A项专利技术的公允价值减去处置费用后的净额为710 000元,预计未来现金流量现值为700 000元,A项专利技术的可收回金额为710 000元。2020年12月31日,该项专利技术的账面价值为100 000元,可收回金额小于账面价值,该项专利技术发生减值损失,确认减值损失的金额为290 000元。其会计处理如下。

借:资产减值损失——计提无形资产减值损失   290 000
　　贷:无形资产减值准备——A专利技术   290 000

计提资产减值准备后,A项专利技术的账面价值变为710 000元,在未来三年内,公司应当以710 000元为基数进行摊销。如果发生进一步减值,再进一步进行减值测试。A项专利技术在剩余使用寿命的三年内每年摊销金额(假定使用结束处置收益为零)为710 000÷3＝270 000(元)。

第三节　资产组减值的确认和计量

一、资产组的认定

根据会计准则规定,如果有迹象表明一项资产可能发生减值的,则企业应当以单项资产为基础进行减值测试,估计可收回金额。但是,在企业难以对单项资产的可收回金额进行估计的情况下,应当以该资产所属的资产组为基础确定资产组的可收回金额。因此,资产组的认定就十分重要。

(一)资产组的定义

资产组是企业可以认定的最小资产组合,其产生的现金流入应当基本上独立于其他资产或资产组。资产组应当由创造现金流入相关的资产组成。

(二)资产组认定需要考虑的因素

企业应当以主要现金流入的独立性为依据来认定资产组,即该资产组能否独立产生现金流入。企业的某一生产线、经营网点、业务部门等,如果能够独立于其他部门或者单位等形成收入、产生现金流入,或者其形成的收入和现金流入绝大部分独立于其他部门或者单位,且属于可以认定的最小资产组合,则通常应将该生产线、经营网点、业务部门等认定为一个资产组。

例 10-6

华美股份有限公司为生产一款时装专门购入一台机器设备甲提花织机。该提花织机必须和该公司的另外两项设备(甲染色机、甲印花机)配套使用,以形成一条甲生产线,在持续使用过程中,难以脱离另外两项设备而单独产生现金流入,因此,华美股份有限公司难以对甲提花织机的可收回金额进行单独估计,甲提花织机、甲染色机和甲印花机必须结合在一起,成为一个资产组,以估计该资产组的可收回金额。

在资产组的认定过程中,企业几项资产的组合生产的产品存在活跃市场的,无论这些产品是对外出售还是仅供企业内部使用,均表明这几项资产的组合能够独立创造现金流入,在符合其他相关条件时,应当将这些资产的组合认定为资产组。

例 10-7

华美股份有限公司生产 H 产品,并且拥有 A、B、C 三家工厂。三家工厂分别位于不同的区域。A 工厂生产一种组件,由 B 工厂或 C 工厂进行组装,最终产品 H 由 B 工厂或 C 工厂对外销售,B 工厂可以在本地销售,也可以在 C 工厂所在地销售。

B 和 C 的生产能力合在一起尚有剩余,并没有被完全利用。B 和 C 生产能力的利用程度依赖于甲公司对于销售产品在两地之间的分配。以下分别认定与 A、B、C 有关的资产组。

(1)当 A 生产的组件存在活跃市场,则 A 很可能可以认定为一个单独的资产组。这是因为 A 生产的产品经管主要用于 B 或者 C,但是,由于该组件存在活跃市场,可以独立产生现金流量,通常应当认定为一个单独的资产组。在确定其未来现金流量现值时,公司应当调整其财务预算或预测,将未来现金流量的预计建立在公平交易的前提下 A 所生产产品的未来价格最佳估计数,而不是其内部转移价格。

对于 B 和 C,即使 B 和 C 组装的产品存在活跃市场,由于 B 和 C 的现金流入依赖于产品在两地之间的分配,B 和 C 的未来现金流量不可能单独确定。因此,B 和 C 组合在一起认定、可基本独立于其他资产组未产生来现金流量的现值时,B 和 C 应当认定为一个资产组。

(2)当 A 生产的组件不存在活跃市场,它的现金流入依赖 B 或者 C 生产的最终产品的销售,因此,A 很可能难以单独产生现金流入,其可收回金额很可能难以单独估计。

对于 B 和 C,其生产的产品虽然存在活跃市场,但 B 和 C 的现金流量依赖于产品在两个工厂之间分配,B 和 C 在生产和销售上的管理是统一的,因此,B 和 C 难以单独产生现金流量,也难以单独估计可收回金额。因此,只有A、B、C组合在一起,才可能是一个可以认定的、能够基本上独立产生现金流入的最小资产组合,从而将A、B、C的组合认定为一个资产组。

企业对生产经营活动的管理或者监控方式以及资产使用或者处置的决策方式等,也是认定资产组应考虑的重要因素。比如,某汽车生产企业有A、B、C三个分厂,每个分厂在成本核算、业绩考核和内部管理等方面都相对独立,在这种情况下,每个分厂通常为一个资产组。

(三)资产组认定后不得随意变更

资产组一经确定,在各期应当保持一致,不得随意变更,即资产组的各项资产构成通常不能随意变更。但是,如果由于企业重组、变更资产用途等,资产组构成确需变更的,企业可以进行变更,但企业管理层应当证明该变更是合理的,并在附注中加以说明。

二、资产组减值测试

资产组减值测试的原理与单项资产的减值测试是一样的,即企业需要预计资产组的可收回金额和计算资产组的账面价值,并将两者进行比较,如果资产组的可收回金额低于该资产组的账面价值,则表明资产组发生了减值,减值损失应当予以确认。

(一)资产组账面价值和可收回金额的确定基础

资产组账面价值的确定基础应当与其可收回金额的确定方式相一致。这是因为只有这样的比较才有意义,否则,如果两者在不同的基础上进行估计和比较,就难以正确估算资产组的减值损失。

在确定资产组的可收回金额时,应当按照该资产组的公允价值减去处置费用后的净额与其预计未来现金流量现值两者之间较高者确定。

资产组的账面价值应当包括可直接归属于资产组与可以合理和一致地分摊至资产组的资产账面价值,通常不应当包括已确认负债的账面价值,但不考虑该负债金额就不能确定资产组可收回金额的除外。这是因为在预计资产组的可收回金额时,既不包括与该资产组的资产无关的现金流量,也不包括与已在财务报表中确认的负债有关的现金流量。因此,为了与资产组可收回金额的确定基础一致,资产组的账面价值也不应包括这些项目。

例 10-8

假定华美股份有限公司是矿业企业,法律要求矿产的业主必须在完成开采后将该地区恢复原状,恢复费用主要是表层植被的恢复,这是因为表土层在矿山开发前已被挖走。因此,公司在表土层被挖走后,就应当确认一项预计负债,并计入矿山成本,假定为800万元。

2020年12月31日,公司对矿山进行减值测试,矿山的资产组是整座矿山。已经有企业愿意以4 500万元的价格购买该矿山,且拟定合同。该价格考虑了恢复植被的成本。矿山的预计未来现金流量的现值为5 500万元,不包括植被恢复费用;矿山的账面价值为6 000万元(包括预计负债800万元),不考虑矿山的处置费用。

在本例中,矿山资产组预计未来现金流量的现值在考虑恢复费用后的价值为4 700(=5 500-800)万元,高于该资产组的公允价值减去处置费用后的净额4 500万元,因此,该资产组的可收回金额为4 700万元,资产组的账面价值为5 200(=6 000-800)万元,该资产组计提的减值准备为500(=5 200-4 700)万元。

(二)资产组减值的会计处理

根据减值测试的结果,资产组的可收回金额如果低于其账面价值,应当确认相应的减值损失。减值损失金额应当按照以下顺序进行分摊:

抵减分摊至资产组中商誉的账面价值;

根据资产组中除商誉之外的其他资产的账面价值所占比重,按比例抵减各项资产的账面价值。

以上资产账面价值的抵减,应当作为各单项资产的减值损失处理,计入当期损益。抵减后的各资产的账面价值不得低于以下三者之中最高者:一是该资产的公允价值减去处置费用后的净额(如果可以确定的);二是该资产预计未来现金流量的现值(如果可以确定的);三是零。由此产生的未能分摊的减值损失金额,应当按照相关资产组其他资产的账面价值比重进行分摊。

例 10-9

华美股份有限公司于2020年12月31日对乙资产组进行减值测试,其账面价值为800万元。该资产组包括一条生产线、一个厂房、职工宿舍和职工浴室,账面价值分别为400万元、200万元、150万元、50万元。经咨询相关专家和评估公司,该公司确定该资产组的公允价值减去处置费用后的净额为650万元,预计未来现金流量的现值为700万元。因此,该资产组的可收回金额为700万元,该资产组发生了减值,确认减值损失100(=800-700)万元,同时根据该资产组内各资产的账面价值,按比例分摊减值损失至资产组内的各资产。

(1)按资产组内各资产账面价值比例分摊减值损失。

生产线应分摊的减值损失=100×400÷800=50(万元)

厂房应分摊的减值损失=100×200÷800=25(万元)

职工宿舍应分摊的减值损失=100×150÷800=18.75(万元)

职工浴室应分摊的减值损失=100×50÷800=6.25(万元)

(2)根据计算结果进行会计处理。

借:资产减值损失——计提固定资产减值损失　　　　1 000 000
　　贷:固定资产减值准备——生产线　　　　　　　　　500 000
　　　　　　　　　　　　——厂房　　　　　　　　　　250 000
　　　　　　　　　　　　——职工宿舍　　　　　　　　187 500
　　　　　　　　　　　　——职工浴室　　　　　　　　 62 500

(3)计算减值后资产组内各资产的账面价值。

生产线的账面价值=400-50=350(万元)

第十章 资产减值

厂房的账面价值＝200－25＝175(万元)

职工宿舍的账面价值＝150－18.75＝131.25(万元)

职工浴室的账面价值＝50－6.25＝43.75(万元)

例 10-10

沿用【例10-9】，假定生产线的公允价值减去处置费用后的净额为380万元。其他资产无法估计可收回金额。其余资料不变。

(1)按资产组内各资产账面价值比例分摊减值损失。

生产线应分摊的减值损失＝100×400÷800＝50(万元)

厂房应分摊的减值损失＝100×200÷800＝25(万元)

职工宿舍应分摊的减值损失＝100×150÷800＝18.75(万元)

职工浴室应分摊的减值损失＝100×50÷800＝6.25(万元)

(2)由于生产线的最大分摊减值损失为20(＝400－380)万元，还有30(＝50－20)万元需进行第二次分配。

厂房应分摊的减值损失＝30×200÷400＝15(万元)

职工宿舍应分摊的减值损失＝30×150÷400＝11.25(万元)

职工浴室应分摊的减值损失＝30×50÷400＝3.75(万元)

(3)计算资产组内各资产共分摊的减值损失。

生产线应分摊的减值损失＝20(万元)

厂房应分摊的减值损失＝25＋15＝40(万元)

职工宿舍应分摊的减值损失＝18.75＋11.25＝30(万元)

职工浴室应分摊的减值损失＝6.25＋3.75＝10(万元)

分摊过程可以用表格形式表现，具体如表10-3所示。

表10-3 乙资产组减值损失分摊表(单位:万元)

项目	生产线	厂房	职工宿舍	职工浴室	资产组
账面价值	400	200	150	50	800
可收回金额	380	——	——	——	700
减值损失	——	——	——	——	100
第一次分摊确认减值损失	20(30)	25	18.75	6.25	70
第二次分摊确认减值损失		15	11.25	3.75	30
共确认减值损失	20	40	30	10	100
减值后的账面价值	380	160	120	40	700

(4)根据计算结果进行会计处理。

借:资产减值损失——计提固定资产减值损失　　　1 000 000

　　贷:固定资产减值准备——生产线　　　　　　　　 200 000

　　　　　　　　　　　　——厂房　　　　　　　　　 400 000

——职工宿舍　　　　　　　　　　　　　　　　　　　300 000
　　——职工浴室　　　　　　　　　　　　　　　　　　　100 000
（5）计算减值后资产组内各资产的账面价值。
　　生产线的账面价值＝400－20＝380（万元）
　　厂房的账面价值＝200－40＝160（万元）
　　职工宿舍的账面价值＝150－30＝120（万元）
　　职工浴室的账面价值＝50－10＝40（万元）

第四节　总部资产减值的确认和计量

　　企业总部资产包括企业集团或者事业部的办公楼、电子数据处理设备、研发中心等资产。总部资产的显著特征是难以脱离其他资产或者资产组产生独立的现金流入，而其账面值价值难以完全归属于某一资产组。因此，总部资产通常难以单独进行减值测试，需要结合其他相关资产组或者资产组组合进行。资产组组合是指由若干个资产组组成的最小资产组组合，包括资产组或者资产组组合以及按合理方法分摊的总部资产部分。

　　在资产负债表日，如果有迹象表明某项总部资产可能发生减值的，企业应当计算确定该总部资产所归属于资产组或者资产组组合的可收回金额，然后将其与相应的账面价值进行比较，判断是否发生减值。

　　企业在进行某资产组减值测试时，应当先认定所有与该资产组相关的总部资产，再根据相关总部资产能否按照合理和一致的基础分摊至该资产组，分别下列情况处理。

　　对于相关总部资产能够按照合理和一致的基础分摊至该资产组的部分，应当先将该总部资产的账面价值分摊至该资产组，再据以比较该资产组的账面价值（包括已分摊的总部资产的账面价值部分）和可收回金额，并按照前述有关资产组减值测试的顺序和方法进行处理。

例 10-11

　　华美股份有限公司资产组有 A、B、C 三个资产组，在 2020 年年末，三个资产组的账面价值分别为 500 万元、200 万元、100 万元，没有商誉，总部资产的账面价值为 300 万元。将总部资产账面价值分配至各资产组的分配比例分别为 62.5%、25%、12.5%。

　　首先，将总部资产账面价值 300 万元分配至各资产组，A、B、C 资产组各分配金额为 187.5 万元、75 万元、37.5 万元，分配后 A、B、C 资产组的账面价值分别为 687.5 万元、275 万元、137.5 万元。

　　假定包含总部资产账面价值的资产组 A 和资产组 C 存在减值迹象，其总部资产账面价值分配后的资产组 A、资产组 C 的可收回金额分别为 600 万元和 110 万元。

　　其次，分别对各资产组进行减值损失的确认和计量。由于包含总部资产账面价值分配的资产组 A 和资产组 C 的可收回金额为 600 万元和 110 万元，资产组 A 和资产组 C 应确认减值损失，将账面价值分别减至其各收回金额。计算过程如表 10-4 所示。

表10-4 资产减值损失计算表(单位:万元)

项目	A	B	C	小计	总部资产	合计
账面价值	500	200	100	800	300	1 100
总部资产账面价值分配	187.5	75	37.5	300	−300	0
分配后账面价值	687.5	275	137.5	1100	——	1 100
可收回金额	600	——	110			
减值损失	87.5	——	27.5	115		
减值后的账面价值	600	275	110	985	——	

最后,按照确认减值损失前的账面价值,将包含总部资产账面价值分配额的资产组A和资产组C应确认的减值损失分配到资产组和总部资产,计算过程如表10-5所示。

表10-5 资产减值损失分配计算表(单位:万元)

项目	减值损失	资产组分摊	总部资产分摊
资产组A(包含总部资产部分)	87.5	63.64	23.86
资产组C(包含总部资产部分)	27.5	20	7.5
合计	115	83.64	31.36

根据表10-5,资产组A减值损失63.64万元,资产组C减值损失20万元,总部资产减值损失31.36万元,资产组B减值损失为0。

对于相关总部资产中有部分资产难以按照合理和一致的基础分摊至该资产组的,应当按照以下步骤处理：

在不考虑总部资产的情况下,估计和比较资产组的账面价值和可收回金额,并按照前述有关资产组减值测试的顺序和方法进行处理；

认定有若干个资产组组成的最小资产组组合,该资产组组合应当包括所测试的资产组与可以按照合理和一致的基础将该总部资产的账面价值分摊其上的部分；

比较所认定的资产组组合的账面价值(包括已分摊总部资产的账面价值部分)和可收回金额,并按照前述有关资产组减值测试的顺序和方法进行处理。

例 10-12

华美股份有限公司的资产组甲、乙、丙的账面价值分别为100万元、300万元、200万元,总部资产的账面价值为50万元。资产组乙和总部资产存在减值迹象。预计资产组乙的可收回金额为250万元,资产组甲和资产组丙可收回金额无法合理估计,包含总部资产在内的资产组组合的可收回金额为480万元。

(1)资产组乙预计可收回金额为250万元低于其账面价值300万元,应确认价值损失50万元。

(2)资产组乙和总部资产存在减值迹象,包含总部资产的资产组组合的账面价值为550万元,包含总部资产的资产组组合可收回金额为480万元,应确认减值损失70万元。

(3)包含总部资产在内的资产组组合的减值损失为70万元,不包含总部资产的各资产组减值损失为50万元,增加的20万元应当分配到总部资产,作为总部资产的减值损失。

例 10-13

华美股份有限公司拥有E、F、G三个资产组,均为生产线,在2020年12月31日,三个资产组账面价值分别为200万元、300万元、250万元,没有商誉。预计剩余使用寿命分别为5年、5年、10年,采用平均年法计提折旧,由于市场变化,对该公司产品产生重大不利影响,该公司于2020年年末对各项资产进行减值测试。

华美股份有限公司总部资产包括一栋办公楼和一个研发中心。办公大楼的账面价值为200万元,研发中心的账面价值为300万元,办公楼的账面价值能够在合理和一致的基础上分摊至各资产组,但研发中心的账面价值难以在合理和一致的基础上分摊至各资产组。办公楼的账面价值分摊至各资产组的计算如表10-6所示。

表10-6 总部资产账面价值分摊计算表(单位:万元)

项目	资产组E	资产组F	资产组G	合计
账面价值	200	300	250	750
剩余使用寿命(年)	5	5	10	——
按使用寿命计算权数	1	1	2	——
加权计算后的账面价值	200	300	500	1 000
分摊办公楼比例	20%	30%	50%	100%
办公大楼账面价值分摊	40	60	100	200
分摊后账面价值	240	360	350	950

华美股份有限公司确定资产组E、F、G的可收回金额分别为230万元、380万元、300万元,资产组组合的可收回金额为1300万元。资产组E和资产组G可收回金额均低于各自的账面价值,应当分别确认减值损失,其减值损失分别为10万元、50万元。同时,将减值损失在资产组和办公大楼之间进行分摊。具体分摊计算过程如表10-7所示。

表10-7 资产组减值损失分摊计算表(单位:万元)

项目	减值损失	资产组分摊	办公大楼分摊
资产组E(包含总部资产部分)	10	8.33	1.67
资产组G(包含总部资产部分)	50	35.71	14.29
合计	60	44.04	15.96

根据表10-7,可以计算减值测试后资产组E、F、G和办公大楼的账面价值分别为191.67(=200-8.33)万元、300万元(没发生价值损失)、214.29(=250-35.71)万元、184.04(=200-15.96)万元。研发中心的账面价值为300万元。计算得出包含研发中在内的最小资产组组合的账面价值总额为1190(191.67+300+214.29+184.04+300)万元,其可收回金额为1 300万元,高于账面价值,因此,华美股份有限公司不必再进一步确认减值损失。

第五节 商誉减值测试及会计处理

一、商誉减值测试的基本要求

企业合并所形成的商誉，至少应当在每年年度终了进行减值测试。由于商誉难以独立产生现金流量，商誉应当结合与其相关的资产组或者资产组组合进行减值测试。为了资产减值测试，对于因企业合并而形成的商誉的账面价值，应当自购买日起按照合理的方法分摊至相关的资产组；难以分摊至相关资产组的，应当将其分摊至相关的资产组组合。

二、商誉减值测试的方法与会计处理

企业在对包含商誉的相关资产组或者资产组组合进行减值测试的，如与商誉相关的资产组或者资产组组合存在减值迹象的，首先，对不包含商誉的资产组或者资产组组合进行减值测试，计算可收回金额，并与相关账面价值相比较，确认相应的减值损失。其次，对包含商誉的资产组或者资产组组合进行减值测试，比较这些资产组或者资产组组合的账面价值（包括分摊的商誉的账面价值）与其可收回金额相比较，如果相关资产组或者资产组组合的可收回金额低于其账面价值的，应当就其差额确认减值损失，减值损失金额应当首先抵减分摊至资产组或者资产组组合中的商誉的账面价值。最后，根据资产组或者资产组组合中除商誉外的其他各项资产的账面价值所占比重，按比例抵减其他资产的账面价值。与资产减值测试的处理一样，以上资产账面价值的抵减，也都应当作为各单项资产的减值损失处理，计入当期损益。抵减后的各项资产的账面价值不得低于以下三者中最高者：一是该资产的公允价值减去处置费用后的净额（如果可以确定的）；二是该资产预计未来现金流量的现值（如果可以确定的）；三是零。由此产生的未能分摊的减值损失金额，应当按照相关资产组其他资产的账面价值比重进行分摊。

按照《企业会计准则第20号——企业合并》规定，因企业合并而形成的商誉是母公司根据其在子公司所拥有的权益而确认的商誉，子公司中归属于少数股东的商誉并没有在合并报表予以确认。因此，在对于商誉相关的资产组或者资产组组合进行减值测试时，其可收回金额的预计包含归属于少数股东的商誉价值部分。为了使减值测试建立在一致的基础上，企业应当调整资产组的账面价值，先将归属于少数股东权益的商誉包含在内，再将调整后的资产组账面价值与其可收回金额进行比较，以确定资产组（包括商誉）是否发生减值。

如果上述资产发生减值，则应当首先抵减商誉的账面价值，但根据上述方法计算的商誉减值损失包含了应由少数股东承担的部分，而少数股东权益拥有的商誉价值及其减值损失不在合并报表中反映，合并报表只反应归属于母公司的商誉减值损失，因此，应当将商誉减值损失在可归属于母公司和少数股东权益之间按比例进行分摊，以确认归属于母公司的商誉减值损失。

【例10-14】

华美股份有限公司在2020年1月1日以4 000万元的价格收购了戊公司80%的股权。

在购买日,戊公司可辨认资产的公允价值为 4 500 万元,没有负债和或有负债。因此,华美股份有限公司在其合并财务报表中确认商誉 400(=4 000-4 500×80%)万元,戊公司可辨认净资产 4 500 万元和少数股东权益 900(=4 500×20%)万元。

假定戊公司被认定为一个资产组。由于该资产组包括商誉,它至少应当与每年年终了进行减值测试。在 2020 年年末,华美股份有限公司确定该资产组的可收回金额为 4 200 万元,可辨认净资产的账面价值为 4 300 万元。由于戊公司作为一个单独的资产组的可收回金额 4 200 万元包含了归属于少数股东权益在商誉价值中享有的部分,出于减值测试的目的,在与资产组的可收回金额进行比较前,需要对资产组的账面价值进行调整,使其包括归属于少数股东权益的商誉价值 100[=(4 000÷80%-4 500)×20%]万元。再据以比较该资产组的账面价值和可收回金额,确定是否发生减值损失。具体计算过程如表 10-7 所示。

表 10-7 资产减值损失计算表(单位:万元)

2020 年年末	商誉	可辨认资产	合计
账面价值	400	4 300	4 700
归属于少数股东权益的商誉	100	——	100
调整后账面价值	500	4 300	4 800
可收回金额	——	——	4 200
减值损失	——	——	600

以上计算表明,资产组发生了减值损失 600 万元,应当首先冲减商誉的账面价值,再将剩余部分分摊至资产组中的其他资产。在华美股份有限公司的 600 万元减值损失中,商誉应该承担 500 万元,其中由于在合并报表中确认的商誉仅限于华美股份有限公司持有戊公司 80% 的股权部分,华美股份有限公司只需要在合并报表中确认归属于华美股份有限公司的商誉减值损失 400(=500×80%)万元。剩余的 100(=600-500)万元减值损失,应当冲减戊公司可辨认资产的账面价值,作为戊公司可辨认资产的减值损失。

第十一章 负债

第一节 流动负债

一、流动负债的定义以及构成

(一)负债的定义

负债是指企业过去的交易或者事项形成的、预期会导致经济利益流出企业的现时义务。

负债具有以下几个方面的特征：

负债是企业承担的现时义务；

负债的清偿预期会导致经济利益流出企业；

负债是由企业过去的交易或者事项形成的。

(二)流动负债的定义

负债按照偿还时间的长短可分为流动负债和非流动负债。

一般来说，流动负债是指预计在一年内，或者一个正常营业周期中清偿的负债。

非流动负债是指预计在超过一年，或者超过一个正常营业周期才清偿的负债。

(三)流动负债的构成

流动负债一般包括：短期借款、应付账款、应付票据、预收账款、应付职工薪酬、应交税费、其他应付款、应付利息、应付股利等。

二、短期借款

短期借款是指企业向银行或其他金融机构等借入的期限在1年以下(含1年)的各种借款。企业可按借款种类、金融机构名称和币种进行明细核算。

企业在借入各种短期借款时，借记"银行存款"科目，贷记"短期借款"科目；归还借款本金时做相反的会计分录。期末余额在贷方，反映企业尚未偿还的短期借款。

短期借款一般按月计提利息。计提利息时，借记"财务费用"科目，贷记"应付利息"科目。在实际支付利息时，借记"应付利息"科目，贷记"银行存款"科目。

【例 11-1】

2021年1月1日，华美股份有限公司向银行借入一笔生产经营用短期借款，共计

1 500 000元,期限为6个月,年利率为6%。根据与银行签署的借款协议,该项借款的本金到期后一次归还,利息按季支付。根据上述材料,华美股份有限公司的账务处理如下。

(1)1月1日借入短期借款,收到本金。

借:银行存款　　　　　　　　　　　　1 500 000
　　贷:短期借款　　　　　　　　　　　　　1 500 000

(2)1月末,计提1月份应付利息。本月应计提的利息=1 500 000×6%÷12=7 500(元)。

借:财务费用　　　　　　　　　　　　7 500
　　贷:应付利息　　　　　　　　　　　　　7 500

(3)2月末计提2月份利息费用的会计处理与1月份相同。2月末计提借款利息后,应付利息科目余额为15 000元,余额中包括1月和2月已计提未实际支付的借款利息。

(4)3月末,实际支付第一季度银行借款利息,共计22 500元。第一季度利息包括前两个季度已经计提在应付利息中的利息15 000元和3月份当月的利息7 500元。

借:财务费用　　　　　　　　　　　　7 500
　　应付利息　　　　　　　　　　　　15 000
　　贷:银行存款　　　　　　　　　　　　　22 500

(5)第二季度的会计处理同上。

(6)6月30日,借款到期,偿还银行借款本金。

借:短期借款　　　　　　　　　　　　1 500 000
　　贷:银行存款　　　　　　　　　　　　　1 500 000

三、应付账款

应付账款是企业因购买材料、商品或劳务而发生的应付未付的款项。

企业应当设置"应付账款"科目,贷方登记应付账款的增加,借方登记应付账款的减少,期末余额在一般在贷方,表示期末仍然尚未支付的应付账款。

本科目一般按供货商名称设置明细科目,进行明细核算。

(一)应付账款增加的账务处理

企业因采购材料、购买商品或接受劳务而发生应付未付款项时,作如下会计分录。

借:原材料／库存商品 等
　　应交税费——应交增值税(进项税额)
　　贷:应付账款

(二)偿还应付账款的账务处理

企业偿还应付账款时,作如下会计分录。

借:应付账款
　　贷:银行存款

(三)偿还应付账款时,现金折扣的处理

应付账款附有现金折扣的,应按照扣除现金折扣前的应付款总额入账。如果偿付时确实享受了现金折扣,在偿付当期冲减财务费用。

借:应付账款 （应付账款总额）
  贷:银行存款 （实际偿付的金额）
    财务费用 （差额为享受的现金折扣,冲减当期财务费用）

(四)应付账款的转销

企业转销确实无法支付的应付账款(如因债权人破产注销等而产生无法支付的应付账款),应按其账面余额计入营业外收入,作如下会计分录。

借:应付账款
  贷:营业外收入

例 11-2

华美股份有限公司于2021年6月20日从ABC公司购进原材料一批,价款为10 000元,增值税率13%。原材料已验收入库。ABC公司对赊销材料的信用条件为:3/10,2/20,n/30,华美股份有限公司于7月5日付款。根据上述材料,华美股份有限公司的账务处理如下。

(1)6月20日购进材料时。

借:原材料　　　　　　　　　　　　　　　　　10 000
　　应交税费——应交增值税(进项税额)　　　1 300
　　贷:应付账款　　　　　　　　　　　　　　　　　11 300

(2)7月5日付款时,因在20天内付款可享受2%的现金折扣,实际付款金额为11 300×(1−2%)=11 074(元),现金折扣11 300×2%=226(元),记入"财务费用"。

借:应付账款　　　　　　　　　　　　　　　　11 300
　　贷:银行存款　　　　　　　　　　　　　　　　　11 074
　　　财务费用　　　　　　　　　　　　　　　　　　226

四、应付票据

应付票据是企业在商品购销活动中,结算货款时采用商业票据形式而发生的,由出票人出票,委托付款人在指定日期无条件支付确定金额给持票人的一种负债。

应付票据按照承兑人的不同分为银行承兑汇票和商业承兑汇票。其中银行承兑汇票是由在承兑银行开立存款账户的存款人出票,由开户银行保证在指定日期无条件支付确定金额给收款人或持票人的票据。商业承兑汇票由银行以外的付款人承兑,委托付款人在指定日期无条件支付确定的金额给收款人或者持票人的票据。

应付票据按是否带息分为不带息应付票据和带息应付票据两种。对于带息应付票据,通常应

在期末对尚未支付的应付票据计提利息,计入财务费用。

企业应设置"应付票据"科目,核算应付票据的发生和偿付情况。该科目贷方登记企业开出并承兑的商业汇票的面值,借方登记应付票据的偿付,余额在贷方,表示企业尚未支付的应付票据的票面金额。

(一)不带息应付票据的账务处理

1. 签发并承兑票据时

借:原材料
　　应交税费——应交增值税(进项税额)
　贷:应付票据

2. 到期偿付票据时

借:应付票据
　贷:银行存款

3. 到期无法偿付银行承兑汇票时,应付票据应转为短期借款

借:短期借款
　贷:应付票据

4. 到期无法偿付商业承兑汇票时,应付票据应转为应付账款

借:应付账款
　贷:应付票据

5. 企业因购买材料、商品和接受劳务供应等而开出、承兑汇票时,所支付的银行承兑汇票手续费应当计入财务费用

借:财务费用
　贷:银行存款

例 11-3

华美股份有限公司为增值税一般纳税人。该公司于2020年1月8日开出一张面值为11 300元、期限6个月的不带息银行承兑汇票,用以采购一批材料。增值税专用发票上注明的材料价款为10 000元,增值税额为1 300元。开出当日,银行收取手续费120元。2020年7月8日,票据到期。

该企业的有关会计分录如下。

(1)2020年1月8日开出汇票时。

借:原材料　　　　　　　　　　　　　　　　　10 000
　　应交税费——应交增值税(进项税额)　　　1 300
　贷:应付票据　　　　　　　　　　　　　　　　11 300

(2)银行收取汇票手续费。

借:财务费用   120
　　贷:银行存款   120

(3)2020年7月8日,票据到期,如果华美股份有限公司正常偿付汇票。

借:应付票据   11 300
　　贷:银行存款   11 300

(4)2020年7月8日,票据到期,如果华美股份有限公司无法偿付汇票。

借:应付票据   11 300
　　贷:短期借款   11 300

(二)带息应付票据的账务处理

1. 签发并承兑票据时

借:原材料
　　应交税费——应交增值税(进项税额)
　　贷:应付票据

2. 计提利息时

借:财务费用
　　贷:应付票据

3. 偿付票据本息时

借:应付票据
　　贷:银行存款

4. 到期无法偿付银行承兑汇票时,应付票据应转为短期借款

借:短期借款
　　贷:应付票据

5. 到期无法偿付商业承兑汇票时,应付票据应转为应付账款

借:应付账款
　　贷:应付票据

6. 企业支付银行手续费时

借:财务费用
　　贷:银行存款

例 11-4

2020年7月1日,华美股份有限公司购进材料一批,货款10 000元,增值税税额1 300元。开出一张期限为6个月、年利率为3‰的带息商业承兑汇票。汇票到期日为2020年12月31日,到期一次还本付息,华美股份有限公司每月计提一次利息。华美股份有限公司的账务处理如下。

(1) 2020 年 7 月 1 日，开出商业汇票时。

借：原材料　　　　　　　　　　　　　　　　　10 000
　　应交税费——应交增值税(进项税额)　　　 1 300
　　贷：应付票据　　　　　　　　　　　　　　　　　11 300

(2) 2020 年 7 月 31 日计提 7 月份利息时。

当月利息＝11 300×3‰÷12＝28.25

借：财务费用　　　　　　　　　　　　　　　　28.25
　　贷：应付票据　　　　　　　　　　　　　　　　　28.25

之后每月月底计提利息的分录同上。

(3) 2020 年 12 月 31 日票据到期偿付时，此时应付票据的余额中不仅包括 11 300 元的本金，还包括 6 个月的利息，共计 11 300＋28.25×6＝11 469.5(元)有关。分录如下。

借：应付票据　　　　　　　　　　　　　　　　11 469.5
　　贷：银行存款　　　　　　　　　　　　　　　　　11 469.5

五、应付职工薪酬

(一)职工薪酬的概念

职工薪酬是指企业为获得职工提供的服务或解除劳动关系而给予的各种形式的报酬或补偿。职工薪酬包括短期薪酬、离职后福利、辞退福利和其他长期职工福利。

企业提供给职工配偶、子女、受赡养人、已故员工遗属及其他受益人等的福利，也属于职工薪酬。

(二)职工的范围

这里所称的职工，包括以下三类：

企业订立劳动合同的所有人员，含全职、兼职和临时职工；

虽未与企业订立劳动合同但由企业正式任命的人员，如董事会成员；

未与企业订立劳动合同或未由其正式任命，但向企业所提供服务与职工所提供服务类似的人员，如通过劳务中介公司签订用工合同而向企业提供服务的人员。

(三)职工薪酬的核算内容

1. 短期薪酬

这是指企业在职工提供相关服务的年度报告期间结束后 12 个月内需要全部予以支付的职工薪酬，因解除与职工的劳动关系给予的补偿除外。短期薪酬具体包括：职工工资、奖金、津贴和补贴，职工福利费，医疗保险费、工伤保险费和生育保险费等社会保险费，住房公积金，工会经费和职工教育经费，短期带薪缺勤，短期利润分享计划，非货币性福利以及其他短期薪酬。

2. 离职后福利

这是指企业为获得职工提供的服务而在职工退休或与企业解除劳动关系后，提供的各种形式的报酬和福利,短期薪酬和辞退福利除外。

3. 辞退福利

这是指企业在职工劳动合同到期之前解除与职工的劳动关系,或者为鼓励职工自愿接受裁减而给予职工的补偿。

4. 其他长期职工福利

这是指除短期薪酬、离职后福利、辞退福利之外所有的职工薪酬,包括长期带薪缺勤、其他长期服务福利、长期残疾福利、长期利润分享计划和长期奖金计划等。

(四)一般短期薪酬的确认和计量

企业发生的职工工资、津贴和补贴等短期薪酬,应当根据职工提供服务情况和工资标准等计算计入职工薪酬的工资总额,并按照受益对象计入当期损益或相关资产成本,借记"生产成本""制造费用""管理费用"等科目,贷记"应付职工薪酬"科目。发放时,借记"应付职工薪酬"科目,贷记"银行存款"科目。

企业为职工缴纳的"五险一金"(即:养老保险费、医疗保险费、工伤保险费、失业保险费和生育保险费等社会保险费和住房公积金),以及按规定提取的工会经费和职工教育经费,应当在职工为其提供服务的会计期间,根据规定的计提基础和计提比例计算确定相应的职工薪酬金额,并确认相关负债,按照受益对象计入当期损益或相关资产成本。

企业发生的职工福利费,应当在实际发生时根据实际发生额计入当期损益或相关资产成本。

1. 企业每月计提应付职工薪酬的会计分录

借:生产成本(生产工人薪酬)
　　制造费用(生产车间管理人员薪酬)
　　管理费用(行政管理人员薪酬)
　　销售费用(销售人员薪酬)
　　在建工程(基建人员薪酬)
　贷:应付职工薪酬——工资
　　　　　　　　——职工福利费
　　　　　　　　——社会保险费
　　　　　　　　——住房公积金
　　　　　　　　——工会经费
　　　　　　　　——职工教育经费等

2. 企业实际发放职工薪酬的会计分录

借:应付职工薪酬
　贷:银行存款

例 11-5

2020年6月,华美股份有限公司当月应发工资为2 800万元,其中:生产部门直接生产人员工资2 000万元;生产部门管理人员(车间主任)工资400万元;公司管理部门人员工资200万元,销售部门人员工资200万。根据所在地政府规定,公司分别按照职工工资总额的10%和8%计提社会保险保险费和住房公积金,缴纳给当地社会保险经办机构和住房公积金管理机构。公司分别按照职工工资总额的2%和1.5%计提工会经费和职工教育经费。

以上所有职工薪酬于7月6日用银行存款支付。

假定不考虑所得税影响,公司应根据上述业务,作如下账务处理。

(1)2020年6月,计提当月的应付职工薪酬。

表11-1 职工工资计算表(单位:万元)

	工资	社会保险费	住房公积金	工会经费	职工教育经费	合计
	基数	基数×10%	基数×8%	基数×2%	基数×1.5%	
生产工人	2 000	200	160	40	30	2 430
车间主任	400	40	32	8	6	486
行政人员	200	20	16	4	3	243
销售人员	200	20	16	4	3	243
合计	2 800	280	224	56	42	3 402

生产工人薪酬应计入生产成本,金额为:

2 000+2 000×(10%+8%+2%+1.5%)=2 430(万元)

车间主任薪酬应计入制造费用,金额为:

400+400×(10%+8%+2%+1.5%)=486(万元)

行政管理人员薪酬应计入管理费用,金额为:

200+200×(10%+8%+2%+1.5%)=243(万元)

销售人员薪酬应计入销售费用,金额为:

200+200×(10%+8%+2%+1.5%)=243(万元)

借:生产成本　　　　　　　　　　　24 300 000
　　制造费用　　　　　　　　　　　 4 860 000
　　管理费用　　　　　　　　　　　 2 430 000
　　财务费用　　　　　　　　　　　 2 430 000
　　贷:应付职工薪酬——工资　　　　　28 000 000
　　　　　　　　　——社会保险费　　 2 800 000
　　　　　　　　　——住房公积金　　 2 240 000
　　　　　　　　　——工会经费　　　　 560 000
　　　　　　　　　——职工教育经费　　 420 000

(2)7月6日,实际发放。

借:应付职工薪酬　　　　　　　　　34 020 000
　　贷:银行存款　　　　　　　　　34 020 000

(五)短期薪酬中非货币性福利的确认和计量

在短期薪酬中,除了使用银行存款支付的一般的短期薪酬以外,还有一种特殊的形式——非货币性福利。企业向职工提供非货币性福利的,一般按照公允价值计量。

通常,企业向职工提供非货币性福利的,应当区分以下情况。

1. 第一种情况:企业以自产产品发放给职工作为福利

企业以自产的产品作为非货币性福利提供给职工的,应当"视同销售",即按照该产品的公允价值和相关税费确定职工薪酬金额,并计入当期损益或相关资产成本。相关收入的确认、销售成本的结转以及相关税费的处理,与企业正常商品销售的会计处理相同。

(1)当企业决定发放非货币性福利时,作如下会计分录。

借:生产成本(生产工人薪酬)
　　制造费用(生产车间管理人员薪酬)
　　管理费用(行政管理人员薪酬)
　　销售费用(销售人员薪酬)
　　在建工程(基建人员薪酬)等
　　贷:应付职工薪酬——非货币性福利

(2)当企业将自产产品实际发放时,需要"视同销售",确认收入,结转成本,并作如下会计分录。

借:应付职工薪酬——非货币性福利
　　贷:主营业务收入
　　　　应交税费——应交增值税(销项税额)
借:主营业务成本
　　贷:库存商品

例 11-6

华美股份有限公司为增值税一般纳税人。2020年1月25日,该公司决定向职工发放一批自产的电饭煲作为福利,其中70%发放给生产工人,30%发放给行政管理人员。已知该批产品市场售价为10万元,生产成本为8万元,增值税税率13%,按计税价格计算的增值税销项税额为1.3万元。所有的电饭煲在2020年1月30日发放完毕,不考虑其他因素,华美股份有限公司的会计处理如下。

(1)2020年1月25日,该公司决定发放非货币性福利时。

借:生产成本　　　　　　　　　　　　　79 100
　　管理费用　　　　　　　　　　　　　33 900
　　贷:应付职工薪酬——非货币性福利　　　113 000

(2)2020年1月30日,实际发放电饭煲时。

借:应付职工薪酬——非货币性福利　　　113 000

贷：主营业务收入　　　　　　　　　　　　　100 000
　　　　应交税费——应交增值税(销项税额)　　　13 000
　借：主营业务成本　　　　　　　　　　　　　　80 000
　　贷：库存商品　　　　　　　　　　　　　　　80 000

2. 第二种情况：企业以外购的商品作为非货币性福利发放给职工

企业以外购的商品作为非货币性福利提供给职工的，应当按照该商品的公允价值和相关税费确定职工薪酬的金额，并计入当期损益或相关资产成本。

(1)企业购入商品时，作如下会计分录。

借：库存商品等
　　应交税费——应交增值税(进项税额)
　贷：银行存款

(2)企业决定发放非货币性福利时，作如下会计分录。

借：生产成本(生产工人薪酬)
　　制造费用(生产车间管理人员薪酬)
　　管理费用(行政管理人员薪酬)
　　销售费用(销售人员薪酬)
　　在建工程(基建人员薪酬)等
　贷：应付职工薪酬——非货币性福利

(3)企业将外购商品实际发放时，作如下会计分录。

借：应付职工薪酬——非货币性福利
　贷：库存商品等
　　　应交税费——应交增值税(进项税额转出)

例 11-7

华美股份有限公司为增值税一般纳税人。2020 年 2 月 15 日，该公司外购了一批空气净化器，外购价格为 10 万元，增值税税率 13%，相关款项已用银行存款支付。2 月 20 日，该公司决定将该批空气净化器作为非货币性福利发放给职工，其中 70% 发放给生产工人，30% 发放给行政管理人员。所有的空气净化器在 2020 年 3 月 12 日发放完毕，不考虑其他因素，华美股份有限公司的会计处理如下。

(1) 2020 年 2 月 15 日，外购空气净化器时。

借：库存商品　　　　　　　　　　　　　　　　　100 000
　　应交税费——应交增值税(进项税额)　　　　　13 000
　贷：银行存款　　　　　　　　　　　　　　　　113 000

(2) 2 月 20 日，该公司决定发放非货币性福利时。

借：生产成本　　　　　　　　　　　　　　　　　79 100
　　管理费用　　　　　　　　　　　　　　　　　33 900

贷:应付职工薪酬——非货币性福利	113 000

(3)3月12日,实际发放时。

借:应付职工薪酬——非货币性福利	113 000
贷:库存商品	100 000
应交税费——应交增值税(进项税额转出)	13 000

3. 第三种情况:将拥有的房屋等资产无偿提供给职工使用,或者租赁住房等资产供职工无偿使用

(1)将企业自己拥有的房屋等资产无偿提供给职工使用时,做如下会计分录。

借:生产成本(生产工人薪酬)
　　制造费用(生产车间管理人员薪酬)
　　管理费用(行政管理人员薪酬)
　　销售费用(销售人员薪酬)
　　在建工程(基建人员薪酬)等
　　贷:应付职工薪酬——非货币性福利
借:应付职工薪酬——非货币性福利
　　贷:累计折旧

(2)将租赁住房等资产提供给职工无偿使用时,做如下会计分录。

借:生产成本(生产工人薪酬)
　　制造费用(生产车间管理人员薪酬)
　　管理费用(行政管理人员薪酬)
　　销售费用(销售人员薪酬)
　　在建工程(基建人员薪酬)等
　　贷:应付职工薪酬——非货币性福利
借:应付职工薪酬——非货币性福利
　　贷:其他应付款——房租

例 11-8

2020年,华美股份有限公司为各部门主管级别以上职工提供自建单位宿舍免费使用,同时为副总裁以上高级管理人员每人租赁一套住房。该公司总部共有部门经理以上职工80名,每人提供一间单位宿舍免费使用,假定每间单位宿舍每月计提折旧1 000元;该公司共有副总裁以上高级管理人员5名,公司为其每人租赁一套月租金为10 000元的公寓。该公司每月应做如下账务处理。

(1)对于免费提供给经理的宿舍,作如下会计处理。

借:管理费用	80 000
贷:应付职工薪酬——非货币性福利	80 000

借:应付职工薪酬——非货币性福利　　　　　　　　　80 000
　　贷:累计折旧　　　　　　　　　　　　　　　　　　80 000
(2)对于免费提供给高级管理人员的租入的公寓,作如下会计处理。
借:管理费用　　　　　　　　　　　　　　　　　　　50 000
　　贷:应付职工薪酬——非货币性福利　　　　　　　　50 000
借:应付职工薪酬——非货币性福利　　　　　　　　　50 000
　　贷:其他应付款　　　　　　　　　　　　　　　　　50 000

4. 第四种情况:向职工提供企业支付了补贴的商品或服务,如提供包含补贴的住房

(1)如果出售住房的协议中规定了职工在购得住房后至少应当提供服务的年限,且如果职工提前离开则应退回部分差价,企业应当将该项差额作为长期待摊费用处理,并在协议规定的服务年限内平均摊销,根据受益对象分别计入相关资产成本或当期损益。其会计处理如下。

①购入住房时。
借:固定资产(按市场价购买的初始入账成本)
　　贷:银行存款
②出售住房时。
借:银行存款(按优惠售价出售)
　　长期待摊费用(市场价和优惠售价之间的差额)
　　贷:固定资产(按市场价购买的初始入账成本)
③摊销长期待摊费用时。
借:生产成本(生产工人薪酬)
　　制造费用(生产车间管理人员薪酬)
　　管理费用(行政管理人员薪酬)
　　销售费用(销售人员薪酬)
　　在建工程(基建人员薪酬)等
　　贷:应付职工薪酬——非货币性福利
借:应付职工薪酬——非货币性福利
　　贷:长期待摊费用

例 11-9

2020年,华美股份有限公司购买了100套全新的公寓拟以优惠价格向职工出售,该公司共有100名职工,其中80名为直接生产人员,20名为公司总部管理人员。

华美股份有限公司拟向直接生产人员出售的住房平均每套购买价为50万元,向职工出售的价格为每套40万元;拟向管理人员出售的住房平均每套购买价为100万元,向职工出售的价格为每套60万元。假定该100名职工均在2020年度中陆续购买了公司出售的住房,售房协议规定,职工在取得住房后必须在公司服务10年。不考虑相关税费。

(1)华美股份有限公司购入住房时应作如下账务处理,假设不考虑相关税费。

借:固定资产　　　　　　　　　　　　　　　　60 000 000
　贷:银行存款　　　　　　　　　　　　　　　　　　60 000 000

(2)华美股份有限公司出售住房时应作如下账务处理:

借:银行存款　　　　　　　　　　　　　　　　44 000 000
　长期待摊费用　　　　　　　　　　　　　　　16 000 000
　贷:固定资产　　　　　　　　　　　　　　　　　　60 000 000

(3)出售住房后的每年,华美股份有限公司应当按照直线法在10年内摊销长期待摊费用,并作如下账务处理。

借:生产成本　　　　　　　　　　　　　　　　　800 000
　管理费用　　　　　　　　　　　　　　　　　　800 000
　贷:应付职工薪酬——非货币性福利　　　　　　　1 600 000
借:应付职工薪酬——非货币性福利　　　　　　　1 600 000
　贷:长期待摊费用　　　　　　　　　　　　　　　　1 600 000

(2)如果出售住房的合同或协议中未规定职工在购得住房后必须服务的年限,企业应当将该项差额直接计入出售住房当期相关资产成本或当期损益。

例 11-10

2020年,华美股份有限公司购买了100套全新的公寓拟以优惠价格向职工出售,该公司共有100名职工,其中80名为直接生产人员,20名为公司总部管理人员。

华美股份有限公司拟向直接生产人员出售的住房平均每套购买价为50万元,向职工出售的价格为每套40万元;拟向管理人员出售的住房平均每套购买价为100万元,向职工出售的价格为每套60万元。假定该100名职工均在2020年度中陆续购买了公司出售的住房,售房协议未规定职工在取得住房后的服务期。不考虑相关税费。

(1)华美股份有限公司购入住房时,应作如下账务处理,假设不考虑相关税费。

借:固定资产　　　　　　　　　　　　　　　　68 000 000
　贷:银行存款　　　　　　　　　　　　　　　　　　68 000 000

(2)华美股份有限公司出售住房时应作如下账务处理。

借:银行存款　　　　　　　　　　　　　　　　42 000 000
　生产成本　　　　　　　　　　　　　　　　　16 000 000
　管理费用　　　　　　　　　　　　　　　　　10 000 000
　贷:固定资产　　　　　　　　　　　　　　　　　　68 000 000

(六)离职后福利的确认和计量

1. 离职后福利的概念

离职后福利是指企业为获得职工提供的服务而在职工退休或与企业解除劳动关系后,提供的各种形式的报酬和福利。

2. 离职后福利的内容

(1)设定提存计划是指向独立的基金缴存固定费用后,企业不再承担进一步支付义务的离职后福利计划。

(2)设定受益计划是指除设定提存计划以外的离职后福利计划。

3. 设定提存计划的会计处理

企业应当在职工为其提供服务的会计期间,将根据设定提存计划计算的应缴存金额确认为负债,并计入当期损益或相关资产成本。

根据设定提存计划,预期不会在职工提供相关服务的年度报告期结束后十二个月内支付全部应缴存金额的,应当参照规定的折现率,将全部应缴存金额以折现后的金额计量应付职工薪酬。

例 11-11

华美股份有限公司为管理人员设立了一项企业年金:每月该企业按照每个管理人员工资的10%向独立于该企业的年金基金缴存企业年金,年金基金将其计入该管理人员个人账户并负责资金的运作。该管理人员退休时可以一次性获得其个账户的累积额,包括公司历年来的缴存额以及相应的投资收益。公司除了按照约定向年金基金缴存之外不再负有其他义务,既不享有缴存资金产生的收益,也不承担投资风险。因此,该福利计划为设定提存计划。2020年,按照计划安排,该企业向年金基金缴存的金额为2 000万元。

华美股份有限公司的账务处理如下。

(1)计提时:

借:管理费用　　　　　　　　　　　　　　　　20 000 000
　　贷:应付职工薪酬　　　　　　　　　　　　　　20 000 000

(2)实际向年金基金缴存时。

借:应付职工薪酬　　　　　　　　　　　　　　20 000 000
　　贷:银行存款　　　　　　　　　　　　　　　　20 000 000

(七)辞退福利的确认和计量

1. 辞退福利的概念

辞退福利是指企业在职工劳动合同到期之前解除与职工的劳动关系,或者为鼓励职工自愿接受裁减而给予职工的补偿。

2. 辞退福利的会计处理原则

(1)企业向职工提供辞退福利的,应当在下列两者孰早日确认辞退福利产生的职工薪酬负债,并计入当期损益:

①企业不能单方面撤回因解除劳动关系计划或裁减建议而提供的辞退福利时。

②企业确认与涉及支付辞退福利的重组相关的成本或费用时。

(2)企业应当按照辞退计划条款的规定,合理预计并确认辞退福利产生的应付职工薪酬。辞退福利预期在其确认的年度报告期结束后十二个月内完全支付的,应当适用短期薪酬的相关规定;辞退福利预期在年度报告期结束后十二个月内不能完全支付的,应当适用关于其他长期职工福利的有关规定。

(3)辞退福利在计提时,一般计入当期管理费用,作会计分录如下。

借:管理费用
  贷:应付职工薪酬

例 11-12

华美股份有限公司是一家准备淘汰落后产能的传统制造业企业。2020年11月,为了能够在下一年度顺利实施转产,公司管理层制订了一项辞退计划,计划规定,从2021年1月1日起,企业将以职工自愿方式,辞退其A生产车间的部分职工。辞退计划的详细内容,包括拟辞退的职工所在部门、数量、各级别职工能够获得的补偿以及计划大体实施的时间等均已与职工沟通,并达成一致意见,辞退计划已于2020年12月20日经董事会正式批准,辞退计划将于下一个年度内实施完毕。2020年12月31日,公司预计各级别职工拟接受辞退职工数量的最佳估计数(最可能发生数)及其应支付的补偿如表11-2所示。

表11-2 辞退计划统计表

所属部门	职位	辞退数量(人)	工龄(年)	接受数量(人)	每人补偿额(万元)	补偿金额(万元)
A车间	车间主任	10	1—10	5	10	50
			10—20	2	20	40
			20—30	1	50	50
	高级技工	50	1—10	20	8	160
			10—20	10	18	180
			20—30	5	30	150
	一般工人	100	1—10	50	5	250
			10—20	20	15	300
			20—30	10	25	250
合计		160		123		1 430

按照《企业会计准则第13号——或有事项》有关计算最佳估计数的方法,预计接受辞退的职工数量可以根据最可能发生的数量确定。根据表11-2,愿意接受辞退职工的最可能数量为123名,预计补偿总额为1 430万元,则公司在2020年(辞退计划是2020年12月20日由董事会批准)应作如下账务处理。

借:管理费用   14 300 000
  贷:应付职工薪酬——辞退福利   14 300 000

(八)其他长期职工福利的确认和计量

其他长期职工福利是指除短期薪酬、离职后福利、辞退福利之外所有的职工薪酬,包括长期带薪缺勤、长期残疾福利、长期利润分享计划等。

企业向职工提供的其他长期职工福利,符合设定提存计划条件的,应当适用关于设定提存计划的有关规定进行处理;符合设定受益计划条件的,企业应当适用设定受益计划的有关规定。

六、应交税费

企业根据税法规定应交纳的各种税费包括:增值税、消费税、城市维护建设税、教育费附加、所得税、房产税、车船使用税、土地使用税、印花税、耕地占用税等。

企业应通过"应交税费"科目反映各种税费的交纳情况,并按照应交税费具体税种进行明细核算。该科目贷方登记应交纳的各种税费等,借方登记实际交纳的税费;期末余额一般在贷方,反映企业尚未交纳的税费,期末余额如在借方,反映企业多交或尚未抵扣的税费。

值得注意的是,企业缴纳的印花税、耕地占用税等不需要预计应交数的税金,不通过"应交税费"科目核算,直接在缴纳时计入相应的资产或成本费用类科目即可。

(一)应交增值税

1. 增值税概述

增值税是指对我国境内以商品(含应税劳务)在流转过程中产生的增值额作为计税依据而征收的一种流转税。从计税原理上说,增值税是对商品生产、流通、劳务服务中多个环节的新增价值或商品的附加值征收的一种流转税。

按照纳税人的经营规模及会计核算的健全程度,增值税纳税人分为一般纳税人和小规模纳税人。一般纳税人应纳增值税额,根据当期销项税额减去当期进项税额计算确定;小规模纳税人应纳增值税额,按照销售额和规定的征收率计算确定。

一般纳税企业的核算为了核算企业应交增值税的发生、抵扣、缴纳、退税及转出等情况,应在"应交税费"科目下设置"应交增值税"明细科目,并在"应交增值税"明细账内设置"进项税额""已交税金""销项税额""出口退税""进项税额转出"等专栏。还应当在"应交税费"科目下设置"未交增值税"明细科目,每月月末,将"应交增值税"明细科目的余额转入"未交增值税"明细科目。

2. 一般纳税人涉及增值税的一般会计处理

(1)购入商品时,作如下会计分录。

借:库存商品
　　应交税费——应交增值税(进项税额)
　贷:银行存款

(2)销售商品时,作如下会计分录。

借:银行存款
　贷:主营业务收入
　　　应交税费——应交增值税(销项税额)

(3)月末,缴纳增值税,作如下会计分录。

借:应交税费——应交增值税(已交税金)

贷:银行存款

缴纳税款后,应交增值税明细科目的余额为零。

例 11-13

华美股份有限公司为增值税一般纳税人,20×1年9月发生如下业务:

(1)购入原材料A一批,增值税专用发票上注明货款50 000元,增值税税率为13%。货物已经验收入库,货款和进项税款已用银行存款支付。

(2)销售库存商品B一批,增值税专用发票上注明货款60 000元,增值税税率为13%。该批货物的成本为45 000元。购买方已经签收货物,但是货款尚未收到。

该企业的有关会计分录如下:

(1)购入原材料A时。

借:原材料　　　　　　　　　　　　　　　　50 000
　　应交税费——应交增值税(进项税额)　　　6 500
　贷:银行存款　　　　　　　　　　　　　　　　　　56 500

(2)销售库存商品B时,确认收入,同时结转成本。

借:应收账款　　　　　　　　　　　　　　　67 800
　贷:主营业务收入　　　　　　　　　　　　　　　　60 000
　　　应交税费——应交增值税(销项税额)　　　　　78 00

借:主营业务成本　　　　　　　　　　　　　40 000
　贷:库存商品　　　　　　　　　　　　　　　　　　40 000

(3)月末缴纳增值税。

本月应缴纳增值税=销项税额-进项税额=7 800-6 500=1 300(元)

借:应交税费——应交增值税(已交税金)　　1 300
　贷:银行存款　　　　　　　　　　　　　　　　　　1 300

缴纳税款后,应交增值税明细科目的余额为零。

3. 转出多交或少交增值税

月末,如果"应交增值税"明细科目的余额不为零,则说明企业少交了增值税或者多交了增值税。其中贷方余额为当月应交未交的增值税,借方余额为多交的增值税。企业应当应将该余额从"应交增值税"明细科目转入"未交增值税"明细科目。

(1)转出少交增值税。

借:应交税费——应交增值税(转出未交增值税)
　贷:应交税费——未交增值税

(2)转出多交增值税。

借:应交税费——未交增值税
　贷:应交税费——应交增值税(转出多交增值税)

例 11-14

接【例 11-13】，如果月末仅实际缴纳增值税 1 000 元，还欠 300 元的应交增值税未缴纳，则企业应作如下会计处理。

(1) 实际缴纳增值税 1 000 元。

借：应交税费——应交增值税（已交税金）　　1 000
　　贷：银行存款　　　　　　　　　　　　　　　　1 000

(2) 将少缴纳的 300 元转入未交增值税贷方，以后补交。

借：应交税费——应交增值税（转出未交增值税）　　300
　　贷：应交税费——未交增值税　　　　　　　　　　　　300

例 11-15

接【例 11-13】，如果本月实际缴纳的增值税税额为 1 500 元，超过应纳税额 1 300，则应转出多交增值税，作如下会计处理。

(1) 实际缴纳增值税 1 500 元。

借：应交税费——应交增值税（已交税金）　　1 500
　　贷：银行存款　　　　　　　　　　　　　　　　1 500

(2) 将多缴纳的 200 元转入未交增值税借方，留着以后抵扣。

借：应交税费——未交增值税　　　　　　　　　　200
　　贷：应交税费——应交增值税（转出多交增值税）　　200

3. 购入免税农产品

按照增值税暂行条例，企业购入免征增值税货物，一般不能够抵扣增值税销项税额。但是对于购入的免税农产品，可以按照买价和规定的扣除率计算进项税额，并准予从企业的销项税额中抵扣。

假设当前税法规定收购免税农产品的扣除率为 11%，则具体会计分录如下。

借：库存商品　　　　　　　　　　　　（按收购凭证的 89% 入账）
　　应交税费——应交增值税（进项税额）　（按收购凭证的 11% 确认进项税额）
　　贷：银行存款

例 11-16

华美股份有限公司为增值税一般纳税人，2020 年 9 月购入免税农产品一批，价款 100 000 元，规定的扣除率为 11%，货物已经验收入库，货款已用银行存款支付。则有关会计分录如下。

借：库存商品　　　　　　　　　　　　　　　　89 000
　　应交税费——应交增值税（进项税额）　　　　11 000

贷:银行存款　　　　　　　　　　　　　　　　　　　　　　　　　100 000

进项税额＝购买价款×扣除率＝100 000×11％＝11 000(元)

存货的入账价值＝购买价款－按照扣除率计算的进项税额＝100 000－11 000＝89 000 (元)

5. 视同销售的会计处理

企业的有些交易和事项从会计角度看不属于销售行为,不能确认销售收入,但是按照税法规定,应视同对外销售处理,计算应交增值税。

(1)将自产的、委托加工的物资和购买的物资用于分红、对外投资,以及将自产的、委托加工的物资用于集体福利或个人消费时,应当视同销售,按计税价计算销项税额,作如下会计分录.

借:长期股权投资（对外投资）
　　应付职工薪酬（集体福利或个人消费）
　贷:主营业务收入 或 其他业务收入
　　　应交税费——应交增值税(销项税额)（按计税价计算销项税额）

同时结转成本。

借:主营业务成本 或 其他业务成本
　贷:库存商品 或 原材料

例 11-17

华美股份有限公司为增值税一般纳税人,该企业将自己生产的产品用于行政管理人员的集体福利。该批产品的成本为240 000元,计税价格为300 000元。增值税税率为13％。华美股份有限公司的有关会计分录如下。

(1)发放产品时。

销项税额＝300 000×13％＝39 000(元)

借:应付职工薪酬　　　　　　　　　　　　　　　　　339 000
　贷:主营业务收入　　　　　　　　　　　　　　　　　300 000
　　　应交税费——应交增值税(销项税额)　　　　　　　39 000
借:主营业务成本　　　　　　　　　　　　　　　　　240 000
　贷:库存商品　　　　　　　　　　　　　　　　　　　240 000

(2)计入相关成本费用科目。

借:管理费用　　　　　　　　　　　　　　　　　　　339 000
　贷:应付职工薪酬　　　　　　　　　　　　　　　　　339 000

(2)将自产的、委托加工的物资和购买的物资用于捐赠时,应当视同销售,按计税价计算销项税额,作如下会计分录。

借:营业外支出
　贷:库存商品（按账面余额）

应交税费——应交增值税(销项税额)(按计税价计算销项税额)

例 11-18

华美股份有限公司为增值税一般纳税人,该企业将自己生产的产品用于对外捐赠。该批产品的成本为 240 000 元,计税价格为 300 000 元。增值税税率为 13%。华美股份有限公司的有关会计分录如下。

销项税额=300 000×13%=39 000(元)

借:营业外支出	279 000
贷:库存商品	240 000
应交税费——应交增值税(销项税额)	39 000

6. 进项税额不予抵扣的会计处理

如果企业有如下业务,则已经入账的进项税额不予抵扣,应当作"进项税额转出"处理:

(1)将购买的物资或接受的劳务用于集体福利或个人消费,其进项税额不予抵扣;

(2)因企业管理不善造成存货盘亏时,其进项税额不予抵扣;

(3)将购买的物资或接受的劳务用于其他非应税项目,其进项税额不予抵扣。

其会计分录如下。

借:应付职工薪酬(集体福利或个人消费)
　　待处理财产损溢(因企业管理不善造成存货盘亏)
　贷:库存商品 或 原材料(按账面成本结转)
　　应交税费——应交增值税(进项税额转出)

例 11-19

华美股份有限公司为增值税一般纳税人,在例行存货盘点中,发现由于管理不善,盘亏库存材料一批,有关增值税专用发票确认的成本为 10 000 元,增值税额 1 300 元。该公司的有关会计分录如下。

借:待处理财产损溢——待处理流动资产损溢	11 300
贷:原材料	10 000
应交税费——应交增值税(进项税额转出)	1 300

(二)应交消费税

消费税是针对少数特定消费品所征收的一种流转税,我国的消费税是在对货物普遍征收增值税的基础上,选择部分商品再征收一道消费税。

消费税的税目包括:烟、酒、高档化妆品、贵重首饰及珠宝玉石、鞭炮焰火、成品油、摩托车、小汽车、高尔夫球及球具、高档手表、游艇、木制一次性筷子、实木地板、电池、涂料等十五类。这十五类货物被称为消费税应税消费品,在中华人民共和国境内销售、委托加工和进口应税消费品的单位和个人,为消费税的纳税人,应当依法缴纳消费税。

现行消费税税率采用从量定额和从价定率相结合的征收方式,针对不同税目或子目消费税设置不同的税率。表 11-3 列示了目前我国消费税的税率。

表 11-3 消费税税目税率表

税目	税率		
	生产(进口)环节	批发环节	零售环节
一、烟			
1.卷烟			
(1)甲类卷烟	56%加 0.003 元/支	11%加 0.005 元/支	
(2)乙类卷烟	36%加 0.003 元/支		
2.雪茄烟	36%		
3.烟丝	30%		
二、酒			
1.白酒	20%加 0.5 元/500 克(或者 500 毫升)		
2.黄酒	240 元/吨		
3.啤酒			
(1)甲类啤酒	250 元/吨		
(2)乙类啤酒	220 元/吨		
4.其他酒	10%		
三、高档化妆品	15%		
四、贵重首饰及珠宝玉石			
1.金银首饰、铂金首饰和钻石及钻石饰品			5%
2.其他贵重首饰和珠宝玉石	10%		
五、鞭炮焰火	15%		
六、成品油			
1.汽油	1.52 元/升		
2.柴油	1.2 元/升		
3.航空煤油	1.2 元/升		
4.石脑油	1.52 元/升		
5.溶剂油	1.52 元/升		
6.润滑油	1.52 元/升		
7.燃料油	1.2 元/升		
七、摩托车			
1.气缸容量 250 毫升	3%		

续表

2.气缸容量在250毫升(不含)以上的	10%		
八、小汽车			
1.乘用车			
(1)气缸容量(排气量,下同)在1.0升(含1.0升)以下的	1%		
(2)气缸容量在1.0升以上至1.5升(含1.5升)的	3%		
(3)气缸容量在1.5升以上至2.0升(含2.0升)的	5%		
(4)气缸容量在2.0升以上至2.5升(含2.5升)的	9%		
(5)气缸容量在2.5升以上至3.0升(含3.0升)的	12%		
(6)气缸容量在3.0升以上至4.0升(含4.0升)的	25%		
(7)气缸容量在4.0升以上的	40%		
2.中轻型商用客车	5%		
3.超豪华小汽车	按子税目1和子税目2的规定征收		10%
九、高尔夫球及球具	10%		
十、高档手表	20%		
十一、游艇	10%		
十二、木制一次性筷子	5%		
十三、实木地板	5%		
十四、电池	4%		
十五、涂料	4%		

与增值税多环节征税不一样,消费税采取源头纳税,单环节征税。除了卷烟在批发环节加征一道消费税,超豪华小汽车在零售环节加征一道消费税,金银首饰、铂金首饰和钻石及钻石饰品在零售环节纳税以外,其余的应税消费品都在源头纳税,即在生产、委托加工或进口环节纳税。

企业应在"应交税费"科目下设置"应交消费税"明细科目,核算应交消费税的发生、缴纳情况。该科目的贷方登记应交纳的消费税,借方登记已交纳的消费税。期末贷方余额为尚未交纳的消费税,借方余额为多交纳的消费税。

企业产生消费税纳税义务时,应借记"税金及附加"科目,贷记"应交税费——应交消费税"科目。

例 11-20

华美股份有限公司为增值税一般纳税人,2020年9月12日销售一批高档化妆品,价款为 1 000 000 元,高档化妆品的消费税税率为 15%,税额为 150 000 元。增值税专用发票上注明增值税额为 149 500 元。产品已发出,货款已收讫。则华美股份有限公司的账务处理如下。

(1) 确认收入和增值税销项税额。

借:银行存款　　　　　　　　　　　　　　　　　1 149 500
　　贷:主营业务收入　　　　　　　　　　　　　　　1 000 000
　　　　应交税费——应交增值税(销项税额)　　　　　 149 500

结转成本的分录略。

(2) 确认应交消费税。

借:税金及附加　　　　　　　　　　　　　　　　　150 000
　　贷:应交税费——应交消费税　　　　　　　　　　150 000

(三) 其他应交税费

除了增值税和消费税,在企业的日常经营活动中,还需要缴纳许多其他的税种,包括城市维护建设税、教育费附加、企业所得税、资源税、房产税、车船税、城镇土地使用税、印花税、耕地占用税、契税、车辆购置税等。

从计提方式上看,企业应当在"应交税费"科目下按照税种设置相应的明细科目进行核算,贷方登记应交纳的有关税费,借方登记已交纳的有关税费,期末贷方余额表示尚未交纳的有关税费。有少量税种可以不通过"应交税费"科目核算,在缴纳税款时直接计入相关成本费用类科目。

从记入的成本费用科目上看,由企业实际承担税负的税金,相关税负分为计入当期损益("税金及附加"科目、"所得税费用"科目)和计入相关资产成本两大类。

记入"税金及附加"科目的税种包括:消费税、城市维护建设税、教育费附加、资源税、房产税、城镇土地使用税、车船税、印花税等相关税费。此外,企业所得税计入"所得税费用"科目。

记入"相关资产初始计量成本"的税金包括:耕地占用税、契税、车辆购置税、进口关税等。

1. 应交城市维护建设税

为了加强城市的维护建设,扩大和稳定城市维护建设资金的来源,我国征收城市维护建设税。

城市维护建设税,以纳税人实际缴纳的增值税、消费税税额为计税依据,分别与增值税、消费税同时缴纳。

城市维护建设税的纳税人为交纳增值税、消费税的单位和个人,税率因纳税人所在地不同从 1% 到 7% 不等。计算公式为:应纳税额=(应交增值税+应交消费税)×适用税率。

企业产生城市维护建设税纳税义务时,借记"税金及附加"等科目,贷记"应交税费——应交城市维护建设税"科目。

例 11-21

华美股份有限公司本期实际应上交增值税 400 000 元,消费税 240 000 元。该企业适用的城市维护建设税税率为 5%。该企业的有关会计处理如下。

(1) 计算应交的城市维护建设税。

借:税金及附加　　　　　　　　　　　　　　　　32 000
　贷:应交税费——应交城市维护建设税　　　　　32 000

应交的城市维护建设税=(400 000+240 000)×5%=32 000(元)

(2) 用银行存款上交城市维护建设税时。

借:应交税费——应交城市维护建设税　　　　　32 000
　贷:银行存款　　　　　　　　　　　　　　　　32 000

2. 应交教育费附加

教育费附加是为了发展教育事业而向企业征收的附加费用,和城市维护建设税类似,企业按应交增值税、消费税等流转税的一定比例计算交纳。企业产生纳税义务时,借记"税金及附加"等科目,贷记"应交税费——应交教育费附加"科目。

例 11-22

华美股份有限公司按税法规定计算,2021 年度第 1 季度应交纳教育费附加 40 000 元。款项已经用银行存款支付。该企业的有关会计处理如下。

(1) 计提时。

借:税金及附加　　　　　　　　　　　　　　　　40 000
　贷:应交税费——应交教育费附加　　　　　　　40 000

(2) 缴纳时。

借:应交税费——应交教育费附加　　　　　　　40 000
　贷:银行存款　　　　　　　　　　　　　　　　40 000

3. 应交房产税、应交城镇土地使用税、应交车船税

房产税是以房屋为征税对象,按房屋的计税余值或租金收入为计税依据,向产权所有人征收的一种财产税。

城镇土地使用税是指国家在城市、县城、建制镇、工矿区范围内,对使用土地的单位和个人,以其实际占用的土地面积为计税依据,按照规定的税额计算征收的一种财产税。征收城镇土地使用税的目的是为了合理利用城镇土地,调节土地级差收入,提高土地使用效益,加强土地管理。城镇土地使用税以纳税人实际占用的土地面积为计税依据,依照规定税额计算征收。

车船税是在我国境内的车辆、船舶的所有人或者管理人依法应缴纳的一种财产税。车船使用税按照适用税额计算交纳。

企业应交的房产税、土地使用税、车船使用税,借记"税金及附加"科目,贷记"应交税费——应交房产税(或 应交土地使用税、应交车船使用税)"科目。

需要注意的是,房产税、城镇土地使用税、车船税都是财产税,只要持有相关财产,每年都需要缴纳税款。

4. 应交印花税

印花税是对经济活动和经济交往中书立、领受具有法律效力的凭证的行为所征收的一种税,因采用在应税凭证上粘贴印花税票作为完税的标志而得名。

印花税是行为税,在发生相关"应税行为"时产生纳税义务。

相关"应税行为"是指中华人民共和国境内书立、领受应税凭证。应纳税凭证包括:购销、加工承揽、建设工程承包、财产租赁、货物运输、仓储保管、借款、财产保险、技术合同或者具有合同性质的凭证;产权转移书据;营业账簿;权利、许可证照等。

需要注意的是,印花税不需通过"应交税费"科目核算,企业发生"印花税应税行为"时,通过购买印花税票或者汇总缴纳的方式缴纳税款。缴税时,将支付的金额直接计入"税金及附加"科目,会计分录如下。

借:税金及附加
 贷:银行存款

5. 应交耕地占用税、应交契税、应交车辆购置税

耕地占用税是对占用耕地建房或从事其他非农业建设的单位和个人征收的税。采用定额税率,其标准取决于人均占有耕地的数量和经济发展程度。目的是合理利用土地资源,加强土地管理,保护农用耕地。一般来说,耕地占用税是在实际占用耕地之前一次性交纳,企业为购建固定资产而交纳的耕地占用税,作为固定资产价值的组成部分,记入"在建工程"科目。

契税是指不动产(土地、房屋)产权发生转移变动时,就当事人所订契约按产价的一定比例向新业主(产权承受人)征收的一次性税收。一般来说,企业在办理房产证或土地使用证时缴纳契税,契税直接计入相关房屋和土地使用权的初始入账成本。

车辆购置税是对在境内购置规定车辆的单位和个人征收的一种税,一般在购买车辆时缴纳,所缴纳的税款直接计入车辆相关资产的初始入账成本。

需要注意的时,耕地占用税、契税、车辆购置税是在"占用耕地""获得不动产产权"和"购置车辆"等"应税行为"发生时一次性缴纳,以后期间不再缴纳。缴纳的税款直接计入相关资产成本。

七、其他应付款

其他应付款是指企业除应付票据、应付账款、预收账款、应付职工薪酬、应交税费、应付利息、应付股利等经营活动以外的其他各项应付、暂收的款项。

企业应通过"其他应付款"科目,核算其他应付款的增减变动及其结存情况,并按照其他应付款的项目和对方单位(或个人)设置明细科目进行明细核算。该科目贷方登记发生的各种应付、暂收款项,借方登记偿还或转销的各种应付、暂收款项。该科目期末贷方余额,反映企业应付未付的其他应付款项。

例 11-23

华美股份有限公司从 2021 年 1 月 1 日，以"短期租赁"方式租入管理用办公设备一批，每月租金 5 000 元，租期 6 个月。租赁协议规定，所有租金在租赁到期后一次性支付。华美股份有限公司于 2021 年 7 月 1 日以银行存款支付租金。

华美股份有限公司的有关会计处理如下。

(1) 2021 年 1 月 31 日计提应付租入固定资产租金。

借：管理费用　　　　　　　　　　　　　　5 000
　　贷：其他应付款　　　　　　　　　　　　　　5 000

之后每月月底，计提应付短期租入固定资产租金的会计处理同上。

(2) 2020 年 7 月 1 日支付租金。

6 个月租金合计＝5 000×6＝30 000(元)

借：其他应付款　　　　　　　　　　　　　30 000
　　贷：银行存款　　　　　　　　　　　　　　30 000

八、应付利息

应付利息核算企业按照合同约定应支付的利息，包括分期付息到期还本的长期借款、企业债券等应支付的利息。

企业应当设置"应付利息"科目，按照债权人设置明细科目进行明细核算，该科目期末贷方余额反映企业按照合同约定应支付但尚未支付的利息。

企业采用合同约定的名义利率计算确定利息费用时，应按合同约定的名义利率计算确定的应付利息的金额，记入"应付利息"科目；实际支付利息时，借记"应付利息"科目，贷记"银行存款"等科目。

例 11-24

华美股份有限公司 2021 年 1 月 1 日从银行借入 5 年期每年付息到期一次还本的长期借款 8 000 000 元，合同约定年利率为 4%，假定该借款利息不符合资本化条件。

华美股份有限公司的有关会计处理如下。

(1) 每年计算确定利息费用时。

借：财务费用　　　　　　　　　　　　　320 000
　　贷：应付利息　　　　　　　　　　　　　320 000

企业每年应支付的利息＝8 000 000×4%＝320 000(元)

(2) 每年实际支付利息时。

借：应付利息　　　　　　　　　　　　　320 000
　　贷：银行存款　　　　　　　　　　　　　320 000

九、应付股利

应付股利是指企业根据股东大会或类似机构审议批准的利润分配方案确定分配给投资者的现金股利或利润,企业确定或宣告支付但尚未实际支付的现金股利或利润形成企业的一项负债,通过"应付股利"科目核算。

"应付股利"科目贷方登记应支付的现金股利或利润,借方登记实际支付的现金股利或利润,期末贷方余额反映企业应付未付的现金股利或利润。

"应付股利"科目一般应按照投资者名称设置明细科目进行明细核算。

企业根据股东大会或类似机构审议批准的利润分配方案,确认应付给投资者的现金股利或利润时,借记"利润分配——应付现金股利或利润"科目,贷记"应付股利"科目;向投资者实际支付现金股利或利润时,借记"应付股利"科目,贷记"银行存款"等科目。

企业董事会或类似机构通过的利润分配方案中拟分配的现金股利或利润,因为在正式宣告前,还不是企业的现时义务,不符合负债的定义,因此不作账务处理,不作应付股利核算,但应在附注中披露。

企业分配的股票股利不通过"应付股利"科目核算。

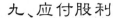

华美股份有限公司2021年度实现净利润50 000 000元。2022年2月1日,经过董事会批准,决定2021年度分配现金股利12 000 000元。股利于2022年3月10日用银行存款支付。

华美股份有限公司的有关会计处理如下。

(1)2022年2月1日,宣告发放现金股利时。

借:利润分配——应付现金股利或利润   50 000 000
 贷:应付股利   50 000 000

(2)2022年3月10日,实际发放现金股利时。

借:应付股利   50 000 000
 贷:银行存款   50 000 000

第二节 非流动负债

一、应付债券

(一)应付债券的性质与分类

债券是依照法定程序发行的、约定在一定期限内还本付息的一种有价证券。这里的应付债券是指发行期限在1年以上或者超过1年的一个营业周期以上的应付长期债券。因此,应付债券是企业因筹措资金而发行债券形成的一种非流动负债。

债券按照还本付息模式的不同,可以分为"分期付息到期还本"的债券和"到期一次还本付息"的债券。

(二)债券的发行价格

债券的发行价格是指债券投资者购入债券时应支付的当前市场价格,它与债券的面值可能一致也可能不一致。理论上,债券发行价格是债券的未来现金流量的现值,即将来需要支付的年利息和偿还的本金,按发行当时的市场利率折现所得到的现值。

因此,决定债券发行价格的因素包括:债券面值、票面利率、市场利率和债券的期限。

当债券票面利率等于市场利率时,债券发行价格等于面值。当债券票面利率低于市场利率时,企业仍以面值发行就不能吸引投资者,故一般要折价发行。当债券票面利率高于市场利率时,企业仍以面值发行就会增加发行成本,故一般要溢价发行。

理论上,债券的发行价格应等于发行方未来现金流出的现值之和。如果采用分期付息,到期还本的方式发行的债券,则现值 $PV=I\times(P/A,r,n)+F\times(P/F,r,n)$,其中 I 为每期应支付的利息,F 为债券面值,r 为市场利率,n 为债券的期限。如果采取到期一次还本付息方式发行的债券,则现值 $PV=(F+F\times i\times n)\times(P/F,r,n)$,其中,$i$ 为票面利率,F 为债券面值,r 为市场利率,n 为债券的期限。

上述公式计算的发行价格一般只是确定实际发行价格的基础。在实务中,债券的发行价格受很多因素的影响。就公司内部而言,除了债券的面值、期限、票面利率、利息支付方式外,发行企业自身的信誉状况、资本结构、投资结构等也会影响债券的发行价格。就企业外部来看,资本市场的利率水平、供求关系等,也是影响债券发行价格的重要因素。

(三)应付债券的账务处理

企业应设置"应付债券"账户,核算企业为筹集资金而发行债券的本金和利息。该账户属于负债类账户,贷方登记发行债券的面值及溢价金额,借方登记发行债券的折价金额、一次付息债券应计提的利息以及到期偿还的本金,贷方余额反映企业尚未偿还的债券摊余成本。为了方便管理,可以在"应付债券"科目下设置"面值""利息调整""应计利息"(对于到期一次还本付息的债券)等明细科目。如果企业发行分次付息一次还本债券,计提的利息应通过"应付利息"账户核算。

1. 债券发行的账务处理

企业无论是折价、平价、还是溢价发行债券,都按面值计入"应付债券——面值"科目,实际发行价格与面值的差额,贷记或者借记"应付债券——利息调整"科目。

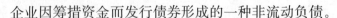

例 11-26

华美股份有限公司经批准于 2021 年 1 月 1 日发行债券面值为 1 000 000,期限为 5 年,票面利率 6% 的债券,到期一次还本付息。债券发行相关的交易费用为 8 000 元,从发行债券所收到的款项中扣除,发行债券当时的市场利率为 6%。华美股份有限公司的会计业务处理如下。

  借：银行存款   992 000
    应付债券——利息调整   8 000
   贷：应付债券——面值   1 000 000

例 11-27

承【例 11-26】。若华美股份有限公司发行债券当时的市场利率为 7%，该公司的会计处理如下。

  债券的发行价格 =（1 000 000＋1 000 000×6%×5）×(P/F，7%，5)
        ＝1 300 000×0.713＝926 900（元）

  借：银行存款   918 900
    应付债券——利息调整   81 100
   贷：应付债券——面值   1 000 000

其中，银行存款的金额为发行价格扣除发行费用后的余额，即 926 900－8 000＝918 900（元）。

例 11-28

续【例 11-26】资料。若华美股份有限公司发行债券当时的市场利率为 5%，该公司的会计业务处理如下。

  债券的发行价格 =（1 000 000＋1 000 000×6%×5）×(P/F，5%，5)
        ＝1 300 000×0.783＝1 017 900（元）

  借：银行存款   1 009 900
   贷：应付债券——面值   1 000 000
     应付债券——利息调整   9 900

其中，银行存款的金额为 1 017 900－8 000＝1 009 900（元）。

2. 债券利息的计提、溢折价摊销及债券偿还的账务处理

每期期末，企业应按面值乘以票面利率的金额支付利息。但是按票面利率计算的应支付利息未必是企业发行债券真正负担的利息费用。当企业折价发行债券时，发行时收取的价款低于面值，其差额实际是对未来支付利率低于市场利率的补偿，应归入实际的资金使用费里。企业溢价发行债券时，发行时收取的价款高于面值，实际是对未来支付的利率高于市场利率的补偿。因此，在每个付息期，企业应对溢价和折价的部分进行摊销。

企业应采用实际利率法核算企业发行债券实际应承担的利息，即按照应付债券的实际利率计算摊余成本和各期的实际利息费用。

资产负债表日，对于分期付息、一次还本的债券，企业应按应付债券的摊余成本和实际利率计算确定的债券利息费用，借记"在建工程""制造费用""财务费用"等科目，按票面利率计算确定的应付未付利息,贷记"应付利息"科目,按其差额,借记或贷记"应付债券——利息调整"科目。对于一次还本付息的债券,应于资产负债表日按摊余成本和实际利率计算确定的债券利息费用,借记"在建工程""制造费用""财务费用"等科目,按票面利率计算确定的应付未付利息,贷记"应付债券——应计利息"科目,按其差额,借记或贷记"应付债券——利息调整"科目。

对于一次还本付息的债券,企业期满偿还本息时,应借记"应付债券——面值"和"应付债券——应计利息"科目,贷记"银行存款"科目。对于分期付息、到期还本的债券,债券到期时,借记"应付债券——面值"科目,贷记"银行存款"科目。

例 11-29

华美股份有限公司经批准于2021年1月1日发行债券10 000张,每张面值100元,票面利率6%,期限5年,到期一次还本付息,发行债券当时的市场利率为8%,债券溢折价采用实际利率法摊销,假定利息费用不符合资本化要求。则华美股份有限公司的账务处理如下。

(1)计算债券的发行价格。

债券的发行价格 $P=(100\times 10\,000+100\times 10\,000\times 6\%\times 5)\div(1+8\%)^5=884\,956$(元)

(2)发行时的会计处理。

借:银行存款	884 956
应付债券——利息调整	15 044
贷:应付债券——面值	1 000 000

(3)各期利息费用计算及账务处理。

表11-4 各期利息费用计算表

日期	利息费用	支付现金	应付债券摊余成本
2021年1月1日			884 956
2021年12月31日	70 797	0	957 753
2022年12月31日	76 620	0	1 034 373
2023年12月31日	82 750	0	1 117 123
2024年12月31日	89 369	0	1 206 492
2025年12月31日	93 508*	1 300 000	0

*尾数调整,计算方法为 1 300 000-1 206 492=93 508

说明:本期末摊余成本=本期初摊余成本+利息费用-支付现金;

本期利息费用=期初摊余成本×实际利率;

支付现金=面值×票面利率。

2021年末利息费用的账务处理如下。

借:财务费用	70 797
贷:应付债券——应计利息	60 000
——利息调整	10 797

2022年末、2023年末和2024年末的分录均参照上述处理。

(4)到期还本付息时。

借:应付债券——面值 1 000 000
　　　　　　——应计利息 300 000
　贷:银行存款 1 300 000

例 11-30

承【例 11-29】,若付息方式为分期付息,到期一次还本,其他条件不变,则会计处理如下。

(1)计算债券的发行价格。

债券发行价格 P＝100×10 000×6%×(P/A,8%,5)＋100×10 000×(P/F,8%,5)
　　　　　　　＝60 000×3.992＋1 000 000×0.68
　　　　　　　＝919 520(元)

(2)发行时的会计处理。

借:银行存款 919 520
　应付债券——利息调整 80 480
　贷:应付债券——面值　1 000 000

(3)各期利息费用计算及账务处理。

表 11-5　各期利息费用计算表

日期	利息费用	支付现金	应付债券摊余成本
2021 年 1 月 1 日			919 520
2021 年 12 月 31 日	73 562	60 000	933 082
2022 年 12 月 31 日	74 647	60 000	947 729
2023 年 12 月 31 日	75 818	60 000	963 547
2024 年 12 月 31 日	77 084	60 000	980 631
2025 年 12 月 31 日	79 369*	1 060 000	0

＊尾数调整,计算方法为 1 060 000－980 631＝79 369

说明:本期末摊余成本＝本期初摊余成本＋利息费用－支付现金;
　　　本期利息费用＝期初摊余成本×实际利率;
　　　支付现金＝面值×票面利率。

① 2021 年末利息费用的账务处理如下。

借:财务费用 73 562
　贷:应付利息 60 000
　　应付债券——利息调整 13 562

② 2021 年末实际支付利息时。

借:应付利息 60 000
　贷:银行存款 60 000

2022 年末、2023 年末和 2024 年末的分录均参照上述处理。

(4)到期还本时。

借:应付债券——面值　　　　　　　　　　　　1 000 000
　贷:银行存款　　　　　　　　　　　　　　　　　　　　1 000 000

二、长期应付款

长期应付款是指企业除长期借款和应付债券以外的其他各种长期应付账款,例如"以分期付款方式购入固定资产发生的应付账款"等,通常付款周期超过一年,所以"长期应付款"构成了企业的一项长期负债。

企业应设置"长期应付款"账户,该账户贷方登记长期应付款的增加,借方登记每期支付的金额,期末的贷方余额反映企业应付未付的长期应付款。

下面以"以分期付款方式购入固定资产发生的应付款项"为例,讲解长期应付款的核算方法。企业购买固定资产通常在正常信用条件期限内付款,但有时也会采用分期付款的方式进行购买。如果合同中规定的付款期限比较长,超过了正常信用条件,在这种情况下,该类购买合同实质上具有融资性质,购入资产的成本不能以各期付款额之和确定,而应以各期付款额的现值之和确定。

购入固定资产时,按购买价款的现值,借记"固定资产"或"在建工程"科目;按应支付的金额,贷记"长期应付款"科目;按其差额,借记"未确认融资费用"科目。

固定资产购买价款的现值,应当按照各期支付的购买价款选择恰当的折现率进行折现后的金额加以确定。各期实际支付的价款与购买价款的现值之间的差额,符合《企业会计准则第17号——借款费用》中规定的资本化条件的,应当计入固定资产成本,其余部分应当在信用期间内确认为财务费用,计入当期损益。

例 11-31

2021年1月1日,华美股份有限公司与乙公司签订一项购货合同,华美股份有限公司从乙公司购入一台需要安装的大型机器设备。合同约定,华美股份有限公司采用分期付款方式支付价款。该设备价款共计750 000元,款项在2021年至2025年的5年期间平均支付,每年的付款日期为当年12月31日。

2021年1月1日,设备如期运抵华美股份有限公司并开始安装,发生运杂费和相关税费160 000元(不考虑增值税),已用银行存款付讫。2021年12月31日,设备达到预定可使用状态。

华美股份有限公司按照合同约定用银行存款如期支付了款项。假定折现率为10%。

(1)购买价款的现值。

150 000×(P/A,10%,5)=150 000×3.7908=568 620(元)

(2)2021年1月1日甲公司的账务处理如下。

借:在建工程　　　　　　　　　　　　　　　　568 620
　　未确认融资费用　　　　　　　　　　　　　181 380
　贷:长期应付款　　　　　　　　　　　　　　　　　　750 000

借:在建工程 160 000
 贷:银行存款 160 000

(3)确定信用期间未确认融资费用的分摊额,参见表11-6。

表11-6 未确认融资费用分摊表(单位:元)

日期	分期付款额	确认的融资费用	应付本金减少额	应付本金余额
①	②	③=期初⑤×10%	④=③-②	期末⑤=期初⑤-④
2021.1.1				568 620.00
2021.12.31	150 000	56 862.00	93 138.00	475 482.00
2022.12.31	150 000	47 548.20	102 451.80	373 030.20
2023.12.31	150 000	37 303.02	112 696.98	260 333.22
2024.12.31	150 000	26 033.32	123 966.68	136 366.51
2025.12.31	150 000	13 633.46*	136 366.54*	0
合计	750 000	181 380	568 620	

*尾数调整

(4)2021年1月1日至2021年12月31日为设备的安装期间,未确认融资费用的分摊额符合资本化条件,计入固定资产成本。

2021年12月31日甲公司的账务处理如下。

借:在建工程 56 862
 贷:未确认融资费用 56 862
借:长期应付款 150 000
 贷:银行存款 150 000
借:固定资产 785 482
 贷:在建工程 785 482

固定资产的成本为:568 620+160 000+56 862=785 482(元)

(5)2022年1月1日至2025年12月31日,设备已经达到预定可使用状态,未确认融资费用的分摊额不再符合资本化条件,应计入当期损益。

①2022年12月31日。

借:财务费用 47 548.20
 贷:未确认融资费用 47 548.20
借:长期应付款 150 000
 贷:银行存款 150 000

②2003年12月31日。

借:财务费用 37 303.02
 贷:未确认融资费用 37 303.02
借:长期应付款 150 000
 贷:银行存款 150 000

③2024年12月31日。

借:财务费用　　　　　　　　　　　　　　26 033.32
　　贷:未确认融资费用　　　　　　　　　　26 033.32
借:长期应付款　　　　　　　　　　　　　150 000
　　贷:银行存款　　　　　　　　　　　　　150 000

④2025年12月31日。

借:财务费用　　　　　　　　　　　　　　13 633.46
　　贷:未确认融资费用　　　　　　　　　　13 633.46
借:长期应付款　　　　　　　　　　　　　150 000
　　贷:银行存款　　　　　　　　　　　　　150 000

三、预计负债

(一)或有事项的概念和特征

或有事项是指过去的交易或者事项形成的,其结果须由某些未来事项的发生或不发生才能决定的不确定事项。它具有以下三个特征。

1. 由过去交易或事项形成

或有事项的现存状况是过去交易或事项引起的客观存在。

比如,未决诉讼虽然是正在进行中的诉讼,但该诉讼是企业因过去的经济行为而起诉其他单位或被其他单位起诉。这是现存的一种状况而不是未来将要发生的事项。未来可能发生的自然灾害、交通事故、经营亏损等,不属于或有事项。

2. 结果具有不确定性

或有事项的结果发生具有不确定性,或者或有事项的结果预计将会发生,但发生的具体时间或金额具有不确定性。

比如,债务担保事项的担保方到期是否承担和履行连带责任,需要根据债务到期时被担保方能否按时还款加以确定。这一事项的结果在担保协议达成时具有不确定性。

3. 由未来事项决定

或有事项的结果只能由未来不确定事项的发生或不发生才能决定。

比如,债务担保事项只有在被担保方到期无力还款时企业(担保方)才履行连带责任。

常见的或有事项主要包括:未决诉讼或仲裁、债务担保、产品质量保证(含产品安全保证)、承诺、亏损合同、重组义务、环境污染整治等。

(二)或有负债和或有资产

或有事项通常会形成或有负债或者或有资产。

或有负债,是指过去的交易或者事项形成的潜在义务,其存在须通过未来不确定事项的发生或不发生予以证实;或过去的交易或者事项形成的现时义务,履行该义务不是很可能导致经济利益流出企业或该义务的金额不能可靠计量。

或有资产是指过去的交易或者事项形成的潜在资产,其存在须通过未来不确定事项的发生或不发生予以证实。

或有负债和或有资产不符合负债或资产的确认条件,企业不应当确认或有负债和或有资产,在财务报表附注中进行相应的披露即可。

(三)预计负债的概念

与或有事项相关的义务(即"或有负债")同时满足以下条件的,应当确认为预计负债:

一是该义务是企业承担的现时义务;

二是履行该义务很可能导致经济利益流出企业。

这里的"很可能"是指企业履行与或有事项相关的现时义务将导致经济利益流出的可能性大于50%。在企业会计实务中,对可能性的表述如下表11-7所示。

表11-7 "可能性的表述"与发生概率对应表

项目	发生的概率区间
基本确定	95%＜发生的可能性＜100%
很可能	50%＜发生的可能性≤95%
可能极小	5%＜发生的可能性≤50%
可能	0＜发生的可能性≤5%

三是该义务的金额能够可靠地计量。

需要强调的是,预计负债符合负债的定义,需要进行账务处理。但是,上述三个条件只有同时满足才能确认预计负债。如果没有同时满足时,则仍然属于或有负债。

(四)预计负债的计量

或有事项的计量主要涉及两方面:一是最佳估计数的确定;二是预期可获得补偿的处理。

1. 最佳估计数的确定

预计负债应当按照履行相关现时义务所需支出的最佳估计数进行初始计量。在会计实务中,最佳估计数有三种确定方法。

(1)所需支出存在一个连续范围,且该范围内各种结果发生的可能性相同的,最佳估计数应当按照该范围内的中间值确定。

例 11-32

2021年12月1日,华美股份有限公司因合同违约而涉及一桩诉讼案件。根据华美股份有限公司的法律顾问判断,最终的判决很可能对华美股份有限公司不利。2021年12月31日,华美股份有限公司尚未接到法院的判决,因诉讼须承担的赔偿的金额也无法准确地确定。不过,据专业人士估计,最终支出金额可能在500万元至600万元之间(其中包含诉讼费10万元),且该范围内支付各种赔偿金额的可能性相同。根据《企业会计准则第13号——或有事项》准则的规定,华美股份有限公司应确认的预计负债金额为550万元,计算方法为:(500+600)÷2=550(万元),这550万元中包含诉讼费10万元,赔偿款540万元。

具体的账务处理如下。

借:营业外支出——赔偿支出　　　　　　　　　　　　　5 400 000
　　管理费用——诉讼费　　　　　　　　　　　　　　　　100 000
　　贷:预计负债　　　　　　　　　　　　　　　　　　　　　　　5 500 000

(2)或有事项涉及单个项目的,按照最可能发生金额确定。

例11-33

2021年12月1日,华美股份有限公司涉及一起诉讼案。2021年12月31日,华美股份有限公司尚未接到法院的判决。在咨询了公司的法律顾问后,华美股份有限公司认为:胜诉的可能性为20%,败诉的可能性为80%。如果败诉,需要赔偿400万元。在本例中,华美股份有限公司在资产负债表中的预计负债应当按照最可能发生的金额来确定,即400万元。

具体的账务处理如下。

借:营业外支出——赔偿支出　　　　　　　　　　　　　4 000 000
　　贷:预计负债　　　　　　　　　　　　　　　　　　　　　　　4 000 000

(3)或有事项涉及多个项目的,按照各种可能结果及相关概率计算确定,求一个数学期望。

例11-34

华美股份有限公司2021年度销售收入为20 000 000元,根据公司的产品质量保证条款,该产品售出后一年内,如发生正常质量问题,公司将负责免费维修。根据以前年度的维修记录,如果发生较小的质量问题,发生的维修费用为销售收入的1%;如果发生较大的质量问题,发生的维修费用为销售收入的3%。根据公司生产技术部门的预测,在本年度销售的产品中,80%不会发生质量问题;15%可能发生较小质量问题;5%可能发生较大质量问题。

据此,2021年末,华美股份有限公司应在资产负债表中确认的预计负债金额如下。

20 000 000×(0×80%+1%×15%+3%×5%)=60 000(元)。

具体的账务处理如下。

借:销售费用　　　　　　　　　　　　　　　　　　　　60 000
　　贷:预计负债　　　　　　　　　　　　　　　　　　　　　　　60 000

2. 对预期可获得补偿的处理

企业清偿预计负债所需支出全部或部分预期由第三方补偿的,补偿金额只有在基本确定能够收到时才能作为资产单独确认,确认的补偿金额不应超过预计负债的账面价值。

在实务中,需要注意以下几点。

(1)或有事项确认为资产的前提条件是或有事项已经确认为负债。例如,在一个未决诉讼中,我方为被告,很可能赔偿原告500万元。此时,根据《或有事项准则》的规定,已经确认了500万元的预计负债。在此基础上,只有我方又向第三方追偿,才能将我方预期可获得的补偿确认为资产。

(2)或有事项确认为资产通过"其他应收款"科目核算,不能冲减预计负债的账面价值。

(3)或有事项确认负债需要达到"很可能"(概率大于50%),但是将预期可获得的补偿确认为资产,却需要"基本确定"(概率大于95%)。确认资产的条件比确认负债的条件更加苛刻,这体现了会计信息质量要求中的"谨慎性"原则,即"不高估资产和收益,不低估负债和费用"。

具体的账务处理如下。

①或有事项确认负债。

借:营业外支出等
　　贷:预计负债

②或有事项确认资产。

借:其他应收款
　　贷:营业外支出

例 11-35

2021年12月31日,华美股份有限公司因未决诉讼确认了一笔金额为4 000 000元的预计负债(赔偿支出);同时,华美股份有限公司因该或有事项,基本确定可从保险公司获得1 000 000元的赔偿。

在本例中,华美股份有限公司应分别确认一项金额为4 000 000元的负债(预计负债)和一项金额为1 000 000元的资产(其他应收款),而不能按净额只确认一项金额为3 000 000(=4 000 000−1 000 000)元的负债。同时,公司所确认的补偿金额1 000 000元不能超过所确认的负债的账面价值4 000 000元。

借:营业外支出　　　　　　　　　　　　　　　4 000 000
　　贷:预计负债　　　　　　　　　　　　　　　　4 000 000
借:其他应收款　　　　　　　　　　　　　　　1 000 000
　　贷:营业外支出　　　　　　　　　　　　　　　1 000 000

3. 预计负债的计量需要考虑的其他因素

(1)充分考虑与或有事项有关的风险和不确定性,在此基础上,按照最佳估计数确定预计负债的金额。

(2)预计负债的金额通常等于未来应支付的金额,但未来应支付金额与其现值相差较大的,如油气井及相关设施或核电站的弃置费用等,应当按照未来应支付金额的现值确定。

(3)有确凿证据表明相关未来事项将会发生的,如未来技术进步、相关法规出台等,确定预计负债金额时应考虑相关未来事项的影响。

(4)确定预计负债的金额不应考虑预期处置相关资产形成的利得。

4. 对预计负债账面价值的复核

企业应当在资产负债表日对预计负债的账面价值进行复核,有确凿证据表明该账面价值不能真实反映当前最佳估计数的,应当按照当前最佳估计数对该账面价值进行调整。

(五)或有事项会计的具体应用

1. 未决诉讼和未决仲裁

未决诉讼和未决仲裁是指企业涉及尚未判决的诉讼案件。在这些待决事项中,通常企业为被告方,原告方会向企业提出赔偿要求。如果企业胜诉,将不负有任何责任;但若企业败诉,则负有支付原告提出的赔偿要求的责任。如果未决诉讼或未决仲裁到了当年年末(资产负债表日)仍然尚未判决,则企业需要判断"赔偿可能性的大小"和"赔偿金额的最佳估计数"。如果赔偿的可能性为"很可能",则需要根据最佳估计数确认预计负债。

当企业实际赔偿时,实际赔偿的金额和之前计提的预计负债金额之间有差异的,应当区分以下三种情况进行会计处理。

(1)如果相关预计负债,前期已经合理计提,则将实际支出的赔偿金额和预提的预计负债金额之间的差额,直接计入或冲减实际支付赔偿当期的营业外支出。

(2)如果相关预计负债,前期未合理计提(预估的金额有严重偏差),则需要按照重大差错更正的方法进行会计处理。

(3)如果由于无法合理预计最佳估计数或可能性大小,相关预计负债在前期未计提,则在该赔偿支出实际发生的当期,直接计入营业外支出。

【例 11-36】

2021年12月1日,华美股份有限公司因合同违约而被A公司起诉,截止至2021年12月31日,双方尚未接到法院的判决。

原告方:A公司的法律顾问预计A公司很可能在诉讼中获胜,假定A公司估计将来很可能获得赔偿金额2 000 000元。

被告方:华美股份有限公司在咨询了法律顾问后,也认为最终的法律判决很可能对华美股份有限公司不利,并预估很可能需要支付的赔偿金额、诉讼费等费用为1 500 000元至2 000 000元之间的某一金额,且这个区间内每个金额的可能性都大致相同,其中诉讼费为100 000元。

在此例中:

(1)从A公司的角度看,取得赔偿的可能性仅为"很可能",没有达到"基本确定",所以预计可能收到的赔偿款(200万元)不应当确认为资产(其他应收款),而仅仅应当在2021年12月31日的A公司财务报表附注中披露该或有资产即可,金额为2 000 000元。

(2)从华美股份有限公司的角度看,支付赔偿的可能性达到了"很可能",应在资产负债表中确认一项预计负债,金额为(1 500 000+2 000 000)÷2=1 750 000(元)。

华美股份有限公司的有关账务处理如下。

借:管理费用——诉讼费	100 000
营业外支出	1 650 000
贷:预计负债——未决诉讼	1 750 000

到了 2022 年 3 月 1 日,法院正式判决。如果实际的赔偿金额确定为 180 万元,之前预提的金额较准确,差额计入当年营业外支出,作如下分录。

借:预计负债——未决诉讼	1 750 000
营业外支出	50 000
贷:银行存款	1 800 000

如果实际的赔偿金额为 165 万元,作如下分录。

借:预计负债——未决诉讼	1 750 000
贷:银行存款	1 650 000
营业外支出	100 000

2. 债务担保

企业有的时候会帮其他的企业进行债务担保,当出现债务违约时,作为担保人,企业有连带偿还的义务。

当连带偿还的义务满足预计负债的确认条件时,企业应当确认预计负债。

例 11-37

华美股份有限公司 2021 年对外担保的情况如下:

2021 年 1 月,A 公司从银行贷款人民币 50 000 000 元,期限 5 年,由华美股份有限公司全额担保;

2021 年 3 月,B 公司从银行贷款人民币 10 000 000 元,期限 1 年,由华美股份有限公司担保 50%;

2021 年 6 月,C 公司从银行贷款人民币 40 000 000 元,期限 2 年,由华美股份有限公司担保 80%;

2021 年 9 月,D 公司通过银行从贷款人民币 2 000 000 元,期限 2 年,由华美股份有限公司全额担保。

截至 2021 年 12 月 31 日,各贷款单位的情况如下:

A 公司贷款逾期未还,银行已起诉 A 公司和华美股份有限公司,华美股份有限公司因连带责任需赔偿多少金额尚无法确定;

B 公司由于受政策影响和内部管理不善等原因,经营效益不如以往,可能不能偿还到期债务;

C 公司经营情况良好,预期不存在还款困难。

D 公司贷款逾期未还,银行已起诉 D 公司和华美股份有限公司,华美股份有限公司因连带责任大约需赔偿人民币 2 000 000 元。

在本例中:

对A公司而言,华美股份有限公司很可能需履行连带责任,但损失金额是多少,目前还难以预计,所以无法确认预计负债;

就B公司而言,华美股份有限公司可能需履行连带责任,可能性没有达到"很可能",不符合预计负债确认条件;

就C公司而言,华美股份有限公司履行连带责任的可能性极小,不符合预计负债确认条件。

以上这三项债务担保形成华美股份有限公司的或有负债,不符合预计负债的确认条件,华美股份有限公司在2021年12月31日编制财务报表时,应当在附注中进行相应披露。

对D公司而言,华美股份有限公司很可能需履行连带责任,损失金额确认为人民币2 000 000元,符合预计负债确认条件。针对D公司的担保事项,作如下会计分录。

借:营业外支出　　　　　　　　　　　　　　2 000 000
　　贷:预计负债　　　　　　　　　　　　　　2 000 000

3. 产品质量保证

企业在销售商品的同时,往往需要提供"三包服务"。这类保修服务是过去的销售交易形成的,其结果须由某些未来保修事项的发生或不发生才能决定的不确定事项。因此,遵循权责发生制的原则,企业不能在实际发生售后服务维修支出时将其计入当期损益,而应当根据历史维修记录,在产品销售的当期,提前估计保修支出,计入销售费用,同时计提预计负债。在实际发生售后服务支出时,再冲减预计负债。具体的会计分录如下。

(1)计提保修费时。

借:销售费用
　　贷:预计负债

(2)实际发生时。

借:预计负债
　　贷:银行存款/原材料/应付职工薪酬等

在对产品质量保证确认预计负债时,需注意以下几点:

如果发现保证费用的实际发生额与预计数相差较大,应及时对预计比例进行调整;

如果企业针对特定批次产品确认预计负债,则在保修期结束时,应将"预计负债——产品质量保证"余额冲销,不留余额。

例11-38

华美股份有限公司2021年度销售收入为50 000 000元,根据公司的产品质量保证条款,该产品售出后一年内,如发生正常质量问题,公司将负责免费维修。根据以前年度的维修记录,如果发生较小的质量问题,发生的维修费用为销售收入的1%;如果发生较大的质量问题,发生的维修费用为销售收入的3%。根据公司生产技术部门的预测,本年度销售的产品中,80%不会发生质量问题;15%可能发生较小质量问题;5%可能发生较大质量问题。2022年,实际发生了维修支出140 000元,其中包含维修人员工资90 000元,材料费40 000元和银行存款支付的其他费用10 000元。

(1)2021年末,在销售的当期,计提保修费。

华美股份有限公司应在资产负债表中确认的预计负债金额为:50 000 000×(0×80%＋1‰×15%＋3‰×5%)＝150 000(元)。

借:销售费用	150 000
贷:预计负债	150 000

(2)2022年实际发生保修支出时。

借:预计负债	140 000
贷:银行存款	10 000
原材料	40 000
应付职工薪酬	90 000

(3)2022年年末,该批次产品保修期到期,未实际支出的剩余10 000元预计负债转回。

借:预计负债	10 000
贷:销售费用	10 000

4. 亏损合同

企业与其他方签订的尚未履行或部分履行了同等义务的合同,如商品买卖合同、劳务合同、租赁合同等,均属于待执行合同。在履行合同义务过程中,发生的成本预期将超过与合同相关的未来流入经济利益的,待执行合同即变成了亏损合同。待执行合同变成亏损合同的,该亏损合同产生的义务满足预计负债确认条件的,应当确认为预计负债。

具体来说,要区分以下两种情况:

(1)亏损合同存在标的资产的,应当对标的资产进行减值测试并按规定确认减值损失,如果预计亏损超过该减值损失,应将超过部分确认为预计负债;

(2)合同不存在标的资产的,亏损合同相关义务满足预计负债确认条件时,应当确认为预计负债。

预计负债的金额应是执行合同发生的损失和撤销合同发生的损失的较低者,即应该按照退出该项合同的最低净成本计量。

例 11-39

2021年1月1日,华美股份有限公司采用租赁方式租入一条生产线生产A产品,租赁期6年,年租金15万元。华美股份有限公司利用该生产线生产的A产品每年可获净利50万元。2024年12月31日,华美股份有限公司决定停产A产品,该租赁合同不可撤销,按照合同规定,华美股份有限公司拟定了两种处置方案:

(1)原经营租赁合同继续持续2年,生产线可以转租给其他单位,每年获得5万元的收益,稍微弥补部分损失;

(2)直接强行违约,一次性赔偿租赁公司人民币60万元。

在本例中，华美股份有限公司执行原租赁合同不可避免要发生的费用很可能超过预期获得的经济利益，属于亏损合同。根据第一个处置方案，预计亏损为：(15－5)×2＝20（万元）。根据第二个处置方案，预计亏损为 60 万元。预计负债的金额应是执行合同发生的损失和撤销合同发生的损失的较低者，即应该按照退出该项合同的最低净成本计量，即 20 万元。因此，华美股份有限公司应当在 2024 年 12 月 31 日，针对这个亏损合同确认预计负债 20 万元。

5. 重组义务

重组是指企业制定和控制的，将显著改变企业组织形式、经营范围或经营方式的计划实施行为。

属于重组的事项主要包括：出售或终止企业的部分业务；对企业的组织结构进行较大调整；关闭企业的部分营业场所，或将营业活动由一个国家或地区迁移到其他国家或地区。

下列情况同时存在时，表明企业承担了重组义务：

第一，有详细、正式的重组计划，包括重组涉及的业务、主要地点、需要补偿的职工人数及其岗位性质、预计重组支出、计划实施时间等；

第二，该重组计划已对外公告，重组计划已经开始实施，或已向受其影响的各方通告了该计划的主要内容，从而使各方形成了对该企业将实施重组的合理预期。

根据《或有事项准则》，企业承担的重组义务满足或有事项确认条件的，应当确认为预计负债，企业应当按照与重组有关的直接支出确定预计负债金额。直接支出包括和不包括的项目如表 11-8 所示。

表 11-8　与重组有关支出的判断表

支出项目	包括	不包括	不包括的原因
自愿遣散	√		
强制遣散（如果自愿遣散目标未满足）	√		
将不再使用的厂房的租赁撤销费	√		
将职工和设备从拟关闭的工厂转移到继续使用的工厂		√	支出与继续进行的活动相关
剩余职工的再培训		√	支出与继续进行的活动相关
新经理的招募成本		√	支出与继续进行的活动相关
推广公司新形象的营销成本		√	支出与继续进行的活动相关
对新分销网络的投资		√	支出与继续进行的活动相关
重组的未来可辨认经营损失（最新预计值）		√	支出与继续进行的活动相关
特定不动产、厂场和设备的减值损失		√	减值准备应当按照《企业会计准则第 8 号——资产减值》进行评估，并作为资产的抵减项

例 11-40

华美股份有限公司为一家汽车生产企业，主要生产 A、B、C 三种型号的汽车。华美股份有限公司2021年度有关事项如下。

华美股份有限公司管理层于20×1年11月制定了一项业务重组计划。该业务重组计划的主要内容如下：从2022年1月1日起关闭A产品生产线；从事A产品生产的员工共计150人，除部门主管及技术骨干等50人留用转入其他部门外，其他100人将被辞退。

根据被辞退员工的职位、工作年限等因素，华美股份有限公司将一次性给予被辞退员工不同标准的补偿，补偿支出共计2 000万元；A产品生产线关闭之日，租用的厂房将被腾空，撤销租赁合同并将其移交给出租方，用于A产品生产的固定资产等将转移至华美股份有限公司自己的仓库。上述业务重组计划已于2021年12月20日经华美股份有限公司董事会批准，并于12月21日对外公告。2021年12月31日，上述业务重组计划尚未实际实施，员工补偿及相关支出尚未支付。

为了实施上述业务重组计划，华美股份有限公司预计发生以下支出或损失：因辞退员工将支付补偿款2000万元；因撤销厂房租赁合同将支付违约金200万元；因将用于A产品生产的固定资产等转移至仓库将发生运输费10万元；因对留用员工进行培训将发生支出5万元；因推广新款汽车产品将发生广告费用3500万元；为建立新分销网络，投资300万元；因处置用于A产品生产的固定资产将发生减值损失150万元。

判断哪些是与华美股份有限公司业务重组有关的直接支出，并编制相关会计分录。

(1)因辞退员工将支付补偿2000万元和因撤销厂房租赁合同将支付违约金200万元属于与重组有关的直接支出。其他的支出不属于与重组有关的直接支出。

(2)因辞退员工将支付补偿2000万元的会计分录。

借：管理费用　　　　　　　　　　　　　　　2000
　　贷：应付职工薪酬　　　　　　　　　　　　2000

（注意：辞退福利一律计入管理费用）

因撤销厂房租赁合同将支付违约金200万元的会计分录。

借：营业外支出　　　　　　　　　　　　　　200
　　贷：预计负债　　　　　　　　　　　　　　200

第三节　借款费用

一、借款费用的构成

借款费用是指企业因借款而发生的利息及其他相关成本。

借款费用包括借款利息、折价或者溢价的摊销、辅助费用以及因外币借款而发生的汇兑差额等。

二、借款费用的会计处理原则

借款费用的确认主要解决的是将每期发生的借款费用资本化、计入相关资产的成本，还是将有关借款费用费用化、计入当期损益的问题。

根据《企业会计准则第 17 号——借款费用》的规定,借款费用确认的基本原则是:企业发生的借款费用,可直接归属于符合资本化条件的资产购建或者生产的,应当予以资本化,计入相关资产成本;其他借款费用,应当在发生时根据其发生额确认为费用,计入当期损益。

(一)专门借款和一般借款

根据借款费用准则的规定,借款包括专门借款和一般借款。

专门借款是指为购建或者生产符合资本化条件的资产而专门借入的款项。例如,某企业为了建造厂房向某银行专门贷款 5 亿元,在企业与银行签订的借款合同中明确标明了该笔借款的用途,有着"专款专用"的性质,不得挪作他用。

一般借款是指除专门借款之外的借款。相对于专门借款而言,一般借款在借入时,通常没有指定该笔借款的具体用途。

(二)符合资本化条件的资产

符合资本化条件的资产是指需要经过相当长时间的购建或者生产活动才能达到预定可使用或者可销售状态的固定资产、投资性房地产和存货等资产。其中,"相当长时间"应当是指为资产的购建或者生产所必需的时间,通常为一年以上(含一年)。在实务中,如果人为或者故意等非正常因素导致资产的购建或者生产时间相当长的,该资产不属于符合资本化条件的资产。

购入即可使用的资产,或者购入后需要安装但所需安装时间较短的资产,或者需要建造或者生产但所需建造或者生产时间较短的资产,均不属于符合资本化条件的资产。

(三)借款费用资本化期间

企业只有对发生在资本化期间内的有关借款费用,才允许资本化。根据借款费用准则的规定,借款费用资本化期间是指从借款费用"开始资本化时点"到"停止资本化时点"的期间,但不包括借款费用"暂停资本化的期间"。

1. 借款费用开始资本化的时点

借款费用允许开始资本化,必须同时满足以下三个条件。

(1)资产支出已经发生。包括支付现金、转移非现金资产和承担带息债务形式发生的支出。

(2)借款费用已经发生。一般是指已经发生了专门借款费用或者占用了一般借款的借款费用。

(3)为使资产达到预定可使用或者可销售状态所必要的购建或者生产活动已经开始。在实务中,通常是指符合资本化条件的资产的实体建造或者生产工作已经开始。

在这三个条件中,只要有一个条件不满足,相关借款费用就不能资本化。

2. 借款费用暂停资本化的时间

符合资本化条件的资产在购建或者生产过程中发生"非正常中断"且中断时间连续超过 3 个月的,应当暂停借款费用的资本化。在中断期间所发生的借款费用,应当计入当期损益,直至购建或者生产活动重新开始。

(1)非正常中断是指企业管理决策上的原因或者其他不可预见的原因等所产生的中断。例如：施工、生产发生了安全事故，被监管部门勒令停工；工程物资、生产用原材料没有及时供应，导致停工待料；企业因与施工方发生了质量纠纷导致工程暂时停工；企业资金周转发生了困难，工程和生产被迫暂停；建设工程发生了劳动纠纷，导致工人离岗，工程暂停。

但是，如果中断是使所购建或者生产的符合资本化条件的资产达到预定可使用或者可销售状态必要的程序，也就是所谓的"正常中断"，则在中断期间所发生的借款费用应当继续资本化。

(2)正常中断通常是资产达到预定可使用或者可销售状态必要的程序，或者是由可预见的不可抗力导致中断。例如：我国东北地区因冬季无法施工而停工，这属于"由可预见的不可抗力导致中断"；一个施工阶段完成后，下一个施工阶段开始前的设备测试，在调试阶段的停工属于"资产达到预定可使用或者可销售状态必要的程序"。

3. 借款费用停止资本化的时点

购建或者生产符合资本化条件的资产达到预定可使用或者可销售状态时，借款费用应当停止资本化。

在会计实务中，通常可以根据以下几点来进行"停止资本化时点"的判断：

(1)实体建造已经完成；

(2)所构建资产已经基本符合设计要求；

(3)即使资产没有全部完成，但是后续支出金额很少；

(4)已经可以试生产出合格产品；

(5)分别建造、分别完工的资产，如果完工部分能够独立使用或销售，完工部分借款费用应当停止资本化；

(6)分别建造、分别完工的资产，必须等到整体完工后才可使用或者可对外销售的，应当在该资产整体完工时停止借款费用的资本化。

三、专门借款利息支出资本化金额的确定

为购建或者生产符合资本化条件的资产而借入专门借款的，应当以专门借款当期实际发生的利息费用，减去将尚未动用的借款资金存入银行取得的利息收入或进行暂时性投资取得的投资收益后的金额确定。

例 11-41

华美股份有限公司于2021年1月1日正式动工兴建一幢厂房，工期预计为2年零6个月，工程采用出包方式，分别于2021年1月1日、2021年7月1日、2022年1月1日和2023年1月1日支付工程进度款，金额分别为500万元、1000万元、2500万元和1500万元。

公司为建造厂房于2021年1月1日专门借款2000万元，借款期限为5年，年利率为6%。在2022年1月1日，又专门借款4000万元，借款期限为4年，年利率为7%。借款利息为按年支付。闲置借款资金均用于固定收益债券短期投资，该短期投资月收益率为0.5%。

厂房于2023年6月30日如期完工,达到预定可使用状态。

在整个2年零6个月的工期中,华美股份有限公司使用了专门借款建造厂房,且厂房建造支出没有超过专门借款金额。公司为建造该厂房的支出金额表11-9所示。

表11-9 借款和资本支出进度表(单位:万元)

日期	每期资产支出金额	累计资产支出金额	累计借入专门借款的本金	闲置借款资金用于短期投资金额
2021年1月1日	500	500	2 000	1500
2021年7月1日	1 000	1 500	2 000	500
2022年1月1日	2 500	4 000	6 000	2 000
2023年1月1日	1 500	5 500	6 000	500
总计	5 500	——	——	——

(1)相关借款费用资本化期间的起止时点是2021年1月1日至2023年6月30日,共计2年6个月。

(2)2021年,公司借入了专门借款1笔,本金为2 000万元,利率为6%,实际发生的借款费用为2 000×6%=120(万元)。支付两次工程进度款后,剩余未用完的专门借款资金用于短期投资赚取利息,上半年闲置借款资金为1 500万元,下半年为500万元,闲置借款资金的短期投资收益为1 500×0.5%×6+500×0.5%×6=60(万元)。实际需要资本化的借款费用为120−60=60(万元)。也就是说,总的应付利息是120万元,这是由专门借款2 000万产生的。但是公司利用未使用完的闲置借款资金进行投资,赚回了60万元的短期投资收益,计入应收利息或者银行存款(具体要看投资收益是否到账)。剩余的60万元才需要资本化,计入在建工程成本。相关的会计分录如下。

借:在建工程　　　　　　　　　　　　　　　　　600 000
　　应收利息(或银行存款)　　　　　　　　　　　600 000
　贷:应付利息　　　　　　　　　　　　　　　　　　1 200 000

(3)20×2年,公司又借入了专门借款1笔,本金为4000万元,利率为7%,累计的专门借款本金为2 000+4 000=6 000(万元)。当年实际发生的借款费用为2 000×6%+4 000×7%=400(万元)。当年年初,支付第三次的工程进度款后,剩余未用完的专门借款资金仍然用于短期投资赚取利息,闲置借款资金为6 000−4 000=2 000(万元),闲置借款资金的短期投资收益为2 000×0.5%×12=120(万元)。因此,实际需要资本化的借款费用为400−120=280(万元)。相关的会计分录如下。

借:在建工程　　　　　　　　　　　　　　　　　2 800 000
　　应收利息(或银行存款)　　　　　　　　　　　1 200 000
　贷:应付利息　　　　　　　　　　　　　　　　　　4 000 000

(4)2022年,本期没有继续借入专门借款,累计的专门借款本金仍然为6 000万元,当年实际发生的借款费用仍然是400万元。需要注意的是,该厂房于当年6月30日完工,因此,借款费用资本化的期间到当年6月30日就截止了,后半年的借款费用一律费用化,计入财务费用。

2023年初，支付第4次的工程进度款后，剩余未用完的专门借款资金仍然用于短期投资赚取利息，闲置借款资金为6 000－5 500＝500(万元)，所以上半年闲置借款资金的短期投资收益为500×0.5‰×6＝15(万元)，上半年实际需要资本化的借款费用为200－15＝185(万元)。

上半年相关的会计分录为：

借：在建工程　　　　　　　　　　　　　　1 850 000
　　应收利息(或银行存款)　　　　　　　　 150 000
　　贷：应付利息　　　　　　　　　　　　　　　　　2 000 000

对于下半年，由于已经不属于资本化期间，所产生的借款利息一律计入财务费用，相关的会计分录如下。

借：财务费用　　　　　　　　　　　　　　1 850 000
　　应收利息(或银行存款)　　　　　　　　 150 000
　　贷：应付利息　　　　　　　　　　　　　　　　　2 000 000

四、一般借款利息支出资本化金额的确定

对于专门借款而言，因为它是专门为了构建某项资产借入的，所以资本化期间的借款费用应当全部资本化(扣减闲置借款资金短期投资收益后)。但是对于一般借款而言，一般我们只对"占用部分"的借款费用进行资本化，而不是全部借款费用。

举例来说，企业需要建造一栋办公楼，总支出5 000万元，企业为了构建这栋办公楼借入专门借款2 000万元，在企业计划建造办公楼之前就已经借入了未指定用途的一般借款1亿元，此时，对于专门借款2 000万元所产生的借款费用，扣除限制借款资金短期投资收益后，需要全部资本化，计入资产成本。剩下的资金缺口3 000万元(总支出5 000万元减去专门借款2 000万元)，占用了一般借款，企业仅需要针对占用的3 000万元所产生的借款费用进行资本化处理，而不是全部1亿元本金所产生的借款费用。

在会计实务中，为购建或者生产符合资本化条件的资产而占用了一般借款的，企业应当根据累计资产支出超过专门借款部分的资产支出加权平均数乘以所占用一般借款的资本化率，计算确定一般借款应予资本化的利息金额。资本化率应当根据一般借款加权平均利率计算确定。有关计算公式如下：

一般借款利息费用资本化金额＝累计资产支出超过专门借款部分的资产支出加权平均数×所占用一般借款的资本化率

资产支出加权平均数＝Σ(每笔资产支出金额×该笔资产支出在当期所占用的天数/当期天数)

【例11-42】

资料沿用【例11-41】，假定华美股份有限公司建造办公楼没有专门借款，占用的都是一般

借款。华美股份有限公司为建造办公楼占用的一般借款有两笔,具体如下所述。

第一笔:向A银行贷款2 000万元,期限为2021年1月1日至2029年12月1日,年利率为6%,按年支付利息。

第二笔:发行公司债券1亿元,于2021年1月1日发行,期限为20年,年利率为8%,按年支付利息。

假定这两笔一般借款除了用于办公楼建设外,没有用于其他符合资本化条件的资产的购建或者生产活动。假定全年按360天计算。

表11-10 借款和资本支出进度表(单位:万元)

日期	每期资产支出金额	累计资产支出金额
2021年1月1日	500	500
2021年7月1日	1 000	1 500
2022年1月1日	2 500	4 000
2023年1月1日	1 500	5 500
总计	5 500	——

由于华美股份有限公司建造办公楼没有占用专门借款,而占用了一般借款,公司应当首先计算所占用一般借款的加权平均利率作为资本化率,然后计算建造办公楼的累计资产支出加权平均数,将其与资本化率相乘,计算求得当期应予资本化的借款利息金额。具体如下。

(1)计算所占用一般借款资本化率。

一般借款资本化率(年)$=(2\,000\times 6\%+10\,000\times 8\%)\div(2\,000+10\,000)=7.67\%$

因为企业的资本支出同时涉及两笔一般借款,所以这个一般借款资本化率本质就是这两笔一般借款的加权后的平均利率。

(2)2021年的相关计算如下。

2021年累计资产支出加权平均数$=500\times 360/360+1\,000\times 180\div 360=1\,000$(万元)

2021年为建造办公楼的利息资本化金额$=1\,000\times 7.67\%=76.7$(万元)

2021年实际发生的一般借款利息费用$=2\,000\times 6\%+10\,000\times 8\%=920$(万元)

具体来说,2021年一般借款的本金为1.2亿元,总共产生920万元的借款费用。但是,将时间和金额加权考虑后,建造办公楼仅仅累计占用了其中的1 000万元,乘以综合后的利率(7.67%)得出实际需要资本化的利息仅为76.7万元,剩余的843.3万元利息仍然计入财务费用,不得计入在建工程成本。具体会计分录如下。

借:在建工程   767 000
    财务费用   8 433 000
  贷:应付利息   9 200 000

(3)2022年的相关计算如下。

2022年累计资产支出加权平均数$=4\,000\times 360\div 360=4\,000$(万元)

2022年为建造办公楼的利息资本化金额$=4\,000\times 7.67\%=306.8$(万元)

2022年实际发生的一般借款利息费用仍然为920万元,除去计入在建工程成本的306.8

万元,剩余613.2万元属于一般借款未占用部分的利息费用,计入财务费用。

具体会计分录如下。

借:在建工程		3 068 000
财务费用		6 132 000
贷:应付利息		9 200 000

(3)2023年的相关计算如下。

由于办公楼在2023年6月30日完工,所以资本化期间到6月30日截至,企业在计算资本化利息的时候,只需要计算上半年的占用金额,下半年的利息费用一律费用化。

2023年上半年累计资产支出加权平均数＝5 500×180÷360＝2 750(万元)。

2023年上半年为建造办公楼的利息资本化金额＝2 750×7.67%＝210.93(万元)。

2023年全年实际发生的一般借款利息费用仍然为920万元,除去上半年计入在建工程成本的210.93万元,剩余709.07万元中既包含上半年一般借款未占用部分的利息费用,也包含全部下半年(资本化期间结束后)的利息费用,一并计入财务费用。

具体会计分录如下。

借:在建工程		2 109 300
财务费用		7 090 700
贷:应付利息		9 200 000

五、外币借款汇兑差额资本化金额的确定

企业为构建或生产符合资本化条件的资产所借入的专门借款为外币借款时,由于企业借入外币借款的日期、使用外币借款的日期和资产负债表日往往不一致,而外汇的汇率又在每日发生变化,相比于人民币借款,外币借款会产生汇兑差额。针对这个汇兑差额,应当分专门借款和一般借款两种情况进行会计处理:

一是在资本化期间内,外币专门借款的本金及其利息的汇兑差额,应当予以资本化,计入正在构建的资产的成本;

二是针对外币一般借款,其本金及其利息的汇兑差额不得资本化,应当直接计入当期损益(财务费用)。

例 11-43

华美股份有限公司为建造某海外工程项目,于2021年10月1日专门向银行贷款1 000万美元,年利率为6%,期限为5年,假定不考虑相关的辅助费用和未支出专门借款的短期投资收益。根据合同约定,每年1月1日支付上年利息,到期还本。

该海外工程工期1年,于2022年1月1日开始实体建造,2023年1月1日完工,达到预定可使用状态,期间发生的资产支出如下:

2022年1月1日,支出500万美元;

2022年7月1日,支出500万美元。

公司的记账本位币为人民币,外币业务采用外币业务发生时当日的市场汇率折算。相关汇率如下：

2021年10月1日,市场汇率为1美元＝6.70元人民币；
2021年12月31日,市场汇率为1美元＝6.80元人民币；
2022年1月1日,市场汇率为1美元＝6.80元人民币；
2022年12月31日,市场汇率为1美元＝6.90元人民币；
2023年1月1日,市场汇率为1美元＝6.90元人民币；
2023年12月31日,市场汇率为1美元＝6.98元人民币。

在本例中,华美股份有限公司计算外币借款汇兑差额资本化金额和会计处理如下(会计分录中单位:元)。

(1)计算2021年外币借款的应付利息。

外币借款的应付利息＝1 000×6%×6.80×3/12＝15×6.80＝102(万元)

账务处理如下。

借:财务费用　　　　　　　　　　　　　　　　　　　　　　1 020 000
　贷:应付利息　　　　　　　　　　　　　　　　　　　　　　　1 020 000

(2)计算2021年汇兑差额资本化金额。

外币借款本金及利息汇兑差额＝1 000×(6.80－6.70)＋15×(6.80－6.70)＝101.5(万元)

账务处理如下。

借:财务费用　　　　　　　　　　　　　　　　　　　　　　1 015 000
　贷:长期借款　　　　　　　　　　　　　　　　　　　　　　　1 015 000

(3)2022年1月1日实际支付利息时,应当支付15万美元,按照当天汇率折算成人民币为102万元。该金额与原账面金额102万元一致,无差额。

账务处理如下。

借:应付利息　　　　　　　　　　　　　　　　　　　　　　1 020 000
　贷:银行存款　　　　　　　　　　　　　　　　　　　　　　　1 020 000

(4)计算2022年12月31日时的应付利息金额。

应付利息＝1 000×6%×6.90＝60×6.90＝414(万元)

账务处理如下。

借:在建工程　　　　　　　　　　　　　　　　　　　　　　4 140 000
　贷:应付利息　　　　　　　　　　　　　　　　　　　　　　　4 140 000

(5)计算2022年12月31日时的外币借款本金及利息汇兑差额。

本金及利息汇兑差额＝1 000×(6.90－6.80)＋60×(6.90－6.80)＝106(万元)

账务处理如下。

借:在建工程　　　　　　　　　　　　　　　　　　　　　　1 060 000
　贷:长期借款　　　　　　　　　　　　　　　　　　　　　　　1 060 000

(6)2023年1月1日实际支付利息时,账务处理如下。

借:应付利息   4 140 000
  贷:银行存款   4 140 000

(7)计算2023年12月31日时的应付利息金额。

应付利息=1 000×6%×6.98=60×6.98=418.8(万元)

账务处理为如下。

借:在建工程   4 188 000
  贷:应付利息   4 188 000

(8)计算2023年12月31日时的外币借款本金及利息汇兑差额。

本金及利息汇兑差额=1 000×(6.98−6.90)+60×(6.98−6.90)=84.8(万元)

账务处理为:

借:在建工程   848 000
  贷:长期借款   848 000

第十二章 债务重组

第一节 债务重组概述

一、债务重组定义

债务重组是指在不改变交易对手方的情况下,经债权人和债务人协定或法院裁定,就清偿债务的时间、金额或方式等重新达成协议的交易。债务重组涉及的债权和债务是指《企业会计准则第 22 号——金融工具确认和计量》规范的金融工具。

(一)关于交易对手方

债务重组是在不改变交易对手方的情况下进行的交易。在实务中,经常出现第三方参与相关交易的情形,例如,某公司以不同于原合同条款的方式代债务人向债权人偿债;又如,新组建的公司承接原债务人的债务,与债权人进行债务重组;再如,资产管理公司从债权人处购得债权,再与债务人进行债务重组。在上述情形下,企业应当首先考虑债权和债务是否发生终止确认,适用《企业会计准则第 22 号——金融工具确认和计量》和《企业会计准则第 23 号——金融资产转移》等准则,再就债务重组交易适用本准则。

(二)关于债权和债务的范围

债务重组涉及的债权和债务,是指《企业会计准则第 22 号——金融工具确认和计量》规范的债权和债务,针对合同资产、合同负债、预计负债等进行的交易安排,不属于本准则规范的范围;针对租赁应收款和租赁应付款的债务重组,属于本准则规范的范围。

二、债务重组的方式

债务重组的方式主要包括:债务人以资产清偿债务、将债务转为权益工具、修改其他条款以及前述一种以上方式的组合。这些债务重组方式都是通过债权人和债务人重新协定或者法院裁定达成的,与原来约定的偿债方式不同。

(一)债务人以资产清偿债务

债务人以资产清偿债务是债务人转让其资产给债权人以清偿债务的债务重组方式。债务人用于偿债的资产通常是已经在资产负债表中确认的资产,例如,现金、应收账款、长期股权投资、投资性房地产、固定资产、在建工程、生物资产、无形资产等。债务人以日常活动产出的商品或服务清偿债务的,用于偿债的资产可能体现为存货等资产。

在受让上述资产后,按照相关会计准则要求及本企业会计核算要求,债权人核算相关受让资

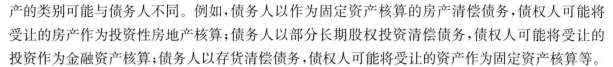

产的类别可能与债务人不同。例如,债务人以作为固定资产核算的房产清偿债务,债权人可能将受让的房产作为投资性房地产核算;债务人以部分长期股权投资清偿债务,债权人可能将受让的投资作为金融资产核算;债务人以存货清偿债务,债权人可能将受让的资产作为固定资产核算等。

除上述已经在资产负债表中确认的资产外,债务人也可能以不符合确认条件而未予确认的资产清偿债务。例如,债务人以未确认的内部产生品牌清偿债务,债权人在获得的商标权符合无形资产确认条件的前提下作为无形资产核算。在少数情况下,债务人还可能以处置组(即一组资产和与这些资产直接相关的负债)清偿债务。

(二)债务人将债务转为权益工具

这里的权益工具是指根据《企业会计准则第 37 号——金融工具列报》分类为"权益工具"的金融工具,在会计处理上体现为股本、实收资本、资本公积等科目。在实务中,有些债务重组名义上采用"债转股"的方式,但同时附加相关条款,如约定债务人在未来某个时点有义务以某一金额回购股权,或债权人持有的股份享有强制分红权等。对于债务人,这些"股权"可能并不是根据《企业会计准则第 37 号——金融工具列报》分类为权益工具的金融工具,从而不属于债务人将债务转为权益工具的债务重组方式。债权人和债务人还可能协议以一项同时包含金融负债成分和权益工具成分的复合金融工具替换原债权债务,这类交易也不属于债务人将债务转为权益工具的债务重组方式。

(三)修改其他条款

修改债权和债务的其他条款,是债务人不以资产清偿债务,也不将债务转为权益工具,而是改变债权和债务的其他条款的债务重组方式,如调整债务本金、改变债务利息、变更还款期限等。经修改其他条款的债权和债务分别形成重组债权和重组债务。

(四))组合方式

组合方式是采用债务人以资产清偿债务、债务人将债务转为权益工具、修改其他条款三种方式中的任一种以上方式的组合清偿债务的债务重组方式。例如,债权人和债务人约定,由债务人以机器设备清偿部分债务,将另一部分债务转为权益工具,调减剩余债务的本金,但利率和还款期限不变;再如,债务人以现金清偿部分债务,同时将剩余债务展期等。

三、适用范围

本准则规范了债务重组的确认、计量和相关信息的披露。经法院裁定进行债务重组并按持续经营进行会计核算的,适用于本准则。债务人在破产清算期间进行的债务重组不属于本准则规范的范围,应当按照企业破产清算有关会计处理规定处理。

对于符合本准则定义的债务重组,应当按照本准则进行会计处理,但下列各项不属于本准则规范范围。

一是债务重组中涉及的债权、重组债权、债务、重组债务和其他金融工具的确认、计量和列报,适用《企业会计准则第 22 号——金融工具确认和计量》和《企业会计准则第 37 号——金融工具列报》等金融工具相关准则。

二是通过债务重组形成企业合并的,适用《企业会计准则第20号——企业合并》。债务人以股权投资清偿债务或者将债务转为权益工具,可能对应导致债权人取得被投资单位或债务人控制权,在债权人的个别财务报表层面和合并财务报表层面,债权人取得长期股权投资或者资产和负债的确认和计量适用《企业会计准则第20号——企业合并》的有关规定。

三是债务重组构成权益性交易的,应当适用权益性交易的有关会计处理规定,债权人和债务人不确认构成权益性交易的债务重组相关损益。债务重组构成权益性交易的情形包括:债权人直接或间接对债务人持股,或者债务人直接或间接对债权人持股,且持股方以股东身份进行债务重组;债权人与债务人在债务重组前后均受同一方或相同的多方最终控制,且该债务重组的交易实质是债权人或债务人进行了权益性分配或接受益性投入。

例如,甲公司是乙公司股东,为了弥补乙公司临时性经营现金流短缺,甲公司向乙公司提供500万元无息借款,并约定于6个月后收回。借款期满时,尽管乙公司具有充足的现金流,甲公司仍然决定免除乙公司部分本金还款义务,仅收回180万元借款。在此项交易中,如果甲公司不以股东身份而是以市场交易者身份参与交易,在乙公司具有足够偿债能力的情况下不会免除其部分本金。因此,甲公司和乙公司应当将该交易作为权益性交易,不确认债务重组相关损益。

债务重组中不属于权益性交易的部分仍然适用本准则。例如,假设前例中债务人乙公司确实出现财务困难,其他债权人对其债务普遍进行了30%的豁免,那么甲公司作为股东比其他债务人多豁免170万元债务的交易应当作为权益性交易,正常豁免150万元债务的交易适用本准则。

企业在判断债务重组是否构成权益性交易时,应当遵循实质重于形式原则。例如,假设债权人对债务人的权益性投资通过其他人代持,债权人不具有股东身份,但实质上以股东身份进行债务重组,债权人和债务人应当认为该债务重组构成权益性交易。

第二节　债务重组的会计处理

一、以资产清偿债务

(一)以金融资产抵债

债权人受让包括现金在内的单项或多项金融资产的,应当按照《企业会计准则第22号——金融工具确认和计量》的规定进行确认和计量。金融资产初始确认时应当以其公允价值计量。金融资产确认金额与债权终止确认日账面价值之间的差额,记入"投资收益"科目,但收取的金融资产的公允价值与交易价格(即放弃债权的公允价值)存在差异的,应当按照《企业会计准则第22号——金融工具确认和计量》第三十四条的规定处理。

债务人以单项或多项金融资产清偿债务的,债务的账面价值与偿债金融资产账面价值的差额,记入"投资收益"科目。偿债金融资产已计提减值准备的,应结转已计提的减值准备。对于以分类为以公允价值计量且其变动计入其他综合收益的债务工具投资清偿债务的,之前计入其他综合收益的累计利得或损失应当从其他综合收益中转出,记入"投资收益"科目。对于以指定为以公允价值计量且其变动计入其他综合收益的非交易性权益工具投资清偿债务的,之前计入其他综合收益的累计利得或损失应当从其他综合收益中转出,记入"盈余公积""利润分配——未分配利润"等科目。

例 12-1

2020年11月15日,华美股份有限公司原持有B公司应收账款账面价值500万元。其中,原值为600万元,已计提坏账准备100万元。经评估,该应收账款当日公允价值为550万元。华美股份有限公司与B公司当日达成协议,B公司以其持有的C公司股权抵偿对华美股份有限公司的债务。B公司原将该股权在交易性金融资产核算,成本500万元,公允价值变动20万元,当日该股权公允价值为540万元。双方于当日完成股权转让手续。

华美股份有限公司账务处理如下(单位:万元)。

借:交易性金融资产　　　　　540
　　坏账准备　　　　　　　　100
　贷:应收账款　　　　　　　　　600
　　　投资收益　　　　　　　　　40

B公司的账务处理如下。

借:应付账款　　　　　　　　600
　贷:交易性金融资产——成本　　　500
　　　　　　　　　——公允价值变动　20
　　　投资收益——债务重组收益　　　80

(二)以非金融资产抵债

债权人初始确认受让的金融资产以外的资产时,应当按照下列原则以成本计量。

存货的成本,包括放弃债权的公允价值及使该资产达到当前位置和状态所发生的可直接归属于该资产的税金、运输费、装卸费、保险费等其他成本。

对联营企业或合营企业投资的成本,包括放弃债权的公允价值,以及可直接归属于该资产的税金等其他成本。

投资性房地产的成本,包括放弃债权的公允价值及可直接归属于该资产的税金等其他成本。

固定资产的成本,包括放弃债权的公允价值及使该资产达到预定可使用状态前所发生的可直接归属于该资产的税金、运输费、装卸费、安装费、专业人员服务费等其他成本。确定固定资产成本时,应当考虑预计弃置费用因素。

生物资产的成本,包括放弃债权的公允价值及可直接归属于该资产的税金、运输费、保险费等其他成本。

无形资产的成本,包括放弃债权的公允价值及可直接归属于使该资产达到预定用途所发生的税金等其他成本。放弃债权的公允价值与账面价值之间的差额,记入"投资收益"科目。

债务人以非金融资产清偿债务,应将清偿债务账面价值与转让非金融资产账面价值之间的差额,记入"其他收益——债务重组收益"科目。偿债资产已计提减值准备的,应结转已计提的减值准备。

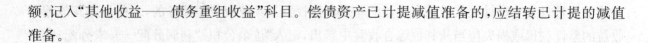

2020年6月18日,华美股份有限公司向乙公司销售商品一批,应收乙公司款项的入账金额为100万元。华美股份有限公司将该应收款项分类为以摊余成本计量的金融资产。乙公司将该应付账款分类为以摊余成本计量的金融负债。2020年10月18日,双方签订债务重组合同,乙公司以一台已经使用过设备偿还该欠款。该设备的账面余额为150万元,累计折旧金额为60万元,已计提减值准备5万元。10月22日,双方办理完成该设备转让手续,华美股份有限公司支付评估费用6万元。当日,华美股份有限公司应收款项的公允价值为90万元,已计提坏账准备8万元,乙公司应付款项的账面价值仍为100万元。假设不考虑相关税费。

(一)债权人的会计处理

2020年10月22日,债权人华美股份有限公司取得该设备的成本为债权公允价值(90万元)与评估费用(6万元)的合计(96万元)。华美股份有限公司的账务处理如下。

借:固定资产　　　　　　　　　　　　　　960 000
　　坏账准备　　　　　　　　　　　　　　 80 000
　　投资收益　　　　　　　　　　　　　　 20 000
　贷:应收账款　　　　　　　　　　　　　1 000 000
　　　银行存款　　　　　　　　　　　　　 60 000

(二)债务人的会计处理

乙公司10月22日的账务处理如下。

借:固定资产清理　　　　　　　　　　　　850 000
　　累计折旧　　　　　　　　　　　　　　600 000
　　固定资产减值准备　　　　　　　　　　 50 000
　贷:固定资产　　　　　　　　　　　　　1 500 000
借:应付账款　　　　　　　　　　　　　1 000 000
　贷:固定资产清理　　　　　　　　　　　 850 000
　　　其他收益——债务重组收益　　　　　 150 000

(三)多项资产抵债

债权人受让多项非金融资产,或者包括金融资产、非金融资产在内的多项资产的,应当按照《企业会计准则第22号——金融工具确认和计量》的规定确认和计量受让的金融资产;按照受让的金融资产以外的各项资产在债务重组合同生效日的公允价值比例,对放弃债权在合同生效日的公允价值扣除受让金融资产当日公允价值后的净额进行分配,并以此为基础分别确定各项资产的成本。放弃债权的公允价值与账面价值之间的差额,记入"投资收益"科目。

债务人以多项非金融资产,或者包括金融资产、非金融资产在内的多项资产抵债,其会计处理的原则同单项非金融资产抵债。

例 12-3

2020年10月14日,华美股份有限公司欠乙公司货款350万元已到期。华美股份有限公司因发生财务困难,无法按合同约定偿还债务,双方协商进行债务重组。乙公司同意华美股份有限公司用其生产的商品、一项管理用专利权和一项债券投资抵偿欠款。当日,该债权的公允价值为240万元,已计提坏账准备20万元。华美股份有限公司用于抵债的商品市价(不含增值税)为100万元,成本为80万元;抵债专利权的原价98万元,已摊销60万元,公允价值为50万元,抵债的债券投资公允价为60万元,该债权面值45万元,华美股份有限公司以摊余成本计量该债权投资,债权实际利率和票面利率一致,尚未进行利息确认。乙公司将受让的商品、专利权和债权投资分别作为原材料、无形资产和以公允价值计量且其变动计入当期损益的金融资产核算。

当日,该项债务的账面价值仍为350万元。假设不考虑其他相关税费。

(1)债权人的会计处理。

原材料和无形资产成本按照放弃债权公允价值扣除受让金融资产公允价值后的净额进行分配:

原材料成本=100/(100+50)×(240-60)=120(万元)

无形资产成本=50/(100+50)×(240-60)=60(万元)

2020年10月14日,乙公司的账务处理如下。

结转债务重组相关损益。

借:原材料	1 200 000
无形资产	600 000
交易性金融资产	600 000
坏账准备	200 000
投资收益	900 000
贷:应收账款——甲公司	3 500 000

(2)债务人的会计处理。

华美股份有限公司10月14日的账务处理如下。

借:应付账款	3 500 000
累计摊销	600 000
贷:库存商品	800 000
债权投资——面值	450 000
无形资产	980 000
其他收益——债务重组收益	1 870 000

二、债务转为权益工具

对债权人来说，债务转为权益工具的会计处理原则同受让资产是金融资产相同，但这种方式对债务人来说就有所不同。债务人初始确认权益工具时，应当按照权益工具的公允价值计量，权益工具的公允价值不能可靠计量的，应当按照所清偿债务的公允价值计量。所清偿债务账面价值与权益工具确认金额之间的差额，记入"投资收益"科目。债务人因发行权益工具而支出的相关税费等，应当依次冲减资本溢价、盈余公积、未分配利润等。

例12-4

2020年3月10日，华美股份有限公司从乙公司购买一批材料，约定6个月后华美股份有限公司应结清款项200万元（假定无重大融资成分）。乙公司将该应收款项分类为以公允价值计量且其变动计入当期损益的金融资产；华美股份有限公司将该应付款项分类为以摊余成本计量的金融负债。2020年9月11日，华美股份有限公司因无法支付货款与乙公司协商进行债务重组，双方商定乙公司将该债权转为对华美股份有限公司的股权投资。11月18日，乙公司办结了对华美股份有限公司的增资手续，华美股份有限公司和乙公司分别支付手续费等相关费用2.5万元和1.6万元。债转股后华美股份有限公司总股本为300万元，乙公司持有的抵债股权占华美股份有限公司总股本的20%，对华美股份有限公司具有重大影响，华美公司股权公允价值不能可靠计量。华美公司应付款项的账面价值仍为200万元。

2020年6月30日，应收款项和应付款项的公允价值均为198万元。

2020年9月11日，应收款项和应付款项的公允价值均为186万元。

2020年11月18日，应收款项和应付款项的公允价值均为180万元。

假定不考虑其他相关税费。

(1) 债权人的乙公司的账务处理如下。

① 6月30日。

借：公允价值变动损益　　　　　　　　　　　　20 000
　　贷：交易性金融资产——公允价值变动　　　　　　20 000

② 9月11日。

借：公允价值变动损益　　　　　　　　　　　　120 000
　　贷：交易性金融资产——公允价值变动　　　　　　120 000

③ 11月18日，乙公司对华美股份有限公司长期股权投资的成本为应收款项公允价值（180万元）与相关税费（1.6万元）的合计为181.60万元。

借：长期股权投资——华美股份有限公司　　　　1 816 000
　　交易性金融资产——公允价值变动　　　　　　140 000
　　投资收益　　　　　　　　　　　　　　　　　60 000
　　贷：交易性金融资产——成本　　　　　　　　　2 000 000
　　　　银行存款　　　　　　　　　　　　　　　　　16 000

(2)债务人的会计处理。

11月18日,由于华美股份有限公司股权的公允价值不能可靠计量,初始确认权益工具公允价值时应当按照所清偿债务的公允价值180万元计量,并扣除因发行权益工具支出的相关税费2.5万元。华美股份有限公司的账务处理如下。

借:应付账款　　　　　　　　　　　　　　　2 000 000
　　贷:实收资本　　　　　　　　　　　　　　　600 000
　　　　资本公积——资本溢价　　　　　　　1 175 000
　　　　银行存款　　　　　　　　　　　　　　25 000
　　　　投资收益　　　　　　　　　　　　　　200 000

三、修改其他条款

债务重组采用以修改其他条款方式进行的,如果修改其他条款导致全部债权终止确认,则债权人应当按照修改后的条款以公允价值初始计量重组债权,重组债权的确认金额与债权终止确认日账面价值之间的差额,记入"投资收益"科目。

如果修改其他条款未导致债权终止确认,则债权人应当根据其分类,继续以摊余成本、以公允价值计量且其变动计入其他综合收益,或者以公允价值计量且其变动计入当期损益进行后续计量。对于以摊余成本计量的债权,债权人应当根据重新议定合同的现金流量变化情况,重新计算该重组债权的账面余额,并将相关利得或损失记入"投资收益"科目。重新计算的该重组债权的账面余额,应当根据将重新议定或修改的合同现金流量按债权原实际利率折现的现值确定,购买或源生的已发生信用减值的重组债权,应按经信用调整的实际利率折现。对于修改或重新议定合同所产生的成本或费用,债权人应当调整修改后的重组债权的账面价值,并在修改后重组债权的剩余期限内摊销。

债务重组采用修改其他条款方式进行的,如果修改其他条款导致债务终止确认,则债务人应当按照公允价值计量重组债务,终止确认的债务账面价值与重组债务确认金额之间的差额,记入"投资收益"科目。

如果修改其他条款未导致债务终止确认,或者仅导致部分债务终止确认,对于未终止确认的部分债务,则债务人应当根据其分类,继续以摊余成本、以公允价值计量且其变动计入当期损益或其他适当方法进行后续计量。对于以摊余成本计量的债务,债务人应当根据重新议定合同的现金流量变化情况,重新计算该重组债务的账面价值,并将相关利得或损失记入"投资收益"科目。重新计算的该重组债务的账面价值应当根据将重新议定或修改的合同现金流量按债务的原实际利率或按《企业会计准则第24号——套期会计》第二十三条规定的重新计算的实际利率(如适用)折现的现值确定。对于修改或重新议定合同所产生的成本或费用,债务人应当调整修改后的重组债务的账面价值,并在修改后重组债务的剩余期限内摊销。

四、组合方式

债务重组采用组合方式进行的,一般可以认为对全部债权的合同条款作出了实质性修改,债权人应当按照修改后的条款，以公允价值初始计量重组债权和受让的新金融资产，按照受让的金融资产以外的各项资产在债务重组合同生效日的公允价值比例，对放弃债权在合同生效日的公允价值扣除重组债权利受让金融资产当日公允价值后的净额进行分配，并以此为基础分别确定各项资产的成本。放弃债权的公允价值与账面价值之间的差额，记入"投资收益"科目。

债务重组采用以资产清偿债务、将债务转为权益工具、修改其他条款等方式的组合进行的，对于权益工具，债务人应当在初始确认时按照权益工具的公允价值计量，权益工具的公允价值不能可靠计量的，应当按照所清偿债务的公允价值计量。对于修改其他条款形成的重组债务，债务人应当参照"修改其他条款"部分的指南，确认和计量重组债务。所清偿债务的账面价值与转让资产的账面价值以及权益工具和重组债务的确认金额之和的差额，记入"其他收益——债务重组收益"或"投资收益"（仅涉及金融工具时）科目。

例 12-5

华美股份有限公司为上市公司，2016年1月1日，华美股份有限公司取得B银行贷款5 000万元，约定贷款期限为4年（即2019年12月31日到期），年利率6%，按年付息，华美股份有限公司已按时支付所有利息。2019年12月31日，华美股份有限公司出现严重资金周转问题，多项债务违约，信用风险增加，无法偿还贷款本金。2020年1月10日，B银行同意与华美股份有限公司就该项贷款重新达成协议，新协议约定：第一，华美股份有限公司将一项作为固定资产核算的房产转让给B银行，用于抵偿债务本金1 000万元，该房产账面原值1 200万元，累计折旧400万元，未计提减值准备；第二，华美股份有限公司向B银行增发股票500万股，面值1元/股，占华美股份有限公司股份总额的1%，用于抵偿债务本金2 000万元，华美公司股票于2020年1月10日的收盘价为4元/股；第三，在华美公司履行上述偿债义务后，B银行免除华美公司500万元债务本金，并将尚未偿还的债务本金1 500万元展期至2020年12月31日，年利率8%；如果华美公司未能履行第一、二条所述偿债义务，B银行有权终止债务重组协议，尚未履行的债权调整承诺随之失效。

B银行以摊余成本计量该贷款，已计提贷款损失准备300万元。该贷款于2020年1月10日的公允价值为4 600万元，予以展期的贷款的公允价值为1 500万元。2020年3月2日，双方办理完成房产转让手续，B银行将该房产作为投资性房地产核算。2020年3月31日，B银行为该笔贷款补提了100万元的损失准备。2020年5月9日，双方办理完成股权转让手续，B银行将该股权投资分类为以公允价值计量且其变动计入当期损益的金融资产，华美股份有限公司股票当日收盘价为4.02元/股。

华美股份有限公司以摊余成本计量该贷款，截至2020年1月10日，该贷款的账面价值为5 000万元。不考虑相关税费。

（1）债权人的会计处理。

华美股份有限公司与B银行以组合方式进行债务重组，同时涉及以资产清偿债务、将债务转为权益工具、包括债务豁免的修改其他条款等方式，可以认为对全部债权的合同条款作出了实质性修改，债权人在收取债权现金流量的合同权利终止时应当终止确认全部债权，即在 2020 年 5 月 9 日该债务重组协议的执行过程和结果不确定性消除时,可以确认债务重组相关损益,并按照修改后的条款确认新金融资产。

债权人 B 银行的账务处理如下。

① 3 月 2 日。

投资性房地产成本＝放弃债权公允价值－受让股权公允价值－重组债权公允价值
　　　　　　　　＝4 600－2 000－1 500＝1 100(万元)

借:投资性房地产	11 000 000	
贷:贷款——本金		11 000 000

② 3 月 31 日。

借:信用减值损失	1 000 000	
贷:贷款损失准备		1 000 000

③ 5 月 9 日。

受让股权的公允价值＝4.02×500＝2 010(万元)

借:交易性金融资产	20 100 000	
贷款——本金	15 000 000	
贷款损失准备	4 000 000	
贷:贷款——本金		39 000 000
投资收益		100 000

(2)债务人的会计处理

该债务重组协议的执行过程和结果不确定性于 2220 年 5 月 9 日消除时,债务人清偿该部分债务的现时义务已经解除,可以确认债务重组相关损益,并按照修改后的条款确认新金融负债。

债务人华美股份有限公司的账务处理如下。

① 3 月 2 日。

借:固定资产清理	8 000 000	
累计折旧	4 000 000	
贷:固定资产		12 000 000
借:长期借款——本金	8 000 000	
贷:固定资产清理		8 000 000

② 5 月 9 日。

借款的新现金流量现值＝1 500×(1+8%)/(1+6%)＝1 528.5(万元)

现金流变化＝(1 528.5－1 500)÷1 500＝1.9%＜10%

因此,针对 1 500 万元本金部分的合同条款的修改不构成实质性修改,不终止确认该部分负债。

借:长期借款——本金	42 000 000	
贷:股本		5 000 000
资本公积		15 100 000

　　　　长期借款——本金　　　　　　　　　　　　　　15 285 000
　　　　其他收益——债务重组收益　　　　　　　　　　 6 615 000

在本例中，即使没有"A公司未能履行所述偿债义务，B银行有权终止债务重组协议，尚未履行的债权调整承诺随之失效"的条款，债务人仍然应当谨慎处理，考虑在债务的现时义务解除时终止确认原债务。

第十三章 所有者权益

第一节 所有者权益概述

一、所有者权益的定义以及构成

企业的组织形式一般可以分为：独资型企业、合伙型企业和公司型企业（包括有限责任公司和股份有限公司）。不同的企业组织形式，其所有者权益的会计处理类似。所有者权益会计，要解决不同企业的所有者对企业应承担的风险及其享有的利益。由于股份有限公司最能够体现所有者权益的特征，其会计处理也最具代表性，本章主要以股份有限公司为例介绍所有者权益。

（一）所有者权益的含义

国际会计准则委员会在其《关于编报财务报表的框架》中，将所有者权益表述为："所有者权益是指企业的资产中扣除企业全部负债后的剩余权益。"

我国《企业会计准则——基本准则》规定："所有者权益是指企业资产扣除负债后，由所有者享有的剩余权益。"公司的所有者权益又称为股东权益。所有者权益是所有者对企业资产的剩余索取权，它是企业资产中扣除债权人权益后应由所有者享有的部分，既可反映所有者投入资本的保值增值情况，又体现保护债权人权益的理念。

（二）所有者权益与负债

所有者权益与负债虽然都是权益，共同构成企业的资金来源，但所有者权益是投资者享有的对投入资本及其运用所产生盈余（或亏损）的权利；负债是在经营或其他活动中所发生的债务，是债权人要求企业清偿的权利。

所有者享有参与收益分配、参与经营管理等多项权利，但对企业资产的要求权在顺序上置于债权人之后，即只享有对剩余资产的要求权；债权人享有到期收回本金及利息的权利，在企业清算时，有优先获取资产赔偿的要求权，但没有经营决策的参与权和收益分配权。

在企业持续经营的情况下，所有者权益一般不存在抽回的问题，即不存在约定的偿还日期，因而它是企业的一项可以长期使用的资金，只有在企业清算时才予以退还；负债必须于一定时期后偿还。

为了保证债权人的利益不受侵害，法律规定债权人对企业资产的要求权优先于投资者，因此，债权又称为第一要求权；投资者具有对剩余财产的要求权，故债权又称剩余权益。

所有者能够获得多少收益，需视企业的盈利水平及经营政策而定，风险较大；债权人获取的利息一般按一定利率计算，并且是预先可以确定的固定数额，无论盈亏，企业都要按期付息，风险相对较小。

(三)所有者权益的来源构成

我国企业会计准则规定,基于公司制的特点,所有者权益的来源通常由实收资本(或股本)、其他权益工具、资本公积、其他综合收益和留存收益(盈余公积和未分配利润)构成。

实收资本是指所有者在企业注册资本的范围内实际投入的资本。注册资本是指企业在设立时向工商行政管理部门登记的资本总额,也是全部出资者设定的出资额之和。注册资本是企业的法定资本,也是企业承担民事责任的财力保证。

其他权益工具是指企业发行的除普通股以外的归类于权益工具的各种金融工具,主要包括归类于权益工具的优先股、永续债(如长期限含权中期票据)、认股权、可转换公司债券等金融工具。

资本公积是指企业收到投资者的超过其在企业注册资本(或股本)中所占份额的投资及直接计入所有者权益的利得和损失等。资本公积包括资本溢价(或股本溢价)和其他资本公积。

其他综合收益是指在企业经营活动中形成的未计入当期损益但归所有者共有的利得或损失,主要包括以公允价值计量且其变动计入其他综合收益的金融资产公允价值变动,权益法下被投资单位所有者权益其他变动等。

留存收益是指归所有者共有的、企业历年实现的净利润留存于企业的部分,主要包括法定盈余公积、任意盈余公积和未分配利润。

二、所有者权益的确认

由于所有者权益体现的是所有者在企业中的剩余权益,所有者权益的确认主要依赖于其他会计要素,尤其是资产和负债的确认,所有者权益金额的确定也主要取决于资产和负债的计量。例如,企业接受投资者投入的资产,在该资产符合资产确认条件时,就相应地符合了所有者权益的确认条件;当该资产的价值能够可靠计量时,所有者权益的金额也就可以确定。

第二节 实收资本与其他权益工具

一、实收资本

(一)实收资本的定义

我国有关法律规定,投资者设立企业首先必须投入资本。《企业法人登记管理条例》规定,企业申请开业,必须具备国家规定的与其生产经营和服务规模相适应的资金。为了反映和监督投资者投入资本的增减变动情况,企业必须按照国家统一的会计制度的规定进行实收资本的核算,真实地反映所有者投入企业资本的状况,维护所有者各方面在企业的权益。

实收资本是投资者投入资本形成法定资本的价值。所有者向企业投入的资本,在一般情况下无需偿还,可以长期使用。投资者投入实收资本的比例是所有者参与企业决策、分配利润的基础。股份有限公司的实收资本称为"股本"。

(二)实收资本的会计核算

除股份有限公司以外,其他各类企业应通过"实收资本"科目核算,股份有限公司应通过"股本"科目核算。企业收到所有者投入企业的资本后,应根据有关原始凭证(如投资清单、银行通知单等),分别不同的出资方式进行会计处理。

1. 接受现金资产投资

(1)股份有限公司以外的企业接受现金资产投资。

例 13-1

甲、乙、丙共同投资设立华美股份有限责任公司,注册资本为 2 000 000 元,甲、乙、丙持股比例分别为 60%、25% 和 15%。按照章程规定,甲、乙、丙投入资本分别为 1 200 000 元、500 000 元和 300 000 元。华美股份有限公司已如期收到各投资者一次缴足的款项。华美股份有限公司在进行会计处理时,应编制会计分录如下。

```
借:银行存款                    2 000 000
  贷:实收资本——甲              1 200 000
         ——乙                500 000
         ——丙                300 000
```

实收资本的构成比例即投资者的出资比例或股东的股份比例,是确定所有者在企业所有者权益中所占的份额和参与企业财务经营决策的基础,也是企业进行利润分配或股利分配的依据,还是企业清算时确定所有者对净资产的要求权的依据。

(2)股份有限公司接受现金资产投资。

股份有限公司在发行股票时,既可以按面值发行股票,也可以溢价发行股票(我国目前不准许折价发行股票)。股份有限公司在核定的股本总额及核定的股份总额的范围内发行股票时,应在实际收到现金资产时进行会计处理。

例 13-2

华美股份有限公司发行普通股 10 000 000 股,每股面值 1 元,每股发行价格 5 元。假定股票发行成功,股款 50 000 000 元已全部收到,不考虑发行过程中的税费等因素。根据上述资料,华美股份有限公司应作如下账务处理:记入"资本公积"科目的金额 = 50 000 000 − 10 000 000 = 40 000 000(元),编制会计分录如下。

```
借:银行存款                    50 000 000
  贷:股本                      10 000 000
    资本公积——股本溢价          40 000 000
```

2. 接受非现金资产投资

我国《公司法》规定,股东可以用货币出资,也可以用实物、知识产权、土地使用权等出资,即可以用货币估价并可以依法转让的非货币财产作价出资;但是,法律、行政法规规定不得作为出资的财产除外。对作为出资的非货币财产应当评估作价,核实财产,不得高估或者低估作价。法律、行政法规对评估作价有规定的,从其规定。全体股东的货币出资金额不得低于有限责任公司注册资本的30%。不论以何种方式出资,投资者如在投资过程中违反投资合约,不按规定如期缴足出资额,企业可以依法追究投资者的违约责任。

企业接受非现金资产投资时,应按投资合同或协议约定价值确定非现金资产价值(但投资合同或协议约定价值不公允的除外)和在注册资本中应享有的份额。

(1)接受投入固定资产。

企业接受投资者作价投入的房屋、建筑物、机器设备等固定资产,应按投资合同或协议约定价值确定固定资产价值(但投资合同或协议约定价值不公允的除外)和在注册资本中应享有的份额。

例 13-3

华美股份有限公司于设立时收到乙公司作为资本投入的不需要安装的机器设备一台,合同约定该机器设备的价值为2 000 000元,增值税进项税额为260 000元。合同约定的固定资产价值与公允价值相符,不考虑其他因素,华美股份有限公司在进行会计处理时,应编制会计分录如下。

借:固定资产　　　　　　　　　　　　　　2 000 000
　　应交税费——应交增值税(进项税)　　　260 000
　　贷:实收资本——乙公司　　　　　　　　　　2 260 000

在本例中,该项固定资产合同约定的价值与公允价值相符,固定资产应按合同约定价值2 000 000元入账。华美股份有限公司接受乙公司投入的固定资产按合同约定全额作为实收资本,因此,可按2 260 000元的金额贷记"实收资本"科目。

(2)接受投入材料物资。

企业接受投资者作价投入的材料物资,应按投资合同或协议约定价值确定材料物资价值(但投资合同或协议约定价值不公允的除外)和在注册资本中应享有的份额。

例 13-4

华美股份有限公司于设立时收到B公司作为资本投入的原材料一批,该批原材料投资合同或协议约定价值(不含可抵扣的增值税进项税额部分)为100 000元,增值税进项税额为13 000元。B公司已开具了增值税专用发票。假设合同约定的价值与公允价值相符,该进项税额允许抵扣,不考虑其他因素,华美股份有限公司在进行会计处理时,应编制会计分录如下。

借:原材料　　　　　　　　　　　　　　　100 000
　　应交税费——应交增值税(进项税额)　　13 000
　　贷:实收资本——B公司　　　　　　　　　　113 000

在本例中,原材料的合同约定价值与公允价值相符,因此,可按照100 000元的金额借记"原材料"科目;同时,该进项税额允许抵扣,因此,增值税专用发票上注明的增值税税额13 000元,应借记"应交税费——应交增值税(进项税额)"科目。铜华公司接受B公司投入的原材料按合同约定金额作为实收资本,因此可按113 000元的金额贷记"实收资本"科目。

(3)接受投入无形资产。

企业收到以无形资产方式投入的资本,应按投资合同或协议约定价值确定无形资产价值(但投资合同或协议约定价值不公允的除外)和在注册资本中应享有的份额。

例 13-5

华美股份有限公司于设立时收到A公司作为资本投入的非专利技术一项,该非专利技术投资合同约定价值为60 000元,同时收到B公司作为资本投入的土地使用权一项,投资合同约定价值为80 000元。假设华美股份有限公司接受该非专利技术和土地使用权符合国家注册资本管理的有关规定,可按合同约定作实收资本入账,合同约定的价值与公允价值相符,不考虑其他因素。华美股份有限公司在进行会计处理时,应编制会计分录如下。

借:无形资产——非专利技术　　　　60 000
　　　　　　——土地使用权　　　　80 000
　　贷:实收资本——A公司　　　　　60 000
　　　　　　——B公司　　　　　　 80 000

在本例中,非专利技术与土地使用权的合同约定价值与公允价值相符,因此,可分别按照60 000元和80 000元的金额借记"无形资产"科目。A、B公司投入的非专利技术和土地使用权按合同约定全额作为实收资本,因此可分别按60 000元和80 000元的金额贷记"实收资本"科目。

(三)实收资本(或股本)的增减变动

在一般情况下,企业的实收资本应相对固定不变,但在某些特定情况下,实收资本也可能发生增减变化。我国企业法人登记管理条例中规定,除国家另有规定外,企业的注册资金应当与实收资本相一致,当实收资本比原注册资金增加或减少的幅度超过20%时,应持资金信用证明或者验资证明,向原登记主管机关申请变更登记。如擅自改变注册资本或抽逃资金,要受到工商行政管理部门的处罚。

1. 实收资本(或股本)的增加

一般企业增加资本主要有三个途径:接受投资者追加投资、资本公积转增资本和盈余公积转增资本。需要注意的是,由于资本公积和盈余公积均属于所有者权益,用其转增资本时,如果是独资企业,则比较简单,直接结转即可;如果是股份公司或有限责任公司,则应该按照原投资者各出资比例相应增加各投资者的出资额。

例 13-6

甲、乙、丙三人共同投资设立华美股份有限公司,原注册资本为 4 000 000 元,甲、乙、丙分别出资 500 000 元、2 000 000 元和 1 500 000 元。为扩大经营规模,经批准,A 公司注册资本扩大为 5 000 000 元,甲、乙、丙按照原出资比例分别追加投资 125 000 元、500 000 元和 375 000 元。华美股份有限公司如期收到甲、乙、丙追加的现金投资,华美股份有限公司会计分录如下。

  借:银行存款   1 000 000
   贷:股本——甲   125 000
     ——乙   500 000
     ——丙   375 000

在本例中,甲、乙、丙按原出资比例追加实收资本,因此,华美股份有限公司应分别按照 125 000 元、500 000 元和 375 000 元的金额贷记"实收资本"科目中甲、乙、丙明细分类账。

例 13-7

承【例 13-6】,因扩大经营规模需要,经批准,华美股份有限公司按原出资比例将资本公积 1 000 000 元转增资本。华美股份有限公司会计分录如下。

  借:资本公积   1 000 000
   贷:股本——甲   125 000
     ——乙   500 000
     ——丙   375 000

在本例中,资本公积 1 000 000 元按原出资比例转增实收资本,因此,华美股份有限公司应分别按照 125 000 元、500 000 元和 375 000 元的金额贷记"股本"科目中甲、乙、丙明细分类账。

例 13-8

承【例 13-6】,因扩大经营规模需要,经批准,华美股份有限公司按原出资比例将盈余公积 1 000 000 元转增资本。华美股份有限公司会计分录如下。

  借:盈余公积   1 000 000
   贷:股本——甲   125 000
     ——乙   500 000
     ——丙   375 000

在本例中,盈余公积 1 000 000 元按原出资比例转增实收资本,因此,华美股份有限公司应分别按照 125 000 元、500 000 元和 375 000 元的金额贷记"实收资本"科目中甲、乙、丙明细分类账。

2. 实收资本(或股本)的减少

企业减少实收资本应按法定程序报经批准,股份有限公司采用收购本公司股票方式减资的,按股票面值和注销股数计算的股票面值总额冲减股本,按注销库存股的账面余额与所冲减股本的差额冲减股本溢价,股本溢价不足冲减的,再冲减盈余公积直至未分配利润。如果购回股票支付的价款低于面值总额的,则所注销库存股的账面余额与所冲减股本的差额作为增加股本溢价处理。

【例13-9】

华美股份有限公司2019年12月31日的股本为100 000 000股,面值为1元,资本公积(股本溢价)30 000 000元,盈余公积40 000 000元。经股东大会批准,华美股份有限公司以现金回购本公司股票20 000 000股并注销。假定华美股份有限公司按每股2元回购股票,不考虑其他因素,华美股份有限公司的会计处理如下。

(1)回购本公司股票时。

借:库存股 40 000 000
　　贷:银行存款 40 000 000

库存股成本=20 000 000×2=40 000 000(元)

(2)注销本公司股票时。

借:股本 20 000 000
　　资本公积——股本溢价 20 000 000
　　贷:库存股 40 000 000

应冲减的资本公积=20 000 000×2—20 000 000×1=20 000 000(元)

【例13-10】

承【例13-9】,假定华美股份有限公司按每股3元回购股票,其他条件不变,其会计处理如下。

(1)回购本公司股票时。

借:库存股 60 000 000
　　贷:银行存款 60 000 000

库存股成本=20 000 000×3=60 000 000(元)

(2)注销本公司股票时:

借:股本 20 000 000
　　资本公积——股本溢价 30 000 000
　　盈余公积 10 000 000
　　贷:库存股 60 000 000

应冲减的资本公积=20 000 000×3—20 000 000×1=40 000 000(元)。由于应冲减的资本公积大于公司现有的资本公积,所有只能冲减资本公积30 000 000元,剩余的10 000 000元应冲减盈余公积。

例13-11

承【例13-9】,假定华美股份有限公司按每股0.9元回购股票,其他条件不变,其会计处理如下。

(1)回购本公司股票。

借:库存股　　　　　　　　　　　　　18 000 000
　　贷:银行存款　　　　　　　　　　　18 000 000

库存股成本=20 000 000×0.9=18 000 000(元)

(2)注销本公司股票时。

借:股本　　　　　　　　　　　　　　20 000 000
　　贷:库存股　　　　　　　　　　　　18 000 000
　　　　资本公积——股本溢价　　　　　2 000 000

应增加的资本公积=20 000 000×1−20 000 000×0.9=2 000 000(元)。由于折价回购,股本与库存股成本的差额2 000 000元应作为增加资本公积处理。

二、其他权益工具

其他权益工具是指企业发行的除普通股以外的归类于权益工具的各种金融工具,主要包括归类于权益工具的优先股、永续债、认股权、可转换公司债券等金融工具。

如果企业有其他权益工具,则需要在所有者权益类科目中增设"其他权益工具——优先股"科目核算该类业务。企业发行优先股收到的价款登记在该科目的贷方,可转换优先股转换为普通股的账面价值登记在该科目的借方,贷方余额反映发行在外的优先股账面价值。

例13-12

华美股份有限公司发行归类于权益工具的可转换优先股200万股,实际收到价款500万元。其账务处理如下。

借:银行存款　　　　　　　　　　　　5 000 000
　　贷:其他权益工具——优先股　　　　5 000 000

第三节　资本公积与其他综合收益

一、资本公积的定义以及构成

资本公积是企业收到投资者的超出其在企业注册资本(或股本)中所占份额的投资及直接计入所有者权益的利得和损失等。资本公积包括资本溢价(或股本溢价)和直接计入所有者权益的利得与损失等。

资本溢价(或股本溢价)是企业收到投资者的超出其在企业注册资本(或股本)中所占份额的投资。形成资本溢价(或股本溢价)的原因有溢价发行股票、投资者超额缴入资本等。

直接计入所有者权益的利得与损失是指不应计入当期损益,会导致所有者权益发生增减变动的,与所有者投入资本或向所有者分配利润无关的利得或者损失。

资本公积的核算包括资本溢价(或股本溢价)的核算、其他资本公积的核算和资本公积转增资本的核算等内容。

二、资本公积的会计核算

(一)资本溢价(或股本溢价)的核算

1. 资本溢价

除股份有限公司外的其他类型的企业,在企业创立时,投资者认缴的出资额与注册资本一致,一般不会产生资本溢价。但在企业重组或有新的投资者加入时,常常会出现资本溢价。因为在企业进行正常生产经营后,其资本利润率通常要高于企业初创阶段,另外,企业有内部积累,新投资者加入企业后,对这些积累也要分享,因而新加入的投资者往往要付出大于原投资者的出资额,才能取得与原投资者相同的出资比例。投资者多缴的部分就形成了资本溢价。

例 13-13

华美股份有限公司由两位投资者投资 200 000 元设立,每人各出资 100 000 元。1 年后,为扩大经营规模,经批准,华美股份有限公司注册资本增加到 300 000 元,并引入第三位投资者加入。按照投资协议,新投资者需缴入现金 110 000 元,同时享有该公司三分之一的股份。华美股份有限公司已收到该现金投资。假定不考虑其他因素,华美股份有限公司的会计分录如下。

借:银行存款　　　　　　　　　　　　　110 000
　　贷:实收资本　　　　　　　　　　　　100 000
　　　　资本公积——资本溢价　　　　　　 10 000

在本例中,A 有限责任公司收到第三位投资者的现金投资 110 000 元中,100 000 元属于第三位投资者在注册资本中所享有的份额,应记入"实收资本"科目,10 000 元属于资本溢价,应记入"资本公积——资本溢价"科目。

2. 股本溢价

股份有限公司是以发行股票的方式筹集股本的,股票可按面值发行,也可按溢价发行,我国目前不准折价发行。与其他类型的企业不同,股份有限公司在成立时可能会溢价发行股票,因而在成立之初,就可能会产生股本溢价。股本溢价的数额等于股份有限公司发行股票时实际收到的款额超过股票面值总额的部分。

在按面值发行股票的情况下,企业发行股票取得的收入,应全部作为股本处理;在溢价发行股票的情况下,企业发行股票取得的收入,等于股票面值部分作为股本处理,超出股票面值的溢价收入应作为股本溢价处理。

发行股票相关的手续费、佣金等交易费用,如果是溢价发行股票的,应从溢价中抵扣,冲减资本公积(股本溢价);无溢价发行股票或溢价金额不足以抵扣的,应将不足抵扣的部分冲减盈余公积和未分配利润。

例 13-14

华美股份有限公司首次公开发行了普通股 50 000 000 股,每股面值 1 元,每股发行价格为 4 元。华美股份有限公司以银行存款支付发行手续费、咨询费等费用共计 6 000 000 元。假定发行收入已全部收到,发行费用已全部支付,不考虑其他因素,华美股份有限公司的会计处理如下。

(1)收到发行收入时。

借:银行存款　　　　　　　　　　　　　　200 000 000
　　贷:股本　　　　　　　　　　　　　　　　50 000 000
　　　　资本公积——股本溢价　　　　　　　150 000 000

应增加的资本公积＝50 000 000×(4－1)＝150 000 000(元)本例中,华美股份有限公司溢价发行普通股,发行收入中等于股票面值的部分 50 000 000 元应记入"股本"科目,发行收入超出股票面值的部分 150 000 000 元记入"资本公积——股本溢价"科目。

(2)支付发行费用时。

借:资本公积——股本溢价　　　　　　　　6 000 000
　　贷:银行存款　　　　　　　　　　　　　　6 000 000

在本例中,该股份有限公司的股本溢价 150 000 000 元高于发行中发生的交易费用 6 000 000 元,因此,交易费用可从股本溢价中扣除,作为冲减资本公积处理。

(二)其他资本公积的核算

其他资本公积是指除资本溢价(或股本溢价)项目以外所形成的资本公积,其中主要是直接计入所有者权益的利得和损失,包括以权益结算的股份支付及采用权益法核算的长期股权投资涉及的业务。

1. 采用权益法核算的长期股权投资

企业对某被投资单位的长期股权投资采用权益法核算的,在持股比例不变的情况下,对因被投资单位除净损益以外的所有者权益的其他变动,如果是利得,则应按持股比例计算其应享有被投资企业所有者权益的增加数额;如果是损失,则进行相反的分录。在处置长期股权投资时,应转销与该笔投资相关的其他资本公积。

2. 以权益结算的股份支付

以权益结算的股份支付换取职工或其他方提供服务的,应按照确定的金额,记入"管理费用"等科目,同时增加资本公积(其他资本公积)。在行权日,应按实际行权的权益工具数量计算确定的金额,借记"资本公积——其他资本公积"科目,按记入实收资本或股本的金额,贷记"实收资本"或"股本"科目,并将其差额记入"资本公积——资本溢价"或"资本公积——股本溢价"。

三、其他综合收益

其他综合收益是指企业在经营活动中形成的未计入当期损益的但归所有者共有的利得或损失,主要包括以公允价值计量且其变动计入其他综合收益的金融资产公允价值变动,长期股权投资权益法下被投资单位所有者权益的其他变动等。

企业将作为存货的房地产转换为采用公允价值模式计量的投资性房地产时,应当按该项房地产在转换日的公允价值,借记"投资性房地产——成本"科目,原已计提跌价准备的,借记"存货跌价准备"科目,按其账面余额,贷记"开发产品"等科目;同时,转换日的公允价值小于账面价值的,按其差额,借记"公允价值变动损益"科目,转换日的公允价值大于账面价值的,按其差额,贷记"其他综合收益"科目。

第四节 留存收益

一、留存收益的构成及用途

(一)留存收益的构成

留存收益由利润分配过程形成,是指企业从历年实现的利润中提取或形成的留存于企业的内部积累。留存收益来源于企业在生产经营活动中所实现的净利润,它与实收资本和资本公积的区别在于,实收资本和资本公积来源于企业的资本投入,而留存收益则来源于企业的资本增值。留存收益的提取是企业的一项经济行为,也是法律法规的要求。企业实现的利润需要留存一部分于企业内部,一方面可以满足企业维持或扩大再生产经营活动的资金需要,保持或提高企业的获利能力;另一方面可以保证企业有足够的资金弥补以后年度可能出现的亏损,也保证企业有足够的资金用于偿还债务,保护债权人的权益。

留存收益由盈余公积和未分配利润构成。盈余公积包括法定盈余公积和任意盈余公积,它们属于已拨定的留存收益,而未分配利润属于未拨定的留存收益。

1. 盈余公积

(1)法定盈余公积。

法定盈余公积是指企业按规定从净利润中提取的积累资金。法定,意味着提取由国家法规强制规定。企业必须提取法定盈余公积,目的是确保企业不断积累资本,固本培元,壮大实力。我国《公司法》规定,公司制企业的法定盈余公积按照税后利润的10%提取,法定盈余公积累计额已达注册资本的50%时可以不再提取。值得注意的是,在计算提取法定盈余公积的基数时,不应包括企业年初未分配利润。

(2)任意盈余公积。

任意盈余公积是公司出于实际需要或采取审慎经营策略,从税后利润中提取的一部分留存利润。任意是出于自愿,而非外力强制。如果公司有优先股,则只有在支付了优先股股利之后,才可提取任意盈余公积。由于任意盈余公积是企业自愿拨定的留存利益,其数额也视实际情况而定。

法定盈余公积和任意盈余公积的区别就在于其各自计提的依据不同。前者以国家的法律或行政规章为依据提取,后者则由企业自行决定提取。

2. 未分配利润

属于未确定用途的留存收益,是企业实现的净利润经过弥补亏损、提取盈余公积和向投资者分配利润后留存在企业的、历年结存的利润。

(二)留存收益的经济用途

1. 弥补亏损

根据企业会计制度和有关法规的规定,企业发生亏损,可以用发生亏损后五年内实现的税前利润来弥补,当发生的亏损在五年内仍不足弥补的,应使用随后所实现的税后利润弥补。通常,当企业发生的亏损在所得税后利润仍不足弥补亏损的,可以用盈余公积来弥补。

2. 转增资本

当企业提取的盈余公积累计比较多时,可以将盈余公积转增资本,用盈余公积转增资本后,留存的盈余公积不得少于注册资本的25%。

3. 发放现金股利或利润

在特定情况下,当企业累积的盈余公积比较多,而未分配利润比较少时,为了维护企业形象,给投资者以合理的回报,符合规定条件的企业也可以用盈余公积分派现金。

二、留存收益的会计核算

(一)盈余公积

盈余公积是指企业按规定从净利润中提取的企业积累资金。公司制企业的盈余公积包括法定盈余公积和任意盈余公积。企业提取的盈余公积经批准可用于弥补亏损、转增资本、发放现金股利或利润等。

1. 提取盈余公积

企业按规定提取盈余公积时,应通过"利润分配"和"盈余公积"等科目处理。

例 13-15

华美股份有限公司本年实现净利润为5 000 000元,年初未分配利润为0元。经股东大会批准,华美股份有限公司按当年净利润的10%提取法定盈余公积。假定不考虑其他因素,华美股份有限公司的会计分录如下。

本年提取盈余公积金额=5 000 000×10%=500 000(元)

借:利润分配——提取法定盈余公积　　　500 000
　　贷:盈余公积——法定盈余公积　　　　　　500 000

2. 盈余公积补亏

例 13-16

经股东大会批准，华美股份有限公司用以前年度提取的盈余公积弥补当年亏损，当年弥补亏损的数额为 600 000 元。假定不考虑其他因素，华美股份有限公司的会计分录如下。

借：盈余公积　　　　　　　　　　　　　600 000
　　贷：利润分配——盈余公积补亏　　　　　600 000

3. 盈余公积转增资本

例 13-17

因扩大经营规模需要，经股东大会批准，华美股份有限公司将盈余公积 400 000 元转增股本。假定不考虑其他因素，华美股份有限公司的会计分录如下。

借：盈余公积　　　　　　　　　　　　　400 000
　　贷：股本　　　　　　　　　　　　　　400 000

（二）未分配利润

利润分配是指企业根据国家有关规定和企业章程、投资者协议等，对企业当年可供分配的利润所进行的分配。

可供分配的利润＝当年实现的净利润＋年初未分配利润（或－年初未弥补亏损）＋其他转入

利润分配的顺序依次是：提取法定盈余公积；提取任意盈余公积；向投资者分配利润。

未分配利润是经过弥补亏损、提取法定盈余公积、提取任意盈余公积和向投资者分配利润等利润分配之后剩余的利润，它是企业留待以后年度进行分配的历年结存的利润。相对于所有者权益的其他部分来说，企业对于未分配利润的使用有较大的自主权。

企业应通过"利润分配"科目，核算企业利润的分配（或亏损的弥补）和历年分配（或弥补）后的未分配利润（或未弥补亏损），应分别通过"提取法定盈余公积""提取任意盈余公积""应付现金股利或利润""盈余公积补亏""未分配利润"等科目进行明细核算。企业未分配利润通过"利润分配——未分配利润"明细科目进行核算。年度终了，企业应将全年实现的净利润或发生的净亏损，自"本年利润"科目转入"利润分配——未分配利润"科目，结转后，"利润分配——未分配利润"科目如为贷方余额，则表示累积未分配的利润数额；如为借方余额，则表示累积未弥补的亏损数额。

例 13-18

华美股份有限公司年初未分配利润为 0 元，本年实现净利润为 2 000 000 元，本年提取法定盈余公积 200 000 元，宣告发放现金股利 800 000 元。假定不考虑其他因素，华美股份有限公司会计处理如下。

(1)结转本年利润。

借:本年利润　　　　　　　　　　　　2 000 000
　　贷:利润分配——未分配利润　　　　　　2 000 000

如果企业当年发生亏损,则应借记"利润分配——未分配利润"科目,贷记"本年利润"科目。

(2)提取法定盈余公积、宣告发放现金股利。

借:利润分配——提取法定盈余公积　　　200 000
　　　　——应付现金股利　　　　　　　800 000
　　贷:盈余公积　　　　　　　　　　　　200 000
　　　　应付股利　　　　　　　　　　　800 000

同时,计算利润分配。

借:利润分配——未分配利润　　　　　　1 000 000
　　贷:利润分配——提取法定盈余公积　　200 000
　　　　　　——应付现金股利　　　　　800 000

在本例中,"利润分配——未分配利润"明细科目的余额在贷方,贷方余额为1 000 000(本年利润2 000 000—提取法定盈余公积200 000—支付现金股利80 000)元,即为华美股份有限公司本年年末的累计未分配利润。

第十四章 收入、费用和利润

第一节 收入

一、收入及其分类

(一)收入的概念及特点

收入是指企业在日常活动中形成的、会导致所有者权益增加的、与所有者投入资本无关的经济利益的总流入。其中,日常活动是指企业为完成其经营目标所从事的经常性活动以及与之相关的其他活动。工业企业制造并销售产品、商品流通企业销售商品、咨询公司提供咨询服务、软件公司为客户开发软件、安装公司提供安装服务、建筑企业提供建造服务等,均属于企业的日常活动。企业按照本章确认收入的方式应当反映其向客户转让商品(或提供服务,以下简称转让商品)的模式,收入的金额应当反映企业因转让这些商品(或服务,以下简称商品)而预期有权收取的对价金额。

收入具有以下主要特点。

一是收入产生于企业日常经营活动,而非偶发交易或事项,如工业企业销售商品、提供劳务等。企业偶发的交易或事项也能为企业带来经济利益流入,但不属于企业的日常活动,其流入的经济利益应确认为利得,而不是收入。

二是收入既可以表现为企业资产的增加,如增加银行存款或者应收账款,也可以表现为企业负债的减少,如减少预收账款,或者两者兼有之。

三是收入最终会导致所有者权益的增加。无论是收入表现为资产的增加还是负债的减少,根据"资产=负债+所有者权益"的会计恒等式,最终必然导致所有者权益的增加。

四是收入只包括本企业经济利益的流入,不包括为第三方或客户代收的款项,如企业为税务部门代收的增值税。

本章内容不涉及企业对外出租资产收取的租金、进行债权投资收取的利息、进行股权投资取得的现金股利、保险合同取得的保费收入等。企业以存货换取客户的存货、固定资产、无形资产以及长期股权投资等,按照本章的有关规定进行会计处理;其他非货币性资产交换,按照非货币性资产交换的有关规定进行会计处理。企业处置固定资产、无形资产等,在确定处置时点以及计量处置损益时,按照本节的有关规定进行处理。

(二)收入的分类

1. 按交易性质分类

(1)转让商品收入是指企业通过销售产品或商品实现的收入。工业企业销售不需要的原材料、包装物等存货实现的收入,也视同转让商品收入。

(2)提供劳务收入是指企业通过提供各种劳务实现的收入。如交通运输企业提供的运输劳务取得的收入,建筑安装企业提供建筑安装业务取得的收入。

(3)让渡资产使用权收入是指企业通过让渡资产的使用权而取得的收入。如企业对外出租无形资产取得的使用费收入。

(4)建造合同收入,包括合同中规定的初始收入和因合同变更、索赔、奖励等形成的收入。

2. 按在经营业务中所占比重分类

(1)主营业务收入,是指企业为完成经营目标通过所从事的主要经营活动实现的收入。如工业企业销售商品取得的收入,商业银行的利息收入,租赁企业的租赁收入。主营业务收入经常发生,并在收入中占有较大的比重。

(2)其他业务收入是指企业从事主要经营业务以外的其他经营活动实现的收入。如工业企业销售材料取得的收入。其他业务收入发生的金额一般较小,在收入中所占比重小。

二、收入确认与计量的基本方法

按照《企业会计准则第14号——收入》,企业确认收入的方式应当反映其向客户转让商品(或提供服务)的模式,确认收入的金额应当反映企业因转让这些商品(或服务)而预期有权收取的对价金额,并设定了统一的收入确认和计量的五步法模型。

收入的确认和计量大致分为五步:第一步,识别与客户订立合同;第二步,识别合同中的单项履约义务;第三步,确定交易价格;第四步,将交易价格分摊至各单项履约义务;第五步,履行各单项履约义务时确认收入。其中,第一步、第二步和第五步主要与收入的确认有关,第三步和第四步主要与收入的计量有关。

(一)识别与客户订立的合同

本节所称的合同是指双方或多方之间订立有法律约束力的权利义务的协议,包括书面形式、口头形式以及其他可验证的形式(如隐含于商业惯例或企业以往的习惯做法中等)。

1. 收入确认的原则

企业应当在履行了合同中的履约义务,即在客户取得相关商品控制权时确认收入。取得相关商品控制权,是指能够主导该商品的使用并从中获得几乎全部的经济利益,也包括有能力阻止其他方主导该商品的使用并从中获得经济利益。取得商品控制权包括以下三个要素。

(1)能力,即客户必须拥有现时权利,能够主导该商品的使用并从中获得几乎全部经济利益。如果客户只能在未来的某一期间主导该商品的使用并从中获益,则表明其尚未取得该商品的控制权。

(2)主导该商品的使用。客户有能力主导该商品的使用,是指客户有权使用该商品,或者能够允许或阻止其他方使用该商品。

(3)能够获得几乎全部的经济利益。商品的经济利益,是指该商品的潜在现金流量,既包括现金流入的增加,也包括现金流出的减少。例如,使用、消耗、出售或持有该商品、使用该商品提升其他资产的价值,以及将该商品用于清偿债务、支付费用或抵押等。

2. 收入确认的前提条件

企业与客户之间的合同同时满足下列条件的,企业应当在客户取得相关商品控制权时确认收入:

(1)合同各方已批准该合同并承诺将履行各自义务;

(2)该合同明确了合同各方与所转让的商品(或提供的劳务,以下简称转让的商品)相关的权利和义务;

(3)该合同有明确的与所转让的商品相关的支付条款;

(4)该合同具有商业实质,即履行该合同将改变企业未来现金流量的风险、时间分布或金额;

(5)企业因向客户转让商品而有权取得的对价很可能收回。

在进行上述判断时,需要注意以下三点。

第一,合同约定的权利和义务是否具有法律约束力,需要根据企业所处的法律环境和实务操作进行判断,包括合同订立的方式和流程、具有法律约束力的权利和义务的时间等。对于合同各方均有权单方面终止完全未执行的合同,且无需对合同其他方作出补偿的,企业应当视为该合同不存在。其中,完全未执行的合同,是指企业尚未向客户转让任何合同中承诺的商品,也尚未收取且尚未有权收取已承诺商品的任何对价的合同。

第二,合同具有商业实质,这是指履行该合同将改变企业未来现金流量的风险、时间分布或金额。

第三,企业在评估其因向客户转让商品而有权取得的对价是否很可能收回时,仅应考虑客户到期时支付对价的能力和意图,即客户的信用风险。企业在进行判断时,应当考虑是否存在价格折让。存在价格折让的,应当在估计交易价格时进行考虑。企业预期很可能无法收回全部合同对价时,应当判断其原因是客户的信用风险还是企业向客户提供了价格折让。

在实务中,企业可能存在一组类似的合同,企业在对改组合同中的每一份合同进行评估时,均认为其合同对价很可能收回,但是根据历史经验,企业预计可能无法收回该组合同的全部对价。在这种情况下,企业应当认为这些合同满足"因向客户转让商品而有权取得的对价很可能收回"这一条件,并以此为基础估计交易价格。与此同时,企业应当考虑这些合同下确认的合同资产或应收款项是否存在减值。

例 14-1

华美股份有限公司与乙公司签订合同,向其销售一栋建筑物,合同价款为 100 万元。该建筑物的成本为 60 万元,乙公司在合同开始日即取得了该建筑物的控制权。根据合同约定,乙公司在合同开始日支付了 5% 的保证金 5 万元,并就剩余 95% 的价款与华美股份有限公司签订了不附追索权的长期融资协议,如果乙公司违约,则华美股份有限公司可重新拥有该建筑物,即使收回的建筑物不能涵盖所欠款项的总额,华美股份有限公司也不能向乙公司索取进一步的赔偿。乙公司计划在该建筑物内开设一家餐馆。在该建筑物所在的地区,餐饮行业面临激烈的竞争,但乙公司缺乏餐饮行业的经营经验。

乙公司计划用餐馆产生的收益偿还华美股份有限公司的欠款,除此之外并无其他的经济来源,乙公司也未对该笔欠款设定任何担保。如果乙公司违约,则华美股份有限公司虽然可重新拥有该建筑物,但即使收回的建筑物不能涵盖所欠款项的总额,华美股份有限公司也不能向乙公司索取进一步的赔偿。因此,华美股份有限公司对乙公司还款的能力和意图存在疑虑,认为该合同不满足合同价款很可能收回的条件。华美股份有限公司应当将收到的5万元确认为一项负债。

对于不能同时满足收入确认的五个条件的合同,企业只有在同时满足两个条件时才能将已收取的对价确认为收入:一是企业不再负有向客户转让商品的剩余义务(例如,合同已完成或取消);二是企业已向客户收取的全部或部分对价无需退回。否则,应当将已收取的对价作为负债进行会计处理。其中,企业向客户收取无需退回的对价的,应当在已经将该部分对价所对应的商品的控制权转移给客户,并已不再向客户转让额外的商品且不再负有此类义务时,将该部分对价确认为收入;或者,在相关合同已经终止时,将该部分对价确认为收入。

对于在合同开始日即满足上述收入确认条件的合同,企业在后续期间无需对其进行重新评估,除非有迹象表明相关事实和情况发生重大变化。对于不满足上述收入确认条件的合同,企业应当在后续期间对其进行持续评估,以判断其能否满足这些条件。企业如果在合同满足相关条件之前已经向客户转移了部分商品,当该合同在后续期间满足相关条件时,企业应当将在此之前已经转移的商品所分摊的交易价格确认为收入。通常情况下,合同开始日,是指合同开始赋予合同各方具有法律约束力的权利和义务的日期,即合同生效日。

应当说明的是,企业对于没有商业实质的非货币性资产交换,无论何时,均不应确认收入。从事相同业务经营的企业之间,为便于向客户或潜在客户销售而进行的非货币性资产交换,不应确认为收入。例如,两家石油公司之间相互交换石油,以便及时满足各自不同地点客户的需求。

3. 合同合并

企业与同一客户(或该客户的关联方)同时订立或在相近时间内先后订立的两份或多份合同,在满足下列条件之一时,应当合并为一份合同进行会计处理。

(1)该两份或多份合同基于同一商业目的而订立并构成一揽子交易,如一份合同在不考虑另一合同的对价的情况下将会发生亏损。

(2)该两份或多份合同中的一份合同的对价金额取决于其他合同的定价或履行情况,如一份合同如果发生违约,将会影响另一份合同的对价金额。

(3)该两份或多份合同中所承诺的商品构成本节后文所述的单项履约义务。将两份或多份合同合并为一份合同进行会计处理的,仍然需要区分合同中包含的各单项履约义务。

4. 合同变更

本节所称的合同变更是指经合同各方同意对原合同范围或价格(或两者)作出的变更。企业合同变更应当区分下列三种情况进行会计处理。

(1)合同变更部分作为单独合同进行会计处理的情形。合同变更增加了可明确区分的商品及合同价款且新增合同价款反映了新增商品单独售价的,应当将该合同变更作为一份单独的合同进行会计处理。

第十四章 收入、费用和利润

(2) 合同变更作为原合同终止及新合同订立进行会计处理的情形。合同变更不属于上述(1)的情况,且在合同变更日已转让商品与未转让商品之间可明确区分的,应当视为原合同的终止,同时,将原合同未履约部分与合同变更部分合并为新合同进行会计处理。新合同的交易价格应当为下列两项金额之和:一是原合同交易价格中尚未确认收入的部分(包括已从客户收取的金额);二是合同变更中客户已承诺的对价金额。即计算公式如下:

新合同的交易价格＝原合同价款中尚未确认为收入的部分(包括已向客户收取的金额)＋合同变更中客户已承诺的对价金额

例 14-2

华美股份有限公司与客户签订合同,每周为客户的办公楼提供保洁服务,合同期限为三年,客户每年向华美股份有限公司支付服务费 10 万元(假定该价格反映了合同开始日该项服务的单独售价)。在第二年末,合同双方对合同进行了变更,将第三年的服务费调整为 8 万元(假定该价格反映了合同变更日该项服务的单独售价),同时以 20 万元的价格将合同期限延长三年(假定该价格不反映合同变更日该三年服务的单独售价),即每年的服务费为 6.67 万元,于每年年初支付。上述价格均不包含增值税。

在本例中,在合同开始日,华美股份有限公司认为其每周为客户提供的保洁服务是可明确区分的,但由于华美股份有限公司向客户转让的是一系列实质相同且转让模式相同的、可明确区分的服务,因此将其作为单项履约义务。在合同开始的前两年,即合同变更之前,华美股份有限公司每年确认收入 10 万元。在合同变更日,由于新增的三年保洁服务的价格不能反映该项服务在合同变更时的单独售价,该合同变更不能作为单独的合同进行会计处理,由于在剩余合同期间需提供的服务与已提供的服务是可明确区分的,华美股份有限公司应当将该合同变更作为原合同终止,同时,将原合同中未履约的部分与合同变更合并为一份新合同进行会计处理。即新合同期限为 4 年,对价为 28 万元,每年确认收入 7 万元。

(3) 合同变更部分作为原合同的组成部分进行会计处理的情形。合同变更不属于上述(1)的情况且在合同变更日已转让商品与未转让商品之间不可明确区分的,应当将该合同变更部分作为原合同的组成部分,在合同变更日重新计算履约进度,并调整当期收入和相应成本。

例 14-3

2020 年 5 月 15 日,华美股份有限公司和客户签订了一项总金额为 1 000 万元的固定造价合同,在客户自有土地上建造一栋办公楼,预计合同总成本为 700 万元。假定该建造服务属于在某一时段内履行的履约义务,并根据累计发生的合同成本占合同预计总成本的比例确定履约进度。

截至 2020 年末,华美股份有限公司累计已发生成本 420 万元,履约进度为 60%(＝420÷700)。因此,华美股份有限公司在 2020 年确认收入 600 万元(1 000×60%)。

2021 年初,合同双方同意更改办公楼屋顶的设计,合同价格和预计总成本因此分别增加

200万元和120万元。

在本例中,由于合同变更后拟提供的剩余服务与在合同变更日或之前已提供的服务不可明确区分,华美股份有限公司应当将合同变更作为原合同的组成部分进行会计处理。变更后交易价格为1 200万元(1 000+200),华美股份有限公司重新估计的履约进度为51.2%[420÷(700+120)],华美股份有限公司在合同变更日应额外确认收入14.4万元(51.2%×1 200－600)

(二)识别合同中的单项履约义务

在合同开始日,企业应当对合同进行评估,识别该合同包含的各单项履约义务,并确定各单项履约义务是在某一时段内履行,还是在某一时点履行,要在履行了各单项履约义务时分别确认收入。

履约义务是指合同中企业向客户转让可明确区分商品的承诺。企业应当将下列向客户转让商品的承诺作为单项履约义务。

1. 企业向客户转让可明确区分商品(或者商品或服务的组合)的承诺

企业向客户承诺的商品同时满足下列条件的,应当作为可明确区分的商品。

(1)客户能够从该商品本身或者从该商品与其他易于获得的资源一起使用中受益,即该商品能够明确区分,例如企业通常会单独销售该商品。

(2)企业向客户转让该商品的承诺与合同其他承诺可单独区分,即转让该商品的承诺在合同中是可明确区分的。企业确定了商品本身能够明确区分后,还应当在合同层面继续评估转让该商品(或提供该服务,以下简称转让该商品)的承诺是否与合同中其他承诺彼此之间可明确区分。下列情形通常表明企业向客户转让该商品的承诺与合同中的其他承诺不可明确区分。

一是,企业需要提供重大的服务以将该商品与合同中承诺的其他商品进行整合,形成合同约定的某个或某些组合产出转让给客户。

例如,企业为客户建造写字楼的合同中,企业向客户提供的砖头、水泥、人工等都能够使客户获益,但是,在该合同下,企业对客户承诺的是为客户建造一栋写字楼,而并非提供这些砖头、水泥和人工等,企业需提供重大的服务将这些商品或服务整合,以形成合同约定的一项组合产出(写字楼)转让给客户。因此,在该合同中,砖头、水泥和人工等商品或服务彼此之间不能单独区分。

二是,该商品将对合同中承诺的其他商品予以重大修改或定制。

例如,企业承诺向客户提供其开发的一款现有软件,并提供安装服务,虽然该软件无需更新或技术支持也可直接使用,但是企业在安装过程中需要在现有基础上进行定制化的重大修改,以使其能够与客户现有的信息系统相兼容。此时,软件转让的承诺与提供定制化重大修改的承诺在合同层面不可区分。

三是,该商品与合同中承诺的其他商品具有高度关联性。也就是说,合同中承诺的每一单项商品均受到合同中其他商品的重大影响。即合同中承诺的每一单项商品均受到合同中其他商品的重大影响。

例如,企业承诺为客户设计一种新产品并负责生产10个样品,企业在生产和测试样品的过程中需要对产品的设计进行不断的修正,这导致已生产的样品均可能需要不同程度的返工。此时,企业提供的设计服务和生产样品的服务是不断交替反复进行的,二者高度关联,因此,在合同层面不可明确区分。

需要说明的是,企业向客户销售商品时,往往约定企业需要将商品运送至客户指定的地点。通常情况下,商品控制权转移给客户之前发生的运输活动不构成单项履约义务。相反,商品控制权转移给客户之后发生的运输活动可能表明企业向客户提供了一项运输服务,企业应当考虑该项服务是否构成单项履约义务。

2. 企业向客户转让一系列实质相同且转让模式相同的、可明确区分商品的承诺

转让模式相同是指每一项可明确区分商品均满足在某一时段内履行履约义务的条件且采用相同方法确定其履约进度。例如,每天为客户提供保洁服务的长期劳务合同等。即使实质相同且转让模式相同的一系列商品可明确区分,企业也应当将这些商品作为单项履约义务。企业在判断所转让的一系列商品是否实质相同时,应当考虑合同中承诺的性质,如果企业承诺的是提供确定数量的商品,则需要考虑这些商品本身是否实质相同;如果企业承诺的是在某一期间内随时向客户提供某些服务,则需要考虑企业在该期间内的各个时间段(如每天或每小时)的承诺是否相同,而不是具体的服务行为本身。例如,企业向客户提供2年的酒店管理服务,具体包括保洁、维修、安保等,但没有具体的服务次数或时间的要求,尽管企业每天提供的具体服务不一定相同,但是企业每天对于客户的承诺都是相同的,因此,该服务符合"实质相同"的条件。

企业为旅行合同而开展的初始活动,通常不构成履约义务,除非该活动向客户转让了承诺的商品。例如,俱乐部为注册会员建立档案,该活动并为向会员转让承诺的商品,因此,不构成单项履约义务。

(三)确定交易价格

交易价格是指企业因向客户转让商品而预期有权收取的对价金额。企业代第三方收取的款项(例如增值税)及企业预期将退还给客户的款项,应当作为负债进行会计处理,不计入交易价格。合同价不一定代表交易价格,企业应当根据合同条款,并结合以往的习惯做法等确定交易价格。企业在确定交易价格时,应当假定按照现有合同的约定向客户转让商品且该合同不会被取消、续约或变更。

1. 可变对价

企业与客户的合同中约定的对价金额可能因折扣、价格折让、返利、退款、奖励积分、激励措施、业绩奖金、索赔等因素而变化。此外,根据一项或多项或有事项的发生而收取不同对价金额的合同,也属于可变对价的情形。企业在判断合同中是否存在可变对价时,除应当考虑合同条款的约定,还应当考虑以下情况:一是根据企业已公开宣布的政策、特定声明或者以往习惯做法等,客户能够合理预期企业将会接受低于合同约定的对价金额,即企业会以折扣、返利等形式提供价格折让;二是其他相关事实和情况表明企业在与客户签订合同时即意图向客户提供价格折让。合同中存在可变对价的,企业应当对计入交易价格的可变对价进行估计。

(1)可变对价最佳估计数的确定。企业应当按照期望值或最可能发生金额确定可变对价的最佳估计数。企业所选择的方法应当能够更好地预测其有权收取的对价金额,并且对于类似的合同,应当采用相同的方法进行估计。对于某一事项的不确定性对可变对价金额的影响,企业应当在整个合同期间一致地采用同一种方法进行估计。但是,当存在多个不确定性事项均会影响可变对价金额时,企业可以采用不同的方法对其进行估计。期望值是按照各种可能发生的对价金额及相关概率计算确定的金额。如果企业拥有大量具有类似特征的合同并估计可能产生多个结果时,则通常按照期望值估计可变对价金额。最可能发生金额是一系列可能发生的对价金额中最可能发生的单一金额,即合同最可能产生的单一结果。当合同仅有两个可能结果时,通常按照最可能发生金额估计可变对价金额。

(2)计入交易价格的可变对价金额的限制。企业按照期望值或最可能发生金额确定可变对价金额之后,计入交易价格的可变对价金额还应该满足限制条件,即包含可变对价的交易价格,应当不超过在相关不确定性消除时,累计已确认的收入极可能不会发生重大转回的金额,其目的是避免一些不确定性因素的发生导致之前已经确认的收入发生转回。企业在评估是否极可能不会发生重大转回时,应当同时考虑收入转回的可能性及其比重。其中,"极可能"发生的概率应远高于"很可能",即可能性超过50%,但不要求达到"基本确定",即可能性超过95%,其目的是避免不确定性因素的发生导致之前已经确认的收入发生转回;在评估收入转回金额的比重时,应当同时考虑合同中包含的固定对价和可变对价,即可能发生的收入转回金额相对于合同总价(包括固定对价和可变对价)的比重。企业应当将满足上述限制条件的可变对价金额计入交易价格。需要说明的是,将可变对价计入交易价格的限制条件不适用于企业向客户授予知识产权许可并约定按客户实际销售或使用情况收取特许权使用费的情况。

每一资产负债表日,企业应当重新估计计入交易价格的可变对价金额,包括重新评估将估计的可变对价计入交易价格是否受到限制,以如实反映报告期末存在的情况及报告期内发生的情况变化。

例14-4

2020年10月1日,华美股份有限公司签订合同,为一只股票型基金提供资产管理服务,合同期限3年。华美股份有限公司所能获得的报酬包括两部分:一是每季度按照季度末该基金净值的1%收取管理费,该管理费不会因基金净值的后续变化而调整或被要求退回;二是该基金在三年内的累计回报如果超过10%,则华美股份有限公司可以获得超额回报部分的20%作为业绩奖励。在2020年12月31日,该基金的净值为5亿元,假定不考虑相关税费的影响。

华美股份有限公司在该合同中收取的管理费和业绩奖励均属于可变对价,其金额极易受到股票价格波动的影响,这是在华美股份有限公司影响范围之外的,虽然华美股份有限公司过往有类似合同的经验,但是该经验在确定未来市场表现方面并不具有预测价值。因此,在合同开始日,华美股份有限公司无法对其能够收取的管理费和业绩奖励进行估计,不满足累计已确认的收入金额极可能不会发生重大转回的条件;在2020年年末,华美股份有限公司重新估计该合同的交易价格时,影响该季度管理费收入金额的不确定性已经消除,华美股份有限公司确认管理费收入500万元(5亿元×1%)。华美股份有限公司未确认业绩奖励收入,原因是该业绩奖励仍然会收到基金未来累计回报的影响,有关将可变对价计入交易价格的限制条件仍然没有得到满足。华美股份有限公司应当在后续的每一资产负债表日,估计业绩奖励是否满足上述条件,以确定其收入金额。

2. 合同中存在的重大融资成分

当合同各方以在合同中或者以隐含的方式约定的付款时间为客户或企业就该交易提供了重大融资利益时,合同中即包含了重大融资成分。例如企业以赊销的方式销售商品。合同中存在重大融资成分的,企业应当按照假定客户在取得商品控制权时即以现金支付的应付金额(即现销价格)确定交易价格。在评估合同中是否存在融资成分以及该融资成分对于该合同是否重大时,企业应当考虑所有相关事实和情况,包括:已承诺的对价金额与已承诺商品的现销价格之间的差额;下列两项的共同影响,其中一是企业将承诺的商品转让给客户与客户支付相关款项之间的预计时间间隔,二是相关市场的现行利率。

为简化实务操作,如果在合同开始日,企业预计客户取得商品控制权与客户支付价款间隔不超过一年的,可以不考虑合同中存在的重大融资成分。

3. 非现金对价

非现金对价包括实物资产、无形资产、股权、客户提供的广告服务等。客户支付非现金对价的,通常情况下,企业应当按照非现金对价在合同开始日的公允价值确定交易价格。非现金对价公允价值不能合理估计的,企业应当参照其承诺向客户转让商品的单独售价间接确定交易价格。

非现金对价的公允价值可能会因对价的形式不同而发生变动,例如,企业有权向客户收取的对价是股票,股票本身的价格会发生变动;也可能会因对价形式以外的变化而发生变动,例如,企业有权收取的非现金对价的公允价值因企业的履约情况而发生变动。合同开始日后,非现金对价的公允价值因对价形式以外的变化而发生变动的,应当作为可变对价,按照与计入交易价格的可变对价金额的限制条件的相关规定进行处理;合同开始日后,非现金对价的公允价值因对价形式发生变动的,该变动金额不应计入交易价格。

4. 应付客户对价

企业存在应付客户对价的,应当将应付对价冲减交易价格,但应付客户对价是为了自客户取得其他可明确区分商品的除外。企业应付客户对价是为了向客户取得其他可明确区分商品的,应当采用与企业其他采购相一致的方式确认所购买的商品。企业应付客户对价超过向客户取得可明确区分商品公允价值的,超过金额应当冲减交易价格。向客户取得的可明确区分商品公允价值不能合理估计的,企业应当将应付客户对价全额冲减交易价格。在将应付客户对价冲减交易价格处理时,企业应当在确认相关收入与支出客户对价二者孰晚的时点冲减当期收入。

(四)将交易价格分摊至各单项履约义务

当合同中包含两项或多项履约义务时,为了使企业分摊至每一单项履约义务的交易价格能够反映其因向客户转让已承诺的相关商品或提供已承诺的相关服务而预期有权收取的对价金额,企业应当在合同开始日,按照各个单项履约义务所承诺商品的单独售价的相对比例,将交易价格分摊至各单项履约义务。

单独售价是指企业向客户单独销售商品的价格。单独售价无法直接观察的,企业应当综合考虑其能够合理取得的全部相关信息,采用相应的方法合理估计单独售价。

市场调整法是指企业根据某商品或类似商品的市场售价,考虑本企业的成本和毛利等进行适当调整后,确定其单独售价的方法。

成本加成法是指企业根据某商品的预计成本加上合理毛利后的价格,确定其单独售价的方法。

余值法是指企业根据合同交易价格减去合同中其他商品可观察的单独售价后的余额,确定某商品单独售价的方法。企业在商品近期售价波动幅度巨大,或者因未定价且未曾单独销售而使售价无法可靠确定时,可采用余值法估计其单独售价。

企业应当最大限度地采用可观察的输入值,并对类似的情况采用一致的估计方法。

例 14-5

2020年3月1日,华美股份有限公司与客户签订合同,向其销售A、B两种商品,A商品的单独售价为6 000元,B商品的单独售价为24 000元,合同价款为25 000元。合同约定A商品于合同开始日交付,B商品在一个月后交付,但只有在两项商品全部交付后,华美股份有限公司才有权收取25 000元的合同对价,假定A商品和B商品分别构成单项履约义务,其控制权在商品交付时转移给客户,上述价格均不含增值税,假定不考相关税费。

在本例中,合同价款为25 000元。

A商品分摊合同价款=25 000×6 000/(6 000+24 000)=5 000(元)

B商品分摊合同价款=25 000×24 000/(6 000+24 000)=20 000(元)

(1)交付A商品时。

借:合同资产　　　　　　　　　　　　　5 000
　　贷:主营业务收入　　　　　　　　　　　　5 000

(2)交付B商品时。

借:应收账款　　　　　　　　　　　　　25 000
　　贷:合同资产　　　　　　　　　　　　　　5 000
　　　　主营业务收入　　　　　　　　　　　20 000

合同资产是指企业已向客户转让商品而有权收取对价的权利,且该权利取决于时间流逝之外的其他因素。应收款项是企业无条件收取合同对价的权利,该项权利应当作为应收款项单独列示。二者的区别在于,应收款项代表的是无条件收取合同对价的权利,即企业仅仅随着时间的流逝即可收款。而合同资产并不是一项无条件收款权,该权利除了时间流逝之外,还取决于其他条件(如履行合同中的其他履约义务)能收取相应的合同价款。两者的风险也不同,应收款项仅承担信用风险,而合同资产除承担信用风险之外,还承担其他风险(如履约风险)。

1. 分摊合同折扣

合同折扣是指合同中各单项履约义务所承诺商品的单独售价之和高于合同交易价格的金额。对于合同折扣,企业应当在各单项履约义务之间按比例分摊。

(1)通常情况下,企业应当在各单项履约义务之间按比例分摊。

例 14-6

华美股份有限公司与客户签订了一项合同,以 100 000 元的价格向客户销售甲、乙、丙三种产品。其中,甲产品是华美股份有限公司定期单独对外销售的产品,单独售价可直接观察;乙产品和丙产品的单独售价则不可直接观察,华美股份有限公司采用市场调整法估计乙产品的单独售价,采用成本加成法估计丙产品的单独售价。华美股份有限公司对单独售价的估计见表 14-1。

表 14-1 单独售价法估计表(单位:元)

合同产品	单独售价	方法
甲产品	66 000	直接观察法
乙产品	18 000	市场调整法
丙产品	36 000	成本加成法
合计	120 000	

从表 14-1 可知,甲、乙、丙三种产品单独售价之和超过了合同对价,因此,华美股份有限公司实际上是因为客户一揽子购买商品而给予了合同折扣。华美股份有限公司认为,没有可观察的证据表明该项折扣是针对一项或多项特定产品的,因此,将该折扣在甲、乙、丙三种产品之间按单独售价的相对比例进行分摊。甲、乙、丙三种产品合同折扣的分摊见表 14-2。

表 14-2 合同折扣分摊表(单位:元)

合同产品	按比例分摊	交易价格
甲产品	66 000÷120 000×100 000	55 000
乙产品	18 000÷120 000×100 000	15 000
丙产品	36 000÷120 000×100 000	30 000
合计		100 000

(2)有确凿证据表明合同折扣仅与合同中一项或多项(而非全部)履约义务相关的,企业应当将该合同折扣分摊至相关一项或多项履约义务。

例 14-7

华美股份有限公司与客户签订了一项合同,以 250 000 元的价格向客户销售 A、B、C 三种产品,三种产品都是华美股份有限公司定期单独对外销售的产品,单独售价均可直接观察。华美股份有限公司确定的合同产品单独售价见表 14-3。

表 14-3　单独售价估计表(单位:元)

合同产品	单独售价	方法
A产品	80 000	直接观察法
B产品	88 000	直接观察法
C产品	132 000	直接观察法
合计	300 000	

华美股份有限公司在日常销售中,以 80 000 元的价格销售 A 产品,并定期以 170 000 元的价格将 B 产品和 C 产品一同销售。华美股份有限公司认为,有证据证明该项合同折扣只是针对 B 产品和 C 产品的,因此,只将合同折扣按单独售价的相对比例分摊给 B 产品和 C 产品。B、C 产品合同折扣的分摊见表 14-4。

表 14-4　合同折扣分摊表(单位:元)

合同产品	按比例分摊	交易价格
B产品	88 000÷(88 000+132 000)×170 000	68 000
C产品	132 000÷(88 000+132 000)×170 000	102 000
合计		170 000

(3)有确凿证据表明合同折扣仅与合同中的一项或多项(而非全部)履约义务相关,且企业采用余值法估计单独售价的,企业应当首先在该一项或多项(而非全部)履约义务之间分摊合同折扣,然后采用余值法估计单独售价。

例 14-8

沿用【例 14-7】的资料,现假定华美股份有限公司以 280 000 元的价格向客户销售 A、B、C、D 四种产品。其中,D 产品因其近期售价波动幅度巨大而无法可靠确定售价,华美股份有限公司采用余值法估计其单独售价,其他资料不变。华美股份有限公司对 A、B、C、D 四种产品单独售价的估计,见表 14-5。

表 14-5　单独售价估计表(单位:元)

合同产品	单独售价	方法
A产品	80 000	直接观察法
B产品	68 000	直接观察法(已扣除折扣)
C产品	102 000	直接观察法(已扣除折扣)
D产品	30 000	余值法
合计	280 000	

2. 分摊可变对价

合同中包含可变对价的,该可变对价可能与整个合同相关,也可能仅与合同中的某一特定组成部分有关,后者包括两种情形:一是可变对价可能与合同中的一项或多项(而非全部)履约义务有关;二是可变对价可能与企业向客户转让的构成单项履约义务的一系列可明确区分商品中的一项或多项(而非全部)商品有关。

同时满足下列条件的,企业应当将可变对价及可变对价的后续变动额全部分摊至与之相关的某项履约义务,或者构成单项履约义务的一系列可明确区分的商品中的某项商品。

(1)可变对价的条款专门针对企业为履行该项履约义务或转让该项可明确区分商品所作的努力(或者是为履行该项履约义务或转让该项可明确区分商品所导致的特定结果)。

(2)企业在考虑了合同中的全部履约义务及支付条款后,将合同对价中的可变金额全部分摊至该项履约义务或该项可明确区分商品符合分摊交易价格的目标。

对于不满足上述条件的可变对价及可变对价的后续变动金额,以及可变对价及其后续变动额中未满足上述条件的剩余部分,企业应当按照分摊交易价格的一般原则,将其分摊至合同中的各单项履约义务。

对于已履行的履约义务,其分摊的可变对价后续变动额应当调整变动当期的收入。

例 14-9

华美股份有限公司与乙公司签订合同,将其拥有的两项专利技术 X 和 Y 授权给乙公司使用。假定两项授权均构成单项履约义务,且都属于在某一时点履行的履约义务。合同约定,授权使用 X 的价格为 80 万元,授权使用 Y 的价格为乙公司使用该专利技术所产生的产品销售额的 3%。X 和 Y 的单独售价为 80 万元和 100 万元。华美股份有限公司估计其就授权使用 Y 而有权收取的特许权使用费为 100 万元。假定上述价格均不包含增值税。

本例中,该合同中包含固定对价和可变对价,其中,授权使用 X 的价格为固定对价,且与其单独售价一致,授权使用 Y 的价格为乙公司使用该专利技术所产生的产品销售额的 3%,属于可变对价,该可变对价全部与授权使用 Y 能够收取的对价有关,且华美股份有限公司估计基于实际销售情况收取的特许权使用费的金额接近 Y 的单独售价。因此,华美股份有限公司将可变对价部分的特许使用费金额全部由 Y 承担符合交易价格的分摊目标。

3. 交易价格的后续变动

交易价格发生后续变动的,企业应当按照在合同开始日所采用的基础将该后续变动金额分摊至合同中的履约义务。企业不得因合同开始日之后单独售价的变动而重新分摊交易价格。对于合同变更导致的交易价格后续变动,应当按照本节有关合同变更的要求进行会计处理。合同变更之后发生可变对价后续变动的,企业应当区分下列三种情形分别进行会计处理。

(1)合同变更属于本节合同变更第(1)规定情形的,企业应当判断可变对价后续变动与哪一项合同相关,并按照分摊可变对价的相关规定进行会计处理。

(2)合同变更属于本节合同变更第(2)规定情形的,且可变对价后续变动与合同变更前已承诺可变对价相关的,企业应当首先将该可变对价后续变动额以原合同开始日确定的单独售价为基础进行分摊,然后再将分摊至合同变更日尚未履行履约义务的该可变对价后续变动额以新合同开始日确定的基础进行二次分摊。

(3)合同变更之后发生除上述第(1)和(2)中情形以外的可变对价后续变动的,企业应当将该可变对价后续变动额分摊至合同变更日尚未履行(或部分未履行)的履约义务。

例 14-10

2020年5月20日,华美股份有限公司与乙公司签订合同,向其销售E产品和F产品。合同约定,E产品于2020年10月30日前交付乙公司,F产品于2021年1月31日前交付乙公司;合同约定的对价包括50 000元的固定对价和估计金额为6 000元的可变对价,该可变对价应计入交易价格。E产品的单独售价为36 000元,F产品的单独售价为24 000元,二者合计大于合同对价,因此,华美股份有限公司因为客户一揽子购买商品而给予了客户折扣。华美股份有限公司认为,没有可观察的证据表明可变对价和合同折扣是专门针对E产品或F产品的,因此,可变对价和合同折扣应在E、F两种产品之间按比例进行分摊。合同开始日,华美股份有限公司对可变对价和合同折扣的分摊见表14-6。

表14-6　可变对价与合同折扣分摊表(单位:元)

合同产品	按比例分摊	交易价格
E产品	36 000÷(36 000+24 000)×56 000	33 600
F产品	24 000÷(36 000+24 000)×56 000	22 400
合计		56 000

2020年10月31日,华美股份有限公司将E产品交付乙公司后,确认销售收入33 600元。

2020年12月25日,华美股份有限公司对乙公司合同进行了变更,华美股份有限公司向乙公司额外销售一批G产品,G产品于2021年5月31日前交付乙公司。G产品的单独售价为16 000元,双方确定的合同价格为10 000元。由于G产品的合同价格不能反映G产品的单独售价,并且在合同变更日已转让的E产品与未转让的F产品之间可明确区分,因此,华美股份有限公司将合同变更作为原合同终止,同时将原合同未履行部分与合同变更部分合并为新合同进行会计处理。在新合同下,合同交易价格为32 400(=22 400+10 000)元。华美股份有限公司将新合同的交易价格在F产品和G产品之间的分摊见表14-7。

表14-7　交易价格分摊表(单位:元)

合同产品	按比例分摊	交易价格
F产品	24 000÷(24 000+16 000)×32 400	19 440
G产品	16 000÷(24 000+16 000)×32 400	12 960
合计		32 400

2020年12月31日,华美股份有限公司对可变对价金额进行了重新估计,可变对价金额由原先估计的6 000元变更为9 000元,该可变对价的后续变动与合同变更前已承诺的可变对价相关,并且应计入交易价格。华美股份有限公司应当首先将该可变对价后续变动额3 000元在原合同的E产品和F产品之间进行分摊,然后再将分摊至合同变更日尚未履行履约义务的F产品的可变对价后续变动额在新合同的F产品和G产品之间进行二次分摊。

华美股份有限公司将可变对价后续变动额在 E 产品和 F 产品之间的分摊,见表 14-8。

表 14-8 可变对价后续变动额分摊表(单位:元)

合同产品	按比例分摊	可变对价后续变动额
E 产品	36 000÷(36 000+24 000)×3 000	1 800
F 产品	24 000÷(36 000+24 000)×3 000	1 200
合计		3 000

由于可变对价发生后续变动时,E 产品已经销售并确认了收入,因此,应将分摊至 E 产品的可变对价后续变动额 1 800 元全部确认为变动当期的收入。同时,应将分摊至 F 产品的可变对价后续变动额 1 200 元,在 F 产品和 G 产品之间进行二次分摊,见表 14-9。

表 14-9 可变对价后续变动额分摊表(单位:元)

合同产品	按比例分摊	可变对价变动额	交易价格
F 产品	24 000÷(24 000+16 000)×1 200	720	19 440+720=20 160
G 产品	16 000÷(24 000+16 000)×1 200	480	12 960+480=13 440
合计		1 200	32 400+1 200=33 600

假定可变对价在此后期间没有再次发生变动,则 F 产品于 2021 年 1 月 31 日交付给乙公司后,华美股份有限公司应确认销售收入 20 160 元;G 产品于 2021 年 5 月 31 日交付乙公司后,华美股份有限公司应确认收入 13 440 元。

(五)履行每一单项履约义务时确认收入

企业应当在履行了合同中的履约义务,即客户取得相关商品控制权时确认收入。企业应当根据实际情况,首先判断履约义务是否满足在某一时段内履行的条件,如不满足,则该履约义务属于在某一时点履行的履约义务。对于在某一时段内履行的履约义务,企业应当选取恰当的方法来确定履约进度;对于在某一时点履行的履约义务,企业应当综合分析控制权转移的迹象,判断其转移时点。

1. 在某一时段内履行的履约义务

满足下列条件之一的,属于在某一时段内履行的履约义务,相关收入应当在该履约义务履行的期间内确认。

(1)客户在企业履约的同时即取得并消耗企业履约所带来的经济利益。企业在履约过程中是持续地向客户转移该服务的控制权的,该履约义务属于在某一时段内履行的履约义务,企业应当在提供该服务的期间内确认收入。企业在进行判断时,可以假定在企业履约的过程中更换为其他企业继续履行剩余履约义务,如果该继续履行合同的企业实质上无需重新执行企业累计至今已完成的工作,则表明客户在企业履约的同时即取得并消耗了企业履约所带来的经济利益。企业提供常规的或经常性的服务,如运输企业为客户提供的运输服务、通信企业为客户提供的通信服务、施工企业为客户提供的建筑安装服务、咨询公司为客户提供的咨询服务等,都属于在某一时段内履行的履约义务。

(2)客户能够控制企业在履约过程中在建的商品。企业在履约过程中在建的商品包括在产品、在建工程、尚未完成的研发项目、正在进行的服务等,如果客户在企业创建该商品的过程中就能够控制这些商品,则应当认为企业提供该商品的履约义务属于在某一时段内履行的履约义务。

例如,某施工企业与客户签订合同,在客户拥有的土地上按照客户的设计要求为其建造厂房。在建造过程中客户有权修改厂房设计,并与企业重新协商设计变更后的合同价款。客户每月末按照当月工程进度向企业支付工程款。如果客户终止合同,则已完成建造部分的厂房归客户所有。

从上述资料可以判断,某施工企业为客户建造厂房,该厂房位于客户的土地上,客户终止合同时,已建造的厂房归客户所有。这些均表明客户在该厂房建造的过程中就能够控制该在建的厂房。因此,某施工企业提供的该建造服务属于在某一时段内履行的履约义务,该施工企业应当在提供该服务的期间内确认收入。

(3)企业在履约过程中所产出的产品具有不可替代作用,且该企业在整个合同期间内有权就累计至今已完成的履约部分收取款项。

①商品具有不可替代用途。在判断商品是否具有不可替代用途时,企业既应当考虑合同限制,也应当考虑实际可行性限制,但无需考虑合同被终止的可能性。企业在判断商品是否具有不可替代用途时,需要注意以下四点。

第一,企业应当在合同开始日判断所承诺的商品是否具有不可替代用途。此后,除非发生合同变更,且该变更显著改变了原合同约定的履约义务,否则,企业无需重新进行评估。

第二,合同中是否存在会导致企业不能将合同约定的商品用于其他用途的实质性限制条款。保护性条款也不应被视为实质性限制条款。

第三,是否存在实际可行性限制。例如,虽然合同中没有限制,但是企业将合同中约定的商品用作其他用途,将遭受重大的经济损失或发生重大的返工成本。

第四,企业应当根据最终转移给客户的商品特征判断商品是否具有不可替代用途。例如,某商品在生产的前期可以满足多种用途需要,但从某一时点或某一流程开始,进入定制化阶段,此时,企业应当根据该商品在最终转移给客户时的特征来判断商品是否满足"具有不可替代用途"的条件。

②企业在整个合同期间内有权就累计至今已完成的履约部分收取款项。有权就累计至今已完成的履约部分收取款项,是指在客户或其他方原因终止合同的情况下,企业有权就累计至今已完成的履约部分收取能够补偿已发生成本和合理利润的款项,并且该权利具有法律约束力。需要强调的是,合同终止必须是客户或其他方(即企业未按照合同承诺履约之外的其他原因)而非企业自身的原因所致,在整个合同期间内的任一时点,企业均应当拥有此项权利。企业在进行判断时,需要注意以下五点。

第一,企业有权就累计至今已完成的履约部分收取的款项应当大于累计至今已经转移给客户的商品的售价,即该金额应当能够补偿企业已经发生的成本并涵盖合理的利润。

第二,企业有权就累计至今已完成的履约部分收取款项,这并不意味着企业拥有随时可行驶的无条件收款权。当合同约定客户在约定的某一时点、重要事项完成的时点或整个合同完成之后才支付合同价款时,企业并没有取得无条件收款权。

第三,当客户只有在某些特定时点才能要求终止合同,或者根本无权终止合同时终止了合同(包括客户没有按照合同约定履行其义务)时,如果合同条款或法律法规赋予了企业继续执行合同

（即企业继续向客户转移合同合同中承诺的商品并要求客户支付对价）的权利，则表明企业有权就累计至今已完成的履约部分收取款项。

第四，企业在进行相关判断时，不仅要考虑合同条款的约定，还应当充分考虑所处的法律环境会对合同条款形成补充，或者会凌驾于合同条款之上。例如，在合同没有明确约定的情况下，相关的法律法规等是否支持企业主张相关的收款权利。

第五，企业和客户在合同中约定了具体付款时间表，这并不一定意味着企业有权就累计至今已完成的履约部分收取款项。企业应进一步进行评估，合同中约定的具体付款时间表，是否会使企业在整个合同期间内的任一时点，在除企业自身未按照合同承诺履约之外的其他原因导致合同终止的情况下，均有权就累计至今已完成的履约部分收取能够补偿其成本和合理利润的款项。

例 14-11

华美股份有限公司是一家造船企业，与乙公司签订了一份船舶建造合同，按照乙公司的具体要求设计和建造船舶。华美股份有限公司在自己的厂区内完成该船舶的建造，乙公司无法控制在建过程的船舶。华美股份有限公司如果想把该船舶出售给其他客户，需要发生重大的改造成本。双方约定，如果乙公司单方面解约，乙公司需向华美股份有限公司支付相当于合同总价30%的违约金，且建造中的船舶归华美股份有限公司所有。假定该合同仅包含一项履约义务，即设计和建造船舶。

在本例中，船舶是按照乙公司的具体要求进行设计和建造的，华美股份有限公司只有发生重大的改造成本将该船舶改造之后才能将其出售给其他客户，因此，该船舶具有不可替代用途。然而，如果乙公司单方面解约，则仅需向华美股份有限公司支付相当于合同总价30%的违约金，表明华美股份有限公司无法在整个合同期间内都有权就累计至今已完成的履约部分收取能够补偿其已发生成本和合理利润的款项。因此，华美股份有限公司为乙公司设计和建造船舶不属于在某一时段内履行的履约义务。

2. 在某一时段内履行的履约义务的收入确认方法

对于在某一时段内履行的履约义务，企业应当在该段时间内按照履约进度确认收入，履约进度不能合理确定的除外。企业应当采用恰当的方法确定履约进度，以如实反映企业向客户转让商品的履约情况。企业应当考虑商品的性质，采用产出法或投入法确定恰当的履约进度，并且在确定履约进度时，应当扣除那些控制权尚未转移给客户的商品和服务。

（1）产出法。产出法主要是根据已转移给客户的商品对于客户的价值确定履约进度，主要包括按照实际测量的完工进度、评估已实现的结果、已达到的里程碑、时间进度、已完工或交付的产品等确定履约进度的方法。企业在评估是否采用产出法确定履约进度时，应当考虑所选择的产出指标是否能够如实地反映向客户转移商品的进度。

例 14-12

华美股份有限公司与客户签订合同，为该客户拥有的一条铁路更换100根铁轨，合同价格为10万元(不含税价)。截至2020年12月31日,甲公司共更换铁轨60根,剩余部分预计在2021年3月31日之前完成,该合同仅包含一项履约义务,且该履约义务满足在某一时段内履行的条件,假定不考虑其他情况。

在本例中,华美股份有限公司提供的更换铁轨的服务属于在某一时段内履行的履约义务,华美股份有限公司按照已完成的工作量确定履约进度。因此,截至2020年12月31日,该合同的履约进度为60%(=60÷100),华美股份有限公司应确认的收入为6(=10×60%)万元。

产出法是直接计量已完成的产出,一般能够可观地反映履约进度。当产出法所需要的信息可能无法直接通过观察获得,或者为获得这些信息需要花费很高的成本时,可采用投入法。

(2)投入法。投入法主要是根据企业履行履约义务的投入确定履约进度,主要包括以投入的材料数量、花费的人工工时或机器工时、发生的成本和时间进度等投入指标确定履约进度。当企业从事的工作或发生的投入是在整个履约期间内平均发生时,按照直线法确认收入是合适的。由于企业的投入与向客户转移商品的控制权之间未必存在直接的对应关系,企业在采用投入法时,应当扣除那些虽然已经发生但是未向客户转移商品的投入。在实务中,企业通常按照累计实际发生的成本占预计总成本的比例(即,成本法)确定履约进度,累计实际发生的成本包括企业向客户转移商品过程中所发生的直接成本和间接成本,如直接人工、直接材料、分包成本以及其他与合同相关的成本。企业在采用成本法确定履约进度时,可能需要对已发生的成本进行适当调整的情形如下。

①已发生的成本并未反映企业履行其履约义务的进度,如因企业生产效率低下等而产生的非正常消耗,包括非正常消耗的直接材料、直接人工及制造费用等,除非企业和客户在订立合同时已经预见会发生这些成本并将其包括在合同价款中。

②已发生的成本与企业履行其履约义务的进度不成比例。如果企业已发生的成本与履约进度不成比例,则企业在采用成本法时需要进行适当调整。当企业在合同开始日就能够预期满足下列所有条件时,企业在采用成本法计算时不应包括该商品的成本,而应当按照成本金额确认收入:一是该商品不构成单项履约义务;二是客户先取得该商品的控制权,之后才接受与之相关的服务;三是该商品的成本占预计总成本的比重较大;四是企业从第三方采购该商品且未深入参与商品设计和制造,对于包含该商品的履约义务而言,企业是主要责任人。

例14-13

2020年10月,华美股份有限公司与客户签订合同,为客户装修一栋办公楼并安装一部电梯,合同总金额为100万元。华美股份有限公司预计的合同总成本为80万元,其中包括电梯的采购成本30万元。

2020年12月,华美股份有限公司将电梯运达施工现场并经过客户验收,虽然客户已取得对电梯的控制权,但是根据装修进度,预计到2021年2月才会安装该电梯。截至2020年12月,华美股份有限公司累计发生成本40万元,其中包括支付给电梯供应商的采购成本30万元及因采购电梯发生的运输和人工等相关成本5万元。

假定该装修服务(包括安装电梯)构成单项履约义务,并属于在某一时段内履行的履约义务,华美股份有限公司是主要责任人,但不参与电梯的设计和制造;华美股份有限公司采用成本法确定履约进度。上述金额均不含增值税。

在本例中,截至2020年12月,甲公司发生成本40万元(包括电梯采购成本30万元及因采购电梯发生的运输和人工等相关成本5万元),华美股份有限公司认为其已发生的成本和履约进度不成比例,因此,需要对履约进度的计算作出调整,将电梯的采购成本排除在已发生成本和预计总成本之外。在合同中,该电梯不构成单项履约义务,其成本相对于预计总成本而言是重大的,华美股份有限公司是主要责任人,但是未参与该电梯的设计和制造,客户先取得了电梯的控制权,随后接受与之相关的安装服务,因此,华美股份有限公司在客户取得该电梯控制权时,按照该电梯采购成本的金额确认转让电梯产生的收入。

因此,2020年12月,该合同的履约进度为20%[=(40-30)÷(80-30)],应确认的收入和成本金额分别为44[=(100-30)×20%+30]万元和40[=(80-30)×20%+30]万元。

对于每一项履约义务,企业只能采用一种方法来确定其履约进度,并加以一贯运用。对于类似情况下的类似履约义务,企业应当采用相同的方法确定履约进度。

在资产负债表日,企业应当按照合同的交易价格总额乘以履约进度扣除以前会计期间累计已确认的收入的金额,确认为当期收入。当履约进度不能合理确定时,企业已经发生的成本预计能够得到补偿的,应当按照已经发生的成本金额确认收入,直到履约进度能够合理确定为止。每一资产负债表日,企业应当对履约进度进行重新估计。当客户环境发生变化时,企业也需要重新评估履约进度,以确保履约进度能够反映履约情况的变化,该变化应当作为会计估计变更进行会计处理。

3. 在某一时点履行的履约义务

当一项履约义务不属于在某一时段内履行的履约义务时,应当属于在某一时点履行的履约义务。在判断客户是否已取得商品控制权时,企业应当考虑下列情形。

(1)企业就该商品享有现时收款权利,即客户就该商品负有现时付款义务。如果企业就该商品享有现时的收款权利,则可能表明客户已经有能力主导该商品的使用并从中获得几乎全部的经济利益。

(2)企业已将该商品的法定所有权转移给客户,即客户已拥有该商品的法定所有权。如果客户取得了商品的法定所有权,则可能表明其已经有能力主导该商品的使用并从中获得几乎全部的经济利益,或者能够阻止其他企业获得这些经济利益。如果企业仅仅是为了确保到期收回货款而保留商品的法定所有权,那么企业所保留的这项权利通常不会对客户取得对该商品的控制权构成障碍。

(3)企业已将该商品实物转移给客户,即客户已实物占有该商品。如果客户已实物占有商品,则可能表明其有能力主导该商品的使用并从中获得几乎全部的经济利益,或者使其他企业无法获得这些利益。需要说明的是,客户占有了某项商品的实物并不意味着其就一定取得了该商品的控制权,反之亦然。

例如,采用支付手续费方式的委托代销安排,虽然企业作为委托方已经将商品发送给受托方,但是受托方并未取得该商品的控制权,因此,企业不应该在向受托方发货时确认销售商品的收入,而仍然应当根据控制权是否转移来判断何时确认收入,即应当在受托方售出商品时确认商品销售收入;受托方应当在商品销售后,按照合同或协议约定的方法计算确定的手续费确认收入。

表明一项安排时委托代销安排的情形有:在特定事项发生之前(如向客户出售商品之前),企业拥有对商品的控制权;企业能够要求受托方将委托代销的商品退回或者将商品销售到其他地方(如其他经销商或代理商);尽管经销商可能被要求向企业支付一定金额的押金,但并没有承担对这些商品无条件付款的义务。

例 14-14

华美股份有限公司委托乙公司销售 W 商品 1 000 件,W 商品已经发出,每件成本为 70 元。合同约定,乙公司按每件 100 元对外销售,华美股份有限公司按不含增值税的销售价格的 10% 向乙公司支付手续费。除非这些商品在乙公司存放期间内由于乙公司的责任发生毁损或丢失,否则在 W 商品对外销售之前,乙公司没有义务向华美股份有限公司支付货款。乙公司不承担包销责任,没有售出的 W 商品须退回给华美股份有限公司,同时,华美股份有限公司也有权要求收回 W 商品或将其销售给其他的客户。乙公司对外实际销售 1 000 件,开出的增值税专用发票上注明的销售价格为 100 000 元,增值税税额为 13 000 元,款项已经收到,乙公司立即向华美股份有限公司开具代销清单并支付货款。华美股份有限公司收到乙公司开具的代销清单时,向乙公司开具一张相同金额的增值税专用发票。假定华美股份有限公司发出 W 商品时纳税义务尚未发生,手续费增值税税率为 6%,不考虑其他因素。

(1)华美股份有限公司的账务处理如下。

① 发出商品。

借:发出商品——乙公司　　　　　　　　　　　　70 000
　　贷:库存商品——W 商品　　　　　　　　　　　　　70 000

② 收到代销清单,同时发生增值税纳税义务。

借:应收账款——乙公司　　　　　　　　　　　　113 000
　　贷:主营业务收入——销售 W 商品　　　　　　　100 000
　　　　应交税费——应交增值税(销项税额)　　　　 13 000
借:主营业务成本——销售 W 商品　　　　　　　　70 000
　　贷:发出商品——乙公司　　　　　　　　　　　　　70 000
借:销售费用——代销手续费　　　　　　　　　　10 000
　　应交税费——应交增值税(进项税额)　　　　　　　600
　　贷:应收账款——乙公司　　　　　　　　　　　　10 600

③ 收到乙公司支付的货款。

借:银行存款　　　　　　　　　　　　　　　　　102 400
　　贷:应收账款——乙公司　　　　　　　　　　　　102 400

(2)乙公司的账务处理如下。

① 收到商品。

借：受托代销商品——华美股份有限公司　　100 000
　　贷：受托代销商品款——华美股份有限公司　　100 000

② 对外销售。

借：银行存款　　113 000
　　贷：受托代销商品——华美股份有限公司　　100 000
　　　　应交税费——应交增值税（销项税额）　　13 000

③ 收到增值税专用发票

借：受托代销商品款——华美股份有限公司　　100 000
　　应交税费——应交增值税（进项税额）　　13 000
　　贷：应付账款——华美股份有限公司　　113 000

(4) 支付货款并计算代销手续费

借：应付账款——华美股份有限公司　　113 000
　　贷：银行存款　　102 400
　　　　其他业务收入——代销手续费　　10 000
　　　　应交税费——应交增值税（销项税额）　　600

在实务中，企业有时根据合同已经就销售的商品向客户收款或取得了收款的权利，但是，由于客户缺乏足够的仓储空间或生产进度延迟等，直到在未来某一时点将该商品交付给客户之前，企业仍然继续持有该商品实物，这种情况通常称为"售后代管商品"安排。此时，只有同时满足下列条件，客户才取得了该商品的控制权：其一，该安排必须具有商业实质，例如，该安排是应客户的要求而订立的；其二，属于客户的商品必须能够单独识别，例如，将属于客户的商品单独存放在指定地点；其三，该商品可以随时交付给客户；其四，企业不能自行使用该商品或将该商品提供给其他客户。企业根据上述条件对尚未发货的商品确认了收入的，还应当考虑是否还承担了其他履约义务，例如，向客户提供保管服务等，从而应当将部分交易价格分摊至其他履约义务。越是通用的、可以和其他商品互相替换的商品，可能越难满足上述条件。

【例14-15】

华美股份有限公司生产并销售笔记本电脑，2020年，华美股份有限公司与零售商甲公司签订销售合同，向甲公司销售1万台电脑。由于甲公司的仓储能力有限，无法在2020年年底之前接收该批电脑，双方约定华美股份有限公司在2021年按照甲公司的指令按时发货，并将电脑运送至甲公司指定的地点。2020年12月31日，华美股份有限公司共有上述电脑库存1.2万台，其中包括1万台将要销售给甲公司的电脑。然而，这1万台电脑和其余2 000台电脑一起存放并统一管理，彼此之间可以相互替换。

在本例中，尽管是由于甲公司没有足够的仓储空间才要求华美股份有限公司暂不发货，并按照甲公司指定的时间发货，但是这1万台电脑与华美股份有限公司的其他产品可以相互替换，并且未单独存放保管，华美股份有限公司向甲公司支付这些电脑之前，能够将其提供给其他客户或者自行使用。因此,这1万台电脑在2020年12月31日不满足"售后代管商品"安排下确认收入的条件。

(4)企业已将该商品所有权上的主要风险和报酬转移给客户,即客户已取得该商品所有权上的主要风险和报酬。企业在判断时,不应当考虑保留了除转让商品之外产生其他履约义务风险的情形。例如,企业在将产品销售给客户,并承诺提供后续维护服务,销售产品和维护服务均构成单项履约义务,企业保留的因维护服务而发生的风险并不影响企业有关主要风险和报酬转移的判断。

(5)客户已接受该商品。企业在判断是否已经将商品的控制权转移给客户时,应当考虑客户是否已接受该商品,特别是客户的验收是否仅是一个形式。如果企业能够客观地确定其已经按照合同约定的标准和条件将商品的控制权转移给客户,那么客户验收可能只是一个形式,并不会影响企业判断客户取得该商品控制权的时点。

客户的验收是否仅是一个形式,具体可以根据以下几种情况进行判断。

①如果企业能够客观地确定其已经按照合同约定的标准和条件将商品的控制权转移给客户,那么客户验收可能只是一个形式,并不会影响企业判断客户取得该商品控制权的时点。

②如果在客户验收之前企业已经确认了收入,企业应当考虑是否还存在剩余的履约义务,如设备的安装、运输等,并且评估是否应当对其单独进行核算。

③如果企业无法客观地确定其向客户转让商品符合合同规定的条件,那么在客户验收之前,企业不能认为已经将该商品的控制权转移给了客户,在这种情况下,企业应当在客户完成验收接受该商品时确认收入。

④此外,如果企业将商品发送给客户供试用或测试,且客户并未承诺在试用期结束前支付任何对价,则在客户接受该商品或在试用期结束之前,该商品的控制权并未转移给客户,即在客户接受该商品或在试用期结束之前,企业不应当确认该商品的销售收入。

(6)其他表明客户已取得商品控制权的情形。

需要注意的是,在上列判断客户是否已取得商品控制权所应当考虑的情形中,没有哪一项是决定性的,企业应当根据合同条款和交易实质进行综合分析,以判断客户是否及何时取得商品的控制权,据以确定收入确认的时点。

三、关于合同成本

(一)合同履约成本

企业为履行合同可能会发生各种成本,企业在确认收入的同时应对这些成本进行分析,判断其是应予资本化还是应予费用化。

第一,对于不属于存货、固定资产、无形资产、投资性房地产等规范范围且同时满足下列条件的,应当作为合同履约成本确认为一项资产(合同履约成本),即资本化。

一是该成本与一份当前或预期取得的合同直接相关。预期取得的合同应当是企业能够明确识别的合同,例如,现有合同续约后的合同,尚未获得批准的特定合同等。与合同直接相关的成本包括直接人工费用(如支付给直接为客户提供所承诺服务的人员的工资、奖金等)、直接材料费用(如为履行合同耗用的原材料、辅助材料、构配件、零件、半成品的成本和周转材料的摊销及租赁费用等)、制造费用或类似费用(如与组织和管理生产、施工、服务等活动发生的费用,包括管理人员的职工薪酬、劳动保护费、固定资产折旧费及修理费、物料消耗、取暖费、水电费、办公费、差旅费、财产保险费、工程保修费、排污费、临时设施摊销费等)、明确由客户承担的成本及仅因该合同而发生的其他成本(如支付给分包商的成本、机械使用费、设计和技术援助费用、施工现场二次搬运费、生产工具和用具使用费、检验试验费、工程定位复测费、工程点交费用、场地清理费用等)。

二是该成本增加了企业未来用于履行(或持续履行)履约义务的资源。

三是该成本预期能够收回。

第二,企业应当在下列支出发生时,将其计入当期损益,即费用化。

一是管理费用,除非这些费用明确由客户承担。

二是非正常消耗的直接材料费用、直接人工费用和制造费用(或类似费用),这些支出为履行合同发生,但未反映在合同价格中。

三是与履约义务中已履行(包括已全部履行或部分履行)部分相关的支出,即该支出与企业过去的履约活动相关。

四是无法在尚未履行的与已履行(或已部分履行)的履约义务之间区分的相关支出。

例 14-16

华美股份有限公司与乙公司签订合同,为乙公司信息中心提供管理服务,合同期限为5年。在向乙公司提供服务之前,华美股份有限公司设计并搭建了一个信息技术平台供其内部使用,该信息技术平台由相关的硬件和软件组成。华美股份有限公司需要提供设计方案,将该信息技术平台与乙公司现有的信息系统对接,并进行相关测试。该平台并不会转让给乙公司,但是将用于向乙公司提供服务。华美股份有限公司为该平台的设计、购买硬件和软件以及信息中心的测试发生了成本。除此之外,华美股份有限公司专门指派两名员工,负责向乙公司提供服务。

在本例中,华美股份有限公司为履行合同发生的上述成本中,购买硬件和软件的成本应当分别按照固定资产和无形资产进行会计处理;设计服务成本和信息中心的测试成本不属于其他章节的规范范围,这些成本与履行该合同直接相关,并且增加了华美股份有限公司未来用于履行履约义务(即提供管理服务)的资源,如果华美股份有限公司预期该成本可通过未来提供服务收取的对价收回,则华美股份有限公司应当将这些成本确认为一项资产。华美股份有限公司向两名负责该项目的员工支付的工资费用,虽然与向乙公司提供服务有关,但是其并未增加企业未来用于履行的义务资源,因此,应当在发生时计入当期损益。

(二)合同取得成本

企业为取得合同发生的增量成本预期能够收回的,应当作为合同取得成本确认为一项资产。增量成本是指企业不取得合同就不会发生的成本,例如销售佣金等。为简化实务操作,该资产推销期限不超过一年的,可以在发生时计入当期损益。企业采用该简化处理方法的,应当对所有类似合同一致采用。

企业为取得合同发生的、除预期能够收回的增量成本之外的其他支出,例如,无论是否取得合同均会发生的差旅费、投标费、为准备投标资料发生的相关费用等,应当在发生时计入当期损益,除非这些支出明确由客户承担。

例 14-17

华美股份有限公司是一家咨询公司,其通过竞标赢得一个新客户,为取得和该客户的合同,华美股份有限公司发生下列支出:聘请外部律师进行尽职调查的支出为 15 000 元,因投标发生的差旅费为 10 000 元,销售人员佣金为 5 000 元,华美股份有限公司预期这些支出未来能够收回。此外,华美股份有限公司根据其年度销售目标、整体盈利情况及个人业绩等,向销售部门经理支付年度奖金 10 000 元。

在本例中,华美股份有限公司向销售人员支付的佣金属于为取得合同发生的增量成本,应当将其作为合同取得成本确认为一项资产。华美股份有限公司聘请外部律师进行尽职调查发生的支出、为投标发生的差旅费,无论是否取得合同都会发生,不属于增量成本,因此,应当于发生时直接计入当期损益。华美股份有限公司向销售部门经理支付的年度奖金也不是为取得合同发生的增量成本,这是因为该奖金发放与否及发放金额还取决于其他因素(包括公司的盈利情况和个人业绩),并不能直接归属于可识别的合同。

在实际操作中,涉及合同取得成本的安排可能会比较复杂,例如,合同续约或合同变更时需要支付额外的佣金、企业支付的佣金金额取决于客户未来的履约情况或者取决于累计取得的合同数量或金额等,企业需要运用判断,对发生的合同取得成本进行恰当的会计处理。企业因现有合同续约或合同变更而需要支付的额外佣金,也属于为取得合同发生的增量成本。

例 14-18

华美股份有限公司相关政策规定,销售部门的员工每取得一份新的合同,可以获得提成100 元,现有合同每续约一次,员工可以获得提成 60 元。华美股份有限公司预期上述提成均能够收回。

在本例中,华美股份有限公司为取得新合同支付给员工的提成 100 元,属于为取得合同发生的增量成本,且预期能够收回,因此,应当确认为一项资产。同样,华美股份有限公司为现有合同续约支付给员工的提成 60 元,也属于为取得合同发生的增量成本,这是因为如果不发生合同续约,就不会支付相应的提成,由于该提成预期能够收回,华美股份有限公司应当在每次续约时将应支付的相关提成确认为一项资产。

除上述规定外,华美股份有限公司相关政策规定,当合同变更时,如果客户在原合同的基础上,向华美股份有限公司支付额外的对价以购买额外的商品,华美股份有限公司需根据该新增的合同金额向销售人员支付一定的提成,此时,无论相关合同变更属于本节合同变更的哪一种情形,华美股份有限公司均应当将应支付的提成视同取得合同(变更后的合同)发生的增量成本进行会计处理。

(三)与合同履约成本和合同取得成本有关的资产的摊销和减值

1. 合同资产的摊销

对于确认为资产的合同履约成本和合同取得成本,企业应当采用与该资产相关的商品收入确认相同的基础(即在履约义务履行的时点或按照履约义务的履约进度)进行摊销,计入当期损益(合同履约成本分摊转入主营业务成本,合同取得成本分摊转入销售费用)。

在确定与合同履约成本和合同取得成本有关的资产的摊销期限和方式时,如果该资产与一份预期将要取得的合同(如续约后的合同)相关,则在确定相关摊销期限和方式时,应当考虑该预期将要取得的合同的影响。但是,对于合同取得成本而言,如果合同续约时,企业仍需要支付与取得原合同相当的佣金,则表明取得原合同时支付的佣金与预期将要取得的合同无关,该佣金只能在原合同的期限内进行摊销。企业为合同续约仍需支付的佣金是否与原合同相当,需要根据具体情况进行判断。例如,如果两份合同的佣金按照各自合同金额的相同比例计算,通常表明这两份合同的佣金水平是相当的。

企业应当根据预期向客户转让与上述资产相关的商品的时间,对资产的摊销情况进行复核并更新,以反映该预期时间的重大变化。此类变化应当作为会计估计变更进行会计处理。

2. 与合同成本有关的资产减值处理

合同履约成本和合同取得成本的账面价值高于下列两项的差额的,超出部分应当计提减值准备("合同履约成本减值准备""合同取得成本减值准备"),并确认为资产减值损失。

(1)企业因转让与该资产相关的商品预期能够取得的剩余对价。

(2)为转让该相关商品估计将要发生的成本。估计将要发生的成本主要包括直接人工费用、直接材料费用、制造费用(或类似费用)、明确由客户承担的成本以及仅因该合同而发生的其他成本(如支付给分包商的成本)等。

以前期间减值的因素之后发生变化,使得前款(1)减(2)的差额高于该资产账面价值的,应当转回原已计提的资产减值准备,并计入当期损益,但转回后的资产账面价值不应超过假定不计提减值准备情况下该资产在转回日的账面价值。

在确定合同履约成本和合同取得成本的减值损失时,企业应当首先确定其他资产减值损失,然后按照本节的要求确定合同履约成本和合同取得成本的减值损失。

企业按照《企业会计准则第8号——资产减值》测试相关资产组的减值情况时,应当将按照上述规定确定与合同成本有关的资产减值后的新账面价值计入相关资产组的账面价值。

四、销售业务的一般会计处理

(一)在某一时段内履行的履约义务

收入确认与计量的五步法模型是为了满足企业在各种合同安排下,特别是在某些包含多重交易、可变对价等复杂合同安排下,对相关收入进行确认和计量的需要而设定的。在会计实务中,企业转让商品的交易在相当多的情况下并不复杂,属于履约义务相对单一、交易价格基本固定的简单合同。对于简单合同,企业在应用五步法模型时,可以简化或者省略其中的某些步骤。如在区分属于在某一时段内履行的履约义务还是在某一时点履行的履约义务的前提下,重点关注企业是否已经履行了履约义务即客户是否已经取得了相关商品的控制权(确认收入的时点)、企业因向客户转让商品而有权取得的对价是否很可能收回(确认收入的前提条件)等。

对于在某一时段内履行的履约义务,企业应当在该段时间内按照履约进度确认收入,但是,履约进度不能合理确定的除外。资产负债表日,企业应当按照合同收入总额乘以履约进度再扣除以前会计期间确认的合同收入后的金额,确认当期收入;同时,按照履行合同估计发生的总成本乘以履约进度再扣除以前会计期间累计确认的合同成本后的金额,结转当期成本。用公式表示如下:

本期确认的收入=合同总收入×本期末止履约进度-以前期间已确认的收入

本期确认的成本=合同总成本×本期末止履约进度-以前期间已确认的成本

企业应当考虑商品的性质,采用产出法或投入法确定恰当地履约进度。其中,产出法是根据已转移给客户的商品对于客户的价值(如实际测量的完工进度、已实现的结果、已达到的里程碑、已完成的时间进度、已生产或已交付的产品单位等)确定履约进度;投入法是根据企业为履行履约义务的投入(如已消耗的资源、已花费的工时、已发生的成本、已完成的时间进度等)确定履约进度。对于类似情况下的类似履约义务,企业应当采用相同的方法确定履约进度。

当履约进度不能合理确定时,企业已经发生的成本预计能够得到补偿的,应当按照已经发生的成本金额确认收入,直到履约进度能够合理确定为止。

例 14-19

2020年8月20日,华美股份有限公司与甲公司签订了一项为期3年的服务合同,为甲公司写字楼提供保洁、维修服务。合同约定的服务费总额为1 800 000元,甲公司在合同开始日预付600 000元,其余服务费分3次、于每年的8月31日等额支付。该合同于2020年9月1日开始执行。华美股份有限公司为客户提供的保洁服务和维修服务属于一系列实质上相同且转让模式相同、可明确区分的服务承诺,因此,应作为单项履约义务进行会计处理。由于华美股份有限公司在履约过程中是持续地向客户提供服务的,这表明客户在企业履约的同时即取得并消耗企业履约所带来的经济利益,该项服务属于在某一时段内履行的履约义务。华美股份有限公司判断,因向客户提供保洁、维修服务而有权取得的对价很可能收回。华美股份有限公司按已完成的时间进度确定履约进度,并于每年的12月31日确认收入。假定不考虑相关税费。

(1)2020年9月1日,收到合同价款。

借:银行存款 600 000
  贷:合同负债——甲公司 600 000

其中,合同负债是指企业已收或应收客户对价而应向客户转让商品的义务。

(2)2020年12月31日,确认收入。

$$应确认收入 = 1\,800\,000 \times \frac{4}{3 \times 12} = 200\,000(元)$$

借:合同负债——甲公司 200 000
  贷:主营业务收入 200 000

(3)2021年8月31日,收到合同价款。

应收合同价款 = (1 800 000 - 600 000) ÷ 3 = 400 000(元)

借:银行存款 400 000
  贷:合同负债——甲公司 400 000

(4)2021年12月31日,确认收入。

$$应确认收入 = 1\,800\,000 \times \frac{4+12}{3 \times 12} - 200\,000 = 600\,000(元)$$

借:合同负债——甲公司 600 000
  贷:主营业务收入 600 000

(5)2022年8月31日,收到合同价款。

借:银行存款 400 000
  贷:合同负债——甲公司 400 000

(6)2022年12月31日,确认收入。

$$应确认收入 = 1\,800\,000 \times \frac{4+12 \times 2}{3 \times 12} - (200\,000 + 600\,000) = 600\,000(元)$$

借:合同负债——甲公司 600 000
  贷:主营业务收入 600 000

(7)2023年8月31日,合同到期,收到剩余合同价款并确认收入。

借:银行存款 400 000
  贷:合同负债——甲公司 400 000

应确认收入 = 1 800 000 - (20 000 + 600 000 × 2) = 400 000(元)

借:合同负债——甲公司 400 000
  贷:主营业务收入 400 000

例14-20

2020年11月25日,华美股份有限公司与乙公司签订了一项设备安装服务合同,乙公司将其购买的一套大型设备交由华美股份有限公司安装。根据合同约定,设备安装费总额为200 000元,乙公司预付50%,其余50%待设备安装完成、验收合格后支付。2020年12月1

日,华美股份有限公司开始进行设备安装,并收到乙公司预付的安装费。至2020年12月31日,实际发生安装成本60 000元,其中,支付安装人员薪酬36 000元,领用库存原材料5 000元,以银行存款支付其他费用19 000元。据合理估计,至设备安装完成,还会发生安装成本90 000元。2020年2月10日,设备安装完成,本年实际发生安装成本92 000元,其中,支付安装人员薪酬65 000元,利用库存原材料2 000元,以银行存款支付其他费用25 000元。设备经检验合格后,乙公司如约支付剩余安装费。由于乙公司能够控制华美股份有限公司履约过程中的在安装设备,该项安装服务属于在某一时段内履行的履约义务。华美股份有限公司判断,因向客户提供安装服务而有权取得的对价很可能收回。华美股份有限公司按已经发生的成本占估计总成本的比例确定履约进度。假定不考虑相关税费。

(1) 2020年12月1日,预收50%的合同价款。

借:银行存款	100 000
贷:合同负债——乙公司	100 000

(2) 支付2020年实际发生的安装成本。

借:合同履约成本——服务成本	36 000
贷:应付职工薪酬	36 000
借:合同履约成本——服务成本	5 000
贷:原材料	5 000
借:合同履约成本——服务成本	19 000
贷:银行存款	19 000

(3) 2020年12月31日,确认收入并结转成本。

$$履约进度 = \frac{60\ 000}{60\ 000 + 90\ 000} \times 100\% = 40\%$$

应确认收入 = 200 000 × 30% = 80 000(元)

应结转成本 = 150 000 × 40% = 60 000(元)

借:合同负债——乙公司	80 000
贷:主营业务收入	80 000
借:主营业务成本	60 000
贷:合同履约成本——服务成本	60 000

(4) 支付2021年发生的安装成本。

借:合同履约成本——服务成本	65 000
贷:应付职工薪酬	65 000
借:合同履约成本——服务成本	2 000
贷:原材料	2 000
借:合同履约成本——服务成本	25 000
贷:银行存款	25 000

(5) 设备经检验合格后,乙公司如约支付剩余安装费。

借:银行存款	100 000

贷：合同负债——乙公司	100 000

(6)2021年2月10日,确认收入并结转成本。

应确认收入=200 000－80 000=120 000(元)

应结转成本=152 000－60 000=92 000(元)

借：合同负债——乙公司	120 000
贷：主营业务收入	120 000
借：主营业务成本	92 000
贷：合同履约成本——服务成本	92 000

(二)在某一时点履行的履约义务

对于在某一时点履行的履约义务,企业应当在客户取得相关商品控制权的时点确认收入。

当客户取得商品控制权时,企业应当按已收或预期有权收取的合同价款确认销售收入,或在资产负债表日,按已销商品的账面价值结转销售成本。如果销售的商品已经发出,但客户尚未取得相关商品控制权或者尚未满足收入确认的条件,则发出的商品应通过"发出商品"科目进行核算,企业不应确认为销售收入。资产负债表日"发出商品"科目的余额,应在资产负债表的"存货"项目中反映。

【例14-21】

2020年1月20日,华美股份有限公司与甲公司签订合同,向甲公司销售一批A产品。A产品的生产成本为120 000元,合同约定的销售价格为150 000元,增值税销项税额为19 500元。华美股份有限公司开出发票并按合同约定的品种和质量发出A产品,甲公司收到A产品并验收入库。根据合同约定,甲公司须于30天内付款。

在这项交易中,华美股份有限公司已按照合同约定的品种和质量发出商品,甲公司也已将该批商品验收入库,表明华美股份有限公司已经履行了合同中的履约义务,甲公司也已经取得了该批商品的控制权;同时,华美股份有限公司判断,因向甲公司转让A产品而有权取得的对价很可能收回。因此,华美股份有限公司应于甲公司取得该批商品控制权时确认收入。

借：应收账款——甲公司	169 500
贷：主营业务收入	150 000
应交税费——应交增值税(销项税额)	19 500
借：主营业务收入	120 000
贷：库存商品	120 000

【例14-22】

根据【例14-21】的资料,现假定华美股份有限公司在向甲公司销售A产品时,已知悉甲公司资金周转发生困难,近期内难以收回货款,但为了减少存货积压及考虑与甲公司长期的业务往来关系,仍将 A 产品发运给甲公司并开出发票账单。甲公司于 2020 年 12 月 1 日给华美股份有限公司开出并承兑一张面值为 169 500 元、为期 6 个月的不带息商业汇票。2021 年 6 月 1 日华美股份有限公司收回票款。

本例与【例 14-21】唯一不同的是,华美股份有限公司在向甲公司销售 A 产品时已知悉甲公司资金周转发生困难,近期内能否收回货款及何时收回货款尚存在重大不确定因素,即不能满足"企业因向客户转让商品而有权取得的对价很可能收回"的条件。因此,华美股份有限公司在发出商品时不能确认销售收入而应待将来满足上列条件后再确认销售收入。华美股份有限公司的有关会计处理如下。

(1) 2020 年 1 月 20 日,发出商品。

借:发出商品　　　　　　　　　　　　　　　　　　　120 000
　　贷:库存商品　　　　　　　　　　　　　　　　　　　120 000
借:应收账款——甲公司(应收销项税额)　　　　　　　 19 500
　　贷:应交税费——应交增值税(销项税额)　　　　　　 19 500

(2) 2020 年 12 月 1 日,收到甲公司开来的不带息商业汇票,华美股份有限公司判断已经满足"企业应向客户转让商品而有权取得的对价很可能收回"的条件,因而据以确认销售收入。

借:应收票据　　　　　　　　　　　　　　　　　　　169 500
　　贷:主营业务收入　　　　　　　　　　　　　　　　　150 000
　　　　应收账款——甲公司(应收销项税额)　　　　　　 19 500
借:主营业务成本　　　　　　　　　　　　　　　　　120 000
　　贷:发出商品　　　　　　　　　　　　　　　　　　　120 000

(3) 2021 年 6 月 1 日,收回票款。

借:银行存款　　　　　　　　　　　　　　　　　　　169 500
　　贷:应收票据　　　　　　　　　　　　　　　　　　　169 500

例 14-23

2020 年 6 月 1 日,华美股份有限公司与丙公司签订了一项合同,以 30 000 元的价格(不含增值税)向丙公司出售 A、B 两种产品。A、B 两种产品的生产成本依次为 13 500 元和 9 000 元,单独售价(不含增值税)依次为 18 000 元和 12 000 元。合同约定,A 产品于 6 月 1 日交付丙公司,B 产品于 7 月 1 日交付丙公司,只有当 A、B 两种产品全部交付丙公司后,华美股份有限公司才有权收取 30 000 元的合同对价。华美股份有限公司按合同约定的日期先后发出 A 产品和 B 产品,丙公司收到上列产品并验收入库。

在这项交易中,华美股份有限公司于 6 月 1 日将 A 产品交付丙公司后,收取对价的权利还要取决于时间流逝之外的其他因素——必须向丙公司交付 B 产品,因此,该项收款权利是有条件的,从而形成一项合同资产。华美股份有限公司的有关会计处理如下。

(1) 2020 年 6 月 1 日,向丙公司交付 A 产品。

借:合同资产——丙公司	20 340	
贷:主营业务收入		18 000
应交税费——应交增值税(销项税额)		2 340
借:主营业务成本	13 500	
贷:库存商品		13 500

(2) 2020年7月1日,向丙公司交付B产品。

借:应收账款——丙公司	33 900	
贷:主营业务收入		12 000
应交税费——应交增值税(销项税额)		1 560
合同资产——丙公司		20 340
借:主营业务成本	9 000	
贷:库存商品		9 000

(三)销售折扣、折让与退回的会计处理

企业在销售商品时,有时会附有一些销售折扣条件,也会因售出的商品质量不符合等而在价格上给予客户一定的折让或为客户办理退货。当企业发生折扣、销售折让以及销售退回时,将会对收入金额、销售成本及有关费用金额产生一定的影响。

1. 销售折扣

销售折扣是指企业在销售商品时为鼓励客户多购商品或尽早付款而给予的价款折扣,包括商业折扣和现金折扣。

商业折扣是指企业为促进商品销售而在商品标价上给予客户的价格扣除。商业折扣的目的是鼓励客户多购商品,企业通常根据客户不同的购货数量而给予不同的折扣比率。商品标价扣除商业折扣后的金额,为双方的实际交易价格,即发票价格。由于会计记录是以实际交易价格为基础的,而商业折扣是在交易成立之前予以扣除的折扣,只是购销双方确定交易价格的一种方式,并不影响销售的会计处理。

例14-21

华美股份有限公司A商品的标价为每件100元。乙公司一次购买A商品2 000件,根据规定的折扣条件,可得到10%的商业折扣,增值税税率为13%。

发票价格=100×2 000×(1−10%)=180 000(元)

销项税额=180 000×13%=23 400(元)

华美股份有限公司应于乙公司取得该商品的控制权时,作如下会计处理。

借:应收账款——乙公司	203 400	
贷:主营业务收入		180 000
应交税费——应交增值税(销项税额)		23 400

现金折扣是指企业为鼓励客户在规定的折扣期限内付款而给予客户的价格扣除。现金折扣的目的是鼓励客户尽早付款,如果客户能够取得现金折扣,则发票金额扣除现金折扣后的余额为客户的实际付款金额。现金折扣条件通常用一个简单的分式表达。例如,一笔赊销期限为 30 天的商品交易,企业规定的现金折扣条件为 10 天付款可得到 2% 的现金折扣,超过 10 天但在 20 天内付款可得到 1% 的现金折扣,超过 20 天付款须按发票金额全付,则该现金折扣条件可表示为 2/10,1/20,N/30。在销售附有现金折扣条件的情况下,应收账款的未来收现金额是不确定的,可能是全部的发票金额,也可能是发票金额扣除现金折扣后的净额,要视客户能否在折扣期限内付款而定。因此,对于附有现金折扣条件的销售,企业的会计处理将面临两种选择:一是按发票金额对应收账款及销售收入计价入账,这种会计处理方法为总价法;二是按发票金额扣除现金折扣后的净额对应收账款及销售收入计价入账,这种会计处理方法为净价法。我国企业会计准则规定采用总价法入账,现金折扣在实际发生时计入财务费用。

例 14-25

华美股份有限公司向乙公司赊销一批产品,合同约定的销售价格为 10 000 元,增值税销项税额为 1 300 元。华美股份有限公司开出发票账单并发出产品。根据合同约定,产品赊销期限为 30 天,现金折扣条件为 2/10,1/20,N/30,计算现金折扣时不包括增值税。华美股份有限公司的会计处理如下。

(1)赊销产品。

借:应收账款——乙公司　　　　　　　　　　　　　11 300
　　贷:主营业务收入　　　　　　　　　　　　　　　　　10 000
　　　　应交税费——应交增值税(销项税额)　　　　　1 300

(2)收回货款。

①假定乙公司在 10 天内付款,可按 2% 得到现金折扣。

现金折扣=10 000×2%=200(元)

借:银行存款　　　　　　　　　　　　　　　　　　　11 100
　　财务费用　　　　　　　　　　　　　　　　　　　　 200
　　贷:应收账款——乙公司　　　　　　　　　　　　　11 300

②假定乙公司超过 10 天但在 20 天内付款,可按 1% 得到现金折扣。

现金折扣=10 000×1%=100(元)

借:银行存款　　　　　　　　　　　　　　　　　　　11 200
　　财务费用　　　　　　　　　　　　　　　　　　　　 100
　　贷:应收账款——乙公司　　　　　　　　　　　　　11 300

③假定乙公司超过 20 天付款,不能得到现金折扣。

借:银行存款　　　　　　　　　　　　　　　　　　　11 300
　　贷:应收账款——乙公司　　　　　　　　　　　　　11 300

2. 销售折让

销售折让是指企业因售出商品的质量不合格等而给予客户的价格减让。销售折让可能发生在企业确认收入之前,也可能发生在企业确认收入之后。如果销售折让发生在企业确认收入之前,则企业应直接从原定的销售价格中扣除给予客户的销售折让作为实际销售价格,并据以确认收入;如果销售折让发生在企业确认收入之后,则企业应按实际给予客户的销售折让,冲减当期销售收入。销售折让属于资产负债表日后事项的,应当按照资产负债表日后事项的相关规定进行会计处理。

例 14-26

2020年12月15日,华美股份有限公司向乙公司销售一批产品。产品生产成本为15 000元,合同约定的销售价格为20 000元,增值税销项税额为2 600元。

(1)假定合同约定验货付款,华美股份有限公司于乙公司验货并付款后向其开具发票账单。2020年12月20日,乙公司在验货时发现产品质量存在问题,要求华美股份有限公司给予15%的价格折让,华美股份有限公司同意给予折让,乙公司按折让后的金额支付贷款。

在验货付款销售方式下,华美股份有限公司在客户验货并付款之前,无法判断客户是否会接受该批商品,也无法判断因向客户转让商品而有权取得的对价是否很可能收回,因此,在发出产品时不能确认销售收入,发出的产品应从"库存商品"科目转入"发出商品"科目核算;待乙公司验货并付款后,华美股份有限公司按扣除销售折让后的实际交易价格给乙公司开具发票账单,并据以确认销售收入。华美股份有限公司的有关会计处理如下。

①2020年12月15日,华美股份有限公司发出产品。

借:发出商品　　　　　　　　　　　　　　　15 000
　　贷:库存商品　　　　　　　　　　　　　　　　　15 000

②2020年12月20日,乙公司按折让后的价格付款。

实际销售价格=20 000×(1-15%)=17 000(元)

增值税销项税额=2 600×(1-15%)=2 210(元)

借:银行存款　　　　　　　　　　　　　　　19 210
　　贷:主营业务收入　　　　　　　　　　　　　　　17 000
　　　　应交税费——应交增值税(销项税额)　　　　2 210
借:主营业务成本　　　　　　　　　　　　　15 000
　　贷:发出商品　　　　　　　　　　　　　　　　　15 000

(2)假定合同约定交款提货,华美股份有限公司于乙公司付款后向其开具发票及提货单。2020年12月20日,乙公司在验货时发现产品质量存在问题,要求华美股份有限公司给予15%的价格折让,华美股份有限公司同意给予折让,并退回多收货款。

在交款提货销售方式下,华美股份有限公司在向乙公司收取货款并开具发票、提货单时,已将商品的控制权转移给了乙公司,可以确认销售收入。待乙公司提出给予价格折让时,华美股份有限公司按给予乙公司的销售折让冲减销售收入。华美股份有限公司的有关会计处理如下。

①2020年12月15日,华美股份有限公司收款后向乙公司开具发票、提货单。

  借:银行存款   22 600
    贷:主营业务收入   20 000
      应交税费——应交增值税(销项税额) 2 600
  借:主营业务成本   15 000
    贷:库存商品   15 000

②2020年12月20日,华美股份有限公司退回多收货款。

销售价格折让=20 000×15%=3 000(元)
增值税额折让=2 600×15%=390(元)

  借:主营业务收入   3 000
    应交税费——应交增值税(销项税额)   390
    贷:银行存款   3 390

3. 销售退回

销售退回是指企业售出的商品因质量、品种不符合要求等而发生的退货。发生销售退回时,如果企业尚未确认销售收入,则应将已记入"发出商品"等科目的商品成本转回"库存商品"科目;如果企业已经确认了销售收入,则不论是本年销售本年退回,还是以前年度销售本年退回,除属于资产负债表日后事项的销售退回外,均应冲减退回当月的销售收入和销售成本;如果属于资产负债表日后事项,则应按照资产负债表日后事项的相关规定进行会计处理。

【例14-27】

2020年12月10日,华美股份有限公司向乙公司销售一批产品,产品生产成本为400 000元,销售价格为500 000元,增值税销项税额为65 000元。

(1)假定根据合同约定乙公司验货付款,华美股份有限公司于乙公司验货并付款后开出增值税专用发票。2020年12月20日,乙公司在验货时发现产品质量存在问题,要求退货,华美股份有限公司同意退货,并于当日为乙公司办理了退货。

在验货付款销售方式下,华美股份有限公司发出产品时不能确认销售收入,发出的产品应从"库存商品"科目转入"发出商品"科目核算。待乙公司付款、华美股份有限公司给乙公司开具发票账单后,再据以确认销售收入。如果发生销售退回,则直接将发出商品转回为库存商品。华美股份有限公司的有关会计处理如下。

①2020年12月10日,发出产品。

  借:发出商品   400 000
    贷:库存商品   400 000

②2020年12月20日,为乙公司办理退货。

  借:库存商品   400 000
    贷:发出商品   400 000

(2)假定合同约定货款采用托收承付方式进行结算。2020年12月10日,华美股份有限公司发出产品并向其开户银行办妥托收手续;乙公司在验货时,发现产品的品种、规格与合同要求不符,向其开户银行提出拒付,并要求华美股份有限公司予以退货,华美股份有限公司于2020年12月25日为乙公司办理了退货。

托收承付是指收款人根据购销合同发货后委托其开户银行向异地付款人收取款项,付款人验单或验货后向其开户银行承诺付款的一种结算方式。采用托收承付方式销售商品,企业在发出商品并办妥托收手续后,通常可以认为商品的控制权已经转移给了客户,并且销售商品的价款很可能收回,因此,应当于发出商品并办妥托收手续时确认收入。华美股份有限公司的有关会计处理如下。

①2020年12月10日,发出产品并办妥托收手续。

借:应收账款　　　　　　　　　　　　　565 000
　　贷:主营业务收入　　　　　　　　　　　　　500 000
　　　　应交税费——应交增值税(销项税额)　　65 000
借:主营业务成本　　　　　　　　　　　400 000
　　贷:库存商品　　　　　　　　　　　　　　　400 000

②2020年12月20日,为乙公司办理退货。

借:主营业务收入　　　　　　　　　　　500 000
　　应交税费——应交增值税(销项税额)　 65 000
　　贷:应收账款　　　　　　　　　　　　　　　565 000
借:库存商品　　　　　　　　　　　　　400 000
　　贷:主营业务成本　　　　　　　　　　　　　400 000

五、关于特定交易的会计处理

(一)附有销售退回条款的销售

对于附有销售退回条款的销售,企业应当在客户取得相关商品控制权时,按照因向客户转让商品而预期有权收取的对价金额(即不包含预期因销售退回将退还的金额)确认收入,按照预期因销售退回将退还的金额确认负债(预计负债);同时,按照预期将退回商品转让时的账面价值,扣除收回该商品预计发生的成本(包括退回商品的价值减损)后的余额,确认为一项资产(应收退货成本)。按照所转让商品转让时的账面价值,扣除上述资产成本的净额结转成本(主营业务成本)。

每一资产负债表日,企业应当重新估计未来销售退回情况,如有变化,应当作为会计估计变更进行会计处理。

【例14-28】

华美股份有限公司是一家健身器材销售公司。2020年11月1日,公司向乙公司销售5 000件健身器材,单位销售价格为500元,单位成本为400元,开出的增值税专用发票上注明的销售价格为250万元,增值税额为32.5万元。健身器材已经发出,但款项尚未收到。根据协议约定,乙公司应于2020年12月31日之前支付货款,在2021年3月31日之前有权退还健身器材。华美股份有限公司根据过去的经验,估计该批健身器材的退货率约为20%。在2020年12月31日,华美股份有限公司对退货率进行了重新评估,认为只有10%的健身器材会被退回。华美股份有限公司为增值税一般纳税人,健身器材发出时纳税义务已经发生,实际发生退回时取得税务机关开具的红字增值税专用发票。假定健身器材发出时控制权转移给乙公司。华美股份有限公司的账务处理如下。

(1) 2020年11月1日发出健身器材时。

借:应收账款　　　　　　　　　　　　　　　　　　　　2 825 000
　贷:主营业务收入　　　　　　　　　　　　　　　　　　2 000 000
　　　预计负债——应付退货款　　　　　　　　　　　　　　500 000
　　　应交税费——应交增值税(销项税额)　　　　　　　　　325 000
借:主营业务成本　　　　　　　　　　　　　　　　　　1 600 000
　应收退货成本　　　　　　　　　　　　　　　　　　　　400 000
　贷:库存商品　　　　　　　　　　　　　　　　　　　　2 000 000

(2) 2020年12月31日前收到货款时。

借:银行存款　　　　　　　　　　　　　　　　　　　　2 825 000
　贷:应收账款　　　　　　　　　　　　　　　　　　　　2 825 000

(3) 2020年12月31日,华美股份有限公司对退货率进行重新评估。

借:预计负债——应付退货款　　　　　　　　　　　　　　250 000
　贷:主营业务收入　　　　　　　　　　　　　　　　　　　250 000
借:主营业务成本　　　　　　　　　　　　　　　　　　　200 000
　贷:应收退货成本　　　　　　　　　　　　　　　　　　　200 000

(4) 2021年3月31日发生销售退回,实际退货量为400件,退货款项已经支付。

借:库存商品　　　　　　　　　　　　　　　　　　　　　160 000
　应交税费——应交税费(销项税额)　　　　　　　　　　　 26 000
　预计负债——应付退货款　　　　　　　　　　　　　　　250 000
　贷:应收退货成本　　　　　　　　　　　　　　　　　　　160 000
　　　主营业务收入　　　　　　　　　　　　　　　　　　　 50 000
　　　银行存款　　　　　　　　　　　　　　　　　　　　　226 000
借:主营业务成本　　　　　　　　　　　　　　　　　　　 40 000
　贷:应收退货成本　　　　　　　　　　　　　　　　　　　 40 000

(二)附有质量保证条款的销售

对于附有质量保证条款的销售,企业应当评估该质量保证是否在向客户保证所销售商品符合既定标准之外提供了一项单独的服务。企业提供额外服务的(服务性质保),应当作为单项履约义务,按照收入准则的相关规定进行会计处理;对于提供质量保证责任的(保证行质保),应当按照或有事项的要求进行会计处理。

在评估质量保证是否在向客户保证所销售商品符合既定标准之外提供了一项单独的服务时,企业应当考虑该质量保证是否为法定要求、质量保证期限以及企业承诺履行任务的性质等因素。

1. 质量要求是否为法定要求

法定要求通常是为了保护客户避免购买存在瑕疵或缺陷商品的风险,而并非为客户提供一项单独的质量保证服务。客户能够选择单独购买质量保证的,该质量保证构成单项履约义务。

2. 质量保证期限的长度

质量保证期限越长,越有可能是单项履约义务。

3. 企业承诺的特定任务的性质

如果企业必须履行某些特定的任务以保证所转让的商品符合既定标准(如企业负责运输被客户退回的瑕疵商品),则这些特定的任务可能不构成单项履约义务。

企业提供的质量保证同时包含上述两类的,应当分别对其进行会计处理,无法合理区分的,应当将这两类质量保证一起作为单项履约义务进行会计处理。

例 14-29

华美股份有限公司与客户签订合同,销售一部手机。该手机自售出起一年内如果发生质量问题,华美股份有限公司负责提供质量保证服务。此外,在此期间内,由于客户使用不当(如手机进水)等原因形成的产品故障,华美股份有限公司也免费提供维修服务。该维修服务不能单独购买。

在本例中,华美股份有限公司的承诺包括:销售手机、提供质量保证服务以及维修服务。华美股份有限公司针对产品的质量问题提供的质量保证服务是为了向客户保证所销售商品符合既定标准,因此,不构成单项履约义务;华美股份有限公司对由于客户使用不当而形成的产品故障提供的免费维修服务,属于在向客户保证所销售商品符合既定标准之外提供的单独服务,尽管其没有单独销售,该服务与手机可明确区分,应该作为单项履行义务。因此,在该合同下,华美股份有限公司的履约义务有两项:销售手机和提供维修服务,华美股份有限公司应当按照其各自单独售价的相对比例,将交易价格分摊至这两项履约义务,并在各项履约义务履行时分别确认收入。

(三)主要责任人和代理人

企业应当根据在向客户转让商品前是否拥有对该商品的控制权来判断从事交易时的身份是主要责任人还是代理人。

企业在向客户转让商品前能够控制该商品的,该企业为主要责任人,应当根据已收或应收对价总额确认收入(即按总额法确认收入);否则,该企业为代理人,应当按照预期有权收取的佣金或手续费的金额确认收入,该金额应当按照已收或应收对价总额扣除应支付给其他相关方的价款后的净额,或者按照既定的佣金金额或比例等确定(按净额法确认收入)。企业与客户订立的包含多项可明确区分商品的合同中,企业需要分别判断其在这不同履约义务中的身份是主要责任人还是代理人。

当存在第三方参与企业向客户提供商品时,企业向客户转让特定商品之前能够控制该商品,从而应当作为主要责任人的情形包括如下。

一是,企业自该第三方取得商品或其他资产控制权后,再转让给客户。此时,企业应当考虑该权利是仅在转让给客户时才产生,还是在转让给客户之前就已经存在,且企业一直能够主导使用。如果该权利在转让给客户之前并不存在,表明企业实质上并不能在该权利转让给客户之前控制该权利。

二是,企业能够主导该第三方代表本企业向客户提供服务,这说明企业在相关服务提供给客户之前就能够控制该相关服务。

三是,企业自该第三方取得商品控制权后,通过提供重大的服务将该商品与其他商品整合成合同约定的某组合产出转让给客户,此时,企业承诺提供的特定商品就是合同约定的组合产出,企业应首先获得为生产该组合产出所需要的投入的控制权,然后将这些投入加工整合为合同约定的组合产出。

如果企业仅仅是在特定商品的法定所有权转移给客户之前,暂时性地获得该特定商品的法定所有权,这并不意味着企业一定控制了该商品。在实务中,企业在判断在向客户转让特定商品之前是否已经拥有对该权利的控制权时,不应仅局限于合同的法律形式,而应当综合考虑所有相关事实和情况进行判断,这些事实和情况包括:

1. 企业承担向客户转让商品的主要责任

企业在判断其是否承担向客户转让商品的主要责任时,应当从客户的角度进行评估,即客户认为哪一方承担了主要责任,例如,客户认为谁对商品的质量或性能负责、谁负责提供售后服务、谁负责解决客户投诉等。

2. 企业在转让商品之前或之后承担了该商品的存货风险

其中存货风险主要是指存货可能发生减值、毁损或灭失等形式的损失。例如,如果企业在与客户订立合同之前,承担了该特定商品的存货风险,这可能表明企业在将该特定商品转让给客户之前,承担了该特定商品的存货风险,企业有能力主导特定商品的使用并从中取得几乎全部的经济利益;又如,在附有销售退回条款的销售中,企业将商品销售给客户之后,客户有权要求向该企业退款,这可能表明企业在转让商品之后仍然承担了该商品的存货风险。

3. 企业有权自主决定所交易商品的价格

企业有权决定客户为取得该特定商品所需支付的价格,可能表明企业有能力主导有关商品的使用并从中获得几乎全部的经济利益。然而,在某些情况下,代理人可能在一定程度上也拥有定价权(如在主要责任人规定的某一价格范围内决定价格),以便其在代表主要责任人向客户提供商品时,能够吸引更多的客户,从而获取更多的收入。此时,即使代理人有一定的定价能力,也不表明在与最终客户的交易中,其身份是主要责任人,代理人只是放弃了一部分自己应当赚取的佣金或手续费而已。

4. 其他相关事实和情况

需要强调的是,企业在判断其是主要责任人还是代理人时,应当以该企业在特定商品转让给客户之前是否能够控制商品为原则。上述相关事实和情况不能凌驾于控制权的判断之上,也不构成一项单独或额外的评估,而只是帮助企业在难以评估特定商品转让给客户之前是否能够控制商品的情况下进行相关判断。此外,这些事实和情况并无轻重之分,也不能被孤立地用于支持某一结论。企业应当根据相关商品的性质、合同条款的约定及其他具体情况,综合进行判断。

【例 14-30】

2020年1月,某旅行社从A航空公司购买了一定数量的折扣机票,并对外销售。该旅行社向旅客销售机票时,可自行决定机票的价格等,未售出的机票不能归还给A航空公司。

在本例中,该旅行社向客户提供的特定商品为机票,并在确定特定客户之前已经预先从A航空公司购买了机票,因此,该权利在转让给客户之前已经存在,该旅行社从A航空公司购入机票后,可以自行决定该机票的价格,向哪些客户销售等,该旅行社有能力主导该机票的使用并且能够获得几乎全部的经济利益。因此,该旅行社在将机票销售给客户之前,能够控制该机票,该旅行社的身份是主要责任人。

【例 14-31】

华美股份有限公司经营购物网站,在该网站购物的消费者可以明确获知在该网站上销售的商品均为其他零售商直接销售的商品,这些零售商负责发货及售后服务等。华美股份有限公司与零售商签订的合同约定,该网站所销售商品的采购、定价、发货以及售后服务等均由零售商自行负责,华美股份有限公司仅负责协助零售商和消费者结算货款,并按照每笔交易的实际销售额收取5%的佣金。

在本例中,华美股份有限公司经营的购物网站是一个购物平台,零售商在该平台发布所销售商品信息,消费者可以从该平台购买零售商销售的商品。消费者在该网站购物时,向其提供的特定商品为零售商在网站上销售的商品,除此之外,华美股份有限公司并未提供任何其他的商品或服务。这些特定商品在转移给消费者之前,华美股份有限公司从未有能力主导这些商品的使用。例如,华美股份有限公司不能将这些商品提供给购买该商品的消费者之外的其他方,也不能阻止零售商向该消费者转移这些商品,华美股份有限公司不能控制零售商用于完成该网站订单的相关存货。因此,消费者在该网站购物时,在相关商品转移给消费者之前,华美股份有限公司并未控制这些商品,华美股份有限公司的履约义务是安排零售商向消费者提供相关商品,而并未自行提供这些商品,华美股份有限公司在该交易中的身份是代理人。

(四)附有客户额外购买选择权的销售

1. 额外购买选择权

额外购买权是指客户后续购买额外的商品或服务,可以享受免费或打折的权利。额外购买选择权的情况包括销售激励(免费维护服务)、客户奖励积分、未来购买商品的折扣券、对软件和设备使用的培训以及合同续约选择权等。

对于附有客户额外购买选择权的销售，企业应当评估该选择权是否向客户提供了一项重大权利。如果客户只有在订立了一项合同的前提下才取得了额外购买选择权，并且客户行使该选择权购买额外商品时，能够享受到超过该地区或该市场中其他同类客户所能够享有的折扣，则通常认为该选择权向客户提供了一项重大权力。该选择权向客户提供了重大权利的，应当作为单独履约义务。

虽然客户有额外购买选择权，但是客户行使该选择权购买商品时的价格反映了这些商品单独售价的，不应被视为企业向客户提供了一项重大权利。

在考虑授予客户的该项权利是否重大时，应根据金额和性质综合进行判断。

2. 附有客户额外购买选择权的销售的会计处理

对于附有客户额外购买选择权的销售，企业应当评估该选择权是否向客户提供了一项重大权利。企业提供重大权利的，应当作为单项履约义务，按照本节有关交易价格分摊的要求将交易价格分摊至该履约义务，在客户未来行使购买选择权取得相关商品控制权时，或者该选择权失效时，确认相应的收入。客户额外购买选择权的单独售价无法直接观察的，企业应当综合考虑客户行使和不行使该选择权所能获得的折扣的差异、客户行使该选择权的可能性等全部相关信息后，予以合理估计。

【例 14-32】

2020年1月，华美股份有限公司开始推行一项奖励积分计划，根据该计划，客户在华美股份有限公司每消费10元可获得1个积分，每个积分从次月开始在购物时可以抵减1元，截至2020年1月31日，客户共消费100 000元，可获得10 000个积分，根据历史经验，华美股份有限公司估计该积分的兑换率为95%。假定上述金额均不包含增值税等的影响。

在本例中，华美股份有限公司认为其授予客户的积分为客户提供了一项重大权利，应当作为一项单独的履约义务，客户购买商品的单独售价合计为100 000元，考虑积分的兑换率，华美股份有限公司估计积分的单独售价为9 500元（1元×10 000×95%）。华美股份有限公司按照商品和积分单独售价的相对比例对交易价格进行分摊，具体如下。

分摊至商品的交易价格=[100 000÷(100 000+9 500)]×100 000=91 324（元）

分摊至积分的交易价格=[9500÷(100 000+9 500)]×100 000=8 676（元）

因此，华美股份有限公司应当在商品的控制权转移时确认收入91 324元，同时确认合同负债8 676元。

借：银行存款　　　　　　　　　　　　　100 000
　　贷：主营业务收入　　　　　　　　　　　91 324
　　　　合同负债　　　　　　　　　　　　　8 676

截至2020年1月31日，客户共兑换了4 500个积分，华美股份有限公司对该积分的兑换率进行了重新估计，仍然预计客户总共将会兑换9 500个积分。因此，华美股份有限公司以客户兑换的积分数占预期将兑换的积分总数的比例为基础确认收入。

积分应当确认的收入＝4 500÷9 500×8 676＝4 110(元)；剩余未兑换的积分＝8 676－4 110＝4 566(元)，仍然作为合同负债。

借：合同负债　　　　　　　　　　　　　　　　　　　4 110
　　贷：主营业务收入　　　　　　　　　　　　　　　　　4 110

截至2021年12月31日，客户累计兑换了8 500个积分，华美股份有限公司对该积分的兑换率进行了重新估计，预计客户总共将会兑换9 700个积分。

积分应当确认的收入＝8 500÷9 700×8 676－4 110＝3 493(元)；剩余未兑换的积分＝8 676－4 110－3 493＝1 073(元)。仍然作为合同负债。

企业在向客户转让商品之前，如果客户已经支付了合同对价或企业已经取得了无条件收取合同对价的权利，则企业应当在客户实际支付款项与到期应支付款项孰早时点，将该已收或应收的款项列示为合同负债。合同负债是指企业已收或应收客户对价而应向客户转让商品的义务。合同资产和合同负债应当在资产负债表中单独列示，并按流动性分别列示为"合同资产"或"其他非流动资产"以及"合同负债"或"其他非流动负债"。同一合同下的合同资产和合同负债应当以净额列示，不同合同下的合同资产和合同负债不能互相抵消。

(五)授予知识产权许可

企业向客户授予的知识产权，常见的包括：功能性知识产权，如软件和技术、生物化合物或药物配方、影视和音乐等的版权；象征性知识产权，如特许经营权及专利权、商标权和其他版权等。

企业向客户授予知识产权许可的，应当评估该知识产权许可是否构成单项履约义务。

1. 对于不构成单项履约任务

企业应当将该知识产权许可和其他商品一起作为一项履约义务进行会计处理。授予知识产权许可不构成单项履约义务的情形包括：一是该知识产权许可构成有形商品的组成部分并且对于该商品的正常使用不可或缺，例如，企业向客户销售设备和相关软件，该软件内嵌于设备之中，该设备必须安装了该软件之后才能正常使用；二是客户只有将该知识产权许可和相关服务一起使用才能够从中获益，例如，虽然客户取得了授权许可，但是只有通过企业提供的在线服务才能访问相关内容。

2. 对于构成单项履约义务

应当进一步确定履约义务是在某一时段内履行还是在某一时点履行，同时满足下列条件时，应当作为在某一时段内履行的履约义务确认相关收入；否则，应当作为在某一时点履行的履约义务确认相关收入。

(1)合同要求或客户能够合理预测企业将从事对该项知识产权有重大影响的活动。企业从事的下列活动均会对该项知识产权有重大影响：一是这些活动预期将显著改变该项知识产权的形成或者功能(如知识产权的设计、内容、功能性等)；二是客户从该项知识产权中获益的能力在很大程度上来源于或者取决于这些活动，即这些活动会改变该知识产权的价值，例如，企业向客户授权使用其品牌，客户从该品牌获益的能力取决于该品牌价值，而企业所从事的活动为维护或提升其品牌价值提供了支持。

(2)该活动对客户将产生有利或不利影响。当企业从事的后续活动并不影响授予客户的知识产权许可时,企业的后续活动只是改变自己拥有的资产。

(3)该活动不会导致向客户转让商品。当企业从事的后续活动本身构成单项履约义务时,企业在评估授予知识产权许可是否属于在某一时段履行的履约义务时应当不予考虑。

如果企业向客户授予知识产权许可不能同时满足上述条件的,则属于在某一时点履行的履约义务,应在该时点确认收入。在客户能够使用某项知识产权许可并开始从中获益之前,企业不能对此类知识产权许可确认收入。例如,企业授权客户在一定期间内使用软件,但是在企业向客户提供该软件的密钥之前,客户都无法使用该软件,不应确认收入。

值得注意的是,在判断某项知识产权许可是属于在某一时段内履行的履约义务还是在某一时点履行的履约义务时,企业不应考虑下列因素:一是该许可在时间、地域或使用方面的限制;二是企业就其拥有的知识产权的有效性及防止未经授权使用该知识产权许可所提供的保证。

例 14-33

华美股份有限公司是一家设计制作连环漫画的公司。华美股份有限公司授权乙公司可在4年内使用其3部连环漫画中的角色形象和名称。华美股份有限公司的每部连环漫画都有相应的主要角色。但是,华美股份有限公司会定期创造新的角色,且角色的形象也会随时演变。乙公司是一家大型游轮的运营商,乙公司可以以不同的方式(如展览或演出)使用这些漫画中的角色。合同要求乙公司必须使用最新的角色形象。在授权期内,华美股份有限公司每年向乙公司收取1 000万元。

在本例中,华美股份有限公司除了授予知识产权许可外不存在其他履约义务。也就是说,与知识产权许可相关的额外活动并未向客户提供其他商品或服务,这是因为这些活动是企业授予知识产权许可承诺的一部分,且实际上改变了客户享有知识产权许可的内容。

华美股份有限公司需要评估该知识产权许可相关的收入应当在某一时段内确认还是在某一时点确认。华美股份有限公司考虑了下列因素:一是,乙公司合理预期(根据华美股份有限公司以往的习惯做法),华美股份有限公司将实施对该知识产权许可产生重大影响的活动,包括创造角色及出版包含这些角色的连环漫画等;二是,这些活动直接对乙公司产生的有利或不利影响,这是因为合同要求乙公司必须使用华美股份有限公司创作的最新角色,这些角色塑造的成功与否,会直接对乙公司产生影响;三是,尽管乙公司可以通过该知识产权许可从这些活动中获益,但在这些活动发生时并没有导致向乙公司转让任何商品或服务。华美股份有限公司授予该知识产权许可的相关收入应当在某一时段内确认。

由于合同规定乙公司在一段固定期间内可无限制地使用其取得授权许可的角色,因此,华美股份有限公司按照时间进度确定履约进度可能是最恰当的方法。

3.基于销售或使用的许可收入确定的例外规定

企业向客户授予知识产权许可,并约定按客户实际销售或使用情况收取特许权使用费的,应当在下列两项孰晚的时点确认收入:一是客户后续销售或使用行为实际发生;二是企业履行相关履约义务。这是估计可变对价的例外规定,该例外规定只有在下列两种情形下才能使用:一是特许权使用费仅与知识产权许可相关;二是特许权使用费可能与合同中的知识产权许可和其他商品都相关,且与知识产权许可相关的部分占有主导地位。企业在使用该例外规定时,应当对特许权使用费整体采用该规定,而不应当将特许权使用费进行分拆。如果与授予知识产权许可相关的对价同时包含固定金额和按客户实际销售或使用情况收取的变动金额两部分,则只有后者能采用该例外规定,而前者应当在相关履约义务履约的时点或期间内确认收入。对于不适用该例外规定的特许权使用费,应当按照估计可变对价的一般原则进行处理。

例 14-34

华美股份有限公司是一家著名的足球俱乐部。华美股份有限公司授权乙公司在其设计生产的服装、帽子、水杯以及毛巾等产品上使用华美股份有限公司球队的名称和图标,授权期间为两年。合同约定,华美股份有限公司收取的合同对价由两部分组成:一是200万元固定金额的使用费;二是按照乙公司销售上述商品所取得销售额的5%计算的提成。乙公司预期华美股份有限公司会继续参加当地顶级联赛,并取得优异的成绩。

在本例中,该合同仅包括一项履约任务,即授予使用权许可,华美股份有限公司继续参加比赛并取得优异成绩等活动是该许可的组成部分,而并未向客户转让任何可明确区分的商品或服务。由于乙公司能够合理预期华美股份有限公司将继续参加比赛,华美股份有限公司的成绩将会对其品牌(包括名称和图标等)的价值产生重大影响,而该品牌价值可能会进一步影响乙公司产品的销量,华美股份有限公司从事的上述活动并未向乙公司转让任何可明确区分的商品,华美股份有限公司授予的该使用权许可,属于在某一时段内履行的履约义务。华美股份有限公司收取的200万元固定金额的使用费应当在2年内平均确认收入(每年确认收入100万元),按照乙公司销售相关商品所取得销售额的5%计算的提成应当在乙公司的销售实际完成时确认收入。

(1)收取固定对价时。

借:银行存款　　　　　　　　　　　　　　　　2 000 000
　　贷:合同负债　　　　　　　　　　　　　　　　　2 000 000

(2)每年确认收入时。

借:合同负债　　　　　　　　　　　　　　　　1 000 000
　　贷:其他业务收入　　　　　　　　　　　　　　　1 000 000

(六)售后回购

售后回购是指企业销售商品的同时承诺或有权选择日后再将该商品(包括相同或几乎相同的商品,或以该商品作为组成部分的商品)购回的销售方式。对于不同类型的售后回购交易,企业应当区分下列两种情形分别进行会计处理。

1. 企业因存在与客户的远期安排而负有回购义务或企业享有回购权力

表明客户在销售时点并未取得相关商品控制权,企业应当作为租赁交易或融资交易进行相应的会计处理。其中,回购价格低于原售价的,应当视为租赁交易,按照租赁准则的相关规定进行会计处理;回购价格不低于原售价的,应当视为融资交易,在收到客户款项时确认金融负债,并将该款项和回购价格的差额在回购期间内确认为利息费用等。企业到期未行使回购权力的,应当在该回购权力到期时终止确认金融负债,同时确认收入。

例 14-35

华美股份有限公司向乙公司销售一台设备,销售价格为 200 万元,同时双方约定两年之后,华美股份有限公司将以 120 万元的价格回购该设备。假定不考虑货币时间价值等其他因素影响。

在本例中,根据合同有关华美股份有限公司在两年后回购该设备的确定,乙公司并未取得该设备的控制权。不考虑货币时间价值等影响,该交易的实质是乙公司支付了 80 万(200 万~120 万元)的对价取得了该设备 2 年的使用权,因此,华美股份有限公司应当将该交易作为租赁交易进行会计处理。

2. 企业负有应客户要求回购商品义务

应当在合同开始日评估客户是否具有行使该要求权的重大经济动因。客户具有行使该要求权重大经济动因的,企业应当将售后回购作为租赁交易或融资交易,按照上述情形进行会计处理;否则,企业应当将其作为附有销售退回条款的销售交易进行会计处理。在判断客户是否具有行权的重大经济动因时,企业应当综合考虑各种相关因素,包括回购价格与预计回购时市场价格之间的比较,以及权力的到期日等。例如,如果回购价格明显高于该资产回购时的市场价格,则表明客户有行权的重大经济动因。

例 14-36

华美股份有限公司向乙公司销售其生产的一台设备,销售价格为 2 000 万元,双方约定,乙公司在 5 年后有权要求华美股份有限公司以 1 500 万元的价格回购该设备。华美股份有限公司预计该设备在回购时的市场价值将远低于 1 500 万元。

在本例中,假定不考虑时间价值的影响,华美股份有限公司的回购价格虽低于原售价,但远高于该设备在回购时的市场价值,华美股份有限公司判断乙公司有重大的经济动因行使其权力要求华美股份有限公司回购该设备。因此,华美股份有限公司应当将该交易作为租赁交易进行会计处理。

(七)客户未行使的权力

企业向客户预收销售商品款项的,应当首先将该款项确认为负债,待履行了相关履约义务时再转为收入。当企业预收款项无需退回,且客户可能会放弃其全部或部分合同权力时(如放弃储值卡的使用等),企业预期将有权获得与客户所放弃的合同权利相关的金额的,应当按照客户行使合同权利的模式按比例将上述金额确认为收入;否则,企业只有在客户要求其履行剩余履约义务的可能性极低时,才能将上述负债的相关余额转为收入。企业在确定是否预期将有权获得与客户所放弃的合同权利相关的金额时,应当考虑将估计的可变对价计入交易价格的限制要求。

如果有相关法律规定,企业所收取的与客户未行使权利相关的款项须转交给其他方的(如法律规定无人认领的财产须上交政府),则企业不应将其确认为收入。

例 14-37

某公司是一家美容美发公司,该公司于 2018 年年末向客户出售 100 张美容卡,面值每张 600 元,客户可以凭此卡享受 2 年内 20 次美发服务,即 30/次,假定该美容卡售出不可退,且逾期不可再使用。至 2019 年末,100 张美容卡平均每张实际使用了 9 次美发服务;2020 年末,100 张美容卡又平均实际使用了 8 次美发服务;剩余未使用的次数不可再使用。根据上述资料,假定不考虑增值税及其他因素,且该公司按年确定美容美发收入,则有关会计处理如下。

(1)出售美容卡并收到款项时。

借:银行存款　　　　　　　　　　　　　　　60 000
　贷:合同负债　　　　　　　　　　　　　　　　60 000

(2)2019 年末,按照已履行的履约义务确认相关的收入。

借:合同负债　　　　　　　　　　　　　　　27 000
　贷:主营业务收入　　　　　　　　　　　27 000(＝30×9×100)

(3)2020 年末,按照已履行的履约义务确认相关的收入。

借:合同负债　　　　　　　　　　　　　　　33 000
　贷:主营业务收入　　　　　　　　　33 000(＝60 000－27 000)

(八)无需退回的初始费

企业在合同开始(或接近合同开始)日向客户收取的无需退回的初始费(如俱乐部的入会费等)应当计入交易价格。企业应当评估该初始费是否与向客户转让已承诺的商品相关。

该初始费与向客户转让已承诺的商品相关,并且该商品构成单项履约义务的,企业应当在转让该商品时,按照分摊至该商品的交易价格确认收入。

该初始费与向客户转让已承诺的商品相关,但该商品不构成单项履约义务的,企业应当在包含该商品的单项履约义务履行时,按照分摊至该单项履约义务的交易价格确认收入。

该初始费与向客户转让已承诺的商品不相关的,该初始费应当作为未来将转让商品的预收款,在未来转让该商品时确认为收入。

企业收取了无需退回的初始费且为履行合同应开展初始活动,但这些活动本身并没有向客户转让已承诺的商品的(如企业为履行会员健身合同开展了一些行政管理性质的准备工作),该初始费与未来将转让的已承诺商品相关,应当在未来转让该商品时确认为收入,企业在确定履约进度时不应考虑这些初始活动;企业为该初始活动发生的支出应当按照本节合同成本部分的要求确认为一项资产或计入当期损益。

例 14-38

华美股份有限公司经营一家会员制健身俱乐部。华美股份有限公司与客户签订了为期2年的合同,客户入会之后可以随时在该俱乐部健身。除俱乐部的年会2 000元之外,华美股份有限公司还向客户收取了50元的入会费,用于补偿俱乐部为客户进行注册登记、准备会籍资料以及制作会员卡等初始活动所花费的成本。华美股份有限公司收取的入会费和年费均无需返还。

在本例中,华美股份有限公司承诺的服务是向客户提供健身服务,而华美股份有限公司为会员入会所进行的初始活动并未向客户提供所承诺的服务,而只是一些内部行政管理性质的工作。华美股份有限公司虽然为补偿这些初始活动向客户收取了50元入会费,但是该入会费实质上是客户为健身服务所支付的对价的一部分,应当作为健身服务的预收款,与收取的年费一起在2年内分摊确认为收入。

第二节 费用

一、费用的定义及分类

"费用"的概念有广义和狭义之分。广义的费用泛指企业各种日常活动发生的所有耗费,狭义的费用仅指与本期营业收入相配比的那部分耗费。在确认费用时,应区分生产费用和非生产费用的界限、生产费用和产品成本的界限、生产费用和期间费用的界限。

我国现行制度采用的是狭义的费用概念,即费用是指企业日常活动中发生的、会导致所有者权益减少的、与向所有者分配利润无关的经济利益的总流出。由此可见,费用是在企业日常活动中产生的,并与企业获取收入的活动密切相关。

费用具有如下特点。

第一,费用是企业日常经营活动产生的,而不是在偶然的交易或事项中产生的。日常经营活动是指企业为完成其经营目标而主要从事的经营活动以及与之相关的活动。只有日常活动的经济利益流出才是费用,非日常活动的经济利益的流出不能确认为费用,而应作为损失进行会计处理。例如,企业因自然灾害而造成的设备、原材料的损毁,并不是企业经常发生的事项,由此而产生的损失不能作为费用,而应计入营业外支出。

第二,费用会导致所有者权益减少。费用会导致企业的经济利益流出企业,而企业经济利益的所有权又归属于企业所有者,因此,费用的发生最终会导致企业所有者权益的减少。企业向所有者分配利润或股利,这一现金流出虽然减少了企业所有者权益,但属于企业利润的分配,不是经营活动的结果,因而不是费用。

第三,费用最终会导致企业经济利益的流出,具体表现为一个企业实际的现金或非现金支出(如原材料消耗),也可表现为预期的现金支出(如承担一项负债)。

费用主要包括营业成本、税金及附加、期间费用和所得税费用等。本节主要介绍期间费用。

二、期间费用的会计核算

期间费用是指企业当期发生的，但不能直接或间接归属于某个特定产品或服务项目的成本而应直接计入当期损益的费用。由于难以判定其所归属的特定产品或服务项目，不能列入产品制造成本或服务成本，而在发生时直接计入当期损益。期间费用包括销售费用、管理费用和财务费用。

(一)销售费用

销售费用是企业在销售过程中发生的费用及为销售本企业商品而专设的销售机构的经营费用。销售费用具体包括应由企业在销售过程中负担的运输费、装卸费、包装费、保险费、展览费、销售佣金、委托代销手续费、广告费、预计产品质量保证损失、租赁费和销售服务费用，专设销售机构人员工资、福利费、差旅费、办公费、折旧费、修理费、材料消耗、低值易耗品摊销及其他费用。但企业内部销售部门属于行政管理部门，所发生的经费开支，不包括在销售费用之内，而应列入管理费用。

企业应设置"销售费用"科目，核算销售费用的发生和结转情况。该科目借方登记销售费用的发生，贷方登记期末结转到"本年利润"科目的金额，结转后该科目无余额。该科目应按照费用明细进行明细核算。

例 14-39

华美股份有限公司 2020 年 1 月 6 日，支付给某广告公司广告费共计 620 000 元。月末，根据工资结算汇总表，应付专设销售机构人员的工资共计 1 200 000 元，计提专设销售机构人员的福利费共计 168 000 元。华美股份有限公司的相关会计处理如下。

(1) 1 月 6 日，支付广告费用。

借：销售费用——广告费　　　　　　　620 000
　　贷：银行存款　　　　　　　　　　　　　　620 000

(2) 月末核算工资和福利费时。

借：销售费用——工资　　　　　　　1 200 000
　　　　　　——福利费　　　　　　　168 000
　　贷：应付职工薪酬——工资　　　　　　　1 200 000
　　　　　　　　　　——福利费　　　　　　　168 000

(二)管理费用

管理费用是企业管理和组织生产经营活动所发生的各项费用。管理费用具体包括：公司经费（包括企业管理人员工资、福利费、差旅费、办公费、折旧费、修理费、物料消耗、低值易耗品摊销和其他经费等）、工会经费、董事会费、聘请中介机构费、职工教育经费、劳动保险费、咨询费、诉讼费、技术转让费、业务招待费、研发费用以及生产车间和行政管理部门等发生的固定资产日常修理费等。

企业应当设置"管理费用"科目。该科目的借方登记企业发生的各项管理费用,贷方登记企业转入"本年利润"科目的管理费用,"管理费用"科目结转"本年利润"科目后,期末应无余额。

例 14-40

华美股份有限公司 2020 年 11 月发生如下经济业务:11 月 5 日,以银行存款支付行政管理部门水电费 600 元;11 月 12 日,财务部门用现金支付业务招待费 220 元;11 月 25 日,根据工资结算汇总表,本月应付管理人员的工资总计 880 000 元,计提相应的福利费 123 200 元。

(1) 11 月 5 日,支付行政管理部门水电费。

借:管理费用——水电费　　　　　　　　　　　　　　600
　　贷:银行存款　　　　　　　　　　　　　　　　　　　　600

(2) 11 月 12 日,支付业务招待费。

借:管理费用——招待费　　　　　　　　　　　　　　220
　　贷:库存现金　　　　　　　　　　　　　　　　　　　　220

(3) 11 月 25 日,计提管理人员工资和相应的福利费。

借:管理费用——工资　　　　　　　　　　　　　　880 000
　　　　　　——福利费　　　　　　　　　　　　　123 200
　　贷:应付职工薪酬——工资　　　　　　　　　　　880 000
　　　　　　　　　　——福利费　　　　　　　　　123 200

(三)财务费用

财务费用是指企业为筹集生产经营所需资金而发生的费用,包括:利息支出(减利息收入)、汇兑损益及金融机构相关的手续费、企业按实际利率法分摊的未确认融资费用或分摊的未实现融资收益等。

企业应当设置"财务费用"科目。该科目的借方登记本期实际发生的财务费用,贷方反映期末转入"本年利润"科目的财务费用,"财务费用"科目结转"本年利润"后,期末应无余额。

例 14-41

华美股份有限公司 2020 年 10 月发生如下经济业务:10 日,支付银行承兑汇票手续费 2 000 元;25 日,接到银行通知,存款利息收入为 3 000 元;28 日,核算出本季度短期借款利息 12 000 元。

(1) 10 月 10 日,支付银行承兑汇票手续费。

借:财务费用——手续费　　　　　　　　　　　　　2 000
　　贷:银行存款　　　　　　　　　　　　　　　　　　　2 000

(2) 10 月 25 日,收到存款利息收入。

借:银行存款　　　　　　　　　　　　　　　　　　　3 000

贷：财务费用——利息收入　　　　　　　　　　3 000
　(3)10月28日，核算本季度短期借款利息。
　　借：财务费用——利息支出　　　　　　　　　　12 000
　　贷：银行存款　　　　　　　　　　　　　　　　12 000

第三节　利润

一、利润的构成

利润指企业在一定会计期间的经营成果。利润包括收入减去费用后的净额、直接计入当期利润的利得和损失等。利得和损失是指由企业非日常活动所发生的、应当计入当期损益，最终会引起所有者权益发生增减变动的，与所有者投入资本或者向所有者分配利润无关的经济利益的流入或者经济利益的流出。利润按其构成的不同层次可划分为：营业利润、利润总额和净利润。

(一)营业利润

营业利润是指企业在一定期间日常活动取得的利润，其具体计算公式如下：

营业利润＝营业收入－营业成本－税金及附加－销售费用－管理费用－财务费用－资产减值损失－信用减值损失＋公允价值变动收益(－公允价值变动损失)＋投资收益(－投资损失)＋净敞口套期收益＋资产处置收益＋其他收益

其中，营业收入包括主营业务收入和其他业务收入；营业成本包括主营业务成本和其他业务成本；税金及附加是指应由企业收入补偿的各种税金及附加费，主要包括消费税、城市维护建设税、资源税、房产税、车船税、土地使用税、印花税和教育费附加等；信用减值损失是企业按照《企业会计准则第22号——金融工具确认和计量》的要求计提的各项金融工具减值准备所形成的预期信用损失。资产减值损失是指企业计提的各项资产减值准备所形成的损失；公允价值变动收益(或损失)是指以公允价值计量且其变动计入当期损益的金融资产由于公允价值变动而形成的损益；投资收益(或损失)是指企业从事对外投资活动而取得收益(或损失)；净敞口套期收益是指在净敞口套期下被套期项目累计公允价值变动转入当期损益的金额或现金流量套期储备转入当期损益的金额；资产处置收益是指企业因处置固定资产、无形资产、持有待售的非流动资产以及其他未划分为持有待售的固定资产、在建工程、生产性生物资产及无形资产等所产生的损益、债务重组中因处置非流动资产产生的利得或损失和非货币性资产交换中换出非流动资产产生的利得或损失；其他收益是指企业取得的与日常活动相关的政府补助。

(二)利润总额

利润总额是指企业一定期间的营业利润，加上营业外收入减去营业外支出的所得税税前利润总额，其计算公式如下：

利润总额＝营业利润＋营业外收入－营业外支出

(三)净利润

净利润是指企业在一定期间的利润总额减去所得税费用后的净额,其计算公式如下:

净利润=利润总额-所得税费用

二、营业外收入和营业外支出

(一)营业外收入

营业外收入是指企业在经营业务以外取得的收入,主要包括与企业日常活动无关的政府补助、盘盈利得、接受捐赠利得等。

政府补助是指企业从政府无偿取得的与企业日常活动无关的、货币性资产或非货币性资产形成的利得。

盘盈利得指企业对于现金等资产清查盘点中盘盈的资产,报经批准后计入营业外收入的金额。

捐赠利得指企业接受捐赠产生的利得,但企业接受股东或股东的子公司直接或间接的捐赠,经济实质属于股东对企业的资本性投入的除外。

企业应设置"营业外收入"科目。该科目属于损益类科目,贷方登记营业外收入的取得,借方登记期末转入"本年利润"账户的金额。期末结转后,该科目应无余额。

例 14-42

华美股份有限公司应付甲公司货款价税合计 113 000 元,因甲公司方面问题而无法偿付。

华美股份有限公司应作如下账务处理。

借:应付账款　　　　　　　　　　　　　　　113 000
　贷:营业外收入——无法偿还的应付款　　　　113 000

(二)营业外支出

营业外支出是企业在日常经营业务外发生的损失,主要包括:非流动资产毁损报废损失、公益性捐赠支出、非常损失、盘亏损失、罚款支出等。

非流动资产毁损报废损失指因自然灾害等发生毁损、已丧失使用功能而报废的非流动资产所产生的清理损失。

非常损失是指企业对于因客观因素(如自然灾害等)造成的损失,在扣除保险公司赔偿后计入营业外支出的净损失。

公益性捐赠支出指企业进行公益性捐赠所发生的支出。

盘亏损失指企业对于固定资产等资产清查中盘亏的资产,报经批准后计入营业外支出的金额。

罚款支出是指企业由于违反合同、违法经营、拖欠税款等而支付的违约金、罚款以及滞纳金等。

企业应设置"营业外支出"科目。该科目借方登记营业外支出的发生,贷方登记期末结转至"本年利润"账户的金额。期末结转后,该科目应无余额。

例 14-43

华美股份有限公司 2020 年 12 月报废一项专利权。该专利权属企业 2014 年购入,原入账价值为 180 000 元。该专利权已提"累计摊销"金额为 50 000 元。则华美股份有限公司的相关账务处理如下。

借:累计摊销　　　　　　　　　　　　　　　　　50 000
　　营业外支出　　　　　　　　　　　　　　　　130 000
　　贷:无形资产——专利权　　　　　　　　　　　　180 000

应予注意的是,营业外收入与营业外支出应当分别核算。在具体核算时,不得以营业外支出直接冲减营业外收入,也不得以营业外收入直接冲减营业外支出。

三、利润结转与分配

(一)利润的结转

企业应设置"本年利润"账户来核算企业当期实现的净利润(或亏损)。会计期末,企业应将各损益类账户的余额转入"本年利润"账户。期末结转时应作如下会计分录。

1. 结转各项收入类账户的贷方余额至"本年利润"账户

借:主营业务收入
　　其他业务收入
　　营业外收入
　　投资收益
　　公允价值变动损益
　　资产处置损益
　　净敞口套期收益
　　其他收益
　　贷:本年利润

2. 结转各费用类账户的借方余额至"本年利润"账户。

借:本年利润
　　贷:主营业务成本
　　　　其他业务成本
　　　　税金及附加
　　　　管理费用
　　　　销售费用

财务费用

资产减值损失

信用减值损失

营业外支出

所得税费用

结转后,各损益类账户没有余额。"本年利润"账户余额(1—11月份)如在贷方,表示当期实现的净利润;如在借方,表示当期发生的净亏损。

年度终了,应将本年实现的净利润转入"利润分配——未分配利润"账户,即应作如下会计分录。

借:本年利润
　　贷:利润分配——未分配利润

如为净亏损,则作相反的会计分录。结转后,"本年利润"账户应无余额。

(二)利润的分配

1. 利润分配的顺序

企业当期实现的净利润,加上年初未分配利润(或减去年初未弥补亏损)后的余额,为企业的可供分配利润。可供分配的利润一般按如下的顺序分配。

(1)提取法定盈余公积。根据我国《公司法》的规定,企业应按照净利润(扣除以前年度的未弥补亏损)的10%提取法定盈余公积金。法定盈余公积金累计金额超过注册资本的50%以上时,可以不提取。

外商投资企业还应当按照法律、行政法规的规定,从净利润中提取储备基金、企业发展基金、职工奖励基金和福利基金等。

(2)提取任意盈余公积。企业可以按照股东大会或者类似机构的决议提取任意盈余公积。

(3)向股东发放现金股利或利润。企业应该按照股东大会批准的利润分配的方案向股东分配现金股利(或者非股份公司向投资者分配利润)。

(4)向股东发放股票股利。企业应根据股东大会批准的利润分配方案向股东发放股票股利,即分派转作股本的股利(或者非股份公司向投资者分派转作资本的利润)。

可供分配的利润经过上述分配后,余额为未分配利润(或未弥补的亏损)。未分配利润可留待以后年度进行分配。期末未分配利润的计算如下:

可供分配的利润=本期实现的净利润+期初未分配利润(或—期初未弥补亏损)

期末未分配利润=可供分配的利润—提取的盈余公积—分配的股利(或利润,含现金股利和股票股利)

2. 利润分配的会计处理

企业应设置"利润分配"账户,用来核算利润分配或亏损的弥补。该账户还应该设置"提取法定盈余公积""提取任意盈余公积""应付现金股利""转作股本的股利""未分配利润"等明细账户进行明细核算。有关会计处理如下。

(1)企业提取盈余公积时,应作如下会计分录。

借:利润分配——提取法定盈余公积
　　　　——提取任意盈余公积
　贷:盈余公积——法定盈余公积
　　　　　——任意盈余公积

(2)按照股东大会或者类似机构的决议宣告分配现金股利时,应作如下会计分录。

借:利润分配——应付现金股利
　贷:应付股利

(3)按照股东大会或者类似机构的决议向股东分配股票股利,在办理增资手续后,应作如下会计分录。

借:利润分配——转作股本的股利(分配股票股利的金额)
　贷:股本(股票的面值)

(4)年度终了,企业应将"利润分配"账户其他明细账户的余额转入"未分配利润"明细账户,应作如下会计分录。

借:利润分配——未分配利润
　贷:利润分配——提取法定盈余公积
　　　　　——提取任意盈余公积
　　　　　——应付现金股利
　　　　　——转作股本的股利

结转后,除"利润分配——未分配利润"外,其他明细账户应无余额。

第十五章 所得税会计

第一节 所得税会计概述

财务会计与税法服务的目的不同。财务会计是在一系列公认会计(GAAP)或会计标准的制约下进行的,旨在真实公允地反映企业特定时点的财务状况,特定期间的经营成果、现金流量及所有者权益变动情况的信息,既可以用来解除管理当局的受托责任,又可以协助投资者、债权人及利益相关者进行恰当的经济决策。而税法的目的在于根据国家的有关法律规定,确定一定时期内纳税人应该缴纳的税额;若从所得税的角度审视,则主要是确定企业的应纳税所得额。随着市场经济的发展和企业业务的复杂性,财务会计与税法目标的差异必然导致所得税法规和会计准则的规定日渐分离,所得税会计逐渐从财务会计中分离出来。

一、会计利润与应纳税所得额之间的差异

由于企业会计准则和所得税法是基于不同目的、遵循不同原则分别制定的,二者在资产与负债的计量标准、收入与费用的确认原则等诸多方面存在着一定的分歧,这导致企业在一定期间按企业会计准则的要求确认的会计利润往往不等于按税法规定计算的应纳税所得额。由此产生了两个既有联系又有区别的概念,即会计利润和应纳税所得额。而所得税会计就是研究如何处理会计利润和应纳税所得额之间差异的会计理论与方法。

会计利润是指企业根据企业会计准则的要求,采用一定的会计程序与方法确定的所得税税前利润总额,其目的是向财务报告使用者提供关于企业财务状况、经营成果及其现金流量之间变动的会计信息,为其决策提供相关和可靠的依据。而应纳税所得额是指按照所得税的要求,以一定期间应税收入扣除税法准予扣除的项目后计算的应税所得,其目的是为企业进行纳税申报和国家税收机关对企业的经营所得征税提供依据。由于会计利润与应纳税所得额的确定依据和目的不同,二者之间往往存在一定的差异,这种差异按其性质可以分为永久性差异和暂时性差异两个类型。

(一)永久性差异

永久性差异是指某一会计期间,由于会计准则和税法在计算收益、费用或损失时的口径不同所产生的税前会计利润与应纳税所得额之间的差异。例如,企业购买国债取得的利息收入,在会计核算上作为投资收益,应当计入当期利润表,但根据税法的规定,其不属于应税收入,不应计入应纳税所得额;再如,企业支付的违法经营罚款、税收滞纳金等,在会计核算上作为营业外支出,应当计入当期利润表,但根据税法的规定,其不允许在所得税前扣除。永久性差异的特点是在本期发生,不会在以后期间转回。

(二)暂时性差异

暂时性差异是指资产、负债的账面价值与其计税基础不同产生的差异,该差异的存在将影响未来期间的应纳税所得额。例如,按照企业会计准则的规定,以公允价值计量且其变动计入当期损益的金融资产期末应以公允价值计量,公允价值的变动计入当期损益;但按照税法的规定,金融资产在持有期间的公允价值变动不计入应纳税所得额,待处置金融资产时,按实际取得成本从处置收入中扣除,因而计税基础保持不变,仍为初始投资成本,由此产生了该项金融资产的账面价值与其计税基础之间的差异,该项差异将会影响处置金融资产期间的应纳税所得额。暂时性差异的特点是发生于某一会计期间,但在以后一期或若干期内能够转回。

二、所得税会计核算方法

如果会计利润与应纳税所得额之间仅存在永久性差异则根据确定的应纳税所得额和适用所得税率计算当期应交所得税,并确认为当期所得税费用即可,不存在复杂的会计处理问题。但如果还存在暂时性差异,则所得税的会计处理就比较复杂,其会计处理方法有应付税款法和纳税影响会计法之分。

(一)应付税款法

应付税款法是指企业不确认暂时性差异对所得税的影响金额,按照当期计算的应交所得税确认当期所得税费用的方法。在这种方法下,当期确认的所得税费用等于当期应交所得税。

采用应付税款法进行所得税的会计处理,不需要区分永久性差异和暂时性差异,本期发生的各类差异对所得税的影响金额,均在当期确认为所得税费用或抵减所得税费用,不将暂时性差异对所得税的影响金额递延和分配到以后各期。

应付税款法的会计处理比较简便,但不符合权责发生制原则,因此,我国企业会计准则不允许采用这种方法。

(二)纳税影响会计法

纳税影响会计法是指企业确认暂时性差异对所得税的影响金额,按照当期应交所得税和暂时性差异对所得税影响金额的合计数确认所得税费用的方法。

采用纳税影响会计法进行会计处理,暂时性差异对所得税的影响金额需要递延和分配到以后各期,即采用跨期摊配的方法逐渐确认和依次转回暂时性差异对所得税的影响金额。在资产负债表中,尚未转销的暂时性差异对所得税的影响金额,反映为一项资产或一项负债。应付税款法与纳税影响会计法对永久性差异的会计处理是一致的,如果本期发生的永久性差异已从会计利润中扣除,但不能从应纳税所得额中扣除,则永久性差异对所得税的影响金额构成本期的应交所得税和本期的所得税费用;如果本期发生的永久性差异未从会计利润中扣除,但可以从应纳税所得额中扣除,则永久性差异对所得税的影响金额可抵减本期的应交所得税和本期的所得税费用。

应付税款法与纳税影响会计法的主要区别是,应付税款法不确认暂时性差异对所得税的影响金额,直接以本期应交所得税作为本期的所得税费用;而纳税影响会计法确认暂时性差异对所得

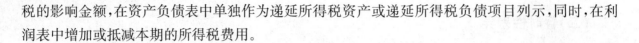

税的影响金额,在资产负债表中单独作为递延所得税资产或递延所得税负债项目列示,同时,在利润表中增加或抵减本期的所得税费用。

三、资产负债表债务法

(一)资产负债表债务法概述

在采用纳税影响会计法进行所得税的会计处理时,按照所得税率变动时是否需要对已经入账的递延所得税项目进行调整,又有两种处理方法:一种是在税率发生变动的情况下,不需要按未来适应税率调整已经入账的递延所得税项目,待转回暂时性差异对所得税的影响时,按照原确认的递延所得税项目时的适应税率计算并予以转销,这种方法叫作递延法;另一种方法是在税率发生变动的情况下,需要按未来适应税率调整已经入账的递延所得税项目,待转回暂时性差异对所得税的影响时,均按照转回期间适应的所得税率计算并予以转销,这种方法叫作债务法。由于递延法的会计处理存在许多不足,我国企业会计准则不允许采用递延法会计处理。

另外,在债务法下,按照确定暂时性差异对未来所得税影响的目的不同,又分为利润表债务法和资产负债表债务法。利润表债务法是以"收入费用观"作为理论基础,其主要目的是合理确认利润表中的所得税费用。递延所得税资产或递延所得税负债是由利润表间接推导得出的,这使得资产负债表无法真实、完整地揭示企业的财务状况,也降低了会计信息的可比性,不利于财务报表使用者对企业财务状况进行判断和评价。因此,我国企业会计准则已不允许使用利润表债务法。而资产负债表债务法是以"资产负债观"作为理论基础,其主要目的是合理确认资产负债表中的递延所得税资产和递延所得税负债,所得税费用是由资产负债表间接得出来的,这使得资产负债表能比较真实、完整地揭示企业的财务状况,提高了会计信息的可比性,有利于财务报表使用者作出正确的决策。因此,我国现行企业会计准则要求企业使用资产负债表债务法核算所得税的会计处理。

正是由于资产负债表债务法在所得税的会计核算方面遵循了资产、负债的界定,从资产负债角度考虑,资产的账面价值代表的是某项资产在持续持有及最终处置的一定期间内为企业带来未来经济利益的总额,而其计税基础代表的是该期间内按照税法规定就该项资产可以税前扣除的总额。资产的账面价值小于其计税基础的,表明该项资产于未来期间产生的经济利益流入低于按照税法规定允许税前扣除的金额,产生可抵减未来期间应纳税所得额的因素,减少未来期间以所得税税款的方式流出企业的经济利益,应确认为递延所得税资产。反之,一项资产的账面价值大于其计税基础的,表明该项资产于未来期间产生的经济利益流入大于按照税法规定允许税前扣除的金额,产生可增加未来期间应纳税所得额的因素,增加未来期间以所得税税款的方式流出企业的经济利益,对企业形成经济利益流出的义务,应确认为递延所得税负债。

资产负债表债务法是在资产负债表中所列示的资产、负债账面价值和计税基础经济含义的基础上,分析按照会计原则列报的账面价值与税法规定的差异,并就有关差异确定相关所得税影响的会计方法。相较于仅将当期实际应交所得税作为利润表中所得税费用的核算方法,资产负债表债务法除了能够反映企业已经持有的资产、负债及其变动对当期利润的影响外,还能够反映有关资产、负债对未来期间的所得税影响,在所得税核算领域贯彻了资产负债观。

(二)资产负债表债务法的基本核算程序

在采用资产负债表债务法核算所得税的情况下,企业一般应于每一资产负债表日进行所得税的核算。企业合并等特殊交易或事项发生时,在确认因交易或事项取得的资产、负债时即应同时确认相关的所得税影响。企业进行所得税核算一般应遵循以下程序。

1. 确定资产和负债的账面价值

按照相关会计准则规定确定资产负债表中除递延所得税资产和递延所得税负债以外的其他资产和负债项目的账面价值。资产、负债的账面价值,是指企业按照相关会计准则的规定进行核算后在资产负债表中列示的金额。计提了减值准备的各项资产是指账面余额减去已计提的减值准备后的金额。例如,企业持有的应收账款账面余额为 2 000 万元,企业对该应收账款计提了 50 万元的坏账准备,其账面价值为 1 950 万元,该金额即为应收账款在资产负债表中应列示的金额。

2. 确定资产和负债的计税基础

按照会计准则中对于资产和负债计税基础的确定方法,以适用的税收法规为基础,确定资产负债表中有关资产、负债项目的计税基础。对于计提了减值准备的各项资产,根据税法的规定,企业计提的资产减值准备在发生实质性损失前不允许税前扣除,即该应收账款的计税基础不会随着减值准备的提取发生变化。例如,企业持有的应收账款账面余额为 2 000 万元,企业对该应收账款计提了 50 万元的坏账准备,其计税基础仍为 2 000 万元。

3. 确定递延所得税

比较资产、负债的账面价值与计税基础,对于两者之间存在差异的,分析其性质及除准则中规定的特殊情况外,分别以应纳税暂时性差异与可抵扣暂时性差异,确定资产负债表日递延所得税负债和递延所得税资产的应有金额,并与期初递延所得税负债和递延所得税资产的余额相比,确定当期应予进一步确认的递延所得税负债和递延所得税资产的金额或应予转销的金额,并将两者的差额作为递延所得税。

4. 确定当期所得税

就企业当期发生的交易或事项,按照适用的税法规定计算确定当期应纳税所得额,将应纳税所得额与适用的所得税税率计算的结果确认为当期应交所得税,作为当期所得税。

5. 确定利润表中的所得税费用

利润表中的所得税费用包括当期所得税(当期应交所得税)和递延所得税两个部分组成,企业在计算确定了当期所得税和递延所得税后,两者之和(或之差),即是利润表中的所得税费用。

第二节 暂时性差异

暂时性差异是指资产、负债的账面价值与其计税基础不同产生的差额。因资产、负债的账面价值与计税基础不同,在未来收回资产或清偿负债的期间内,产生了应纳税所得额增加或减少并导致未来期间应交所得税增加或减少的情况,形成企业的资产和负债,在有关暂时性差异发生当期,符合确认条件的情况下,应当确认相关的递延所得税负债或递延所得税资产。

根据对未来期间应纳税所得额的影响,暂时性差异分为应纳税暂时性差异和可抵扣暂时性差异。

除因资产、负债的账面价值与计税基础不同产生的暂时性差异以外,按照税法规定可以结转以后年度的未弥补亏损和税款抵减,也视同可抵扣暂时性差异处理。

一、应纳税暂时性差异

应纳税暂时性差异是指在确定未来收回资产或清偿负债期间的应纳税所得额时,将导致产生应税金额的暂时性差异,即在未来期间不考虑该事项影响的应纳税所得额的基础上,由于该暂时性差异的转回会进一步增加转回期间的应纳税所得额和应交所得税金额,在产生当期应当确认相关的递延所得税负债。

应纳税暂时性差异通常产生于以下情况。

(一)资产的账面价值大于计税基础

资产的账面价值代表的是企业在持续使用及最终出售该项资产时将取得的经济利益的总额,而资产的计税基础是指企业在收回资产账面价值的过程中,计算应纳税所得额时按照税法规定可以自应税经济利益中可抵扣的金额,即某一项资产在未来期间计税时按照税法规定可予税前扣除的总金额。

通常情况下,企业取得资产的实际成本为税法所认可,即企业为取得某项资产而支付的成本在未来收回资产账面价值过程中准予税前扣除。因此,资产在初始确认时,其计税基础一般为资产的取得成本,或者说资产初始确认的账面价值等于计税基础。资产在持有期间,其计税基础是指资产的取得成本减去以前期间按照税法规定已经从税前扣除的金额后的余额,这是因为该余额代表的是按照税法规定相关资产在未来期间计税时仍然可以从税前扣除的金额。下面以固定资产为例加以说明,在持续使用期间某一资产负债表日的计税基础是指取得成本扣除按照税法规定已经在以前期间从税前扣除的累计折旧额后的金额。资产在后续计量过程中,如果会计准则与税法的规定不同,将会导致资产的账面价值与其计税基础之间产生差异。

企业以各种方式取得的固定资产,初始确认时按照会计准则规定确定的入账价值基本上为税法所认可,即固定资产在取得时的计税基础一般等于账面价值。但固定资产在持续使用期间,由于会计准则规定按照"成本—会计累计折旧—固定资产减值准备"进行后续计量,而税法规定按照"成本—在以前期间从税前扣除的累计折旧"进行后续计量,由此引起固定资产的账面价值与计税基础之间的差异。因此,固定资产的账面价值和计税基础之间的不同,主要包括折旧方法及折旧年限不同导致的差异。另外,计提固定资产减值准备也导致固定资产的账面价值和计税基础之间产生差异。

资产的账面价值大于其计税基础,该项资产未来期间产生的经济利益不能全部税前抵扣,两者之间的差额需要交税,产生应纳税暂时性差异。

例 15-1

2019年12月20日,华美股份有限公司购入一套生产设备,实际成本为500万元,预计使用年限为5年,预计净残值为零,采用平均年限法计提折旧。假定税法对该类固定资产折旧年限和净残值的规定与会计相同,但可以采用加速折旧法计提折旧并于税前扣除。华美股份有限公司在计税时采用双倍余额递减法计列折旧费用。2020年12月31日,华美股份有限公司确定的该项固定资产的账面价值和计税基础如下。

账面价值=500－500÷5=400(万元)

计税基础=500－500×40%=300(万元)

该项固定资产因会计处理和计税时采用的折旧方法不同,其账面价值大于计税基础100万元,该差额将于未来期间增加企业的应纳税所得额,产生应纳税暂时性差异。

(二)负债的账面价值小于计税基础

负债的计税基础代表的是账面价值在扣除税法规定未来期间允许税前扣除的金额之后的差额。用公式表示如下:

负债的计税基础=负债的账面价值－未来期间按照税法规定可予税前扣除的金额

负债的账面价值为企业预计在未来期间清偿该项负债时的经济利益流出。在通常情况下,负债的确认与偿还不会影响企业的损益,也不会影响企业的应纳税所得额,未来期间计算应纳税所得额时按照税法规定可予税前扣除的金额为零,因此,负债的计税基础一般等于其账面价值。但是,在某些特殊情况下,负债的确认可能会影响企业的损益,进而影响不同期间的应纳税所得额,导致计税基础与账面价值之间产生差额,如按照会计准则规定确认的某些预计负债等。下面以签订担保合同等原因确认的预计负债为例来加以说明。

例 15-2

2020年8月20日,华美股份有限公司与B公司之间签订担保合同,为B公司一笔金额为5 000万元的银行借款提供全额担保,该项担保与华美股份有限公司的生产经营活动无关。借款到期时,因B公司未能如期还款,银行已提起诉讼,华美股份有限公司成为该诉讼的第二被告,截至2020年12月31日,法院尚未作出判决。由于B公司经营困难,华美股份有限公司估计很可能要承担连带还款责任。综合考虑B公司目前的财务状况,法院的申理进展并咨询了公司的法律顾问后,华美股份有限公司预计最有可能承担的还款金额为2 000万元。为此,华美股份有限公司确认了2 000万元的预计负债。根据税法的有关规定,企业对外提供与本企业生产经营活动无关时的担保,相关担保损失不得在所得税前扣除。

分析:由于华美股份有限公司提供的担保与其生产经营活动无关,因而计入当期营业外支出的担保损失不允许税前扣除,并且在以后期间也不得从税前扣除,即该项预计负债未来期间允许扣除的金额为零。则华美股份有限公司确定的该项预计负债的账面价值和计税基础如下:

账面价值＝入账金额＝2 000（万元）

计税基础＝2 000－0＝2 000（万元）

因此，该项预计负债的账面价值与计税基础相同，二者之间不产生差额，也就不确认递延所得税负债或递延所得税资产。

负债的账面价值与其计税基础不同产生的暂时性差异，实质上是税法规定就该项负债在未来期间可以税前扣除的金额（即与该项负债相关的费用支出在未来期间可予税前扣除的金额）。若负债的账面价值小于其计税基础，则意味着就该项负债在未来期间可以税前抵扣的金额为负数，即应在未来期间应纳税所得额的基础上调增，增加未来期间的应纳税所得额和应交所得税金额，产生应纳税暂时性差异，应确认相关的递延所得税负债。

二、可抵扣暂时性差异

可抵扣暂时性差异是指在确定未来收回资产或清偿负债期间的应纳税所得额时，将导致产生可抵扣金额的暂时性差异。该差异在未来期间转回时会减少转回期间的应纳税所得额，减少未来期间的应交所得税。在可抵扣暂时性差异产生当期，符合确认条件时，应当确认相关的递延所得税资产。

可抵扣暂时性差异一般产生于以下情况。

（一）资产的账面价值小于计税基础

资产的账面价值小于其计税基础，意味着资产在未来期间产生的经济利益少，按照税法规定允许税前扣除的金额多，两者之间的差额可以减少企业在未来期间的应纳税所得额并减少应交所得税，符合有关条件时，应当确认相关的递延所得税资产。下面仍然以固定资产为例，用固定资产计提减值准备加以说明。企业会计准则规定，企业在持有固定资产期间，如果固定资产发生了减值，则应当对固定资产计提减值准备；而根据税法的规定，企业计提的资产减值准备在发生实质性损失前不允许税前扣除，即固定资产的计税基础不会随减值准备的提取发生变化，由此产生固定资产的账面价值与其计税基础的差异。

例 15-3

2018 年 12 月 20 日，华美股份有限公司购入一套生产设备，实际成本为 500 万元，预计使用年限为 5 年，预计净残值为零，采用平均年限法计提折旧。假定税法对该类固定资产折旧年限、净残值和折旧方法的规定与会计相同。2020 年 12 月 31 日，华美股份有限公司估计该设备的可收回金额为 180 万元。2020 年 12 月 31 日，华美股份有限公司确定的该项固定资产的账面价值和计税基础如下：

计提减值准备前的账面价值＝500－500÷5×2＝300（万元）

应计提的减值准备＝300－180＝120（万元）

计提减值准备后的账面价值＝300－120＝180（万元）

计税基础＝500－500÷5×2＝300（万元）

该项固定资产因计提了减值准备,其账面价值小于计税基础120万元,该差额将于未来期间减少企业的应纳税所得额,产生可抵扣暂时性差异。

(二)负债的账面价值大于计税基础

由于负债的账面价值与负债的计税基础不同,两者之间产生了差异。负债产生的暂时性差异实质上是税法规定就该项负债可以在未来期间税前扣除的金额。即用公式表示如下:

负债产生的暂时性差异=账面价值-计税基础
=账面价值-(账面价值-未来期间计税时按照税法规定可予税前扣除的金额)
=未来期间计税时按照税法规定可予税前扣除的金额

负债的账面价值大于其计税基础,意味着未来期间按照税法规定与负债相关的全部或部分支出可以自未来应税经济利益中扣除,减少未来期间的应纳税所得额和应交所得税。符合有关确认条件时,应确认相关的递延所得税资产。下面仍然以提供产品售后服务等原因确认的预计负债为例来加以说明。

按照我国企业会计准则的规定,企业因提供产品售后服务而预计将会发生的支出,在满足预计负债确认条件时,应于销售商品当期确认预计负债,同时确认相关的费用。而按照税法规定,与产品售后服务相关的支出在未来期间实际发生支出时才予以确认,且其准予税前扣除分三种情况。

第一种情况,如果按税法规定,与产品售后服务相关的支出未来期间实际发生时准予全额税前扣除,则该类事项产生的预计负债的账面价值等于未来期间按照税法规定可予税前扣除的金额,即该项预计负债的计税基础为零。

第二种情况,对于某些事项所确认的预计负债,如果税法规定在未来期间实际发生相关支出时只准予部分税前扣除,则其计税基础为预计负债的账面价值减去未来期间计税时按照税法规定可予税前扣除的部分,亦即其计税基础为未来期间计税时按照税法规定不允许税前扣除的部分。

第三种情况,如果税法规定相关支出无论何时发生、是否实际发生支出,一律不允许税前扣除,即按照税法规定可予税前扣除的金额为零,则该预计负债的计税基础等于账面价值。

例 15-4

华美股份有限公司对销售的产品承诺提供3年的保修服务。2020年12月31日,该公司资产负债表中列示的因提供产品售后服务而确认的预计负债金额为300万元。假定按照税法规定,与产品售后服务相关的费用在实际发生时允许全部税前扣除。2020年12月31日,华美股份有限公司确定的该项预计负债的账面价值和计税基础如下:

账面价值=入账金额=300(万元)

计税基础=300-300=0(元)

该项预计负债的账面价值与计税基础之间产生了300万元的差额,该差额将于未来期间减少企业的应纳税所得额,产生可抵扣暂时性差异。

第三节 递延所得税资产和负债

在资产负债表日,企业应通过比较资产、负债的账面价值与其计税基础,确定应纳税暂时性用差异和可抵扣暂时性差异,进而按照会计准则规定的原则确认相关的递延所得税负债和递延所得税资产。

一、递延所得税负债

(一)递延所得税负债的确认

应纳税暂时性差异在未来期间转回时,会增加转回期间的应纳税所得额和相应的应交所得税,导致经济利益流出企业,因而在其产生期间,相关的所得税影响金额构成一项未来的纳税义务,应确认为一项负债,即递延所得税负债。

企业在确认因应纳税暂时性差异产生的递延所得税负债时,应遵循以下原则。

1. 为了充分反映交易或事项发生后引起的未来期间纳税义务

除所得税准则中明确规定可不确认递延所得税负债的情况以外,企业对于所有的应纳税暂时性差异均应确认相关的递延所得税负债。

除与直接计入所有者权益的交易或事项以及企业合并中取得资产、负债相关的以外,在确认递延所得税负债的同时,应增加利润表中的所得税费用。与应纳税暂时性差异相关的递延所得税负债的确认,体现了会计上的谨慎性原则,即企业进行会计核算时不应高估资产、不应低估负债。

例 15-5

华美股份有限公司于 2014 年 12 月底购入一台机器设备,成本为 420 000 元,预计使用年限为 6 年,预计净残值为零。会计上按平均年限法计提折旧,因该设备符合税法规定的税收优惠条件,计税时可采用年数总和法计提折旧,假定税法规定的使用年限及净残值均与会计相同。假定该公司各会计期间均未对固定资产计提减值准备,除该项固定资产产生的会计与税法之间的差异外,不存在其他会计与税收的差异。

该公司每年因固定资产账面价值与计税基础不同应予确认的递延所得税情况如表 15-1 所示。

表 15-1 （单位:元）

项目	2015 年	2016 年	2017 年	2018 年	2019 年	2020 年
实际成本	420 000	420 000	420 000	420 000	420 000	420 000
累计会计折旧	70 000	140 000	210 000	280 000	350 000	420 000
账面价值	350 000	280 000	210 000	140 000	70 000	0
累计计税折旧	120 000	220 000	300 000	360 000	400 000	420 000

续表

计税基础	300 000	200 000	120 000	60 000	20 000	0
应纳税暂时性差异	50 000	80 000	90 000	80 000	50 000	0
适应税率	25%	25%	25%	25%	25%	25%
递延所得税负债	12 500	20 000	22 500	20 000	12 500	0

该项固定资产各年度账面价值与计税基础确定如下。

(1) 2015年资产负债表日。

账面价值＝实际成本－会计折旧＝420 000－70 000＝350 000（元）

计税基础＝实际成本－税前扣除的折旧额＝420 000－120 000＝300 000（元）

因资产的账面价值350 000元大于其计税基础300 000元,两者之间产生的50 000元差异会增加未来期间的应纳税所得额和应交所得税,属于应纳税暂时性差异,应确认与其相关的递延所得税负债12 500元,账务处理如下。

借:所得税费用　　　　　　　　　　　　　12 500
　　贷:递延所得税负债　　　　　　　　　　　　　12 500

(2) 2016年资产负债表日。

账面价值＝实际成本－会计折旧＝420 0000－140 000＝280 000（元）

计税基础＝实际成本－累计已税前扣除的折旧额＝420 000－220 000＝200 000（元）

因资产的账面价值280 000元大于其计税基础200 00元,两者之间产生的80 000元差异为应纳税暂时性差异,应确认与其相关的递延所得税负债20 000元,但递延所得税负债的期初余额为12 500元,当期应进一步确认递延所得税负债7 500元,账务处理如下。

借:所得税费用　　　　　　　　　　　　　7 500
　　贷:递延所得税负债　　　　　　　　　　　　　7 500

(3) 2017年资产负债表日。

账面价值＝实际成本－会计折旧＝420 0000－210 000＝210 000（元）

计税基础＝实际成本－累计已税前扣除的折旧额＝420 000－300 000＝120 000（元）

因资产的账面价值210 000元大于其计税基础120 00元,两者之间产生的90 000元差异为应纳税暂时性差异,应确认与其相关的递延所得税负债22 500元,但递延所得税负债的期初余额为20 000元,当期应进一步确认递延所得税负债2 500元,账务处理如下。

借:所得税费用　　　　　　　　　　　　　2 500
　　贷:递延所得税负债　　　　　　　　　　　　　2 500

(4) 2018年资产负债表日。

账面价值＝实际成本－会计折旧＝420 0000－280 000＝140 000（元）

计税基础＝实际成本－累计已税前扣除的折旧额＝420 000－360 000＝60 000（元）

因资产的账面价值140 000元大于其计税基础60 000元,两者之间产生的80 000元差异为应纳税暂时性差异,应确认与其相关的递延所得税负债20 000元,但递延所得税负债的期初余额为 22 500 元,当期应转回已确认递延所得税负债 2 500 元,账务处理如下。

  借:递延所得税负债   2 500
    贷:所得税费用   2 500

(5)2019 年资产负债表日。

  账面价值＝实际成本－会计折旧＝420 000－350 000＝70 000（元）

  计税基础＝实际成本－累计已税前扣除的折旧额＝420 000－400 000＝20 000（元）

  因资产的账面价值 70 000 元大于其计税基础 20 000 元,两者之间产生的 50 000 元差异为应纳税暂时性差异,应确认与其相关的递延所得税负债 12 500 元,但递延所得税负债的期初余额为 20 000 元,当期应转回已确认递延所得税负债 7 500 元,账务处理如下。

  借:递延所得税负债   7 500
    贷:所得税费用   7 500

(6)2020 年资产负债表日。

  该项资产的账面价值和计税基础均为零,两者之间不存在暂时性差异,前期已确认递延所得税负债应予全额转回,账务处理如下。

  借:递延所得税负债   12 500
    贷:所得税费用   12 500

2. 不确认递延所得税负债的特殊情况

在有些情况下,虽然资产、负债的账面价值与其计税基础不同,产生了应纳税暂时性差异,但出于各方面考虑,所得税准则中规定不确认相应的递延所得税负债,主要包括以下几条。

(1)商誉的初始确认。在非同一控制下的企业合并中,企业合并成本大于合并中取得的被购买方可辨认净资产公允价值份额的差额,按照企业会计准则规定应确认为商誉。因会计与税收的划分标准不同,在会计上作为非同一控制下的企业合并,但如果按照税法规定计税时作为免税合并的情况下,商誉的计税基础为零,其账面价值与计税基础形成应纳税暂时性差异,准则中规定不确认与其相关的递延所得税负债。

(2)除企业合并以外的其他交易或事项中,如果该项交易或事项发生时既不影响会计利润,也不影响应纳税所得额,则所产生的资产、负债的初始确认金额与其计税基础不同,形成应纳税暂时性差异的,交易或事项发生时不确认相应的递延所得税负债。该规定主要是考虑到由于交易发生时既不影响会计利润,也不影响应纳税所得额,确认递延所得税负债的直接结果是增加有关资产的账面价值或是降低所确认负债的账面价值,使资产、负债在初始确认时,违背历史成本原则,影响会计信息的可靠性。

(3)与子公司、联营企业、合营企业投资等相关的应纳税暂时性差异,一般应确认相应的递延所得税负债,但同时满足以下两个条件的除外:一是投资企业能够控制暂时性差异转回的时间;二是该暂时性差异在可预见的未来很可能不会转回。满足上述条件时,投资企业可以运用自身的影响力决定暂时性差异的转回,如果不希望其转回,则在可预见的未来期间,该项暂时性差异即不会转回,对未来期间计税不产生影响,从而无须确认相应的递延所得税负债。

对于采用权益法核算的长期股权投资,其账面价值与计税基础产生的有关暂时性差异是否应确认相关的所得税影响,应当考虑该项投资的持有意图。

如果企业拟长期持有,则因初始投资成本的调整产生的暂时性差异预计未来期间不会转回,对未来期间没有所得税影响;因确认投资损益产生的暂时性差异,如果在未来期间逐期分回现金股利或利润时免税(我国税法规定,居民企业间的股息、红利免税),也不存在对未来期间的所得税影响;因确认应享有被投资单位其他权益变动而产生的暂时性差异,在长期持有的情况下预计未来期间也不会转回。因此,在准备长期持有的情况下,对于采用权益法核算的长期股权投资账面价值与计税基础之间的差异,投资企业一般不确认相关的所得税影响。

如果投资企业改变持有意图拟对外出售,按照税法规定,企业在转让或者处置投资资产时,投资资产的成本准予扣除。在持有意图由长期持有转变为拟近期出售的情况下,因长期股权投资的账面价值与计税基础不同产生的有关暂时性差异,均应确认相关的所得税影响。

(二)递延所得税负债的计量

所得税准则规定,在资产负债表日,对于递延所得税负债,应当根据适用税法规定,按照预期收回该资产或清偿该负债期间的适用税率计量。即递延所得税负债应以相关应纳税暂时性差异转回期间按照税法规定适用的所得税税率计量。无论应纳税暂时性差异的转回期间如何,相关的递延所得税负债不要求折现。

二、递延所得税资产

(一)递延所得税资产的确认

可抵扣暂时性差异在转回期间将减少企业的应纳税所得额和相应的应交所得税,导致经济利益流入企业,因而在其产生期间,相关的所得税影响金额构成一项未来的经济利益,应确认为一项资产,即递延所得税资产。递延所得税资产产生于可抵扣暂时性差异。

1. 递延所得税资产确认的一般原则

企业应当以可抵扣暂时性差异转回的未来期间可能取得的应纳税所得额为限,确认可抵扣暂时性差异所产生的递延所得税资产。

递延所得税资产能够给企业带来的未来经济利益,表现在可以减少可抵扣暂时性差异转回期间的应交所得税。因此,该项经济利益是否能够实现,取决于在可抵扣暂时性差异转回的未来期间内,企业是否能够产生足够的应纳税所得额用以利用可抵扣暂时性差异。如果企业有明确的证据表明在可抵扣暂时性差异转回的未来期间能够产生足够的应纳税所得额,使得与可抵扣暂时性差异相关的经济利益能够实现的,则应当确认可抵扣暂时性差异产生的递延所得税资产;如果企业在可抵扣暂时性差异转回的未来期间无法产生足够的应纳税所得额,使得与可抵扣暂时性差异相关的经济利益无法全部实现的,则应当以可能取得的应纳税所得额为限,确认相应的可抵扣暂时性差异产生的递延所得税资产;如果企业在可抵扣暂时性差异转回的未来期间无法产生应纳税所得额,使得与可抵扣暂时性差异相关的经济利益无法实现的,则不应确认递延所得税资产。判断企业在可抵扣暂时性差异转回的未来期间是否能够产生足够的应纳税所得额时,应考虑企业在未来期间是否能够通过正常的生产经营活动实现应纳税所得额及以前期间产生的应纳税暂时性差异在未来期间转回时的应纳税所得额是否增加这两方面的影响。

在确认可抵扣暂时性差异形成的递延所得税资产的同时,由于可抵扣暂时性差异产生的交易或事项在发生时大多会影响会计利润或应纳税所得额,相关的所得税影响通常应减少利润表中的所得税费用,但与直接计入所有者权益的交易或事项相关的所得税影响及与企业合并中取得的资产、负债相关的所得税影响除外。

例 15-6

华美股份有限公司于 2014 年 12 月底购入一台机器设备,成本为 630 000 元,预计使用年限为 6 年,预计净残值为零。在会计上按年数总和法计提折旧,因该设备不符合税法规定的税收优惠条件,计税时只能采用平均年限法计提折旧,假定税法规定的使用年限及净残值均与会计相同。假定该公司各会计期间均未对固定资产计提减值准备,除该项固定资产产生的会计与税法之间的差异外,不存在其他会计与税收的差异。

华美股份有限公司每年因固定资产账面价值与计税基础不同应予确认的递延所得税情况如表 15-2 所示。

表 15-2 (单位:元)

项目	2015 年	2016 年	2017 年	2018 年	2019 年	2020 年
实际成本	630 000	630 000	630 000	630 000	630 000	630 000
累计会计折旧	180 000	330 000	450 000	540 000	600 000	630 000
账面价值	450 000	300 000	180 000	90 000	30 000	0
累计计税折旧	105 000	210 000	315 000	420 000	525 000	630 000
计税基础	525 000	420 000	315 000	210 000	105 000	0
可抵扣暂时性差异	75 000	120 000	135 000	120 000	75 000	0
适应税率	25%	25%	25%	25%	25%	25%
递延所得税资产	18 750	30 000	33 750	30 000	18 750	0

该项固定资产各年度账面价值与计税基础确定如下。

(1) 2015 年资产负债表日。

账面价值=实际成本-会计折旧=630 0000-180 000=450 000(元)

计税基础=实际成本-税前扣除的折旧额=630 000-105 000=525 000(元)

因资产的账面价值 450 000 元小于其计税基础 525 000 元,两者之间产生的 75 000 元差异会减少未来期间的应纳税所得额和应交所得税,属于可抵扣暂时性差异,应确认与其相关的递延所得税资产 18 750 元,账务处理如下。

借:递延所得税资产　　　　　　　　　　　　　18 750
　　贷:所得税费用　　　　　　　　　　　　　　　18 750

(2) 2016 年资产负债表日。

账面价值=实际成本-会计折旧=630 0000-330 000=300 000(元)

计税基础=实际成本-税前扣除的折旧额=630 000-210 000=420 000(元)

因资产的账面价值 300 000 元小于其计税基础 420 000 元,两者之间产生的 120 000 元差异会减少未来期间的应纳税所得额和应交所得税,属于可抵扣暂时性差异,递延所得税资产的期末余额应为 30 000 元,递延所得税资产期初余额为 18 750 元,因而本期进一步确认递延所得税资产 11 250 元,账务处理如下。

  借:递延所得税资产   11 250
    贷:所得税费用   11 250

(3)2017 年资产负债表日。

账面价值=实际成本-会计折旧=630 0000－450 000=180 000(元)

计税基础=实际成本-税前扣除的折旧额=630 000－315 000＝315 000(元)

因资产的账面价值 180 000 元小于其计税基础 315 000 元,两者之间产生的 135 000 元差异会减少未来期间的应纳税所得额和应交所得税,属于可抵扣暂时性差异,递延所得税资产的期末余额应为 33 750 元,递延所得税资产期初余额为 30 000 元,因而本期进一步确认递延所得税资产 3 750 元,账务处理如下。

  借:递延所得税资产   3 750
    贷:所得税费用   3 750

(4)2018 年资产负债表日。

账面价值=实际成本-会计折旧=630 0000－540 000=90 000(元)

计税基础=实际成本-税前扣除的折旧额=630 000－420 000＝210 000(元)

因资产的账面价值 90 000 元小于其计税基础 210 000 元,两者之间产生的 120 000 元差异会减少未来期间的应纳税所得额和应交所得税,属于可抵扣暂时性差异,递延所得税资产的期末余额应为 30 000 元,递延所得税资产期初余额为 33 750 元,因而本期应转回原已确认递延所得税资产 3 750 元,账务处理如下。

  借:所得税费用   3 750
    贷:递延所得税资产   3 750

(5)2019 年资产负债表日。

账面价值=实际成本-会计折旧=630 0000－600 000=30 000(元)

计税基础=实际成本-税前扣除的折旧额=630 000－525 000＝105 000(元)

因资产的账面价值 30 000 元小于其计税基础 105 000 元,两者之间产生的 75 000 元差异会减少未来期间的应纳税所得额和应交所得税,属于可抵扣暂时性差异,递延所得税资产的期末余额应为 18 750 元,递延所得税资产期初余额为 30 000 元,因而本期应转回原已确认递延所得税资产 11 250 元,账务处理如下。

  借:所得税费用   11 250
    贷:递延所得税资产   11 250

(6)2020 年资产负债表日。

该项资产的账面价值和计税基础均为零,两者之间不存在暂时性差异,前期已确认递延所得税资产应予全额转回,账务处理如下:

  借:所得税费用   18 750

贷：递延所得税资产　　　　　　　　　　　　　18 750

2. 不确认递延所得税资产的特殊情况

在某些情况下，企业发生的某项交易或事项不属于企业合并，并且交易发生时既不影响会计利润也不影响应纳税所得额，且该项交易中产生的资产、负债的初始确认金额与其计税基础不同，产生可抵扣暂时性差异的，所得税准则中规定在交易或事项发生时不确认相应的递延所得税资产。

华美股份有限公司进行内部研究，开发新技术、新产品、新工艺所形成的无形资产成本为1 000万元，因按照税法规定可于未来期间税前扣除的金额为1 750万元，其计税基础为1 750万元。这将导致无形资产的账面价值和计税基础不同，准则规定该种情况下不确认相关的递延所得税资产。

分析：企业为开发新技术、新产品、新工艺发生的研究开发费用，在形成无形资产时，由于税法规定可以按照无形资产成本的175%计算每期摊销额，无形资产在初始确认时账面价值小于计税基础的差异。但由于该无形资产的确认不产生于企业合并交易，同时在确认时既不影响会计利润，也不影响应纳税所得额，按照会计准则的规定，不确认该项可抵扣暂时性差异的所得税影响。

（二）递延所得税资产的计量

同递延所得税负债的计量原则相一致，企业在确认递延所得税资产时，应当以预期收回该资产期间的适用所得税税率为基础计算确定。无论相关的可抵扣暂时性差异转回期间如何，递延所得税资产均不要求折现。

企业在确认了递延所得税资产以后，在资产负债表日，应当对递延所得税资产的账面价值进行复核。如果未来期间很可能无法取得足够的应纳税所得额用以利用可抵扣暂时性差异带来的利益，则应当减记递延所得税资产的账面价值。减记的递延所得税资产，除原确认时计入所有者权益的，其减记金额亦应计入所有者权益外，其他的情况均应增加当期的所得税费用。

因无法取得足够的应纳税所得额利用可抵扣暂时性差异减记递延所得税资产账面价值的，以后期间根据新的环境和情况判断能够产生足够的应纳税所得额利用可抵扣暂时性差异，使得递延所得税资产包含的经济利益能够实现的，应相应恢复递延所得税资产的账面价值。

另外，无论是递延所得税资产还是递延所得税负债的计量，均应考虑资产负债表日企业预期收回资产或清偿负债方式的所得税影响，在计量递延所得税资产和递延所得税负债时，应当采用与收回资产或清偿债务的预期方式相一致的税率和计税基础。例如，企业持有的某项固定资产，一般情况下是为企业的正常生产经营活动提供必要的生产条件，但在某一时点上，企业决定将该固定资产对外出售，实现其为企业带来的未来经济利益且假定税法规定长期资产处置时适用的所得税税率与一般情况不同的，则企业在计量因该资产产生的应纳税暂时性差异或可抵扣暂时性差异的所得税影响时,应考虑该资产带来的经济利益预期实现方式的影响。

(三)特殊交易或事项中涉及的递延所得税的确认

1. 与直接计入所有者权益的交易或事项相关的所得税

与当期及以前期间直接计入所有者权益的交易或事项相关的当期所得税及递延所得税,应当计入所有者权益。直接计入所有者权益的交易或事项主要有:会计政策变更采用追溯调整法或对前期差错更正采用追溯重述法调整期初留存收益,以公允价值计量且其变动计入其他综合收益的金融资产公允价值的变动金额,同时包含负债及权益成分的金融工具在初始确认时计入所有者权益,自用房地产转为采用公允价值模式计量的投资性房地产时公允价值大于原账面价值的差额计入其他综合收益等。

例 15-8

2020 年 7 月 20 日,华美股份有限公司自公开市场买入 B 公司债券并分类为以公允价值计量且其变动计入其他综合收益的金融资产,初始投资成本为 10 000 000 元(等于债券面值)。税法规定,企业在未来处置金融资产期间,计算应纳税所得额时应按初始投资成本抵扣。华美股份有限公司预计在未来期间能够产生足够的应纳税所得额用以抵扣可抵扣的暂时性差异,适用的所得税税率为 25%。2020 年 12 月 31 日,B 公司债券的公允价值为 12 000 000 元。华美股份有限公司 2020 年对该项金融资产的购买、公允价值变动及相应的递延所得税的会计处理如下。

(1) 2020 年 7 月 20 日,购买时。

借:其他债权投资——B 公司债券(成本)　　10 000 000
　　贷:银行存款　　　　　　　　　　　　　　　　　10 000 000

(2) 2020 年 12 月 31 日,公允价值变动时。

借:其他债权投资——B 公司债券(公允价值变动)　2 000 000
　　贷:其他综合收益　　　　　　　　　　　　　　　　2 000 000

(3) 2020 年 12 月 31 日,确认递延所得税负债时。

应纳税暂时性差异＝12 000 000－10 000 000＝2 000 000(元)

递延所得税负债＝2 000 000×25%＝500 000(元)

借:其他综合收益　　　　　　　　　　　500 000
　　贷:递延所得税负债　　　　　　　　　　500 000

2. 与企业合并相关的递延所得税

在企业合并中,购买方取得的可抵扣暂时性差异,例如,购买日取得的被购买方在以前期间发生的未弥补亏损等可抵扣暂时性差异,按照税法规定可以用于抵减以后年度应纳税所得额,但在购买日不符合递延所得税资产确认条件而不予以确认。在购买日后 12 个月内,如取得新的或进一步的信息表明购买日的相关情况已经存在,预期被购买方在购买日可抵扣暂时性差异带来的经济利益能够实现的,应当确认相关的递延所得税资产,同时减少商誉,商誉不足冲减的,差额部分确认为当期损益;除上述情况以外,确认与企业合并相关的递延所得税资产,应当计入当期损益。

(四)适用税率变化对已确认递延所得税资产和递延所得税负债的影响

因税收法规的变化使企业在某一会计期间适用的所得税税率发生变化的,企业应对已确认的递延所得税资产和递延所得税负债按照新的税率进行重新计量。递延所得税资产和递延所得税负债的金额代表的是,有关可抵扣暂时性差异或应纳税暂时性差异于未来期间转回时,导致企业应交所得税金额的减少或增加的情况。在适用税率变动的情况下,企业应对原已确认的递延所得税资产及递延所得税负债的金额进行调整,以反映税率变化带来的影响。

除直接计入所有者权益的交易或事项产生的递延所得税资产及递延所得税负债,相关的调整金额应计入所有者权益以外,其他情况下因税率变化产生的调整金额应确认为税率变化当期的所得税费用(或收益)。

第四节 所得税费用

所得税会计的主要目的之一是为了确定当期应交所得税以及利润表中的所得税费用。在按照资产负债表债务法核算所得税的情况下,利润表中的所得税费用包括当期所得税和递延所得税两个部分。

一、当期所得税费用

当期所得税是指企业按照税法规定计算确定的针对当期发生的交易和事项,应交纳给税务部门的所得税金额,即当期应交所得税。

企业在确定当期应交所得税时,对于当期发生的交易或事项,会计处理与税法处理不同的,应在会计利润的基础上,按照适用税收法规的规定进行调整,计算出当期应纳税所得额,按照应纳税所得额与适用所得税税率计算确定当期应交所得税。一般情况下,应纳税所得额可在会计利润的基础上,考虑会计与税收法规之间的差异,按照以下公式计算确定。

应纳税所得额＝会计利润＋按照会计准则规定计入利润表但计税时不允许税前扣除的费用±计入利润表的费用与按照税法规定可予税前抵扣的金额之间的差额±计入利润表的收入与按照税法规定应计入应纳税所得额的收入之间的差额－税法规定的不征税收入±其他需要调整的因素

当期应交所得税＝应纳税所得额×适应的所得税税率

二、递延所得税费用

递延所得税是指按照所得税准则规定当期应于确认的递延所得税资产和递延所得税负债金额,即递延所得税资产及递延所得税负债当期发生额的综合结果,但不包括计入所有者权益的交易或事项的所得税影响。用公式表示如下。

递延所得税＝(递延所得税负债的期末余额－递延所得税负债的期初余额)－(递延所得税资产的期末余额－递延所得税资产的期初余额)

应予说明的是,企业因确认递延所得税资产和递延所得税负债产生的递延所得税,一般应当计入所得税费用,但以下两种情况除外。

一是某项交易或事项按照会计准则规定应计入所有者权益的,由该交易或事项产生的递延所得税资产或递延所得税负债及其变化亦应计入所有者权益,不构成利润表中的递延所得税费用(或收益)。

例 15-9

2020 年 9 月 2 日,华美股份有限公司自公开市场买入 B 公司债券并分类为以公允价值计量且其变动计入其他综合收益的金融资产,初始投资成本为 4 000 000 元(等于债券面值)。税法规定,企业在未来处置金融资产期间,计算应纳税所得额时应按初始投资成本抵扣。华美股份有限公司预计在未来期间能够产生足够的应纳税所得额用以抵扣可抵扣的暂时性差异,适用的所得税税率为 25%。2020 年 12 月 31 日,B 公司债券的公允价值为 3 800 000 元。华美股份有限公司 2020 年对该项金融资产的购买、公允价值变动及相应的递延所得税的会计处理如下。

(1) 2020 年 9 月 2 日,购买时。

借:其他债权投资——B 公司债券(成本)　　　　　　4 000 000
　　贷:银行存款　　　　　　　　　　　　　　　　　　4 000 000

(2) 2020 年 12 月 31 日,公允价值变动时。

借:其他综合收益　　　　　　　　　　　　　　　　　　200 000
　　贷:其他债权投资——B 公司债券(公允价值变动)　　200 000

(3) 2020 年 12 月 31 日,确认递延所得税负债时。

可抵扣暂时性差异=4 000 000-3 800 000=200 000(元)

递延所得税资产=200 000×25%=50 000(元)

借:递延所得税资产　　　　　　　　　　　　　　　　　50 000
　　贷:其他综合收益　　　　　　　　　　　　　　　　　50 000

二是企业合并中取得的资产、负债,其账面价值与计税基础不同,应确认相关递延所得税的,该递延所得税的确认影响合并中产生的商誉或是计入当期损益的金额,不影响所得税费用。

三、所得税费用

计算确定了当期所得税及递延所得税以后,利润表中应予确认的所得税费用为两者之和,即:

所得税费用=当期所得税+递延所得税

例 15-10

华美股份有限公司 2020 年度利润表中利润总额为 1 900 万元,该公司适用的所得税税率为 25%。递延所得税资产及递延所得税负债不存在期初余额。与所得税核算有关的情况如下。

华美公司2020年发生的有关交易和事项中,会计处理与税收处理存在差别的如下。

(1)2020年1月开始计提折旧的一项固定资产,成本为420万元,使用年限为6年,净残值为0,会计处理按平均年限法计提折旧,税收处理按年数总和法计提折旧。假定税法规定的使用年限及净残值与会计规定相同。

(2)用银行存款向关联企业捐赠100万元。假定按照税法规定,企业向关联方的捐赠不允许税前扣除。

(3)当期取得作为交易性金融资产核算的股票投资成本为1 000万元,2019年12月31日的公允价值为1 300万元。税法规定,以公允价值计量的金融资产持有期间市价变动不计入应纳税所得额。

(4)违反环保法规定应支付罚款40万元。

(5)期末对持有的存货计提了80万元的存货跌价准备。(假设期末该存货的账面余额为1 500万元。)

该公司2020年资产负债表相关项目金额及其计税基础如下表15-3所示。

表15-3 华美股份有限公司2020年资产负债表相关项目金额及其计税基础(单位:万元)

项目	账面价值	计税基础	差异	
			应纳税暂时性差异	可抵扣暂时性差异
交易性金融资产	1 300	1 000	300	
存货	1 420	1 500		80
固定资产:				
固定资产原价	420	420		
减:累计折旧	70	120		
减:固定资产减值准备	0	0		
固定资产账面价值	350	300	50	
其他应付款	40	40		
总计			350	80

(1)2019年度当期应交所得税。

应纳税所得额=1 900-(120-70)+100-300+40+80=1770(万元)

应交所得税=1770×25%=442.5(万元)

(2)2019年度递延所得税。

递延所得税资产=80×25%=20(万元)

递延所得税负债=350×25%=87.5(万元)

递延所得税=87.5-20=67.5(万元)

(3)利润表中应确认的所得税费用。

所得税费用=442.5+67.5=510(万元),确认所得税费用的账务处理如下:

借:所得税费用——当期所得税　　　　　　　　　　　　　4 425 000

贷：应交税费——应交所得税　　　　　　　　　　　　4 425 000
　借：所得税费用——递延所得税　　　　　　　　　　　　675 000
　　　递延所得税资产　　　　　　　　　　　　　　　　　200 000
　　贷：递延所得税负债　　　　　　　　　　　　　　　　875 000

第十六章 财务报告

第一节 财务报告概述

一、财务报告的概念

财务报告是指企业对外提供的反映企业某一特定日期的财务状况和某一会计期间的经营成果、现金流量等的文件。财务报告应当包括：会计报表；会计报表附注；财务情况说明书等。

2006年，财政部颁布的《企业会计准则——基本准则》称，财务会计报告是指企业对外提供的反映企业某一特定日期的财务状况和某一会计期间的经营成果、现金流量等会计信息的文件。它包括会计报表及其附注和其他应当在财务会计报告中披露的相关信息和资料。会计报表至少应当包括资产负债表、利润表、现金流量表等报表。

会计报表是对企业财务状况、经营成果和现金流量的结构性表述。会计报表至少应当包括下列组成部分：资产负债表、利润表、现金流量表、所有者权益（或股东权益）变动表、附注。可见，会计报表是对企业在经营过程中各会计要素确认、计量的结果和综合性描述，是会计活动的最终产品。会计报表是财务报告的核心内容。

二、财务报告的构成

为了实现财务会计目标，满足财务报告使用者的信息需求，依据会计报表列报准则的要求，一套完整的会计报表至少要包括：资产负债表、利润表、现金流量表、所有者权益（股东权益）变动表以及附注，会计报表上述组成部分具有同等的重要程度。

资产负债表是反映企业在一定日期全部资产、负债和所有者权益情况的会计报表。

利润表是反映企业在一定期间内经营成果和综合收益的会计报表。

现金流量表是反映企业在一定会计期间的现金及现金等价物流入和流出的会计报表。

所有者权益（股东权益）变动表是反映构成企业所有者（股东）权益的各组成部分当期增减变动情况的会计报表。

财务报告附注是财务报告不可或缺的组成部分，是对资产负债表、利润表、现金流量表和所有者权益变动表等报表中列示项目的文字描述或明细资料，以及对未能在这些报表中列示项目的说明等。

三、会计报表的分类

会计报表可以按照不同的标准进行分类。除按照报表所反映经济内容分类外，主要还有以下两种。

1. 按编制期间不同，分为中期会计报表和年度会计报表

中期会计报表是以短于一个完整会计年度的报告期间为基础编制的会计报表，包括月报、季报和半年报。中期会计报表至少应当包括资产负债表、利润表、现金流量表和附注。其中，中期资产负债表、利润表、现金流量表应当是完整报表,其格式和内容应当与年度会计报表相一致。中期财务报告中的附注应当以年初至本中期末为基础编制,按自上年度资产负债表日之后发生的,有助于理解企业财务状况、经营成果和现金流量变化情况的重要交易或者事项。与年度会计报表相比较,中期会计报表的附注披露内容可适当简略。

2. 按编制主体不同,分为个别会计报表和合并会计报表

个别会计报表是由各个会计主体在自身会计核算的基础上对账簿记录进行加工而编制的会计报表。它主要用以反映企业自身的财务状况、经营成果和现金流量情况的报表。合并会计报表是以母公司和子公司组成的企业集团为会计主体,根据母公司和所属子公司的会计报表,由母公司编制的综合反映企业集团财务状况、经营成果和现金流量的会计报表。

四、会计报表编制要求

为了规范会计报表的列报,保证同一企业在不同期间和在同一期间不同企业的会计报表相互可比,对企业编制会计报表应满足以下基本要求。

(一)遵循各项会计准则的规定进行确认和计量

企业应当根据实际发生的交易和事项,遵循各项具体会计准则的规定进行确认和计量,并在此基础上编制会计报表。企业应当在报表附注中对遵循企业会计准则编制的会计报表作出声明,只有遵循了企业会计准则的所有规定,会计报表才能被称为"遵循了企业会计准则",也才能被注册会计师所认可,报表信息才是相对可靠的。

(二)会计报表的列报基础

企业应当以持续经营为基础,根据实际发生的交易和事项,按照《企业会计准则——基本准则》和其他各项会计准则的规定进行确认和计量,在此基础上编制会计报表。企业不应以附注披露代替确认和计量,不恰当的确认和计量也不能通过充分披露相关会计政策而纠正。

企业编制会计报表除了遵循持续经营这一基本原则外,还要考虑会计基础。除现金流量表按照收付实现制原则编制外,企业应当按照权责发生制原则编制会计报表。

第二节 资产负债表

一、资产负债表概述

资产负债表是反映企业在某一特定日期资产、负债、所有者权益情况的会计报表,也称之为财务状况表,是静态的会计报表。所谓财务状况,是指企业在某一时点上的资产、负债、所有者权益及其相互关系。资产负债表是以"资产=负债+所有者权益"这一会计基本等式为基础编制的,实际上是揭示的是企业某一定时点上所有的经济资源与所承担的经济义务之间的对应关系。资产负债表反映的是某一定时点上的企业财务状况,因此,它提供的是历史数据,反映的是静态状况的会计报表。

编制资产负债表的主要目的是将企业财务状况等信息提供给企业财务信息使用者,使他们了解到企业的资产规模和结构、负债与所有者权益的规模和结构,从而为分析和判断企业的经济实力、偿债能力以及企业经营的安全性等提供可靠的依据。具体来说其作用有以下几点。

(一)反映企业的经济资源及其分布情况

资产负债表把企业的资产划分为流动资产和非流动资产各项目,充分揭示了资产的具体分布情况,完整清晰地表述了企业在某一特定时日所拥有的资产总量及其结构。

(二)反映企业的资本结构

资产负债表将企业的资产来源划分为负债及所有者权益,显示了债权人和所有者提供资本的比例关系,可以清楚地反映企业的资本结构情况。

(三)评价和预测企业的偿债能力

企业的偿债能力是指企业以资产偿付债务的能力,包括短期偿债能力和长期偿债能力。短期偿债能力主要体现在资产、负债的流动性上,通过流动资产和流动负债的比较,借助于报表来评价和预测企业的短期偿债能力。企业的长期偿债能力主要是指以企业全部资产清偿全部负债的能力,与企业的获利能力与企业的资本结构密切相关。资产负债表所列示的资产、负债和所有者权益可以帮助预测、评价企业的长期偿债能力。

(四)有助于评价、预测企业的财务弹性

财务弹性是指企业应付各种挑战、适应各种变化的能力,即资产的流动性或变现能力。企业资产满足短期现金的需要能力越强,企业的财务弹性就越强。资产负债表按流动性列示资产结构,有助于评价企业的财务弹性。

二、资产负债表的格式

(一)报告式资产负债表

报告式资产负债表是依照"资产-负债=所有者权益"的等式,直列示企业资产、负债、所有者权益等项目的一种格式。

报告式资产负债表的优点是便于编制比较资产负债表,在一张报表中,除列出本期的财务状况外,还可增设几个栏目,分别列示过去几期的财务状况,以便对比分析。报告式资产负债表的缺点是资产和权益间的恒等关系并不一目了然。

(二)账户式资产负债表

账户式资产负债表是按照"T"形账户的形式设计资产负债表,将资产列在报表左方(借方),负债及所有者权益列在报表右方(贷方),左(借)右(贷)总额相等的一种格式。

根据《企业会计准则——会计报表列报》的规定,我国现行资产负债表采用账户式的格式,如同"T"形账户,左侧列示资产方,按照资产的流动性大小排列;右侧列示负债方和所有者权益方,一

般按照要求清偿时间的先后顺序排列。账户式资产负债表可以反映资产、负债、所有者权益的内在关系,即"资产=负债+所有者权益"。为了比较各会计要素在报告期内余额的变化,资产负债表左、右两方均分别列示"年初余额"和"期末余额"。

按照企业会计准则的要求,我国资产负债表的具体格式与结构见表16-1。

表16-1 资产负债表

编制单位：　　　　　　　　　　　__年__月__日　　　　　　　　　　　会企01表
单位：元

资产	期末余额	上年年末余额	负债和所有者权益（或股东权益）	期末余额	上年年末余额
流动资产：			流动负债：		
货币资金			短期借款		
交易性金融资产			交易性金融负债		
衍生金融资产			衍生金融负债		
应收票据			应付票据		
应收账款			应付账款		
应收款项融资			预收款项		
预付款项			合同负债		
其他应收款			应付职工薪酬		
存货			应交税费		
合同资产			其他应付款		
持有待售资产			持有待售负债		
一年内到期的非流动资产			一年内到期的非流动负债		
其他流动资产			其他流动负债		
流动资产合计			流动负债合计		
非流动资产：			非流动负债：		
债权投资			长期借款		
其他债权投资			应付债券		
长期应收款			其中：优先股		
长期股权投资			永续债		
其他权益工具投资			租赁负债		
其他非流动金融资产			长期应付款		
投资性房地产			预计负债		
固定资产			递延收益		
在建工程			递延所得税负债		
生产性生物资产			其他非流动负债		
油气资产			非流动负债合计		
使用权资产			负债合计		
无形资产			所有者权益（或股东权益）：		
开发支出			实收资本（或股本）		
商誉			其他权益工具		
长期待摊费用			其中：优先股		
递延所得税资产			永续债		
其他非流动资产			资本公积		
非流动资产合计			减：库存股		
			其他综合收益		

续表

资产	期末余额	上年年末余额	负债和所有者权益（或股东权益）	期末余额	上年年末余额
			专项储备		
			盈余公积		
			未分配利润		
			所有者权益（或股东权益）合计		
资产总计			负债和所有者权益（或股东权益）总计		

三、资产负债表的填列方法

资产负债表"年初余额"栏内各项目数字，应根据上年年末资产负债表的"期末余额"栏内所列数字填列。如果上年度资产负债表规定的各项目名称和内容与本年度不相一致，应对上年年末资产负债表各项目名称和数字按照本年度的规定进行调整，填入资产负债表中"年初余额"栏内。

资产负债表是静态报表，报表中的"期末余额"栏内各项数字，应根据报告期期末有关科目的账户余额资料计算分析填列。报表各项目具体计算方法有以下几种：

依据总账余额直接填列，如短期借款、实收资本等项目；

依据总账余额相加或相减后填列，如货币资金、存货、无形资产等项目；

依据明细账余额分析填列，如应收账款、预收款项、应付账款和预付款项等项目；

依据总账与明细账分析计算填列，如长期待摊费用、债权投资、其他债权投资、长期借款等项目。

（一）资产类项目的填列方法

1."货币资金"项目

货币资金项目是指企业生产经营过程中处于货币形态的资产，包括库存现金、银行存款和其他货币资金等。本项目应当根据"库存现金""银行存款""其他货币资金"账户期末余额合计填列。

库存现金一般是指存放在企业财会部门、由出纳人员经管的货币。库存现金是企业流动性最强的货币性资产。银行存款是指存放在银行或其他金融机构的货币资金。其他货币资金是指除了库存现金、银行存款以外的其他各种货币资金，主要包括：银行汇票存款、银行本票存款、信用卡存款、信用证保证金存款、存出投资款、外埠存款等。

2."交易性金融资产"项目

"交易性金融资产"项目，反映资产负债表日企业分类为以公允价值计量且其变动计入当期损益的金融资产，以及企业持有的直接指定为以公允价值计量且其变动计入当期损益的金融资产的期末账面价值。该项目应根据"交易性金融资产"账户的相关明细科目期末余额分析填列。自资产负债表日起超过1年到期且预期持有超过1年的以公允价值计量且其变动计入当期损益的非流动金融资产的期末账面价值，在"其他非流动金融资产"项目反映。资产负债表中的交易性金融资产项目金额应根据"交易性金融资产"账户的相关明细科目期末余额分析填列。

3."衍生金融资产"项目

"衍生金融资产"项目是指企业拥有的建立在基础产品或基础变量之上,其价格随基础金融产品的价格(或数值)而变动的派生金融产品期末的账面价值,该项目应根据"衍生金融资产"账户的期末余额填列。

4."应收票据"项目

"应收票据"项目是指企业资产负债表日以摊余成本计量的、企业因销售商品、提供服务等收到的商业汇票,包括商业承兑汇票和银行承兑汇票。本项目应当根据"应收票据"期末账户余额,减去"坏账准备"账户中有关应收票据计提的坏账准备期末余额后的金额填列。

5."应收账款"项目

"应收账款"项目是反映企业资产负债表日以摊余成本计量的、企业因销售商品、提供服务等经营活动应收取的款项。本项目应当根据"应收账款"和"预收账款"账户所属各明细账户的期末借方余额合计,减去"坏账准备"账户中有关应收账款的计提坏账准备期末余额后的金额填列。如果"应收账款"科目所属明细账户期末有贷方余额,应在资产负债表"预收款项"项目内反映。

6."应收账款融资"项目

"应收账款融资"项目反映资产负债表日以公允价值计量且其变动计入其他综合收益的应收票据和应收账款等。

7."预付款项"项目

"预付款项"项目反映企业按照合同规定预付给供货单位的款项。本项目应根据"预付账款"和"应付账款"账户所属各明细账户的期末借方余额合计填列。如果"预付账款"账户所属有关明细账户有贷方余额,则应在资产负债表的"应付账款"项目内填列。

8."其他应收款"项目

"其他应收款"项目反映企业对其他单位和个人除应收票据、应收账款、预付账款等经营活动以外的应收和暂付款项,本项目应当根据"应收利息""应收股利"和"其他应收款"账户的期末余额,减去"坏账准备"账户中有关其他应收款计提的坏账准备期末余额后的金额填列。

9."存货"项目

"存货"项目反映企业期末在库、在途和在加工中的各项存货的可变现净值。包括各种原材料、在产品、半成品、产成品、商品、包装物、低值易耗品、委托代销商品等,本项目应当根据"材料采购""在途物资""原材料""库存商品""发出商品""周转材料""委托加工物资""生产成本"等账户的期末余额合计,减去"存货跌价准备"账户期末余额后的金额填列。材料采用计划成本核算方式,以及库存商品采用计划成本核算或售价核算的企业,还应在计划成本或售价的基础上加上或者减去材料(商品)成本差异、商品进销差价后的金额填列。

10."合同资产"项目

企业应按照《企业会计准则第 14 号——收入》(2017 年修订,下同)的相关规定根据本企业履行履约义务与客户付款之间的关系在资产负债表中列示合同资产或合同负债,"合同资产"项目应根据"合同资产"账户相关明细科目期末余额分析填列,同一合同下的合同资产和合同负债应当以净额列示,其中净额为借方余额的,应当根据其流动性在"合同资产"或"其他非流动资产"项目中填列,已计提减值准备的,还应减去"合同资产减值准备"账户中相关的期末余额后的金额填列;其中净额为贷方余额的,应当根据其流动性在"合同负债"或"其他非流动负债"项目中填列。

11."持有待售资产"项目

"持有待售资产"项目反映资产负债表日划分为持有待售类别的非流动资产及划分为持有待售类别的处置组中的流动资产和非流动资产的期末账面价值。该项目应根据在资产类科目"持有待售资产"账户的期末余额减去"持有待售资产减值准备"账户的期末余额后的金额填列。

12."1年内到期的非流动资产"项目

将于1年内(含1年)到期的非流动资产,应在"1年内到期的非流动资产"项目内单独反映。该项目应根据有关账户期末余额中将于1年内(含1年)到期的非流动资产的金额填列。对于企业而言,1年内(含1年)到期的非流动资产列示在企业的流动资产部分(虽然其仍然登记在非流动资产相关账户中),可以帮助报表使用者分析企业的短期偿债能力和营运资金情况。

13."其他流动资产"项目

"其他流动资产"项目反映企业除以上流动资产项目外的其他流动资产、本项目应根据有关账户的期末余额填列。如果其他流动资产价值较大,应在附注中披露其内容和金额。

14."债权投资"项目

"债权投资"项目反映资产负债表日企业以摊余成本计量的长期债权投资的期末账面价值。该项目应根据"债权投资"账户的相关明细科目期末余额减去"债权投资减值准备"账户中相关减值准备的期末余额后的金额分析填列,自资产负债表日起1年内到期的长期债权投资的期末账面价值,在"1年内到期的非流动资产"项目反映,企业购入的以摊余成本计量的1年内到期的债权投资的期末账面价值,在"其他流动资产"项目反映。

15."其他债权投资"项目

"其他债权投资"项目反映资产负债表日企业分类为以公允价值计量且其变动计入其他综合收益的长期债权投资的期末账面价值。该项目应根据"其他债权投资"账户的相关明细科目期末余额分析填列。自资产负债表日起1年内到期的长期债权投资的期末账面价值,在"1年内到期的非流动资产"项目反映。企业购入的以公允价值计量且其变动计入其他综合收益的1年内到期的债权投资的期末账面价值,在"其他流动资产"项目反映。

16."长期应收款"项目

"长期应收款"项目反映企业的长期应收款项。本项目应根据"长期应收款"账户余额减去"未实现融资收益"账户余额,再减去所属有关明细账户中将于1年内到期部分的余额填列。

17."长期股权投资"项目

"长期股权投资"项目反映企业采用成本法和权益法核算的长期股权投资。本项目应根据"长期股权投资"账户的期末余额减去"长期股权投资减值准备"账户期末余额后的金额填列。

18."其他权益工具投资"项目

"其他权益工具投资"项目反映资产负债表日企业指定为以公允价值计量且其变动计入其他综合收益的非交易性权益工具投资的期末账面价值。该项目应根据"其他权益工具投资"账户的期末余额填列。

19. "其他非流动金融资产"项目

"其他非流动金融资产"项目反映企业除了债权投资、其他债权投资、其他权益工具投资等其他的长期的金融资产投资项目。本项目应根据"其他非流动金融资产"账户的期末余额金额填列。

20. "投资性房地产"项目

"投资性房地产"项目反映企业投资性房地产的期末价值。企业采用成本模式计量投资性房地产的,本项目应当根据"投资性房地产"账户的期末余额减去"投资性房地产累计折旧(或摊销)"及"投资性房地产减值准备"账户期末余额后的金额填列。企业采用公允价值模式计量投资性房地产的,本项目应根据"投资性房地产"账户期末余额填列。

21. "固定资产"项目

"固定资产"项目反映企业资产负表目的各种固定资产的期末账面价值和企业尚未清理完毕的固定资产清理净损益。本项目应根据"固定资产"账户期末余额减去"累计折旧"和"固定资产减值准备"账户的期末余额后的金额及"固定资产清理"账户的期末余额填列。

22. "在建工程"项目

"在建工程"项目反映企业期末各项未完工程的实际支出,包括交付安装的设备价值、未完建筑安装工程已经耗用的材料、工资和费用支出、预付出包工程的价款、已经建筑安装完毕但尚未交付使用工程等的可收回金额和企业为在建工程准备的各种物资的期末账面价值。本项目应根据"在建工程"账户的期末余额减去"在建工程减值准备"账户的期末余额及"工程物资"账户的期末余额,再减去"工程物资减值准备"账户的期末余额后的金额填列。

23. "生产性生物资产"项目

"生产性生物资产"项目反映企业持有的生产性生物资产价值。本项目应当根据"生产性生物资产"账户期末余额减去"生产性生物资产累计折旧"账户期末余额和相应减值准备后的金额填列。

24. "油气资产"项目

"油气资产"项目反映企业持有的矿区权益和油气井及相关设施的原价。本项目应当根据"油气资产"账户期末余额减去"累计折耗"账户期末余额和相应减值准备后的金额填列。

25. "使用权资产"项目

"使用权资产"项目反映资产负债表日承租人企业持有的使用权资产的期末账面价值。该项目应根据"使用权资产"科目的期末余额减去"使用权资产累计折旧"及"使用权资产减值准备"科目的期末余额后的金额填列。

26. "无形资产"项目

"无形资产"项目反映企业持有的各项无形资产的期末可收回金额。本项目应当根据"无形资产"账户的期末余额减去"累计摊销""无形资产减值准备"账户期末余额后的金额填列。

27. "开发支出"项目

"开发支出"项目反映企业进行开发无形资产过程中发生的能够资本化形成的无形资产成本的各项支出部分。本项目应当根据"研发支出"账户中资本化支出明细期末余额填列。

28. "商誉"项目

"商誉"项目反映企业合并中形成的商誉价值。本项目应当根据"商誉"账户期末余额减去"商誉减值准备"账户期末余额后的金额填列。

29. "长期待摊费用"项目

"长期待摊费用"项目反映企业已经发生但应由本期和以后各期负担的,分摊期限在1年以上的各种费用,如租入固定资产大修理支出以及摊销期限在1年以上(不含1年)的其他待摊费用。本项目应根据"长期待摊费用"账户的期末余额减去将于1年内(含1年)摊销的数额后的金额填列。

30. "递延所得税资产"项目

"递延所得税资产"项目反映企业确认的可抵扣暂时性差异产生的递延所得税资产。本项目应当根据"递延所得税资产"账户期末余额填列。

31. "其他非流动资产"项目

"其他非流动资产"项目反映企业除流动资产、长期股权投资、固定资产、无形资产等以外的其他长期资产。如果其他长期资产的价值较大,应在附注中披露其内容和金额。

在上述非流动资产各项中将于1年内(含1年)到期的非流动资产,应在"1年内到期的非流动资产"项目内单独反映。上述非流动资产各项目均应根据有关科目期末余额扣除将于1年内(含1年)到期的非流动资产后的金额填列。

(二)负债类项目的填列方法

1. "短期借款"项目

"短期借款"项目反映企业为满足正常生产经营的需要向银行或其他金融机构等借入的期限在1年以内(含1年)的各种借款。本项目应根据"短期借款"账户的期末余额填列。

2. "交易性金融负债"项目

"交易性金融负债"项目反映资产负债表日企业承担的交易性金融负债,以及企业持有的直接指定为以公允价值计量且其变动计入当期损益的金融负债的期末账面价值。该项目应根据"交易性金融负债"账户的相关明细科目期末余额填列。

3. "衍生金融负债"项目

"衍生金融负债"项目是指企业拥有的衍生金融工具中关于负债的部分的期末账面价值。该项目应根据"衍生金融负债"账户的期末余额填列。

4. "应付票据"项目

"应付票据"项目反映企业资产负债表日以摊余成本计量的、企业因购买材料、商品和接受服务供应等开出、承兑的商业汇票,包括银行承兑汇票和商业承兑汇票。该项目应根据"应付票据"账户的期末余额填列。

5. "应付账款"项目

"应付账款"项目反映企业资产负债表日以摊余成本计量的,企业因购买材料、商品和接受服务等经营活动应支付的款项。本项目应根据"应付账款"和"预付账款"账户所属各明细账户的期末贷方余额合计填列。如果"应付账款"账户所属明细账户期末有借方余额,则应在资产负债表的"预付款项"项目内填列。

6. "预收款项"项目

"预收款项"项目反映企业按照购销合同的规定预收购买单位的货款。本项目应根据"预收账款"和"应收账款"账户所属各有关明细账户的期末贷方余额合计填列。如果"预收账款"账户所属有关明细账户期末有借方余额,应在资产负债表的"应收账款"项目内填列。

7. "合同负债"项目

"合同负债"项目应根据"合同负债"账户相关明细科目期末余额分析填列,同一合同下的合同资产和合同负债应当以净额列示,其中净额为借方余额的,应当根据其流动性在"合同资产"或"其他非流动资产"项目中填列,已计提减值准备的,还应减去"合同资产减值准备"账户中相关的期末余额后的金额填列;其中净额为贷方余额的,应当根据其流动性在"合同负债"或"其他非流动负债"项目中填列。

8. "应付职工薪酬"项目

"应付职工薪酬"项目反映企业为获得职工提供的服务或解除劳动关系而给予的各种形式的报酬或补偿。企业提供给职工配偶、子女、受赡养人、已故员工遗嘱及其他受益人等的福利,也属于职工薪酬。本项目主要包括短期薪酬、离职后福利、辞退福利和其他长期职工福利。本项目应当根据"应付职工薪酬"账户的期末贷方余额填列,如果"应付职工薪酬"账户期末为借方余额,应以"-"填列。

9. "应交税费"项目

"应交税费"项目反映企业按照税法等规定计算的应交纳的各种税费,包括增值税、消费税、所得税、资源税、土地增值税、房产税、土地使用税、车船使用税、教育费附加、矿产资源补偿费等。本项目应当根据"应交税费"账户的期末贷方余额填列,如果"应交税费"账户期末为借方余额,应以"-"填列。

10. "其他应付款"项目

"其他应付款"项目反映企业除应付票据、应付账款、预收款项、应付职工薪酬、应交税费等经营活动以外的其他所有应付和暂收其他单位和个人的款项。本项目应当根据"应付利息""应付股利"和"其他应付款"账户的期末余额填列。

11. "持有待售负债"项目

"持有待售负债"项目反映资产负债表日处置组中与划分为持有待售类别的资产直接相关的负债的期末账面价值。本项目应根据在负债类科目"持有待售负债"账户的期末余额填列。

12. "1年内到期的非流动负债"项目

非流动负债各项中,将于1年内(含1年)到期的非流动负债,应在"1年内到期的非流动负债"项目内单独反映。该项目应根据有关账户期末余额中,将于1年内(含1年)到期的非流动负债的金额填列。对于企业而言,1年内(含1年)到期的非流动负债列示在企业的流动负债部分(虽然其仍然登记在非流动负债相关账户中),可以帮助报表使用者提供更准确的相关信息。

13. "其他流动负债"项目

"其他流动负债"项目反映企业除以上流动负债以外的其他流动负债。本项目应当根据有关账户的期末余额填列。如果其他流动负债价值较大，应在附注中披露其内容和金额。

14."长期借款"项目

"长期借款"项目反映企业向银行或其他金融机构借入的期限在1年以上(不含1年)的各项借款。本项目应当根据"长期借款"账户的期末余额填列。

15."应付债券"项目

"应付债券"项目反映企业为筹集资金而发行债券的本金和利息。本项目应当根据"应付债券"账户的期末余额填列。

16."租赁负债"项目

"租赁负债"项目反映资产负债表日承租人企业尚未支付的租赁付款额的期末账面价值。该项目应根据"租赁负债"科目的期末余额填列。自资产负债表日起一年内到期应予以清偿的租赁负债的期末账面价值，在"一年内到期的非流动负债"项目反映。

17."长期应付款"项目

"长期应付款"项目反映企业除长期借款和应付债券以外的其他各种长期应付款项。本项目应根据"长期应付款"账户的期末余额减去"未确认融资费用"账户期末余额，再减去所属相关明细账户中将于1年内到期部分的余额及"专项应付款"账户的期末余额填列。

18."预计负债"项目

"预计负债"项目反映企业确认的对外提供担保、未决诉讼、产品质量保证等预计负债。本项目应当根据"预计负债"账户的期末余额填列。

19."递延收益"项目

"递延收益"项目是指尚待确认的收入或收益，也即暂时未确认的收益。本项目应当根据"递延收益"账户的期末余额填列。

20."递延所得税负债"项目

"递延所得税负债"项目反映企业确认的应纳税暂时性差异产生的所得税负债。本项目应当根据"递延所得税负债"账户的期末余额填列。

21."其他非流动负债"项目

"其他非流动负债"项目反映企业除长期借款、应付债券等负债以外的其他非流动负债。本项目应当根据有关账户的期末余额填列。如果其他非流动负债金额较大，应当在附注中披露其内容和金额。

上述非流动负债各项中，将于1年内(含1年)到期的非流动负债，应当在"1年内到期的非流动负债"项目内单独反映。上述非流动负债各项目均应根据有关账户期末余额扣除将于1年内(含1年)到期的非流动负债后的金额填列。

(三)所有者权益类项目的填列方法

1."实收资本(或股本)"项目

"实收资本"项目反映企业接受投资者投入的实收资本(或股本)总额。本项目应当根据"实收资本"(或"股本")账户的期末余额填列。

2. "其他权益工具"项目

"其他权益工具"项目反映企业发行的除普通股以外的归类为权益工具的各种金融工具。本项目应当根据"其他权益工具"账户的期末余额填列。

3. "资本公积"项目

"资本公积"项目反映企业资本公积的期末余额。本项目应当根据"资本公积"账户的期末余额填列。

4. "库存股"项目

"库存股"项目反映企业持有尚未转让或注销的本公司股份金额。本项目应当根据"库存股"账户期末余额填列。

5. "其他综合收益"项目

"其他综合收益"项目反映企业其他综合收益的期末余额。本项目应当根据"其他综合收益"账户期末余额填列。

6. "盈余公积"项目

"盈余公积"项目反映企业盈余公积的期末余额。本项目应当根据"盈余公积"账户的期末余额填列。

7. "未分配利润"项目

"未分配利润"项目反映报告期企业尚未分配的利润(或未弥补的亏损)。本项目应当分中期报表和年报进行考虑。编制年度内1月份至11月份资产负债表时,"未分配利润"项目根据"本年利润"账户(截至本月末全年实现净利润累计数或发生亏损额累计数)和"利润分配"账户余额计算的净额(借方余额为未弥补亏损,贷方余额为未分配利润)填列。编制年报时,本项目直接根据"利润分配"账户余额填列。其理由是,年度内实现的净利润或发生的亏损体现在"本年利润"账户的贷方或借方余额,在年度终了时已结转至"利润分配——未分配利润"明细账户,而年度内已分配的各项利润也结转计入"利润分配——未分配利润"明细账户。年末,"本年利润"及"利润分配"除"未分配利润"明细账户外均无余额。

第三节 利润表

一、利润表概述

利润表是反映企业在一定会计期间的经营成果的会计报表。所谓经营成果是指企业经过一定时期的经营所取得的全部收入抵减全部支出后的差额。利润表是动态会计报表,是以"收入－费用＝利润"这一会计等式为基础,按照一定的标准和一定的顺序,把企业一定期间的收入、费用和利润予以适当的排列编制而成的一种会计报表。

编制利润表的主要目的是将企业一定会计期间的经营成果提供给企业财务信息使用者,使他们了解企业的经营成果、盈利的规模与结构,从而为分析企业的盈利能力、判断对企业投资的报酬与风险提供可靠的依据。其作用具体来说有以下几点。

1. 利润表揭示企业的经营成果，为信息使用者的决策提供依据

利润表反映企业利润的组成，进而反映企业的获利能力、利润增减的变化趋势，预测企业的发展前景，为外部信息使用者作决策提供依据。

2. 利润表为企业管理层的经营决策提供依据

利润表综合反映企业的收入、成本费用、利润的形成过程，通过分析利润表项目的增减变化，企业管理层可以发现经营过程中的问题，为下一步工作重点指明方向。

3. 利润表为企业内部业绩考核提供依据

利润表的利润总额是企业的经营业绩，是企业内部各个部门通力协作的结果。根据利润表的数据，企业可以评价相关部门责任目标的完成情况和差距，考核内部业绩。

二、利润表的格式

利润表正表的格式一般有两种，单步式利润表和多步式利润表。单步式利润表是首先将当期所有的收入列在一起，然后将所有的费用列在一起，最后两者相减得出当期净损益。多步式利润表是通过对当期的收入、费用、支出项目按性质加以归类，按利润形成的主要环节列示一些中间性利润指标，分步计算当期净损益。

企业可以分如下四个步骤编制利润表。

第一步，以营业收入为基础，减去营业成本、税金及附加、销售费用、管理费用、研发费用、财务费用、资产减值损失、信用减值损失，加上其他收益、投资收益（减去投资损失）、净敞口套期收益（减去净敞口套期损失）、公允价值变动收益（减去公允价值变动损失）和资产处置收益（减去资产处置损失），计算出营业利润。

第二步，以营业利润为基础，加上营业外收入，减去营业外支出，计算出利润总额。

第三步，以利润总额为基础，减去所得税费用，计算出净利润（或亏损）。

第四步，综合收益总额的计算。综合收益总额项目反映净利润和其他综合收益扣除所得税影响后的净额相加后的合计金额。利润表中的"其他综合收益的税后净额"项目及其各组成部分，应根据"其他综合收益"账户及其所属的相关明细账户的发生额分析填列。

普通股或潜在普通股已公开交易的企业，以及正处于公开发行普通股或潜在普通股过程中的企业，还应当在利润表中列示每股收益信息。

多步式利润表中各项目之间的关系可用数学公式表示如下：

营业利润＝营业收入－营业成本－税金及附加－销售费用－管理费用－研发费用－财务费用－资产减值损失－信用减值损失＋其他收益＋（或－）投资收益＋（或－）净敞口套期收益＋（或－）公允价值变动收益＋（或－）资产处置收益

利润总额＝营业利润＋营业外收入－营业外支出

净利润＝利润总额－所得税费用

综合收益总额＝净利润＋其他综合收益税后净额

一般企业的利润表格式见表16-2。

表16-2　利润表

会企02表
单位：元

编制单位：　　　　　　　　　　　　　　年　　月

项目	本期金额	上期金额
一、营业收入		
减：营业成本		
税金及附加		
销售费用		
管理费用		
研发费用		
财务费用		
其中：利息费用		
利息收入		
加：其他收益		
投资收益（损失以"-"号填列）		
其中：对联营企业和合营企业的投资收益		
以摊余成本计量的金融资产终止确认收益（损失以"-"号填列）		
净敞口套期收益（损失以"-"号填列）		
公允价值变动收益（损失以"-"号填列）		
信用减值损失（损失以"-"号填列）		
资产减值损失（损失以"-"号填列）		
资产处置收益（损失以"-"号填列）		
二、营业利润（亏损以"-"号填列）		
加：营业外收入		
减：营业外支出		
三、利润总额（亏损总额以"-"号填列）		
减：所得税费用		
四、净利润（净亏损以"-"号填列）		
（一）持续经营净利润（净亏损以"-"号填列）		
（二）终止经营净利润（净亏损以"-"号填列）		
五、其他综合收益的税后净额		
（一）不能重分类进损益的其他综合收益		
1．重新计量设定受益计划变动额		
2．权益法下不能转损益的其他综合收益		
3．其他权益工具投资公允价值变动		
4．企业自身信用风险公允价值变动		
……		
（二）将重分类进损益的其他综合收益		
1．权益法下可转损益的其他综合收益		
2．其他债权投资公允价值变动		
3．金融资产重分类计入其他综合收益的金额		
4．其他债权投资信用减值准备		
5．现金流量套期储备		
6．外币财务报表折算差额		
……		

续表

六、综合收益总额		
七、每股收益：		
（一）基本每股收益		
（二）稀释每股收益		

三、利润表的填列方法

（一）利润表中上期金额栏的填列方法

利润表"上期金额"栏内各项数字，应根据上年该期利润表"本期金额"栏内所列数字填列。如果上年该期利润表规定的各个项目的名称和内容同本期不相一致，则应对上年该期利润表各项目的名称和数字按本期的规定进行调整，列入利润表"上期金额"栏内。

（二）利润表中本期金额栏的填列方法

利润表"本期金额"栏内各项数字一般应根据损益类账户的发生额分析填列。

1."营业收入"项目

"营业收入"项目反映企业经营业务所取得的收入总额。包括销售商品的收入、提供劳务的收入等。本项目应当根据"主营业务收入""其他业务收入"账户的发生额计算分析填列。

2."营业成本"项目

"营业成本"项目反映企业经营业务发生的实际成本。本项目应当根据"主营业务成本""其他业务成本"账户的发生额分析计算填列。

3."税金及附加"项目

"税金及附加"项目反映企业经营业务应负担的消费税、城市维护建设税、资源税、教育费附加税、房产税、土地使用税、车船使用税、印花税等相关税费。本项目应当根据"税金及附加"账户的发生额分析填列。

4."销售费用"项目

"销售费用"项目反映企业在销售商品和材料、提供劳务的过程中发生的各种费用。本项目应当根据"销售费用"账户的发生额分析填列。

5."管理费用"项目

"管理费用"项目反映企业本期发生的管理费用。本项目应当根据"管理费用"账户的发生额分析填列。

6."研发费用"项目

"研发费用"项目反映企业本期发生的自行研究开发的无形资产不能资本化的部分。本项目应当根据"管理费用"账户下有关明细项目发生额分析填列。

7."财务费用"项目

"财务费用"项目反映企业本期发生的财务费用。本项目应当根据"财务费用"账户的发生额分析填列。其中，"利息费用"行项目反映企业为筹集生产经营所需资金而发生的应予费用化的利息支出。本项目应根据"财务费用"账户相关明细科目发生额分析填列。"利息收入"行项目反映企业确认的利息收入。本项目应根据"财务费用"账户相关明细科目的发生额分析填列。

8."其他收益"项目

"其他收益"项目反映计入其他收益的政府补助等。本项目应根据"其他收益"账户的发生额分析填列。

9."投资收益"项目

"投资收益"项目反映企业以各种方式对外投资所取得的收益。本项目应当根"投资收益"账户的发生额分析填列。如果为投资损失,则以"－"填列。

10."净敞口套期收益"项目

"净敞口套期收益"项目反映净敞口套期下被套期项目累计公允价值变动转入当期损益的金额或现金流量套期储备转入当期损益的金额。该项目根据"净敞口套期物益"账户的发生额分析填列,如果为套期损失,则以"－"填列。

11."公允价值变动收益"项目

"公允价值变动收益"项目反映企业交易性金融资产等公允价值变动形成的应计入当期损益的利得。本项目应当根据"公允价值变动损益"账户的发生额分析填列。如果其为公允价值变动损失,则以"－"填列。

12."信用减值损失"项目

"信用减值损失"项目反映企业按照《企业会计准则第 22 号——金融工具确认和计量》(2017年修订)的要求计提的各项金融工具减值准备所形成的预期信用损失。该项目应根据"信用减值损失"账户的发生额分析填列。如果是损失,则以"－"填列。

13."资产减值损失"项目

"资产减值损失"项目反映企业计提各项资产减值准备所形成的损失。本项目应当根据"资产减值损失"账户的发生额分析填列。如果是损失,则以"－"填列。

14."资产处置收益"项目

"资产处置收益"项目反映企业出售划分为持有待售的非流动资产(金融工具、长期股权投资和投资性房地产除外)或处置组时确认的处置利得或损失,以及处置未划分为持有待售的固定资产、在建工程、生产性生物资产及无形资产而产生的处置利得或损失。债务重组中因处置非流动资产产生的利得或损失和非货币性资产交换产生的利得或损失也包括在本项目内。该项目应根据在损益类科目"资产处置损益"账户的发生额分析填列;如果是处置损失,则以"－"号填列。

15."营业利润"项目

"营业利润"项目反映了企业持续经营活动的净收益,它是基于收入与费用配比的原则计算而来的。本项目是根据前面若干项目计算结果而列示的。如果是亏损,则以"－"填列。

16."营业外收入"项目

"营业外收入"项目反映企业发生的与生产经营无直接关系的各项收入。包括债务重组利得、与企业日常活动无关的政府补助、盘盈利得、捐赠利得等。本项目应当根据"营业外收入"账户的发生额分析填列。

17."营业外支出"项目

"营业外支出"项目反映企业发生的与生产经营无直接关系的各项支出。主要包括债务重组损失、公益性捐赠支出、非常损失、盘亏损失和非流动资产毁损报废损失等。本项目应当根据"营业外支出"账户的发生额分析填列。

18."利润总额"项目

"利润总额"项目反映企业实现的利润总额。如果是亏损,则"—"填列。

19."所得税费用"项目

"所得税费用"项目反映企业确认的应从当期利润总额中扣除的所得税费用。本项目应当根据"所得税费用"账户的发生额分析填列。

20."净利润"项目

"净利润"项目反映企业实现的净利润。如果为亏损,则以"—"填列。"持续经营净利润"和"终止经营净利润"分别反映净利润中与持续经营相关的净利润和终止经营相关的净利润。如果为亏损,则以"—"填列。这些项目应按照《企业会计准则第42号——持有待售的非流动资产、处置组和终止经营》的相关规定分别列报。

21."其他综合收益的税后净额"项目

利润表中的"其他综合收益的税后净额"项目及其各组成部分,应当根据"其他综合收益"账户及其所属的相关明细项目的发生额分析填列。本项目又分"不能重新分类进损益的其他综合收益"和"将重新分类进损益的其他综合收益"两方面。其下又根据具体会计事项分若干小项目。每一项目可根据"其他综合收益"账户相关明细科目的发生额分析填列。例如:"其他权益工具投资公允价值变动"行项目,反映企业指定为以公允价值计量且其变动计入其他综合收益的非交易性权益工具投资发生的公允价值变动,本项目根据"其他综合收益"相关明细科目发生额分析填列;"企业自身信用风险公允价值变动"行项目,反映企业指定为以公允价值计量且其变动计入当期损益的金融负债,由企业自身信用风险变动引起的公允价值变动计入其他综合收益的金额,本项目根据"其他综合收益"相关明细科目发生额分析填列,等等。

22."综合收益总额"项目

综合收益是指企业在某一期间除与所有者以其所有者身份进行的交易之外的其他交易或事项所引起的所有者权益变动。综合收益总额项目反映净利润和其他综合收益扣除所得税影响后的净额相加后的合计金额。

23."每股收益"项目

每股收益是指普通股股东每持有一股所能享有的企业利润或所需要承担的企业亏损。每股收益通常被用来反映企业的经营成果,衡量普通股的股利水平及投资风险,是投资者、债权人等信息使用者据以评价企业盈利能力、预测企业成长潜力,进而作出相关经济决策的一项重要财务指标。每股收益分为基本每股收益和稀释每股收益。

普通股或潜在普通股已公开交易的企业以及正处于公开发行普通股或潜在普通股过程中的企业,应当在利润表中分别列示基本每股收益和稀释每股收益,并在附注中披露下列相关信息:基本每股收益和稀释每股收益分子、分母的计算过程;列报期间不具有稀释性但以后期间很可能具有稀释性的潜在普通股；在资产负债表日至财务报告批准报出日之间，企业发行在外普通股或潜在普通股股数发生重大变化的情况。

(1)基本每股收益。

基本每股收益只考虑当期实际发行在外的普通股股份，按照归属于普通股股东的当期净利润除以当期实际发行在外普通股的加权平均数计算确定。

(2)稀释每股收益。

稀释每股收益是以基本每股收益为基础，假设企业所有发行在外的稀释性普通股均已转换为普通股，从而分别调整归属于普通股股东的当期净利润以及发行在外普通股的加权平均数计算而得的每股收益。

第四节　现金流量表

一、现金流量表概述

(一)现金流量表的概念

现金流量表是反映企业在一定会计期间现金及现金等价物流入和流出情况的会计报表。现金流量表所提供的信息是对资产负债表和利润表所提供信息的必要补充，它是通过现金的流入和流出两个方面，揭示企业在一定期间经营活动、投资活动和筹资活动对企业现金流量的影响，说明企业现金的来源和去向。它可以帮助企业向报表使用者解释财务状况变动的原因，同时，通过现金流量表附注，可以说明净利润与现金流量净额存在差异的原因，进而分析净利润的质量。

编制现金流量表能使企业的外部投资者、债权人和其他与企业有利害关系的会计报表使用者，了解企业报告期现金流量净额变动的情况，了解企业各类现金流量金额与结构的信息，从而为分析和判断企业创造现金的能力、支付能力、未来现金流量变化趋势提供可靠的依据。

二、现金流量表的编制基础

现金流量表是以现金及现金等价物为基础编制的，也就是说，现金流量表中的"现金"包括现金和现金等价物两部分。

(一)现金

现金是指企业库存现金以及可以随时用于支付的存款。在这里，"现金"是一个广义的概念，相当于"货币资金"的含义。它具体包括以下几点。

1. 库存现金

库存现金是指企业存放在财会部门，可以随时用于支付的现金，与"库存现金"账户核算内容一致。

2. 银行存款

银行存款是指企业存在银行或其他金融机构的可以随时支取的存款，与"银行存款"账户所核算的内容不完全一致。区别在于：在"银行存款"账户核算的内容中包括的不能随时用于支付的存款，如不能随时支取的定期存款，不应作为现金流量表中的现金，但提前通知金融机构便可以支取的定期存款，则应包括在现金流量表中的现金范围内。

3. 其他货币资金

其他货币资金是指存放银行或其他金融机构的外埠存款、银行汇票存款、银行本票存款、信用卡存款、信用证保证金和存出投资款等，与"其他货币资金"账户核算的内容一致。

(二)现金等价物

现金等价物是指企业持有的期限短、流动性强、易于转换为已知金额现金、价值变动风险很小的投资。现金等价物是一项投资，但一项投资要确认为现金等价物，必须具备以上特征。其中，期限短、流动性强，强调了变现能力；而易于转换为已知金额的现金、价值变动风险很小，则强调了支付能力。一般认为企业自购买日起3个月内到期的债券投资，符合现金等价物的条件。权益性投资变现的金额通常不确定，因而不属于现金等价物。企业应当根据具体情况，确定现金等价物的范围，一经确定不得随意变更。

现金等价物虽然不是现金，但其支付能力与现金差别不大，可视为现金。在一般情况下，如无特殊说明，现金流量表中所说的"现金"，包含"现金等价物"。

(三)现金流量

现金流量是指现金和现金等价物的流入和流出的数量。流入量与流出量的差额称作净流量。在编制现金流量表时，一项交易或事项是否构成现金流量，应视其是否引起现金总额的变动而定。因此，企业发生的现金内部转换的经济业务(如从银行提取现金或将库存现金存入银行等)，以及现金与现金等价物之间的业务，不涉及现金的交易或事项，均不构成现金流量，不纳入现金流量表列报的内容。

三、现金流量的分类

《企业会计准则第31号——现金流量表》按企业业务活动性质，将企业一定期间产生的现金流量分为三类：经营活动产生的现金流量、投资活动产生的现金流量和筹资活动产生的现金流量。

(一)经营活动产生的现金流量

经营活动是指企业除了投资活动和筹资活动以外的所有交易或事项。不同行业的企业对经营活动的认定存在一定的差异，在现金流量的归类上也会有所不同。就一般工商企业而言，经营活动的现金流入主要包括销售商品、提供劳务等收到的现金；经营活动的现金流出主要包括购买商品、接受劳务供应和支付职工薪酬、缴纳税费等所支付的现金。

(二)投资活动产生的现金流量

投资活动是指企业长期资产的购建和不包括现金等价物范围的投资及其处置。这里，投资活动与通常所说的投资活动范围不同，后者一般是指企业对外投资及处置的相关内容，而在现金流量表中的投资活动,还包括企业长期资产的购建与处置。长期资产是指固定资产、无形资产、在建工程、其他资产等持有期限在1年或超过1年的一个营业周期以上的资产。投资活动的现金流入主要包括收回、处置对外投资、取得投资收益收到的现金以及处置固定资产、无形资产和其他长期资产收到的现金;投资活动的现金流出主要包括购建固定资产、无形资产和其他长期资产以及权益性和债权性投资支出的现金等。

(三)筹资活动产生的现金流量

筹资活动是指引起企业资本及债务规模和构成发生变化的活动。筹资活动的现金流入主要包括吸收权益性投资、发行债券或借款等收到的现金;筹资活动的现金流出主要包括偿还债务支出的现金、分配股利、利润和偿还利息支出的现金等。

对于企业日常活动之外的,不经常发生的特殊项目,如自然灾害损失、保险赔款、捐赠等项目产生的现金流量,应根据其性质分别归并在相关类别中单独列项反映。对于自然灾害损失和保险赔款,如果能够确认属于流动资产部分的,则应当列入经营活动产生的现金流量;确认属于固定资产部分的,则应当列入投资活动产生的现金流量;如果不能确认的,则列入经营活动产生的现金流量。再比如,捐赠收入与支出,可以列入经营活动产生的现金流量。如果特殊项目的现金流量金额较小,则可以在相关现金流量类别中列入"其他"项目。

四、现金流量表的格式

现金流量表一般由两大部分组成,一是现金流量表正表,二是现金流量表附注。

现金流量表的正表按照现金流量的分类构成,分别列示了企业在经营活动中产生的现金流量、在投资活动中产生的现金流量和在筹资活动中产生的现金流量。每一类活动产生的现金流量又分别揭示流入、流出总额。正表采用报告式结构,按照现金流量的性质,依次分为经营活动产生的现金流量、投资活动产生的现金流量和筹资活动产生的现金流量。汇率变动对现金及现金等价物的影响,作为调节项目单独列示。各类活动产生的现金流量净额加上或减去汇率变动对现金及现金等价物的影响额,即得出当期现金及现金等价物的净增加额。

现金流量表附注包括将净利润调节为经营活动现金流量净额、不涉及现金收支的重大投资和筹资活动、现金及现金等价物净变动情况等项目。

一般企业的现金流量表正表的格式见表16-3。

表16-3 现金流量表

会企03表

编制单位: ___年___月 单位:元

项目	本期金额	上期金额
一、经营活动产生的现金流量:		
销售商品、提供劳务收到的现金		
收到的税费返还		
收到其他与经营活动有关的现金		

续表

经营活动现金流入小计		
购买商品、接受劳务支付的现金		
支付给职工以及为职工支付的现金		
支付的各项税费		
支付其他与经营活动有关的现金		
经营活动现金流出小计		
经营活动产生的现金流量净额		
二、投资活动产生的现金流量:		
收回投资收到的现金		
取得投资收益收到的现金		
处置固定资产、无形资产和其他长期资产收回的现金净额		
处置子公司及其他营业单位收到的现金净额		
收到其他与投资活动有关的现金		
投资活动现金流入小计		
购建固定资产、无形资产和其他长期资产支付的现金		
投资支付的现金		
取得子公司及其他营业单位支付的现金净额		
支付其他与投资活动有关的现金		
投资活动现金流出小计		
投资活动产生的现金流量净额		
三、筹资活动产生的现金流量:		
吸收投资收到的现金		
取得借款收到的现金		
收到其他与筹资活动有关的现金		
筹资活动现金流入小计		
偿还债务支付的现金		
分配股利、利润或偿付利息支付的现金		
支付其他与筹资活动有关的现金		
筹资活动现金流出小计		
筹资活动产生的现金流量净额		
四、汇率变动对现金及现金等价物的影响		
五、现金及现金等价物净增加额		
加：期初现金及现金等价物余额		
六、期末现金及现金等价物余额		

五、现金流量表正表的填列方法——直接法

直接法是根据各类业务活动产生的现金流入和流出具体项目类别，分别列示现金流量的一种方法。直接法详细描述企业现金流入的来源和现金流出的去向，直观地展示企业现金流量的具体项目，有利于会计报表使用者评价企业获取现金能力、支付能力、偿债能力以及判断企业未来现金流量的信息。直接法主要使用于现金流量表正表。

直接法就是对现金流量表的各类现金流量的具体项目，依据利润表和资产负债表的数据，结合相关的账户记录展开分析，计算各种具体项目，最终填列编制完成现金流量表。

(一)经营活动产生的现金流量各项目的计算与填列

1."销售商品、提供劳务收到的现金"项目

本项目反映企业销售商品、提供劳务实际收到的现金,包括销售收入和应向买方收取的增值税销项税额,具体包括:本期销售商品、提供劳务收到的现金,前期销售商品、提供劳务本期收到的现金和本期预收的现金。企业销售材料和代购代销业务收到的现金,也在本项目反映。销售退回支付的现金则可作本项目的减项。

在计算本项目时,应根据利润表中的"营业收入",资产负债表中的"应收票据""预收账款"等项目分析、计算。由于报表项目是在本期账簿记录的基础上汇总、整理得出的数据,在计算时还需充分考虑有关账户的记录。

(1)本项目依据以下报表项目和有关账户记录资料计算公式。

销售商品、提供劳务收到的现金(含销项税额)＝营业收入＋应收账款项目(期初余额－期末余额)＋应收票据项目(期初余额－期末余额)＋预收账款项目(期末余额－期初余额)－债务人以非现金资产抵债减少的应收账款和应收票据－本期计提坏账准备导致的应收账款项目减少数＋应交增值税(销项税额)的发生额

在公式中,营业收入包括主营业务收入、其他业务收入,是企业销售商品、提供劳务活动收到现金的主要渠道;应收款项的增加,意味着当期营业收入中有一部分未收现,应该扣除,如果应收款项减少,则意味着本期收回前期的款项,是现金流入,要加上;预收款项的增加,表明在本期营业收入之外,企业预收了货款,应该加入,如果预收款项减少,则表明前期预收款项转作本期营业收入,但本期却没有现金流入,故应该减去;债务人以非现金资产抵债减少的应收账款和应收票据,没有现金流入,故应该调整出去;报表中"应收账款"项目是扣除坏账准备后的金额,本期计提坏账准备导致的"应收账款"项目减少金额,由于没有相应的现金流入,也应该调整扣除,如果是冲销坏账准备则应作相反调整。本项处理其实是对"应收账款"项目的调整。

本项目现金流量的计算要注意"应收账款"项目与"应收账款"账户的区别。如果用"应收账款"账户余额计算,则公式可作如下调整。

销售商品、提供劳务收到的现金(含销项税额)＝营业收入＋应收账款(期初余额－期末余额)＋应收票据(期初余额－期末余额)＋预收账款(期末余额－期初余额)－债务人非现金资产抵债减少的应收账款和应收票据－核销坏账减少的应收账款＋本期收回前期已核销的坏账＋应交增值税(销项税额)的发生额

由于该公式运用的是"应收账款"账户余额,不受"坏账准备"金额的影响,不需调整本期计提坏账准备的数额。两种方法计算结果一致。

本项目计算也可以直接根据有关账户进行分析计算填列。

(2)本项目直接依据以下有关账户记录资料计算公式。

销售商品、提供劳务收到的现金＝当期销售商品或提供劳务收到的现金收入(含税)＋当期收到前期的应收账款＋当期收到前期的应收票据＋当期的预收账款－当期因销售退回而支付的现金＋当期收回前期核销的坏账损失

本方法排除报表计算因素的影响,直接根据有关账户记录进行分析填列,在企业业务不多的

情况下,比较简单,但如果企业业务繁多,按账户查找、分析则相当困难。

2."收到的税费返还"项目

本项目反映企业收到返还的各种税费,包括所得税、增值税、消费税、关税和教育费附加等。本项目可以根据"库存现金""银行存款""税金及附加""营业外收入"等账户记录分析填列。

3."收到其他与经营活动有关的现金"项目

本项目反映企业除了上述各项目外,收到的其他与经营活动有关的现金,如经营租赁固定资产收到的现金、流动资产损失中个人赔款的现金收入、罚款收入、除税费返还外的其他政府补助收入等。其他与经营活动有关的现金收入,如果金额较大,则应单独列项反映。本项目可以根据"库存现金""银行存款""其他业务收入""管理费用""营业外收入"等账户记录分析填列。

4."购买商品、接受劳务支付的现金"项目

本项目反映企业购买材料、商品、接受劳务实际支付的现金,包括支付的货款以及与货款一并支付的增值税进项税额,具体包括:本期购买商品、接受劳务支付的现金、本期支付前期购买商品、接受劳务的未付款项和本期预付款项,本期发生的购货退货收到的现金应在本项目中扣除。

本项目在计算时,应根据利润表中的"营业成本",资产负债表中的"存货""应付票据""应付账款""预付账款""应交税费"等项目分析计算。当然,计算时还需充分考虑有关账户的记录。

本项目依据以下报表项目和有关账户记录资料计算公式。

购买商品、接受劳务支付的现金(含进项税额)＝营业成本＋存货(期末余额－期初余额)＋应付票据(期初余额－期末余额)＋应付账款(期初余额－期末余额)＋预付账款(期末余额－期初余额)＋应交增值税(进项税额)的发生额－抵债等增加的存货－非现金、非存货抵债减少的应付账款、应付票据＋未计入营业成本减少的存货营业成本、存货中非付现费用(包括人工费)等

5."支付给职工以及为职工支付的现金"项目

本项目反映企业本期支付给职工及为职工支付的现金,包括企业为获得职工提供的服务,本期实际给予各种形式的报酬及其他相关支出,如本期支付的工资、奖金、各种津贴和补贴等及为职工支付的其他费用。用现金支付的应由在建工程和无形资产负担的职工薪酬,属于投资活动的现金流量,应从本项目中扣除,在"购建固定资产、无形资产和其他长期资产支付的现金"项目中反映。

企业为职工支付的医疗、养老、失业、工伤、生育等社会保险基金、住房公积金、补充养老保险,企业因解除与职工劳动关系给予的补偿,现金结算的股份支付等,应根据职工的工作性质和服务对象,记入"支付给职工及为职工支付的现金"和"购建固定资产、无形资产和其他长期资产支付的现金"项目。

本项目可以根据"库存现金""银行存款""应付职工薪酬"等账户记录分析填列。

6."支付的各项税费"项目

本项目反映企业本期应缴纳的各项税费,包括本期发生并缴纳,以及本期支付以前各期发生的税费和预交的各项税费。上述各项税费包括所得税、增值税、消费税、印花税、房产税、车船使用税、土地增值税、教育费附加和矿资源税等,不包括本期退回的增值税、所得税。

本项目可以根据"应交税费""库存现金""银行存款"及"税金及附加"等账户分析填列。

7."支付其与经营活动有关的现金"项目

本项目反映企业除上述各项目外,支付的其他与经营活动有关的现金,如经营租赁支付的现金,支付厂部办公费、差旅费、业务招待费、保险费、广告费、罚款支出等金额较大的项目应当单独列示。本项目可以根据"管理费用""销售费用""营业外支出""库存现金"和"银行存款"等户分析填列。

(二)投资活动产生的现金流量各项目的计算与填列

1."收回投资收到的现金"项目

本项目反映企业出售、转让或到期收回除现金等价物以外的交易性金融资产、债权投资、其他仁权投资、其他权益工具投资、长期股权投资、投资性房地产等投资收回的现金,但不包括权投资收到的利息及处置子公司及其他营业单位收到的现金净额。收到债权投资的利息在"取得投资收益收到的现金"项目中反映。对于处置子公司及其他营业单位收到的现金净额应单独设置项目反映。

本项目可以根据"交易性金融资产""债权投资""其他债权投资""其他权益工具投资""长期股权投资""投资性房地产""库存现金"和"银行存款"等账户分析填列。

2."取得投资收益收到的现金"项目

本项目反映企业因股权性投资而分得的现金股利及因债权性投资而取得的现金利息收入,本项目提及的投资收益主要是强调在持有期间所获得的投资收益,同时必须有现金流入量。本项目可以根据"应收股利""应收利息""投资收益"和"银行存款"等账户分析填列。

3."处置固定资产、无形资产和其他长期资产收回的现金净额"项目

本项目反映企业处置固定资产、无形资产和其他长期资产所取得的现金,扣除为处置这些资产而发生的现金支出后的净额。由于自然灾害等形成的固定资产等长期资产报废、毁损而收到的保险赔款收入也在本项目中反映。如果处置固定资产、无形资产和其他长期资产所收回的现金净额为负数,则应在"支付其他与投资活动有关的现金"项目中反映。

本项目可以根据"固定资产清理""无形资产""库存现金"和"银行存款"等账户分析填列。

4."处置子公司及其他营业单位收到的现金净额"项目

本项目反映企业处置子公司及其他营业单位所取得的现金减去相关处置费用以及子公司及其他营业单位持有的现金和现金等价物后的净额。本项目可以根据"长期股权投资""库存现金"和"银行存款"等账户分析填列。

5."收到其他与投资活动有关的现金"项目

本项目反映企业除上述各项目外,收到的其他与投资活动有关的现金。如果其他与投资活动有关的现金金额较大,则应该单独列项反映。

6."购建固定资产、无形资产和其他长期资产所支付的现金"项目

本项目反映企业购买、建造固定资产、取得无形资产和其他长期资产所支付的现金,包括购买机器设备所支付的现金,在建工程支付的现金,支付在建工程和无形资产项目发生的职工薪酬,但不包括为购建固定资产、无形资产和其他长期资产而发生的借款利息资本化部分以及融资租入固

定资产所支付的租赁费，支付借款利息费用属于筹资活动的现金流量，在"分配股利、利润或偿付利息支付的现金"项目反映，支付的融资租赁费在"支付其他与筹资活动有关的现金"项目反映。另外，关于企业购买固定资产支付的可以抵扣的增值税是否计入本项目，理论界还有不同的看法。本书认为无论"增值税"是否允许抵扣，都是伴随企业购买固定资产这一活动而发生的，与企业的投资活动有着必然的关联，列入本项目能够更好地反映企业投资活动现金流量的规模。因此，本书认为购买固定资产发生的增值税支出，应计入本项目的现金流量。

本项目可以根据"固定资产""应交税费""无形资产""在建工程""工程物资"和"银行存款"等账户分析填列。

7."投资支付的现金"项目

本项目反映企业进行权益性投资和债权性投资所支付的现金，包括企业取得的除现金等价物以外的交易性金融资产、债权投资、其他债权投资、其他权益工具投资、长期股权投资、投资性房地产而支付的现金以及支付的佣金、手续费等交易费用。在企业购买债券的价款中含有债券利息及溢价或折价购入的，均按实际支付的金额反映。企业在购买股票和债券时，在实际支付的价款中包含的已宣告但尚未领取的现金股利或已到付息期但尚未领取的债券利息，应该在"支付其他与投资活动有关的现金"项目中反映；收回购买股票或债券时支付的已宣告但尚未领取的现金股利或已到付息期但尚未领取的债券利息，应该在"收到其他与投资活动有关的现金"项目中反映。本项目可以根据"交易性金融资产""债权投资""其他债权投资""其他权益工具投资""投资性房地产""长期股权投资""库存现金"和"银行存款"等账户分析填列。

8."取得子公司及其他营业单位支付的现金净额"项目

本项目反映企业取得子公司及其他营业单位购买出价中以现金支付的部分，减去子公司或其他营业单位持有的现金和现金等价物后的净额。本项目可以根据"长期股权投资""库存现金"和"银行存款"等账户分析填列。

9."支付的其他与投资活动有关的现金"项目

本项目反映企业除上述各项目外，支付的其他与投资活动有关的现金。例如，企业在购买股票和债券时，在实际支付的价款中包含的已宣告但尚未领取的现金股利或已到付息期但尚未领取的债券利息等。该项目可以根据应收股利等有关账户的发生额分析计算填列。如果其他与投资活动有关的现金金额较大，则应该单独列项反映。

(三)筹资活动产生的现金流量各项目的计算与填列

1."吸收投资收到的现金"项目

本项目反映企业收到投资人投入的现金，包括以发行股票或发行债券等方式筹集资金实际收到的款项，即发行收入减去发行时直接支付的佣金等发行费用后的净额。以发行股票、债券等方式筹集资金，而由企业另行支付的审计、咨询等费用不在本项目中反映，在"支付其他与筹资活动有关的现金"项目中反映。

2."取得借款收到的现金"项目

本项目反映企业举借各种短期、长期借款所收到的现金。本项目可以根据"短期借款""长期借款"和"银行存款"等账户分析填列。

3. "收到其他与筹资活动有关的现金"项目

本项目反映企业除上述各项目外,收到的其他与筹资活动有关的现金。如果其他与筹资活动有关的现金金额比较大,也可以单独列示。

4. "偿还债务支付的现金"项目

本项目反映企业偿还债务本金支付的现金,包括偿还金融企业的借款本金和偿还的债券本金等。企业偿还的借款利息、债券利息,在"分配股利、利润或偿付利息所支付的现金"项目反映。本项目可以根据"短期借款""长期借款""应付债券"和"银行存款"等账户分析填列。

5. "分配股利、利润或偿付利息支付的现金"项目

本项目反映企业实际支付的现金股利、支付给其他投资单位的利润以及支付的借款利息、债券利息,不同用途的借款,其利息的列支渠道不同,如在建工程、财务费用等,但计算现金流量时均在本项目中反映。本项目可以根据"应付股利""应付利润""长期借款""利润分配""财务费用""在建工程""研发支出""库存现金"和"银行存款"等账户分析填列。

6. "支付其他与筹资活动有关的现金"项目

本项目反映企业除上述各项目外,支付的其他与筹资活动有关的现金,如企业发行股票、债券等方式筹集资金而由企业直接支付的审计、咨询费用等,融资租赁所支付的现金、以分期付款方式购建固定资产以后各期支付的现金等。如果其他与筹资活动有关的现金金额比较大,也可以单独列示。

(四)"汇率变动对现金及现金等价物的影响"项目的列报

"汇率变动对现金及现金等价物的影响"项目反映企业的外币现金流量及境外子公司的现金流量折算为记账本位币时,按现金流量发生日的即期汇率或按照系统合理的方法确定的、与现金流量发生日即期汇率近似的汇率折算的记账本位币金额,与"现金及现金等价物净增加额"中外币现金净增加额按期末(资产负债表日)汇率折算的记账本位币金额之间的差额。

汇率变动对现金的影响额应当作调节项目,在现金流量表中单独列报。

六、现金流量表附注的填列方法——间接法

现金流量表附注共分为三个部分:第一部分是"将净利润调节为经营活动的现金流量",第二部分是"不涉及现金收支的重大投资和筹资活动";第三部分是"现金及现金等价物净变动情况"等项目。按照现金流量表准则规定,企业应当采用间接法在现金流量表附注中披露将净利润调节为经营活动现金流量信息。

(一)将净利润调节为经营活动现金流量

将净利润调节为经营活动现金流量,即采用间接法披露经营活动的现金流量信息,是经营活动现金流量的另一种报告方式。

间接法的调整内容和调整方向±可以用下列公式表示:

经营活动产生的现金流量净额＝净利润－没有现金流入的收益＋没有现金支出的费用和损失－不涉及经营活动的收益＋不涉及经营活动的费用和损失±与经营活动有关的非现金流动资产增减变动数±与经营活动有关的流动负债增减变动数

2. 间接法下具体项目的填列

(1)"资产减值准备"项目。本项目指的是企业依据企业准则计提的各项准备金,是利润的减项,但是没有相应的现金流出,因此,作加回调整。本项目可以根据"资产减值损失""信用减值损失"账户分析填列。

(2)"固定资产折旧、油气资产折耗、生产性生物资产折旧"项目。本项目包括本期计提的固定资产折旧、油气资产折耗和生物性资产折旧等,以固定资产折旧为例,计提的折旧费无论是计入管理费用还是计入制造费用等,都应作加回调整。本项目可以根据"累计折旧""累计折耗""生产性生物资产折旧"等账户分析填列。

(3)"无形资产摊销""长期待摊费用摊销"项目。本项目可以根据具体情况分别计入管理费用、制造费用等账户,是本期未付现的项目,应作加回调整。本项目可以根据"累计摊销""长期待摊费用"等账户分析填列。

(4)"处置固定资产、无形资产和其他长期资产的损失"项目。本项目反映企业处置的固定资产、无形资产和其他长期资产的损益,该损益属于投资活动产生的损益,不属于经营活动产生的损益,但企业计算净利润时已将其包括在内,因此必须进行调整。如果是净收益,作调减处理；如果是净损失,作调增处理。本项目可以根据"资产处收益""营业外收入"和"营业外支出"账户分析填列。

(5)"固定资产报废损失"项目。企业发生的固定资产报废损失属于投资活动产生的损失,不属于经营活动产生的损失。在以净利润为起算点计算经营活动产生的现金流量时应作加回调整,如果是净收益,应作调减处理。本项目可以根据"营业外收入"和"营业外支出"账户分析填列。

(6)"公允价值变动损失"项目。企业发生的公允价值变动损益,通常与企业投资活动有关,而且不影响企业当期的现金流量。因此,当期发生的公允价值变动收益应当值变动损益"账户分析填列。

(7)"财务费用"项目。企业发生的财务费用主要是利息费用,因利息支出属于筹资活动产生的现金流量,不属于经营活动产生的现金流量。因此,在以净利润为起算点计算经营活动产生的现金流量时应作加回调整。当然,在财务费用中属于经营活动范畴的费用则不需调整。本项目可以根据"财务费用"账户分析填列。

(8)"投资损失"项目。企业发生的投资损益属于投资活动产生的损益,与经营活动产生的损益无关,在以净利润为起算点计算经营活动产生的现金流量时应作加回或扣除调整,是投资收益的应当调减,是投资损失的应当加回。本项目可以根据利润表中的"投资收益"项目分析填列。

(9)"递延所得税资产减少"项目：企业发生的递延所得税资产减少,增加本期所得税费用,减少当期净利润,但当期缴纳的所得税支出并没有因此而增加,必须作加回调整；递延所得税资产增加则作相反的调整。本项目可以根据"递延所得税资产"账户分析填列。

(10)"递延所得税负债增加"项目：企业发生的递延所得税负债增加,增加本期所得税费用,减少当期净利润,但当期缴纳的所得税支出并没有因此而增加,必须作加回调整；递延所得税负债增加则作相反的调整。本项目可以根据"递延所得税负债"账户分析填列。

(11)"存货的减少"项目:企业期末存货比期初存货减少,说明在本期耗用或出售的存货中有一部分是上期购入的存货,这部分存货本期并没有现金流出,但计算净利润时,通过"营业成本"已经作减项扣除,因此,在以净利润为起算点计算经营活动产生的现金流量时应作加回调整。如果期末存货余额大于期初存货余额,说明本期购入的存货除了被耗用或出售外还有剩余,因此,增加的存货应理解为当期现金流出,作调减处理。至于存货增加未付现的部分,会在其他项目中予以调整。其他特殊原因增减的存货,如接受投资增加的存货,抵债收到的存货,在建工程领用的存货等等,需要一一分析,并剔除这些因素的影响。具体的调整方法是,上述因素导致存货期末库存增加的要扣除,导致期末库存减少的要加回。本项目可以根据资产负债表中"存货"项目的期初、期末余额结合当期有关账户记录分析填列。

(12)"经营性应收项目的减少"项目:经营性应收项目包括应收票据、应收账款、预付账款、长期应收款和其他应收款中与经营活动有关的部分。经营性应收项目的减少,一般表明本期收回上一期应收款项,是现金的流入量,而当期计算净利润时并没有计算在内,故在以净利润为起算点计算经营活动产生的现金流量时应作增加调整;如果经营性应收项目增加,则说明在本期销售收入中存在赊销,没有现金流入,故应作调减处理。本项目可以根据相关应收项目账户分析填列。

(13)"经营性应付项目的增加"项目:经营性应付项目包括应付票据、应付账款、预收账款、应付职工薪酬、应交税费、长期应付款和其他应付款中与经营活动有关的部分。经营性应付项目的增加,表明企业在进行相关的经营活动时,并没有相应的现金流出,如赊购存货。因此,经营性应付项目的增加应作现金未流出的调整,即作增加调整:如果经营性应付项目减少,则表明本期偿付了上一期的购货款,是现金的流出,而在计算本期利润时并没有反映,故应作现金流出的调整,即作调减处理。本项目可以根据相关的应付项目账户分析填列。

将净利润调节后计算的经营活动产生的现金流量净额,应当与现金流量表正表中"经营活动产生的现金流量净额"项目的数额相等。

(二)不涉及现金收支的重大投资和筹资活动

不涉及现金收支的重大投资和筹资活动,反映企业在一定期间内影响资产或负债,但当期没有现金流量的重大投资和筹资项目的信息。这些投资或筹资活动,虽然在本期不产生现金流量,但对企业未来的现金流量有着重大的影响,故应该在现金流量表附注中披露。

现金流量表准则规定,企业应该在附注中披露的项目包括:债务转为资本、1年内到期的可转换公司债券、融资租入固定资产。上述项目可以根据"实收资本(股本)""应付债券""长期应付款"等账户分析填列。

(三)现金及现金等价物净变动情况

现金及现金等价物净变动情况,可以通过现金和现金等价物期末、期初的差额进行反映,以检验用直接法编制的现金流量表正表中的现金流量净额计算是否正确。这部分内容可以根据资产负债表有关项目及相关账户记录内容分析填列。

七、现金流量表附注的编制

现金流量表附注共有三方面内容:将净利润调节为经营活动现金流量;不涉及现金收支的重大投资和筹资活动;现金及现金等价物净变动情况。

第五节 所有者权益变动表

一、所有者权益变动表概述

所有者权益变动表是反映构成所有者权益各组成部分当期增减变动情况的报表。所有者权益变动表能全面反映在报告期内所有者权益变动的情况,不仅包括所有者权益总量的增减变动,还包括所有者权益增减变动的重要结构性信息,特别是要反映直接计入所有者权益的利得和损失的增减变动情况,让报表使用者准确理解所有者权益增减变动的根源。从这个意义上说,所有权益变动表与资产负债表、利润表三者的同时列报以及相关项目的钩稽关系,应该能够向报表使用者提供比较全面的企业财务状况及其变动信息。

二、所有者权益变动表的格式

在所有者权益变动表上,企业至少应当单独列示反映下列信息的项目:综合收益总额,在合并所有者权益变动表中还应单独列示归属于母公司所有者的综合收益总额和归属于少数股东的综合收益总额;会计政策变更和前期差错更正的累积影响金额;所有者投入资本和向所有者分配利润等;按照规定提取的盈余公积;所有者权益各组成部分的期初和期末余额及其调节情况。

所有者权益变动表以矩阵的形式列示:一方面(纵列),列示导致所有者权益变动的交易或事项,即所有者权益变动的来源对在一定时期内所有者权益的变动情况进行全面反映;另一方面(横列),按照所有者权益的各组成部分(即实收资本、资本公积、其他综合收益、盈余公积、未分配利润)列示交易或事项对所有者权益各部分的影响。

所有者权益变动表的格式见表16-4。

表16-4　所有者权益变动表

编制单位：　　　　　　　　　　　　　　　　年度　　　　　　　　　　　　　　　　　　　　　　　　　会企04表
单位：元

项目	本年金额									上年金额								
	实收资本（或股本）	其他权益工具			资本公积	减：库存股	其他综合收益	专项储备	盈余公积	未分配利润	所有者权益合计	实收资本（或股本）	其他权益工具			资本公积	减：库存股	其他综合收益	专项储备	盈余公积	未分配利润	所有者权益合计
		优先股	永续债	其他									优先股	永续债	其他							
一、上年年末余额																						
加：会计政策变更																						
前期差错更正																						
其他																						
二、本年年初余额																						
三、本年增减变动金额（减少以"-"号填列）																						
（一）综合收益总额																						
（二）所有者投入和减少资本																						
1. 所有者投入的普通股																						
2. 其他权益工具持有者投入资本																						
3. 股份支付计入所有者权益的金额																						
4. 其他																						
（三）利润分配																						
1. 提取盈余公积																						
2. 对所有者（或股东）的分配																						
3. 其他																						
（四）所有者权益内部结转																						
1. 资本公积转增资本（或股本）																						
2. 盈余公积转增资本（或股本）																						
3. 盈余公积弥补亏损																						
4. 设定受益计划变动额结转留存收益																						
5. 其他综合收益结转留存收益																						
6. 其他																						
四、本年年末余额																						

三、所有者权益变动表的填列方法

(一)"上年年末余额"项目的填列

"上年年末余额"项目,反映在企业上年资产负债表中的实收资本(或股本)、资本公积、其他综合收益、盈余公积、未分配利润的年末余额,分别根据有关项目的年末余额填列。如果在所有者权益变动表中的项目名称、内容有变化,则应根据规定对上期所有者权益变动表相关项目的内容、金额进行调整,按照调整后的金额填入本期所有者权益变动表的"上年年末余额"栏。

(二)"会计政策变更"和"前期差错更正"项目的填列

1."会计政策变更"项目

"会计政策变更"项目,反映企业采用追溯调整法处理会计政策变更对所有者权益的累积影响金额。追溯调整法是指对某项交易或事项变更会计政策时,视同该交易或事项在初次发生时就开始采取变更后的会计政策,并以此对会计报表相关项目进行调整的方法。该项目应根据"盈余公积""利润分配——未分配利润"等账户的发生额分析填列。

2."前期差错更正"项目

"前期差错更正"项目,反映企业采用追溯重述法处理会计差错更正对所有者权益的累积影响金额。追溯重述法是指在发现前期差错时,视同该项前期差错从未发生过,从而对会计报表的相关项目进行更正的方法。在追溯重述法下,需要调整会计报表最早期间的留存收益的期初余额,影响的项目主要涉及"盈余公积""利润分配——未分配利润"项目。填列时,要根据"盈余公积"和"利润分配——未分配利润"账户的发生额分析填列。

(三)"本年增减变动金额"各项目的填列

1."综合收益总额"项目

"综合收益总额"项目,反映净利润和其他综合收益扣除所得税影响后的净额相加后的合计金额。分别对应列在"未分配利润"栏,根据"本年利润"账户的发生额分析填列;"其他综合收益"栏,根据"其他综合收益"账户的发生额分析填列。

2."所有者投入和减少资本"项目

"所有者投入和减少资本"项目,反映企业当年所有者投入和减少的资本,包括实收资本和资本溢价,并对应列在"实收资本(或股本)"和"资本公积"栏。根据"实收资本(或股本)"和"资本公积"账户的发生额分析填列。

3."利润分配"各项目

"利润分配"各项目,反映当年对所有者(或股东)分配的利润(或股利)金额和按照规定提取的盈余公积金额等,并对应列在"未分配利润"和"盈余公积"栏,根据"利润分配"有关明细账户的发生额分析填列。

4."所有者权益内部结转"各项目

"所有者权益内部结转"各项目,反映不影响当年所有者权益总额的所有者权益各组成部分之间当年的增减变动,包括资本公积转增资本(或股本)、盈余公积转增资本(或股本)、盈余公积弥补亏损等项金额,根据"盈余公积"和"资本公积"账户的发生额分析填列。

第六节 财务报表附注

一、财务报表附注概述

根据《企业会计准则——财务报表列报》的说明,附注是对资产负债表、利润表、现金流量表和所有者权益变动表等报表中列示项目的文字描述或明细资料以及对未能在这些报表中列示项目的说明。附注应当披露会计报表编制基础,相关信息应当与资产负债表、利润表、现金流量表和所有者权益变动表等报表中列示的项目相互参照。

由于会计报表本身是会计确认和计量的产物,其特征是格式固定,以数字和货币计量单位为主要表述手段,这就注定其所揭示的信息具有一定的局限性。报表附注是对在资产负债表、利润表、现金流量表和所有者权益变动表等报表中列示项目的文字描述或明细资料以及对未能在这些报表中列示项目的说明等。

财务报表附注是会计报表不可或缺的组成部分,有助于报表使用者了解企业的财务状况、经营成果和现金流量,报表使用者应当全面阅读附注。附注与资产负债表、利润表、所有者权益变动表等报表具有同等的重要性。因此,附注是企业会计报表的补充说明,是会计报表的重要组成部分。

二、财务报表附注的编制形式

财务报表附注有多种编制形式,常见的有以下几种。

(一)尾注说明

会计报表附注的主要编制形式,适用于说明内容较多的项目。

(二)脚注说明

脚注说明是位于会计报表下端的附注说明。例如,对已贴现的商业承兑汇票和已包括在固定资产原价内的融资租入的固定资产原价等讲解说明。

(三)备抵账户与附加账户

备抵账户与附加账户在会计报表中单独列示,能够为会计报表使用者提供更多有意义的信息,主要是针对坏账准备等账户设置的。

(四)补充说明

有些无法列入会计报表主体的详细数据、分析资料,可用单独的补充报表进行说明。例如,可利用补充报表的形式来揭示关联方的关系和交易等内容。

(五) 括弧说明

括弧说明常用于为会计报表主体提供补充信息，比起其他会计报表附注说明形式，这种形式更直观，不易被人忽视，但它包含的信息内容过少。